Wo Österreich am schönsten ist

1000 Ausflugsziele fürs ganze Jahr
Freizeit · Familie · Ferienideen

Mit **kulinarischer Landkarte** zum Herausnehmen

Inhalt

100 Tipps

Steiermark S. 162-209

Bad Aussee • Bad Mitterndorf • Bärnbach • Bruck an der Mur Eisenerz • Feldbach • Frohnleiten • Graz • Gröbming Hartberg • Irdning • Judenburg • Leibnitz • Leoben • Mariazell Murau • Oberwölz • Pöllau • Pürgg • Ramsau am Dachstein Riegersburg • Sausal • Schladming • Seckau • Stainz • Weiz **Steiermark erleben** Samsonumzug in Murau • Radtour auf der Steirischen Ölspur • Reiten im Naturpark Pöllauer Tal Styriarte in Graz • Wandern zur Silberkarhütte • **u. v. a. m.**

Oberösterreich S. 210-261

Aigen-Schlägl • Attersee • Bad Goisern • Bad Hall • Bad Ischl Braunau am Inn • Ebensee • Enns • Freistadt • Gmunden Haibach • Hallstatt • Haslach • Hinterstoder • Kefermarkt Linz • Mondsee • Neufelden • Obernberg • Schärding • Spital am Pyhrn • Steyr • Ulrichsberg • Wels • Zell am Moos **Oberösterreich erleben** Anton-Bruckner-Radweg • Ars Electronica Festival Linz • Baumkronenweg Kopfing • Dachstein Höhlenwelt • Linzer Pflasterspektakel • **u. v. a. m.**

98 Tipps

117 Tipps

Salzburg & Salzburger Land S. 262-313

Abtenau • Bad Gastein • Bramberg • Embach • Fuschl am See Golling • Hallein • Henndorf am Wallersee • Hollersbach Kaprun • Krimml • Lofer • Mariapfarr • Mattsee • Mauterndorf • Mittersill • Oberndorf • Rauris • Saalfelden • Salzburg St. Gilgen • St. Michael • Tamsweg • Werfen • Zell am See **Salzburg erleben** Freilichtmuseum Großgmain • Goldwaschen in Rauris • Palmeselritt in Hintersee • Ranggeln auf dem Hundstein • Schifferstechen in Oberndorf • **u. v. a. m.**

* Die internationale Telefonvorwahl für Österreich lautet 00 43.

Auf die Plätze, fertig ... los!
Badespaß am Wolfgangsee
im Salzkammergut.

Wien

»Was dem Bayern seine Lederhose, ist dem Österreicher seine Niedertracht« – provozierte einst André Heller seine Landsleute. Auch ihrer Hauptstadt sind viele in heftiger Zu- wie Abneigung verbunden. Denn Wien ist ebenso provinziell wie weltstädtisch, hat Belvedere und Burgtheater, Kaiserschmarrn und Wiener Schmäh. Kurz: Wien ist einzig, nicht artig!

Typisch Wien? Fiaker gibt es auch anderswo. Aber nirgendwo granteln die Kutscher so charmant wie hier.

Wien – pulsierendes Zentrum Mitteleuropas

1

Wien hat Charisma: Wohl, weil es ein Schmelztiegel an Kulturen, an Kunstwerken verschiedenster Stile und Epochen ist und römische Ausgrabungen, romanische Kirchen, die Hofburg, Ringstraßenpaläste und Jugendstilbauten zu einem harmonischen Ganzen verbindet – die Altstadt (I. Bezirk) wurde vor Kurzem als Unesco-Weltkulturerbe ausgezeichnet. Wien ist ein Sammelsurium an Sehenswürdigkeiten und eine lebendige Stadt an jedem Fleck. Zu Wien gehört genauso die mittelalterliche Ruprechtskirche wie der gotische Stephansdom, die Stilformen aus 500 Jahren aufweisende Hofburg, die hochbarocken Schlösser Schönbrunn und Belvedere, das Jugendstilgebäude der Secession, die Büroburgen der Uno-City, die weitläufigen Alleen des Praters, die Waldwege des Lainzer Tiergartens, die Badestrände der Donauinsel, die Weinberge und Heurigen von Grinzing, Nußdorf oder Heiligenstadt, die prachtvollen Ringstraßen-Kaffeehäuser, die schicken Lokale von Wiens Hautevolee oder die dunklen Beisln der Außenbezirke. Wien ist seit jeher bekannt für seine Querdenker: den 2013 Oscar-prämierten Michael Haneke, den »Schriftstölla« Thomas Bernhard, den »Schauspüla« und Kabarettisten Helmut Qualtinger, den Komponisten und Sänger Georg Kreisler, um nur einige zu nennen. Sie alle sind Wien in leidenschaftlicher Zu- und Abneigung verbunden.

I., Innere Stadt; Albertinaplatz/Maysedergasse, Tel. 01/24 555, www.wien.info

2 Arsenal und Heeresgeschichtliches Museum

Der an einen morgenländischen Palast erinnernde Komplex wurde nach der Revolution von 1848 als Kaserne und Waffendepot errichtet. Eines der Gebäude beherbergt heute das sehenswerte Heeresgeschichtliche Museum, das über die Geschichte der österreichischen Armee seit dem frühen 16. Jh. informiert. Ein eigener Raum ist dem Attentat von Sarajewo gewidmet, das den Ersten Weltkrieg auslöste.

III., Innere Stadt; Arsenalstraße; Tel. 01/79 56 10, www.hgm.or.at; U-Bahn: Südtiroler Platz

3 Donauinsel

Wiens Freizeitzentrum während der Sommermonate: Zwischen 1972 und 1988 angelegt, bietet die Insel auf 21,1 km Länge Strände, Radfahr- und Joggingwege und eine rege Lokalszene am Ufer und auf dem Fluss. Das Donauinselfest, das Ende Juni stattfindet, lockt Hunderttausende an.

U-Bahn: Donauinsel

4 Ankeruhr

Eine in Form einer 10 m langen Brücke zwischen zwei Häuser gebaute Jugendstiluhr (1913, von Franz Matsch): Zwölf Figurenpaare aus der Geschichte Wiens – von Marc Aurel bis Haydn – wandern innerhalb von zwölf Stunden am alten Stadtwappen vorbei. Hier sollte man um zwölf Uhr mittags vorbeischauen: Denn dann paradieren alle Figuren vorbei.

I., Innere Stadt; Hoher Markt 10–11; U-Bahn: Schwedenplatz

5 Denkmal gegen Krieg und Faschismus

Der österreichische Künstler Alfred Hrdlicka schuf von 1988 bis 1991 diese mehrteilige Plastik aus Stein, Bronze und Marmor: Sie gedenkt der Opfer des Zweiten Weltkrieges und der nationalsozialistischen Herrschaft in Österreich.

I., Innere Stadt; Helmut-Zilk-Platz; U-Bahn: Karlsplatz/Oper

6 Johann-Strauß-Denkmal

Die mit Goldfarbe bemalte Bronzefigur des Walzerkönigs ist wohl eines der bekanntesten Wahrzeichen von Wien. Sie steht im Stadtpark neben dem Kursalon.

Stadtpark; U-Bahn: Stadtpark; Straßenbahn: alle Ringstraßenlinien

Haas-Haus

7

Auf dem prominenten Platz gegenüber dem Stephansdom stand einmal das Einrichtungshaus Philipp Haas & Söhne. Der heutige Bau, in dessen Glasflächen sich der Stephansdom und die umliegenden Bürgerhäuser spiegeln, wurde vom Architekten Hans Hollein 1985 bis 1990 als Geschäfts- und Bürohaus errichtet. Nicht alle fanden diese ungleiche Gegenüberstellung von Sakralbau hier und Konsumtempel dort (Zara hat sich hier niedergelassen) als gelungen. Sehenswert ist die Onyx-Bar – und ein Blick von der Dachterrasse mit oder ohne Aperitif bleibt unvergesslich.

I., Innere Stadt; Stephanspl. 12/ Stock-im-Eisen-Pl. 4; U-Bahn: Stephansplatz

8 Kapuzinergruft

Hier wurden zahlreiche Habsburger und Habsburg-Lothringer beigesetzt – von Maria Theresia in ihrem verschnörkelten riesigen Sarkophag bis zu Kaiserin Zita, Österreichs letzter Herrscherin, die 1989 im hohen Alter von 97 Jahren verstarb und deren Sarg stets mit frischen Blumen überhäuft ist, ebenso wie der von Elisabeth, besser bekannt als Sisi. Die sterblichen Überreste von zwölf Kaisern, 16 Kaiserinnen und etwa 100 Erzherzögen fanden in der auch Kaisergruft genannten Stätte ihre letzte Ruhe.

I., Innere Stadt; Neuer Markt/ Tegetthoffstraße; Tel. 01/ 5 12 68 53; www.kaisergruft.at

9 Burgtheater

Das frühere Hof- und Nationaltheater, gegründet im Jahr 1776 durch Joseph II., übersiedelte 1888 in das neu errichtete Haus am Ring. Gottfried Semper und Karl Hasenauer konzipierten es im Stil der italienischen Hochrenaissance. Bezaubernd: der neobarocke Zuschauerraum.

I., Innere Stadt; Universitätsring 2; Tel. 01/5 14 44 41 45; www.burgtheater.at

10 Peterskirche

Eine einst an dieser Stelle errichtete Kirche soll der Legende nach 792 von Karl dem Großen gestiftet worden sein, um den heidnischen Einfluss in der Stadt einzudämmen. Dass Karl es war, darf bezweifelt werden: Sicher ist dagegen, dass die heutige Peterskirche am Standort wesentlich älterer Vorgängerinnen als hochbarockes Schmuckstück Wiens erbaut wurde. Sehenswert im Inneren ist das Kuppelfresko.

I., Innere Stadt; Petersplatz;
Tel. 01/5 33 64 33;
www.peterskirche.at

11 Kärntner Straße

Die große Fußgängerzone der City – einst Ausgangspunkt bzw. Schlussstück eines alten Reisewegs zwischen Wien und der Adria, der über Kärnten führte – ist heute die größte Nobel-Shoppingmeile der Stadt – seit einiger Zeit gibt es hier allerdings auch Fastfood und einige nicht ganz so teure Läden. Die Kärntner Straße und ihre Verlängerung, der Graben, sind aber auch Bühne für Straßenmusikanten und Selbstdarsteller – und man findet einige nette Schanigärten: Von diesem Außenbetrieb der Lokale lässt sich das pralle Leben der Innenstadt bequem beobachten.

U-Bahn: Stephansplatz

12 Ringstraße

Anstelle der ehemaligen Stadtmauer und der davor liegenden Wiesen mit freiem Schussfeld (des »Glacis«) ließ Kaiser Franz Joseph I. von 1857 bis 1865 die Ringstraße anlegen. So entstanden zahlreiche Prunkbauten. Die 4 km lange Straße gilt als Gesamtkunstwerk. Baumeister wie Gottfried Semper, Heinrich Ferstel oder Theophil Hansen schufen antike, gotische und barocke Paläste; aber auch Bauten nach Art der Renaissance und des Jugendstils passen sich schlüssig in das Konzept (C. F. L. Förster) ein. Um sich die Fassaden anzusehen, benutzt man am besten die Ringstraßenlinie 1.

U-Bahn: Rathaus, Schottentor, Schwedenplatz; Straßenbahn: alle Ringstraßenlinien

Hofburg

13

Hier residierten bis 1918 die Habsburger. Von der ursprünglichen mittelalterlichen »Burg« ist heute nur mehr die Kapelle zu sehen: Und hier finden Messen unter Beteiligung der Wiener Sängerknaben statt. In der Renaissance entstand die Stallburg, mit ihrem Arkadenhof das schönste Renaissancebauwerk Wiens; hier haben die Lipizzaner ihre Stallungen. Die Amalienburg wurde im 17. Jh. durch den Leopoldinischen Trakt mit dem Schweizerhof verbunden; auf der anderen Seite entstanden im frühen 18. Jh. der Reichskanzleitrakt und die Hofbibliothek. Zum Michaelerplatz hin wurde die Winterreitschule angebaut; das Ensemble konnte aber erst 150 Jahre später mit dem Portal und der Michaelerkuppel fertiggestellt werden. Den Abschluss des heute sichtbaren Trakts bildete ab 1900 die Neue Hofburg. Hier sind das Ephesos-Museum und die Musik- und Waffenkammer zu finden sowie das Weltmuseum.

Zugang vom Heldenplatz, Michaelerplatz und Josefsplatz; Kaiserappartements, Silberkammer; I., Innere Stadt; Tel. 01/5 33 75 70; www.hofburg-wien.at; Weltliche und Geistliche Schatzkammer, Tel. 01/52 52 40; www.kaiserliche-schatzkammer.at

AMOREM MEVM POPVLIS MEIS

Palais Ferstel

14

Im Palais Ferstel (erbaut von Heinrich von Ferstel in den Jahren 1856 bis 1860 im Stil der italienischen Renaissance) war bis 1877 die Börse untergebracht. Florentinische und venezianische Einflüsse bestimmen diese erste Geschäfts- und Büropassage Wiens, ein Labyrinth dämmeriger Durchgänge, überdachter Höfe und geschwungener Treppenaufgänge. Wer das nötige Kleingeld hat, kann den Großen Ferstelsaal oder die Nebensäle für Cocktails, Konferenzen oder prestigeträchtige Präsentationen mieten. Platz ist jedenfalls für alle da: von 20 bis 735 Personen.

I., Innere Stadt; Strauchgasse 2–4/Freyung 2/Herrengasse 14; Tel. 01/53 33 76 30; www.palaisevents.at

15 Karl-Marx-Hof

Das soziale Wohnbauprogramm des »roten Wien« schuf zwischen 1919 und 1934 die stolze Zahl von 64 000 Wohnungen. Der insgesamt 1,2 km lange Karl-Marx-Hof ist ein Musterbeispiel aus dieser Ära; er wurde von 1927 bis 1930 nach Plänen des Architekten Karl Ehn errichtet: 1600 Wohnungen sind um mehrere Innenhöfe gruppiert.

XIX., Döbling; Heiligenstädter Str. 82–92/12.-Februar-Platz; U-Bahn: Heiligenstadt

16 Karlskirche

Das dominierendste Gebäude am Platz und gleichzeitig die bedeutendste Barockkirche Wiens ist die Karlskirche: 1716 von Johann Bernhard Fischer von Erlach begonnen, arbeiteten die hervorragendsten Bildhauer Wiens an der Kirche mit. Die Baukosten (ca. 300 000 Gulden) wurden von sämtlichen Kronländern, aber auch in Spanien, dem Herzogtum Mailand und den Niederlanden eingetrieben.

U-Bahn: Karlsplatz

17

Kirche am Steinhof

Das Gotteshaus, der schönste Kirchenbau des 20. Jh. in Wien, steht auf einem Hügel, seine kupferne, byzantinisch anmutende Kuppel ragt über die umliegenden Gebäude hinaus. In der damaligen Niederösterreichischen »Landesirrenanstalt« (dem heutigen Psychiatrischen Krankenhaus der Stadt Wien) schuf Otto Wagner von 1904 bis 1907 ein Hauptwerk des Jugendstils – die Kirche am Steinhof.

XIV., Penzing; Baumgartner Höhe 1; Tel. 01/91 06 01 10 07; www.wien.info

Maria am Gestade

18

Ein gotisches Juwel: Ihr Name leitet sich von ihrem Standort ab, denn einst stand die Kirche Maria am Gestade am Steilufer über einem Seitenarm der Donau (die seinerzeit noch nicht reguliert war). Heute erhebt sie sich, umrahmt von Wohn- und Geschäftshäusern, über dem Donaukanal. Der helle Chor datiert aus der Mitte, das dunkle – dadurch kontrastierende – Langhaus vom Ende des 14. Jhs. Die Clemens-Kapelle beherbergt eine malerische Preziose von großer kunsthistorischer Bedeutung: das sogenannte Hornberger Votivbild aus dem Jahre 1462. Im 18. Jh. verfiel der Bau zusehends und wurde nurmehr als Magazin und Pferdestall genutzt. Dann, im Jahr 1812, wurde die Kirche erneut geweiht und gelangte in die Verantwortung der Redemptoristenorden, die bis heute die Herren der Kirche sind.

I., Innere Stadt; Salvatorgasse 12; Tel. 01/53 39 59 40; www.maria-am-gestade.redemptoristen.at

Hundertwasserhaus

Von 1983 bis 1985 gestaltete der Maler Friedensreich Hundertwasser einen kommunalen Wohnbau – ohne Verwendung von Kunststoff, dafür mit Holz und Ziegelmauerwerk. Das farbenfrohe Gebäude mit Zwiebeltürmchen und »ohne gerade Linien« war das erste einer Reihe von Künstlern konzipierter Wohnbauten in Wien. Es ist nicht öffentlich zugänglich.

III., Landstraße; Löwengasse/Kegelgasse; www.das-hundertwasser-haus.at

19

Tiergarten Schönbrunn

20

Ältester Zoo der Welt. Kaiser Franz I. ließ ihn 1752 errichten. Neben den klassischen Elefanten- und Raubtiergehegen gibt es ein Affenhaus, ein Koala-Haus und ein Regenwaldhaus.

XIII.; Hietzing; Eingang über Hietzinger Tor/Hauptstraße; Tel. 01/ 87 79 29 40; www.zoovienna.at

Spittelbergviertel

21

Der einstige Rotlichtbezirk, wo neben den Spielhöllen »Hübschlerinnen« (Prostituierte) ihre Dienste anboten, wurde bis in die 1990er-Jahre renoviert. Heute locken Biedermeierhäuschen mit Geschäften, Cafés und Restaurants – viele davon mit Gärten in Hinterhöfen zur Einkehr.

www.spittelberg.at; U-Bahn Volkstheater

22 Schloss Schönbrunn

Die kaiserliche Sommerresidenz ist eines der Highlights von Wien: Die Zahl der Besucher geht über die Millionengrenze, für den Besuch sollte man sich einen ganzen Tag reservieren. Kaiser Maximilian II. ließ hier einst ein Jagdschloss erbauen, das 1683 bei der Türkenbelagerung zerstört wurde. Daraufhin plante Johann Bernhard Fischer von Erlach einen grandiosen Neubau auf dem Hügel, wo heute die Gloriette steht. Eine zweite, kostengünstigere Version wurde dann bis 1717 am jetzigen Standort ausgeführt. Sein heutiges Aussehen erhielt das Schloss erst unter Maria Theresia, die die Anlage anstelle der Hofburg – es heißt aus Platzmangel – zu ihrem Wohnsitz erkor und hier mit ihrem Gemahl und den 16 Kindern lebte. Sehenswert sind die Prunkräume des Schlosses, die meist im verspielten Rokokostil ausgeführt wurden – etwa der Spiegelsaal, wo der sechsjährige Mozart vor der Kaiserin musizierte, oder das mit Rosenholz getäfelte Millionenzimmer. Seit 2012 ist das Schloss um eine Attraktion aus Plastilin und Bronze reicher. Gegenüber dem neuen Besucherzentrum steht ein Miniaturmodell des Schlosses im Maßstab 1:200. Es kann sehschwachen und blinden Menschen die Anlage mit Hilfe des Tastsinns in ihrer Ganzheit erfassen lassen.

Schloss Schönbrunn; Schönbrunner-Schloss-Straße; Reservierung unter Tel. 01/81 11 32 39; www.schoenbrunn.at

Palmenhaus Schönbrunn

23

Einst futuristisch, heute nostalgisch anmutende Stahl-Glas-Konstruktion aus dem Jahr 1882; wechselnde Ausstellungen.

www.bundesgaerten.at

Marionettentheater Schönbrunn

24

Fast ganzjährig Vorstellungen von Werken von Mozart und Strauß, aber auch spezielle Kindervorstellungen.

Tel. 01/8 17 32 47; www.marionettentheater.at

Wagenburg Schönbrunn

25

Im Seitentrakt sind rund 60 historische Karossen ausgestellt.

Tel. 01/52 52 40; www.kaiserliche-wagenburg.at

Schlosspark Schönbrunn

26

Park im Stil eines französischen Gartens. In der Gloriette, einem Siegesdenkmal an der höchsten Stelle, ist ein schönes Café untergebracht.

www.schoenbrunn.at

27 Irrgarten Schönbrunn

Schloss und Irrgarten zählen zum Weltkulturerbe Österreichs und zur meist besuchten Sehenswürdigkeit des Landes. Revitalisierter Irrgarten des alten Parks aus dem 17. Jh. mit zwei Feng-Shui-Harmoniesteinen im Zentrum.

www.schoenbrunn.at

28 Wüstenhaus Schönbrunn

Auftraggeber war Kaiser Franz Joseph I., dem es darum ging, seinen wertvollen Importpflanzen aus Australien und Südamerika ein adäquates Winterquartier zu schaffen. In einem 100 Jahre alten Glashaus leben Pflanzen und Tiere aus den trockenen Regionen unseres Planeten.

www.bundesgaerten.at

29 Secessionsgebäude

Eine prachtvolle Kuppel mit 3000 vergoldeten Blättern und darunter der Spruch: »Der Zeit ihre Kunst. Der Kunst ihre Freiheit«. Weitere Lorbeerblätter zieren die Pilaster des Vordertraktes und in der Eingangsnische. Das Jugendstilgebäude 1897/98 von Josef Maria Olbrich errichtet, war der Ort einer Revolution gegen das konservative Künstlerhaus. Die Secessionisten rund um Otto Wagner und Gustav Klimt schufen sich damit ein der neuen Kunstform entsprechendes Ausstellungsgebäude. Von Gustav Klimt sind Fragmente des Beethovenfrieses ausgestellt.

I., Innere Stadt; Friedrichstr. 12; Tel. 01/5 87 53 07; www.secession.at

30 Spanische Hofreitschule

Wenn Reiter in Livree und hirschledernen Hosen auf weißen Pferden ihre Pirouetten drehen, dann befindet man sich in der Spanischen Hofreitschule, in der die Bewegung der Pferde zur höchsten Eleganz geführt wird. Sie besteht seit 1572 als das älteste Reitinstitut der Welt. Die Pferde werden in Piber in der Weststeiermark gezüchtet und verbringen dort auch noch ihren »Sommerurlaub« (deshalb ist die Reitschule in den Monaten Juli und August geschlossen). Ansonsten sind die Stallungen im Renaissancebau der Stallburg untergebracht. In der benachbarten Winterreitschule finden die öffentlichen Vorführungen statt. Man kann den Schimmeln und ihren staatlichen Rittmeistern auch bei der Morgenarbeit zusehen oder das benachbarte Lipizzanermuseum besuchen.

I., Innere Stadt; Michaelerplatz 1 (Eingang vom Josefsplatz);
Tel. 01/5 33 90 31; www.srs.at

31 Bank Austria Kunstforum

Vom zeitgenössischen Architekten Gustav Peichl gestaltet, sind die Räumlichkeiten wechselnden Ausstellungen vor allem der Kunst des 19. und 20. Jh. gewidmet. Die Bank Austria-Sammlung umfasst rund 9000 Werke.

I., Innere Stadt; Freyung 8;
Tel. 01/5 37 33 26;
www.bankaustria-kunstforum.at

32 Akademie der Bildenden Künste

Einzige Hochschule im deutschsprachigen Raum mit einer Galerie alter Meister: holländische und flämische Malerei, darunter Rembrandt und Rubens, aber auch Cranach und Tizian.

I., Innere Stadt; Schillerpl. 3;
Tel. 01/5 88 16 22 22;
www.akademiegalerie.at

33 Votivkirche

Der »Ringstraßendom« entstand auf Initiative Erzherzog Ferdinand Maximilians als Ausdruck des Dankes für die Errettung des jungen Kaisers Franz Joseph I. vor einem Attentat. Die Arbeiten begannen 1856. 1879 wurde die Kirche anlässlich der Silberhochzeit des Kaiserpaares geweiht.

IX., Rooseveltplatz 8; www.votivkirche.at; U-Bahn Schottentor

34 Synagoge

Die Synagoge überstand als einzige in der Stadt die Reichskristallnacht von 1938. Vorher zählte Wien 94 Synagogen. Der jüdische Tempel wurde 1825/26 nach den Plänen von Josef Kornhäusel entworfen.

I., Innere Stadt; Seitenstettengasse 4; www.ikg-wien.at

35 Zentralfriedhof

Drei Millionen Wiener haben hier ihre letzte Ruhestätte gefunden. 2000 Ehren- und Prominentengräber sorgen dafür, dass der Zentralfriedhof, weit draußen an der östlichen Peripherie gelegen, auch ein beliebtes Ausflugsziel der Bevölkerung ist: Beethoven und Gluck, Nestroy und Anzengruber ruhen neben vielen anderen großen Namen im Ehrenhain; auch Hans Moser, Curd Jürgens und Falco wurden auf dem 2,5 qkm großen Areal bestattet.

XI., Simmering; Simmeringer Hauptstr. 234 (Haupteingang: Tor 2); Tel. 01/53 46 92 84 05; www.friedhoefewien.at

36 Albertina

Auch nach dem Umbau im Jahr 2003 leidet die größte grafische Sammlung der Welt unter Platzmangel. Kein Wunder bei diesen zahlreichen Schätzen: Allein eineinhalb Millionen Druckgrafiken und ein einzigartiger Bestand an Blättern Albrecht Dürers sind hier zu finden. Aber auch Klassiker der Moderne, darunter Pablo Picasso und Max Ernst.

I., Innere Stadt; Albertinapl. 1; Tel. 01/53 48 30; www.albertina.at

Schloss Belvedere

Der Sommersitz des Prinzen Eugen von Savoyen gilt als eine der schönsten Palastanlagen des Barock. Von 1714 bis 1716 wurde das Untere Belvedere errichtet, das von außen schmucklos, aber innen umso prächtiger eingerichtet ist. Heute beherbergt das hier untergebrachte Barockmuseum eine bedeutende Sammlung; in der Orangerie sind im Museum Mittelalterlicher Österreichischer Kunst romanische und gotische Schnitzwerke und Altarbilder zu sehen. Im Jahr 1717 wurde der herrliche Park gestaltet: Terrassen, Statuen und Wasserspiele verwandelten ihn einst in einen wahren Lustgarten. Der Ausblick vom Oberen Belvedere ist beeindruckend. Das 1721/22 entstandene Obere Belvedere gilt als Meisterwerk des Architekten Johann Lukas von Hildebrandt und war nur für repräsentative Zwecke bestimmt.

Unteres Belvedere / Prunkstall / Orangerie III., Landstraße; Rennweg 6a; Tel. 01/79 55 71 34; www.belvedere.at
Oberes Belvedere, Prinz-Eugen-Str. 27; Tel. 01/79 55 71 34; barrierefreier Zugang und spezielle Angebote für Menschen mit Behinderung

37

UNO-City

38

Von 1973 bis 1979 wurde das »Vienna International Centre« für die in Wien ansässigen UN-Organisationen errichtet. Die vier Bürotürme mit ihren insgesamt 24000 Fenstern sind schon weithin sichtbar.

XXII., Donaustadt; Wagramer Straße/Donaupark; Tel. 01/2 60 60 57 93; www.unvienna.org

Bestattungsmuseum

39

Der Tod, das muss ein Wiener sein ... und die »schöne Leich'« wird zur Kunst erhoben. Hier ist der berühmte »Sparsarg« aus den Tagen Josephs II. ausgestellt: Er ließ sich mittels einer Klappe unten öffnen, die Leiche fiel ins Grab – der Sarg wurde wiederverwendet.

XI., Zentralfriedhof; Simmeringer Hauptstr. 234; Tel. 01/7 60 67; www.bestattungsmuseum.at

40 Kunsthistorisches Museum

Die Geschichte der Kunst aus österreichischer Sicht. Und die kann nur weltumspannend sein – schließlich nannte die K.u.k.-Monarchie doch auch einmal Besitzungen in Übersee ihr Eigen. Daher ist »das Kunsthistorische« eines der bedeutendsten Museen unseres Planeten – nicht nur wegen der Gemäldegalerie mit der größten Brueghel-Sammlung der Welt, sondern auch auf Grund der Ägyptisch-Orientalischen Sammlung, der Antikensammlung, der Münzsammlung und der Sammlung für Plastik und Kunstgewerbe.

Maria-Theresien-Platz; Tel. 01/52 52 40; www.khm.at

41 Naturhistorisches Museum

Der »Kindersaal« ist ein Muss für Familien. Hier wird die Weltmacht der Insekten untersucht oder die Steinzeitdiät ausprobiert. Ansonsten zu empfehlen: ein Sauriersaal, die prähistorische Abteilung mit Funden aus der Hallstattzeit und die 23 000 Jahre alte Venus von Willendorf: sieht sehr frisch aus für ihr Alter.

I., Innere Stadt; Burgring 7; Tel. 52 17 70; www.nhm-wien.ac.at

42 Hofjagd- und Rüstkammer

Seit der Renovierung präsentiert sich die Hofjagd- und Rüstkammer in der Hofburg in neuem Glanz; sie gilt als die weltweit bedeutendste Sammlung ihrer Art. Rüstungen und Waffen aus fünf Jahrhunderten sind zu sehen: die verschiedensten Prunkharnische der österreichischen Kaiser, dazu Kettenhemden und Streitkolben, sowie elfenbeinverzierte Pistolen und auch der Hinterladerstutzen, mit dem Kaiser Franz Joseph einst auf die Jagd ging.

I., Innere Stadt; Hofburg, Neue Burg/Heldenplatz; Tel. 01/ 52 52 40; www.khm.at

43 Österreichische Galerie im Oberen Belvedere

Das Museum hat sich der Kunst des 19. und 20. Jh. und den Werken der »Parademaler« Gustav Klimt und Egon Schiele verschrieben. Moderne Kunst von Kokoschka und Wotruba hat hier ebenfalls ihren Platz gefunden.

III., Landstraße; Prinz-Eugen-Str. 27; Tel. 01/79 55 71 34; www.belvedere.at

Josephinum

In der einstigen chirurgisch-medizinischen Militärakademie befindet sich die von Kaiser Joseph II. in Auftrag gegebene Kollektion anatomischer Wachsfiguren. Der Kaiser ließ seine Militärärzte daran die inneren Organe des Menschen studieren – er fand nämlich, dass sie viel zu schlecht ausgebildet waren. Heute ergötzen sich die Besucher an den lebensecht gestalteten Exponaten, deren künstlerischer Wert außer Frage steht: Frauen mit offen gelegten Innereien, perlengeschmückt auf dunklen Samt gebettet; Männer mit abgeschälten Muskelpaketen in hohen Glasvitrinen …

44

IX., Alsergrund; Währinger-Str. 25; Tel. 01/40 16 02 60 01; www.josephinum.meduniwien.ac.at

45 Stephansdom

Der bedeutendste gotische Bau Österreichs: Auch ohne vollendeten Nordturm (wo seit 1958 die gewaltige Glocke »Pummerin« läutet) ist der »Steffl« mit dem imposanten, 137 m hohen Südturm das Wahrzeichen Wiens. Von oben bietet sich eine schöne Aussicht über die Stadt; man muss dazu nur die 343 Stufen bis zur 73 m hohen Türmerstube überwinden und dem »Drehwurm« auf der steilen Wendeltreppe trotzen (tgl. 9–17.30 Uhr). Vom Nordturm genießt man einen Ausblick über die Stadt, der bis weit hinter die Donau reicht; hier kann man mit dem Lift fahren (Jan. bis Juni 8.15–16.30, Juli–Aug. 8.15–18, Sep.–Dez. 8.15 bis 16.30 Uhr). Die Westfassade mit dem Riesentor hat sich noch vom romanischen Bau erhalten, der Rest ist gotisch: In den Jahren 1304 bis 1340 wurde der dreischiffige Hallenchor errichtet, 1359 folgte das Langhaus. 1433 wurde der Südturm vollendet. Die Arbeiten am Nordturm wurden im Jahr 1511 eingestellt. Im Inneren ist die von Anton Pilgram 1514/15 geschaffene Kanzel – der »Fenstergucker« an ihrem Sockel ist der Dombaumeister selbst – sehenswert; auch das Grabmal von Kaiser Friedrich III. in rotem Marmor (erbaut 1467 bis 1513 von Niclas Gerhaert van Leyen) und der Wiener Neustädter Altar, ein kunstvoll verzierter gotischer Flügelaltar (1477), lohnen den Blick. Das barocke Grabmal Prinz Eugens von Savoyen befindet sich ebenfalls in der Kirche. Neben dem Aufzug zum Nordturm befindet sich der Abgang zu den Katakomben (nur mit Führung Mo–Sa 10, 11, 11.30, 13.30, 14, 14.30, 15.30, 16, 16.30, So und feiertags 13.30, 14, 14.30, 15.30, 16, 16.30 Uhr): Hier stehen 56 Urnen mit Eingeweiden von Habsburgern, deren Körper in der Kapuzinergruft ruhen. Daneben sind noch Herzog Rudolf der Stifter und 14 weitere Habsburger hier bestattet.

I., Innere Stadt; Stephansplatz; Führungen, Gruppenanmeldungen unter Tel. 01/5 15 52 30 54; www.stephansdom.at

Kunst Haus-Wien

46

Wer sich für die fehlenden Geraden im Werk Friedensreich Hundertwassers (1928–2000) interessiert, der ist hier richtig: Der Meister verwandelte das Gebäude, in dem die Firma Thonet einst Möbel herstellte, in das Kunst Haus Wien und hat auf den auf 3500 qm heute eine ständige Schau. Präsentiert werden seine Schlüsselwerke ebenso wie Druckgrafiken, architektonische Entwürfe und Zeugnisse seines ökologischen Engagements. Ansonsten gibt es Themenausstellungen anderer Künstler aus Klassik und Avantgarde.

III., Landstraße; Untere Weißgerberstr. 13; Tel. 01/7 12 04 91; www.kunsthauswien.com

47 Phantastenmuseum

Der obere Stock des Palais Palffy widmet sich der Sammlung und Dokumentation der bildenden Kunst des Wiener Phantastischen Realismus und seinen internationalen Verbindungen: Gezeigt werden Werke von mehr als 120 Künstlern sowie die Entwicklung des phantastischen Kunstschaffens bis hin zur Gegenwart in zwölf Etappen. Arik Brauer ist ein eigener Saal gewidmet.

I., Innere Stadt; Josefsplatz 6; Tel. 01/5 12 56 81; www.phantastenmuseum.at

48 Jüdisches Museum

Das Museum wurde im Jahr 1993 in einem alten Gebäude, dessen Geschichte bis ins Mittelalter zurückreicht, eingerichtet, 1995/96 von den Architekten Eichinger & Knechtl erweitert und 2011 saniert. Die Ausstellungen widmen sich der langen Geschichte der Juden in Wien – und dem Holocaust: Von einstmals 183 000 jüdischen Mitbürgern fielen ihm die unverstellbare Zahl von 181 000 Menschen zum Opfer. Daneben gibt es regelmäßig Ausstellungen über wechselnde jüdische Themen. Im Schaudepot sind alle großen Sammlungen des Museums sichtbar, darunter die Sammlung der Israelitischen Kultusgemeinde und verschiedene Privatkollektionen. Der zweite Standort des Museums am Judenplatz gibt Einblick in das jüdische Wien im Mittelalter und zeigt Wechselausstellungen zu jüdischen Themen. Nach dem Besuch der Museen lohnt ein Abstecher ins Café Eskeles in der Dorotheergasse, dort werden mediterrane, israelische und jüdische Spezialitäten kredenzt.

I., Innere Stadt; Dorotheergasse 11; Tel. 01/5 35 04 31; www.jmw.at

Museum für Angewandte Kunst

Das Museum für Angewandte Kunst (MAK) ist das älteste Kunstgewerbemuseum auf dem Kontinent und wurde1868 bis 1871 nach Plänen von Heinrich Ferstel errichtet. In den Sammlungen (Schwerpunkt: Glas, Keramik, Metall, Möbel) ist auch ein eigener Schauraum mit Thonet-Stühlen von 1830 bis 1930 eingerichtet worden. Die Wiener Werkstätte und der Jugendstil sind umfassend dokumentiert. Dazu kommen ein interessanter Shop – und ein Restaurant am Stubenring. Übrigens: Am internationalen Frauentag (8. März) ist der Eintritt für Frauen frei.

49

I., Innere Stadt; Stubenring 5; Tel. 01/71 13 60; www.mak.at

MuseumsQuartier

50

In den einstigen Hofstallungen verbanden die Architekten Laurids & Manfred Ortner und Martin Wehdorn Barock mit Moderne. Untergebracht sind hier einige der bedeutendsten Kunstsammlungen Österreichs: das Leopold-Museum und das Museum Moderner Kunst Stiftung Ludwig mit seiner grandiosen Sammlung internationaler und österreichischer Kunst des 20. Jh. Außerdem sind hier die Kunsthalle Wien mit Wechselausstellungen, das Architektur Zentrum Wien und das Zoom Kindermuseum beheimatet. Im quartier21 finden auf 7000 qm über 50 verschiedene Kulturinitiativen Platz. Auch die Wiener Festwochen und das Tanzfestival ImPulsTanz steigen hier.

VII., Neubau; Museumspl. 1; www.mqw.at, Museum moderner Kunst Stiftung Ludwig Wien; Tel. 01/52 50 00; www.mumok.at; Leopold-Museum; Tel. 01/52 57 00; www.leopoldmuseum.org; Kunsthalle Wien; Tel. 01/5 21 89 12 53; www.kunsthallewien.at

51 Theatermuseum

Das einstige Palais Dietrichstein (heute Palais Lobkowitz) besitzt ein Barockportal von Johann Bernhard Fischer von Erlach (1709–1711). Dahinter verbirgt sich eine Kollektion des Wiener Theaterlebens: Bühnenbildmodelle, Kostüme und Requisiten, Zeichnungen, Grafiken und Handschriften. Kinder haben ihre eigene Abteilung. Weitere Schauräume befinden sich in der Hanuschgasse Nummer 3.

I., Innere Stadt; Lobkowitzpl. 2; Tel. 01/5 25 24 34 60; www.theatermuseum.at

52 Uhrenmuseum

Die in einem ehemaligen Stadtpalais untergebrachte sehenswerte Sammlung umfasst 3000 Exponate – vom fingerhutgroßen »Zappler« bis zum Turmuhrwerk des Stephansdoms. Staunen macht eine astronomische Kunstuhr aus dem 18. Jh., die neben der Uhrzeit auch Planetenumlaufbahnen sowie Mond- und Sonnenfinsternisse anzeigt.

I., Innere Stadt; Schulhof 2, Tel. 01/533 22 65; www.wienmuseum.at; U-Bahn: Stephansplatz

53 Wiener Straßenbahnmuseum

Es ist das größte Museum seiner Art, auch nach der umfassenden Renovierung. In der ehemaligen Remise Erdberg kann man dann wieder rund 80 historische Bahnen sehen, von der Pferdetramway bis zum modernen Gelenkwagen.

III., Landstraße; Erdbergstr. 109, Ludwig-Kößler-Platz; Tel. 01/7 90 94 68 03; www.wienerlinien.at

54 Galerie Slavik

Die Schmuckgalerie, die durch experimentelles Interieur von Edmund Hoke glänzt. Unikate der Avantgardisten.

I., Innere Stadt; Himmelpfortgasse 17; Tel. 01/5 13 48 12; www.galerie-slavik.com

55 Galerie nächst St. Stephan

Die engagierte Galeristin Rosemarie Schwarzwälder präsentiert zeitgenössische Kunst – nicht nur aus Österreich.

I., Innere Stadt; Grünangergasse 1; Tel. 01/5 12 12 66; www.schwarzwaelder.at

56 Galerie Steinek

Österreichische Gegenwartskunst & internationale Acts.

I., Innere Stadt; Eschenbachgasse 4; Tel. 01/5 12 87 59; www.galerie.steinek.at

57

Schatzkammer

In der Geistlichen und Weltlichen Schatzkammer in der Hofburg sind die Reichsinsignien der Habsburger zu finden: vom Burgunderschatz über die Krone des Heiligen Römischen Reiches aus dem 10. Jh. bis zur Österreichischen Kaiserkrone, der ehemaligen Krone Rudolfs II. – Exponate von unermesslichem Wert.

I., Innere Stadt; Hofburg, Schweizerhof; Tel. 01/52 52 40; www.kaiserliche-schatzkammer.at

58 Wien-Museum

Das Wien Museum Karlsplatz besitzt eine reiche Sammlung zur (Kunst-)Geschichte der Stadt sowie eine Gemäldesammlung mit Werken von Klimt und Schiele. Daneben existiert eine Reihe von Dependancen – von der Hermesvilla im Lainzer Tiergarten (ehemals das Schloss der Kaiserin Elisabeth) bis zur Schuberts Sterbewohnung.

IV., Wieden; Karlspl. 8; Tel. 01/50 58 74 70; www.wienmuseum.at

59 Hotel Das Triest

Von Sir Terence Conran gestaltetes modernes Luxushotel, unweit vom Zentrum. Der Neubau im ehemaligen Pferdebahnhof der Kutschenstrecke Wien–Triest gilt als Beispiel dafür, wie Geschichte und modernes Design elegant in Einklang gebracht werden können.

IV., Wieden; Wiedner Hauptstr. 12; Tel. 01/58 91 80; www.dastriest.at

60 Hotel Altstadt Vienna

In diesem Hotel im Künstlerviertel Spittelberg hat der Sammler Otto Wiesenthal seine Leidenschaft perfekt in die Arbeit integriert: Die geräumigen Zimmer sind mit Originalwerken etwa von Christian Ludwig Attersee, Niki de Saint Phalle und Andy Warhol aus Wiesenthals privater Kollektion ausgestattet. Jedes Zimmer atmet von Bett bis Bad sein eigenes Flair; gefrühstückt wird im Roten Salon.

VII., Neubau; Kirchengasse 41; Tel. 01/5 22 66 66; www.altstadt.at

Guesthouse Wien

61

Dass auch hier Terence Conran am Werk war, sieht man am modernen, luftigleichten Design. Aus den Zimmern blickt man auf Albertina und Oper, in der hauseigenen Brasserie und Bakery isst man gut und günstig.

I., Innere Stadt; Führichgasse 10; Tel. 01/5 12 13 20; www.theguesthouse.at

Graben Hotel

62

Für »Weana Schriftstöla«: Neben dem Dorotheum liegt das kleine, gediegene Hotel. Der Dichter Peter Altenberg hat Anfang des 20. Jh. hier einige Zeit gelebt und geschrieben, ebenso Kafka, Brod und Polgar.

I., Innere Stadt; Dorotheergasse 3; Tel. 01/51 21 53 10; www.kremslehnerhotels.at/de/hotel-graben-wien

63

Grand Hotel Wien

Kämpft mit dem Imperial und dem Sacher um den Titel »Nr. 1 der Stadt«. Das First-Class-Hotel liegt, wie seine Konkurrenten, direkt im Zentrum und ist in einem mondänen Ringstraßenpalais aus dem 19. Jh. untergebracht.

I., Innere Stadt; Kärntner Ring 9; Tel. 01/51 58 00; www.grandhotelwien.at

64

Parkhotel Schönbrunn

In der Nähe von Schloss und Park Schönbrunn wohnt man fast wie einst ein gekröntes Haupt. Hallenbad, Sauna, Solarium, Fitnessraum, Restaurant.

XIII., Hietzing; Hietzinger Hauptstr. 10–14; Tel. 01/ 87 80 40; www.austria-trend.at/ Parkhotel-Schoenbrunn

65 Hotel Imperial

Viele sagen, dieses Hotel sei die Nr. 1 der Republik. Großteils Stammgäste, das Haus verströmt noch das Flair der K.u.k.-Zeit; Prominente und Staatsbesucher steigen gerne hier ab. Unbedingt probieren sollte man die Imperial-Torte aus der hauseigenen Konditorei.

I., Innere Stadt; Kärntner Ring 16; Tel. 01/50 11 00; www.imperialvienna.com

66 Hotel Schloss Wilhelminenberg

Wohnen in einem Herrschaftssitz aus dem 17. Jh. auf einem Hügel über Ottakring. Barocke Ausstattung der Räume, eigenes Restaurant. Im Sommer frühstücken Sie draußen auf der Terrasse – schönere Frühstücksplätze hat die Stadt nicht zu bieten.

XVI., Ottakring; Savoyenstr. 2; Tel. 01/4 85 85 03; www.austria-trend.at/hotel-schloss-wilhelminenberg

67 Schlosshotel Römischer Kaiser

300 Jahre altes, renoviertes Barockpalais zwischen Stephansdom und Oper. Jedes Zimmer ist mit Stilmöbeln eingerichtet und hat seinen eigenen unverwechselbaren Charakter. Hier spielt John Irvings populärer Roman »Lasst die Bären los«.

I., Innere Stadt; Annagasse 16; Tel. 01/51 27 75 10; www.bestwestern.at/roemischerkaiser

68 Hotel Sacher

Das Wiener Traditionshotel schlechthin – weltbekannt auch wegen der Sachertorte aus der hauseigenen Konditorei. Hier gibt es das Original und sie ist die Sünde wirklich wert. Direkt hinter der Staatsoper im Zentrum Wiens.

I., Innere Stadt; Philharmonikerstr. 4; Tel. 01/51 45 60; www.sacher.com

69 Zanoni & Zanoni

Der beste italienische Eissalon Wiens befindet sich mitten im »Bermudadreieck«: Frozen Eis oder Fitness Coup? – Die Namen täuschen: denn vom Eis bis zum Personal ist alles »tipico italiano«.

I., Innere Stadt; Lugeck 7; Tel. 01/5 12 79 79; www.zanoni.co.at

70 Eissalon Tichy

Immer noch eine echte Institution. Hier gibt es das beste hausgemachte Eis von Wien – und das seit Jahrzehnten in unveränderter Qualität. Dass »Eis nicht gleich Eis ist« will diese Familie beweisen. Schon in der zweiten Generation verführt man hier mit Eiscoups und Eisbusserln.

X., Favoriten; Reumannplatz 13; Tel. 01/6 04 44 46; www.gastroweb.at/tichy-eis

In-Italiener – Fabio's

71 Designerlokal mit leichter und niveauvoller mediterraner Küche: Lust auf Austern an Ingwer oder Gurken-Spinat-Salat? Weinkenner werden in der dazugehörigen Bar & Lounge fündig.

I., Innere Stadt; Tuchlauben 4–6; Tel. 01/5 32 22 22; www.fabios.at

Beisl-Küche Meixner´s Gastwirtschaft

72 Idealer Ausgangspunkt für eine Reise in die Geheimnisse der traditionellen Wiener Küche: Die Gastgeberin Berta Meixner verkocht vor allem regionale Zutaten, ihr Mann Karl sorgt für die Getränke.

X., Buchengasse 64; Tel. 01/6 04 27 10; www.meixners-gastwirtschaft.at

73 Durchgestylt – Do & Co

Cool das Ambiente, wohltemperiert die Speisen. Das bekannteste unter den gestylten neueren Wiener Restaurants, dreimal in Wien vertreten. In Architekt Holleins Haas-Haus gibt's beispielweise Fisch, Japanisches, aber auch das gute alte Wiener Schnitzel. Partyservice.

I., Innere Stadt; Haas-Haus, Stephanspl. 12; Tel. 01/ 5 35 39 69; www.doco.com

74 Gehoben österreichisch – Bauer

Von Patron Walter Bauer liebevoll geführtes Restaurant mit kreativ variierter Wiener Küche (»Szegedinergulasch mit Hummer«) und auch vegetarischem Angebot. Von außen nicht gut einsehbar, da bleibt die Bussi-Gesellschaft oft draußen vor der Tür. Und das ist gut so!

I., Innere Stadt; Sonnenfelsgasse 17; Tel. 01/5 12 98 71; www.wien.info

75 Wiener Gastlichkeit – Hietzinger Bräu

Ein Klassiker unter den Restaurants: »Rindfleisch wie zu Kaisers Zeiten«, lautet das Küchenmotto hier und in den beiden anderen Lokalen, die zu Plachutta gehören. Man hat die Wahl zwischen gekochten, gesottenen, gebratenen und gedünsteten Spezialitäten, die angeblich nirgendwo in Wien besser zubereitet werden.

XIII., Hietzing; Auhofstr. 1; Tel. 01/ 87 77 08 70; www.plachutta.at

76 Fine Dining – Hansen

Elegantes Restaurant in der Säulenhalle der Wiener Börse. So zeigt sich auch das Publikum. Die Küche vermischt gekonnt Europäisch-Mediterranes mit Asiatischem. Was darf's sein: Lammkarree mit Rosmarin an Püree oder geschmortes Rindsbackerl mit Wurzelgemüse? Zum guten Schluss dann der Guglhupf.

I., Innere Stadt; Wipplingerstr. 34; Tel. 01/5 32 05 42; www.hansen.co.at

Schnitzelspezialist – Figlmüller

77

Die Schnitzel vom Figlmüller gelten als die größten und besten von Wien. Dazu kredenzt man den Heurigen aus eigenen Rieden – und recht viele Touristen gibt es gratis obendrein. Ein halbes Schnitzel serviert man hier übrigens zum halben Preis.

I., Innere Stadt; Wollzeile 5; Tel. 01/5 12 61 77; www.figlmueller.at

Exotisch leicht – Kim

78

Das neue Restaurant von Starköchin Kim Sohyi: Moderne Asia-Küche mit Pfiff – mittags in drei Gängen, abends als Überraschungsmenü.

IX.; Währinger Straße 46; Tel. 06 64/1 96 79 72; www.kim.wien

79

Michelin-besternt – Steirereck

Wiens kulinarische Nummer eins tischt neue österreichische, vor allem steirische Küche auf und verfügt über einen gut sortierten Weinkeller. Günstiges Mittagsmenü. Als Nachspeise ist das heiße Wiener Kaffeedessert unschlagbar.

Am Heumarkt 2A/Im Stadtpark; Tel. 01/7 13 31 68; www.steirereck.at

Prämierte Weine – Sirbu

80

Seine pittoreske Lage über Wien und den Weinbergen von Grinzing und Nußdorf hat dem Sirbu viele Stammgäste beschert. Kalte und warme Köstlichkeiten vom Buffet.

XIX., Döbling; Kahlenberger Str. 210; Tel. 01/3 20 59 28; www.sirbu.at

Café Frauenhuber

81

Das älteste noch existierende Kaffeehaus der österreichischen Hauptstadt (seit 1824). Schon Beethoven und Mozart sollen im Vorgängerhaus bewirtet worden sein. Dementsprechend original ist auch das Interieur: die Plüschbänke, die Holzvertäfelung – und sogar der Oberkellner scheint aus einer anderen Zeit zu stammen.

I., Innere Stadt; Himmelpfortgasse 6; Tel. 01/5 12 53 53; www.cafefrauenhuber.at

82 Günstige Tagesteller – Weibel's Wirtshaus

Eine einmalige Auswahl an österreichischen Weinen, ob Grüner Veltliner, Chardonnay oder Welschrießling. Probieren darf man sie auch glasweise. Damit es nicht ganz so anschlägt, gibt es solide Hausmanskost dazu. Begehrt sind im Sommer die Plätze im Schanigarten.

I., Innere Stadt; Kumpfgasse 2; Tel. 01/5 12 39 86; www.weibel.at

83 Gourmetküche – Vestibül

Neue ausgezeichnete Küche im Seitentrakt des Burgtheaters – nicht nur bei den Theatergängern sehr beliebt. Die Spitzenköche Christian Domschitz und Jaqueline Pfeiffer servieren neben französisch inspirierten Kompositionen auch Altbekanntes wie Schweinebraten (immer mittwochs) oder Hummerkrautfleisch.

I., Innere Stadt; Universitätsring 2; Tel. 01/5 32 49 99; www.vestibuel.at

84 Koch des Jahres – Konstantin Filippou

Der Gault Millau hat ihn zum Koch des Jahres 2016 erwählt, in seinem Restaurant zeigt er, was er drauf hat: Kreative österreichische Küche mit mediterranem Einfluss.

I.; Innere Stadt; Dominikanerbastei 17; Tel. 01/5 12 22 29; www.konstantinfilippou.com

85 Opulentes Buffet – Schübel-Auer

Einer der gemütlichsten Heurigen der Stadt liegt an der Endstation der Straßenbahn D: Wenn die letzte Tram in die City fährt, sperrt auch das Lokal zu. Leider. Es sitzt sich so gut hier!

XIX., Döbling; Kahlenberger Str. 22; Tel. 01/3 70 22 22; www.schuebel-auer.at

Uriges Gasthaus – Medl-Bräu

86

Die Brauerei ist das Lokal, der Gastgarten sehr gemütlich. Das Medl-Bräu ist zweifellos etwas Besonderes – nämlich der erfüllte Traum des Lottogewinners Johann Medl: Mit dem Geld der Glücksfee begann er sein eigenes süffiges Bier zu brauen.

XIV., Penzing; Linzer Str. 275; Tel. 01/9 14 43 40; www.medl-braeu.at

Hausgebraut – Siebensternbräu

87

Viel Platz trotz zweier Braubottiche mitten im Lokal. Das Bier, zum Beispiel Vollmondbier, das nur bei Vollmond gebraut wird, kommt aus der eigenen Produktion.

VII., Neubau; Siebensterngasse 19; Tel. 01/5 23 86 97; www.7stern.at

88 Spezialität Tafelspitz – Plachutta

Im Stammhaus der Familie Plachutta, unweit vom kaiserlichen Schloss Schönbrunn, begann die Erfolgsgeschichte der Wiener Tafelspitz-Küche. Wer Tafelspitz probieren möchte, sollte es hier tun: Besitzer Ewald Plachutta ist stolz darauf, die neue Wiener Rindfleischküche begründet zu haben.

I., Innere Stadt; Wollzeile 38; Tel. 01/5 12 15 77; www.plachutta.at

89 Nobelheuriger – Mayer am Pfarrplatz

Wo Beethoven einst die »Eroica« komponierte, ist heute im Garten unter Kastanienbäumen einer von Wiens Paradeheurigen. Hervorragende Weine und verschiedene süße und pikante Strudel vom Buffet. Den Eingangsbereich ziert seit 2008 ein »Fallenbild« von Daniel Spoerri die Wand. Dieser begann 1958 seine Eat-Art-Serie – ein Stillleben nach getaner Tat und Sinnbild der Vergänglichkeit.

XIX., Döbling; Pfarrpl. 2; Tel. 01/3 70 12 87; www.pfarrplatz.at

90 Ausflugslokal Schweizerhaus

Das Lokal gab es bereits vor 1766, damals war der Prater dem »gemeinen Volk« nicht zugänglich. Im klassischen Prater-Wirtshaus (seit 1873) serviert man Budweiser, dazu Schnitzel oder gegrillte Stelzen (Schweinshaxen).

II., Leopoldstadt; Prater 116; Tel. 01/7 28 01 52 13; www.schweizerhaus.at; ab Mitte März

92 Brötchen mit Pfiff – Trzesniewski

Nach zwei Bier geht auch der Name flüssig von der Zunge: »Dreschneffski«. Das mehr als 100 Jahre alte Traditionshaus ist bekannt für belegte Brote. Der Kunde wählt unter 21 Aufstrichen. Dazu trinkt man ein Pfiff, ein Achterl Bier.

I., Innere Stadt; Dorotheergasse 1, Tel. 01/512 32 91; www.trzesniewski.at

91 Sakai

Hiroshi Sakai, der ehemalige Chefkoch des Unkai im Grand Hotel, und sein Sohn tischen neben kreativer japanischer Küche (Nudeln, Tofu, Krabbenfleisch, Fisch) Sushi und Sashimi auf – dazu Sake und japanischen Wein.

VIII., Josefstadt; Florianigasse 36; Tel. 01/7 29 65 41; www.sakai.co.at

93 Wiener Bistroküche – Wrenkh

»Einfach gut essen«, lautet das schlichte Motto des Chefkochs Christian Wrenkh. Vegetarische Küche vom Feinsten, aber auch Fleisch und Fisch.

I., Innere Stadt; Bauernmarkt 10; Tel. 01/5 33 15 26; www.wiener-kochsalon.com

94 Bio-Zutaten – Vikerl's Lokal

Kreativ umgemodelte Altwiener (Rindfleisch-)Küche. Der namensgebende »Vikerl« hat sich zwar schon vor längerer Zeit in die Karibik vertschüsst, sein ehemaliges Beisl wird dennoch mehr und mehr zu einem der Top-Restaurants der Stadt.

XV., Rudolfstein-Fünfhaus; Würffelgasse 4; Tel. 01/8 92 19 52; www.vikerls-lokal.at

95 Tian – Vegetarische Verführung

»Ich bin kein Heiliger und kein Missionar«, betont Küchenchef Paul Ivic. »Ich will die Menschen nicht bekehren, sondern erfahren lassen wie vielfältig die Geschmäcker jenseits von Fisch und Fleisch sein können. Meine Kompositionen sollen die Geschmacksknospen sensibilisieren und immer wieder aufs Neue reizen.« Seine Passion: scheinbar simplem Gemüse aufregende Geschmackserlebnisse zu entlocken. Da werden Pastinaken mit Sellerie in Zedernholz geschmort oder knackiges Gemüse in Safran-Lauchfondue getaucht. Zugegeben, es hat sich viel getan, und man muss nicht mehr gegen alte Vorurteile kämpfen, nach dem Motto: Gemüse schmeckt fad und erst das Fleisch macht ein Menü zum Genuss. Vegetarisch zu speisen liegt im Trend. Mit wachem Blick für Ethik und Nachhaltigkeit hat sich das Tian rasch einen Namen verschafft und zwei Gault-Millau-Hauben erkocht: Zutaten vorzugsweise aus nachhaltig produzierenden Quellen, sei es von Bio-Lieferanten oder direkt aus der eigenen Bio-Gärtnerei, gehören dazu. Doch bevor das alles zu gesund klingt ein Blick in die Weinkarte, für die Alexander Adlgasser verantwortlich zeichnet: 360 Positionen in schönster Tinte festgehalten. Der Sommelier hat viele Jahre Erfahrung gesammelt, u.a. in der Aubergine, im Daniel, im Jean Georges und im Danube in New York. Er kann Sie oben im Restaurant oder unten in der neuen Tian Winebar auch augenzwinkernd beraten, welcher Wein zu welcher Frau passt. Immer noch unschlüssig? Einfach hingehen und testen. Aber Vorsicht: Sie könnten zum eingefleischten Vegetarier werden. Seit Januar 2014 wird auch im Kunst Haus Wien vegetarisch gekocht, wo das Tian Bistro im original Hundertwasser-Ambiente Wiener Traditionsgerichte aufleben lässt.

I., Innere Stadt; Himmelpfortgasse 23, Tel. 01/8 90 46 65; www.tian-vienna.com; www.tian-bistro.com

WINEBAR

96 Winzerhof Leopold

Ein traditioneller Wiener Buschenschank in Stammersdorf, Wiens größtem Weinbaugebiet: exzellente Weißweine aus eigenem Anbau von Leopold Klager, guter Riesling-Sekt.

XXI., Florisdorf; Stammersdorfer Str. 18; Tel. 01/2 92 13 56; www.winzerhof-leopold.at

97 Stadtheuriger – Zwölf Apostelkeller

Teile des Gewölbes in diesem beliebten Kellerlokal sind 900 Jahre alt, die Fassade stammt von Lukas von Hildebrandt. Heurigenmusiker begleiten die Gäste bei Kerzenschein und sorgen für eine urige Stimmung.

I., Innere Stadt; Sonnenfelsgasse 3; Tel. 01/5 12 67 77; www.zwoelf-apostelkeller.at

98 Café Hawelka

Das wohl berühmteste Kaffeehaus der Stadt. An den Wänden hängen die Bilder, mit denen Künstler einst ihre Rechnungen bezahlt haben. Fast alle waren sie schon da: H.C. Artmann und Gracia Patricia, Elias Canetti, Andy Warhol und Peter Ustinov, – und bald waren Sie auch da!

I., Innere Stadt; Dorotheergasse 6; Tel. 01/5 12 82 30; www.hawelka.at

99 Café Landtmann

»Der Apfelstrudel gehört zu Wien so wie die Melange, das Wiener Schnitzel oder das Schloss Schönbrunn.« Davon ist man hier überzeugt. Sehr gediegen, viel Flair, man kann aber noch in Ruhe Zeitung lesen. Die Melange ist hier aber schon eine etwas größere Investition.

I., Innere Stadt; Universitätsring 4; Tel. 01/24 10 01 00; www.landtmann.at

100 Café Sperl

Eines der schönsten Kaffeehäuser; ein Teil gehört den Zeitungslesern, der andere den Billardspielern. Die Sperltorte ist zwar weniger bekannt als die Sacher, aber nicht weniger verführerisch. Das Rezept ist natürlich streng geheim, nur die Zutaten werden verraten: zarte Milchschokolade, Zimt, Vanille und Mandelmasse. Ob das der Grund ist, dass sich Schriftsteller Robert Menasse und Michael Köhlmeier regelmäßig hier einfinden?

VI., Mariahilf; Gumpendorfer Str. 11; Tel. 01/5 86 41 58; www.cafesperl.at

101

Kurkonditorei Oberlaa

Die Stadtfiliale der renommierten Kurkonditorei gilt als beste ihrer Art in ganz Österreich. Ein Fixpunkt für »Mehlspeistiger«.

I., Innere Stadt; Neuer Markt 16; Tel. 01/51 32 93 60; www.oberlaa-wien.at

Café Central

Spötter sagen, dies sei die Disney-Version eines Kaffeehauses ... Doch wer nicht unbedingt ein echtes Wiener Café haben will, dem wird die Innenarchitektur mit den Säulen recht gut gefallen.

I., Innere Stadt; Herrengasse/ Strauchgasse (im Palais Ferstel); Tel. 01/5 33 37 63 24; www.palaisevents.at

102

103 Auktionshaus Dorotheum

Wer bietet mehr? Das größte Auktionshaus des europäischen Kontinents für Kunst, Möbel und Schmuck. Briefmarken, Bücher, Teppiche, dekorativer Nippes – alles kommt hier unter den Hammer. Gehen Sie ruhig hinein, und sehen Sie bei einer Versteigerung zu – das ist meist sehr erbaulich. Die »Tante Dorothee«, wie die Wiener ihre Pfandleihanstalt liebevoll nennen, hat auch Shops in ganz Wien: Dort kann man einkaufen wie in einem ganz normalen Geschäft. Versteigert wird auch via Internet: www.dorotheum.com

I., Innere Stadt; Dorotheergasse 17; Tel. 01/51 56 00; www.dorotheum.com

104 Antiquitäten Alt-Österreich

Nur hereinspaziert: In diesem kleinen Kellergeschäft in der Nähe vom Café Frauenhuber findet man alles über Film und Theater, Autogramme, Postkarten, Bücher und Relikte aus der K.u.k.-Zeit. Stöbern lohnt sich und man bleibt dabei ungestört. Aber ein bisserl Geduld und den richtigen Riecher sollte man schon mitbringen. Denn so richtig geordnet ist hier nichts. Und gerade das macht den Charme dieses Antiquitäten-Ladens aus.

I., Innere Stadt; Himmelpfortgasse 7; Tel. 01/5 13 48 70; U-Bahn: Stephansplatz

105 K. u. K. Hofzuckerbäcker Demel

Wer an exzellente Wiener Mehlspeisen denkt, der denkt an Demel. Von der Sachertorte bis zur Schwarzwälder Kirsch – alle teuren Leckereien gibt es auch zum Mitnehmen. Das barocke Ambiente ist noch immer ein bevorzugter Treffpunkt gesetzter älterer Damen mit kleinem Hund.

I., Innere Stadt; Kohlmarkt 14; Tel. 01/53 51 71 70; www.demel.at

MAK Design Shop

106

Junges österreichisches Design im Laden des Museums für angewandte Kunst: von Buchstützen über Feuerzeuge und Postkarten bis hin zu Lampen. Das Sortiment wechselt schnell, öfter vorbeischauen lohnt sich also.

I., Innere Stadt; Stubenring 5; Tel. 01/71 13 62 28; www.mak.at

Ringstraßen-Galerie

107

Die Gebäude der Ringstraße wurden zu einer Passage der gehobenen Klasse verbunden: Spitzen-Haute-Couture, Schmuck und Accessoires, Marken von Aigner bis Zilli sind hier zu erwerben. In Bars und Cafés kann man in überdachten Lichthöfen Pianomusik lauschen, oder man flaniert einfach durch die Gänge der stolzen Palais am Ring.

I., Innere Stadt; Kärntner Ring; www.ringstrassengalerien.at

108

Lobmeyr Glas

Ob kunstvoll geschliffene Kristallgläser, fantasievolle Trinkbecher oder die Kronleuchter der Wiener Staatsoper, es stammt alles aus der Manufaktur Lobmeyr – vom Design bis zum fertigen Produkt. Im angeschlossenen kleinen Museum kann man die Geschichte der Glasbläserkunst verfolgen – natürlich am Beispiel Lobmeyr. Die Front des Hauses ist übrigens eines der letzten original erhaltenen Geschäftsportale der Kärntner Straße.

I., Innere Stadt; Kärntner Str. 26; Tel. 01/5 12 05 08 88; www.lobmeyr.at

109 Confiserie Altmann & Kühne

Handgefertigtes Konfekt in fantasievoller Verpackung, zum Beispiel geschmackvoll bemalte Schmuckschatullen oder Nähkästchen.

I., Innere Stadt; Graben 30; Tel. 01/5 33 09 27; www.altmann-kuehne.at

110 Einkaufszentrum Gasometer City

Die Shopping Mall im Wahrzeichen von Simmering: Man flaniert zwischen den zu schicken Wohnungen und Büros umgewandelten wuchtigen Türmen der einstigen Gasometer, kauft Mode oder Mitbringsel und beschließt den Abend im Kino, beim Konzert oder im Restaurant.

XI., Simmering; Guglgasse 6 (Eingang); www.wiener-gasometer.at

111 Kaufhaus Steffl

Mit dem Steffl hat Wien sein Jahrhundertwende-Kaufhaus in neuem Kleid zurückerhalten: Auf 13 000 qm findet man Trachtenmode, Avantgarde, Designer aus London, Paris und Wien, Accessoires, einen Bookshop über zwei Etagen, Wiener Kunsthandwerk und auch kulinarische Genüsse: In der obersten Etage laden ein Nobelrestaurant und das SKY-Café zu einem Blick über Wien ein. An der Stelle des Steffl stand einst Mozarts letztes Wohnhaus, in dem er die »Zauberflöte« komponierte und 1791 starb.

I., Innere Stadt; Kärntner Str. 19; Tel. 01/93 05 60; www.steffl-vienna.at

112 Dohnal – Haus des Kindes

Hier will man noch beraten: Denn wenn's um Kinder geht, dann will man greifen und fühlen, was man dem Nachwuchs überstülpt: Designer-Kleidung und Spielsachen in bester Qualität.

I., Innere Stadt; Kärntner Str. 12; Tel. 01/5 12 73 11; www.dohnal.at

113 R. Horns Lederwaren

Hier geht's ums Leder: Aktentaschen, Brieftaschen, Handtaschen, Reisetaschen und dazu die passenden Accessoires. In drei Shops im I. Bezirk werden attraktive und farbenfrohe Stücke von österreichischen und internationalen Designern für Damen und Herren offeriert.

I., Innere Stadt; Bräunerstr. 7/Mahlerstr. 5/Stephanspl. 3; Tel. 01/5 13 82 94; www.rhorns.com

114

Naschmarkt

Wiens traditioneller Marktplatz blüht hier seit dem Jahr 1916. Blunz'n (Blutwurst) und Wildschweinschinken, Käse aus ganz Europa, im Eichenfass vergorener Apfelessig mit Honig und natürlich frisches Obst und Gemüse – hier gibt es alles. Die Standlbetreiber sind zwar meist nicht mehr die urigen alten Marktweiber von einst, aber dafür atmet der Naschmarkt wieder das Flair des Vielvölkerstaats der Donaumonarchie. Das beste Lokal, um nach dem Marktbummel auszuruhen und einen kleinen Braunen zu trinken, ist das Café Drechsler gleich daneben an der Linken Wienzeile.

III., Landstraße; Naschmarkt; U-Bahn: Pilgrimgasse, Kettenbrückengasse

115 Flohmarkt

Der schönste Flohmarkt der Stadt findet jeden Samstag (außer feiertags) zwischen 6.30 und 18 Uhr an der Wienzeile statt, gleich hinter dem Naschmarkt. Neben Möbeln, Schmuck und Platten sind auch haufenweise alte Klamotten im Angebot. Aber auch nur das Bummeln lohnt.

V., Margareten; Wienzeile; U-Bahn: Kettenbrückengasse

116 Markt auf der Freyung

Der Lebensmittelmarkt findet am Dienstag, Mittwoch und Donnerstag von 10 – 18.30 Uhr (Mai – Nov.) statt; ein Bio-Bauernmarkt ganzjährig (Fr und Sa) von 9 –18 Uhr.

I., Innere Stadt; Freyung; U-Bahn: Herrengasse; www.biobauernmarkt-freyung.at

117 Mode-Atelier Knize

Traditionsreicher Damen- und Herrenschneider, natürlich auch entsprechend teuer. Neben Maßanfertigungen gibt es aber auch preiswertere Sakkos und Hemden von der Stange. Die prachtvolle Einrichtung stammt von Adolf Loos und Paolo Piva.

I., Innere Stadt; Graben 13; Tel. 01/5 12 21 19; www.knize.at

118 Design-Mode Göttin des Glücks

Auf zwei Stockwerken im ersten Bezirk (neben einem zweiten Shop in der Kirchengasse, der Modemeile des VII. Bezirks) werden Mode und Accessoires von österreichischen Designern – aber nicht nur – angeboten. Verarbeitet werden Fair-Trade-zertifizierte Baumwoll- und Leinenstoffe.

I., Innere Stadt; Führichgasse 4; www.goettindesgluecks.com

119 Loden-Plankl

Auf 400 qm wird eine große Auswahl an klassischer Trachtenmode präsentiert – und alles nur von den besten österreichischen Produzenten, zum Beispiel Geiger oder Giesswein aus Tirol. Wem's nicht auf Anhieb passt, der kann sich die neu erworbenen Stücke auch kostenfrei anpassen lassen. Und wer mehr gekauft hat, als der kleine Koffer tragen kann, lässt sich die Sachen einfach nachschicken. Der Service gilt weltweit.

I., Innere Stadt; Michaelerpl. 6; Tel. 01/5 33 80 32; www.loden-plankl.at

120 A. E. Köchert Juweliere

Schon die funkelnden Edelsteine im Haar der Kaiserin Elisabeth, die auf einigen der berühmten Winterhalter-Gemälde zu sehen sind, stammten vom Juwelier Köchert. Der ehemalige K.u.k.-Hoflieferant produziert nun schon in sechster Generation. Die Auswahl macht Schwindeln. Die Preise auch. Doch schon das Schauen lohnt: Das Geschäft am Neuen Markt ist auch aufgrund der zeitgenössischen Linien, die unter anderem vom Architekten Hans Hollein gestaltet wurden, einen Besuch wert.

I., Innere Stadt; Neuer Markt 15; Tel. 01/5 12 58 28; www.koechert.com

121 Augarten Porzellan

Neben Meißen ist dies die bekannteste Porzellanmanufaktur in Europa. Außer dem Geschäft im I. Bezirk ist das Palais im Augarten sehenswert, wo die Manufaktur untergebracht ist und ein Detailverkauf stattfindet. Man kann sich auch ohne Anmeldung durch die Manufaktur führen lassen, um den Spezialisten bei der Modellierung und Bemalung zuzuschauen (Mo bis Fr 10.15–11.30 Uhr). Bei Augarten werden übrigens auch die überall präsenten kleinen Porzellan-Lipizzaner hergestellt, eines der klassischen Mitbringsel.

I., Innere Stadt; Spiegelgasse 3; Tel. 01/5 12 14 94; www.augarten.at

122 Tostmann Trachten

Noch einmal klassische Trachten, Loden und alles, was zum Landhausstil passt. Seit über 60 Jahren stellt der Familienbetrieb Alltags- und Festtagstrachten ausschließlich in den hauseigenen Werkstätten in Österreich her.

I., Innere Stadt; Schottengasse 3a; Tel. 01/5 33 53 31; www.tostmann.at

123 Juwelier Heldwein

Für alle, die es klassisch lieben – das Traditionsgeschäft Wiens schlechthin – mit angeschlossenem Reparaturbetrieb. Auch kostbare Stücke aus Nachlässen sind im Angebot. Durchweg Qualität, die freilich ihren Preis hat.

I., Innere Stadt, Graben 13; Tel. 01/5 12 57 81; www.heldwein.at

124 Eden Bar

Ein Klassiker mit bewährtem Erfolgsrezept: Prominenz und schöne Frauen, dazu die Stimme von Frank Sinatra – und ziemlich gesalzene Preise. Leih-Sakkos sind an der Garderobe erhältlich. Krawattenzwang!

I., Innere Stadt; Liliengasse 2; Tel. 01/5 12 74 50; www.edenbar.at

125 Volksgarten Clubdisco

Ein Tanzpavillon im Stil der Fünfzigerjahre, the hottest spot in town und Wiens erste Adresse fürs Clubbing. Neben Gastspielen namhafter DJs (House, Techno) wechselnde Events, entweder im Volksgarten-Pavillon oder in der »Disko«.

I., Innere Stadt; Burggr. 1; Tel. 01/5 32 42 41; www.volksgarten.at

126 Ludwig Reiter Schuhmanufaktur

In diesem Traditionsladen (seit 1885 wird produziert) erwirbt man handgenähte Schuhe vor allem für Herren, aber auch für Damen – meist im klassischen Design, unter den etwa 100 Modellen findet sich auch Ausgefallenes. Es wird auch nach Maß angefertigt – innerhalb von wenigen Wochen und gegen einen kleinen Preisaufschlag.

I., Innere Stadt; Mölker Steig 1; Tel. 01/5 33 42 04 22; www.ludwig-reiter.com

127 K. u. K. Hofschuhmacher Rudolf Scheer & Söhne

Zu einem großen Ball in Wien gehören Schuhe nach Maß aus diesem noblen Laden dazu. Früher war es üblich, dass dort, wo gewerkelt auch gewohnt wurde. Hier belebt man die Tradition neu und öffnet die Räume für Gäste, wenn es nicht mehr als 18 sind.

I., Innere Stadt; Bräunerstr. 4; Tel. 01/5 33 80 84; www.scheer.at

128 Backhausen Heimtextilien

Backhausen lagert in seinem Archiv mehr als 3500 Originalentwürfe für Wohntextilien; ein Teil davon ist im neuen Museum (Untergeschoss) zu sehen. Nicht zuletzt war die 1849 entstandene Firma auch bei der Gründung der Wiener Werkstätte beteiligt. Alle großen Wiener Konzertsäle stehen auf der Referenzliste des Hauses. Aber auch in Athen, Malmö und Taipe sitzt man gerne auf diesen Bezügen.

I., Innere Stadt; Schwarzenbergstr. 10; Tel. 01/51 40 40; www.backhausen.com

129 Musikclub Flex

Die fettesten Bässe, die besten DJs der Szene und legendäre Liveauftritte – gute Argumente, um täglich die Tanzfläche am Donaukanal zu füllen. Tipp: Ins Flex gelangt man über die Abgänge an der Augartenbrücke und hinter der U-Bahn-Station Schottenring.

I., Innere Stadt; Donaukanal-Promenade; Tel. 01/5 33 75 25; www.flex.at

130 Kleines Café

Der Schauspieler Hanno Pöschl hat das Lokal 1970 eröffnet. Ursprünglich bestand es aus nur zwei Stehtischen, inzwischen wurde ein wenig »vergrößert« (drei weitere Tische zum Sitzen). Am Abend trifft sich hier die Künstlerszene.

I., Innere Stadt; Franziskanerplatz 3; U-Bahn: Stephansplatz; tgl. 10–2, So 13–2 Uhr

131 Loos American Bar

Ein – etwas verändertes – Meisterwerk des Architekten Adolf Loos aus dem Jahre 1908: Stilvoller lässt sich kein Cocktail schlürfen. Über die Preise in dieser schönsten Bar der Stadt sollte man einfach hinwegsehen.

I., Innere Stadt; Kärntner Durchgang 10; Tel. 5 12 32 83; www.loosbar.at

Café Drechsler

132 Das Café als letzte Rettung: Wenn andere zumachen, sperrt man hier auf – eigentlich für die »Standler« des Naschmarkts, aber inzwischen ist das Lokal frühmorgens auch von Citymenschen bevölkert. Der beste Platz, um beim ersten Hahnenschrei in Gesellschaft zu frühstücken.

VI., Mariahilf; Linke Wienzeile 22/Girardigasse 1; Tel. 01/5 81 20 44; www.cafedrechsler.at

Bierlokal Krah-Krah

133 Einer der ersten Szene-Treffs im Bermuda-Dreieck – und noch immer so beliebt wie am Anfang. Vor allem für die Jeunesse dorée gehört das Krah-Krah zu den Fixpunkten.

I., Innere Stadt; Rabensteig 8; Tel. 01/5 33 81 93; www.krah-krah.at

134 Weinbar Roter Engel

Mit dem Roten Engel hat Ende der Siebzigerjahre der Rummel um das Bermuda-Dreieck begonnen, und noch immer ist die gemütliche Bar der Treffpunkt der Wiener Szene und ihrer unruhigen Trabanten. In der »Wein- und Liederbar« gibt es eine große Weinauswahl, dazu werden Käsehäppchen serviert. Oft Livemusik, vor allem Jazz und Blues. Billardraum im ersten Stock.

I., Innere Stadt; Rabensteig 5; Tel. 01/5 35 41 05; www.roterengel.at

135 Burgtheater

Wer an der Burg spielt, hat es geschafft. Mitglied des Ensembles zu sein, ist für viele Schauspieler sicher der Höhepunkt ihrer Karriere. »Die Burg« widmet sich dem Klassikerkanon der Weltliteratur, ihre Akteure gehören zur Crème de la Crème der Schauspielerzunft. Premieren – und nicht nur die – sind regelmäßig ausverkauft.

I., Innere Stadt; Universitätsring 2; Bestellbüro unter Tel. 01/5 14 44 41 45; www.burgtheater.at

136 Staatsoper

Eine der renommiertesten Opernbühnen der Welt, auf der sich alljährlich von September bis Juni Weltstars wie Placido Domingo und Anna Netrebko ein Stelldichein geben. Ein Besuch lohnt schon der Architektur wegen: Der prächtige Neorenaissancebau wurde von 1863 bis 1869 als einer der ersten Prachtbauten auf der neu angelegten Ringstraße errichtet. Bei Führungen kann man einen Blick hinter die Kulissen des Traditionshauses werfen.

I., Innere Stadt; Opernring 2;
Tel. 01/514 44 22 50;
www.wiener-staatsoper.at

137 Porgy & Bess Jazzclub

In einem Ranking des amerikanischen Nachrichtensenders CNN wird das P&B als einer der Top-Jazzclubs in Europa gelistet. Wiens Topadresse für Jazzfans sowie für Freunde von Avantgarde und innovativer Musik.

I., Innere Stadt; Riemergasse 11;
Tickets Tel. 01/5 12 88 11;
www.porgy.at

138 Kabarett Niedermair

»Unser Ruf ist größer als das Haus« – so heißt es auf der Website selbstbewusst. Und in der Tat: Alles, was in Österreichs Kleinkunstszene Rang und Namen hat – zum Beispiel Lukas Resetarits oder Die Hektiker –, war schon auf der Bühne des Niedermair zu Gast. Es gilt vielen aber auch als Sprungbrett für den talentierten Nachwuchs.

VIII., Josefstadt; Lenaugasse 1a;
Tel. 01/4 08 44 92; www.niedermair.at

Lainzer Tiergarten

Auf der südlichen Seite des Wien-Flusses befindet sich der Lainzer Tiergarten mit Damhirschrudeln und frei laufenden Wildschweinen. Das Lainzer Tor ist der Haupteingang: Von hier erreicht man in einem 20-Min.-Spaziergang die Hermesvilla, das ehemalige Schloss der Kaiserin Elisabeth. Es fungiert heute als Museum, in dem u.a. das Turnzimmer der sportbegeisterten Regentin zu sehen ist. Eine 45-Min.-Wanderung führt zum Restaurant Hirschgstemm und zur Aussichtswarte-Rudolfshöhe. In 15 Min. spaziert man über von dichtem Blattwerk beschattete Pfade von der Hermesvilla zum »Wiener Blick«.

139

XIII., Lainzer Tiergarten; Buslinien 60 und 60 B ab Schönbrunn

140 Kahlen- und Leopoldsberg

Im Norden Wiens erheben sich der 484 m hohe Kahlenberg und der Leopoldsberg (425 m). Letzterer ist die östlichste Erhebung des Wienerwaldes, den man von Kahlenbergerdorf (Schnellbahnstation) am Ufer der Donau über einen Waldweg vorbei am Heimkehrerdenkmal und der Leopoldskirche erreicht. In und um die damals noch unvollendete Leopoldskirche fand 1683 jene Messe statt, an der die Ersatztruppe unter dem polnischen König Jan Sobieski und Karl von Lothringen teilnahm, um anschließend die türkische Belagerungsarmee anzugreifen und Wien zu befreien. Man kann vom Leopoldsberg entweder mit dem Bus, der Linie 38 A, zum Kahlenberg weiterfahren, oder man geht kurz zu Fuß. Vom Hausberg der Wiener genießt man einen herrlichen Blick auf Wien, das einem hier, an die sanften Rundungen des Wienerwaldes gebettet, zu Füßen liegt.

XIX., Kahlenberg; Buslinie 38 A ab U-Bahn-Station Heiligenstadt

141 Lobau

Der sog. »grüne Dschungel Wiens« ist Teil des Nationalparks Donau-Auen, der sich über 37 km fast bis an die ungarische Grenze zieht. Die Donau ist die Lebensader dieser Flussauenlandschaft und sorgt für eine einzigartige Flora und Fauna: Biber, Gottesanbeterinnen und Eisvögel sind hier mit etwas Glück zu beobachten. Mit dem Nationalparkboot gelangt man aus Wiens Innenstadt (Abfahrt von der Salztorbrücke tgl. 9 Uhr, Mai–Okt.) über den Donaukanal schnell in das Gebiet, das von Wander- und Radwegen durchzogen ist.

XXII., Lobau; Dechantweg 8; Tel. 01/4 00 04 94 95; www.donauauen.at

142

Prater

Der Wurstelprater ist zweifellos der Klassiker unter den Vergnügungsparks: Riesenrad, Achter- und Geisterbahn, Kasperletheater, dazu Autodrom, Schießbuden und sonst noch allerlei – nicht zuletzt die Liliputbahn, auf der die ganze Familie in 20 Minuten mit immerhin bis zu 10 Stundenkilometern durch die Parklandschaft des Praters rattern kann. Da freuen sich die Eltern schon mal auf eine zünftige Jause mit frisch gezapftem Budweiser im nahe gelegenen Schweizerhaus …

II., Leopoldstadt; Prater; www.prater.at

Haus des Meeres

143

In einem Flakturm aus dem Zweiten Weltkrieg ist diese Schausammlung mit mehr als 3000 Fischen und anderem Getier untergebracht. An der Außenmauer wartet eine 35 m hohe Kletterwand auf mutige Kraxler.

VI., Mariahilf; Fritz-Grünbaum-Platz 1; Tel. 5 87 14 17; www.haus-des-meeres.at

ZOOM Kindermuseum

144

Mitten im MuseumsQuartier ein Museum für 3- bis 12-Jährige zum Mitmachen: von Trickfilm über Malen und Basteln bis zum Theater. Im Spiel- und Erlebnisbereich können auch die Allerkleinsten herumtollen.

VII., Neubau; MuseumsQuartier; Tel. 01/5 24 79 08; www.kindermuseum.at

145 Tiergarten Schönbrunn

Neben den klassischen Tiergehegen gibt es für Kinder ein Tiroler Bauernhaus mit Tieren zum Streicheln; beliebt sind auch die Fütterungen, zum Beispiel bei den Menschenaffen, denen man täglich um 10 und um 14.30 Uhr beim Jausen zusehen kann. Die Jaguare und Tiger werden tgl. (außer Mi und Sa) um 14 Uhr abgefüttert. Wer länger bleiben möchte, fragt seine Eltern nach dem Feriencamp. Kids im Alter von sieben bis zehn Jahren können so eine Woche lang aufregende Erlebnisse sammeln.

XIII., Hietzing; Eingang: Hietzinger Tor/Hauptstraße; Tel. 01/ 87 79 29 40; www.zoovienna.at

146 Kinderführungen Schloss Schönbrunn

Speziell auf kleine Besucher ausgerichtete Führungen mit wechselndem Motto, z. B. »Kaiserin Maria Theresia und ihre Kinder«, gibt es jedes Wochenende um 10.30, 13.30 und 15 Uhr. »Schönbrunn erleben« und sich als Prinz und Prinzessin verkleiden ist nach wie vor der Traum vieler Kinder. Und wer früh anfangen und Quadrille tanzen lernen möchte, kann dies in der Kinder-Erlebniswelt tun.

XIII., Hietzing; Schönbrunner Schloss-Straße; Tel. 01/81 11 32 39; www.kaiserkinder.at

147 Life Ball

Es ist eine der spektakulärsten Wohltätigkeitsveranstaltungen und erweckt Jahr für Jahr internationales Interesse. Mode internationaler Stardesigner Hand in Hand mit ausgelassenem Ballvergnügen, und das auch noch für einen guten Zweck. Seit über 20 Jahren ist dies die größte Benefizveranstaltung in Europa zugunsten HIV-infizierter und Aidserkrankter Menschen.

www.lifeball.org; Ende Mai, wieder ab 2017

Ball der Philharmoniker

148

Einer der Höhepunkte im Ballkalender – vielleicht sogar prunkvoller als der Opernball.

Karten: Tel. 01/5 05 65 25; www.wienerphilharmoniker.at; Januar

Opernball

149

Wiens bekanntester Ball mit illustren Gästen von Rang und Namen. Karten zu bekommen ist praktisch unmöglich.

www.wiener-staatsoper.at; Februar

Neujahrskonzert

150

Klassische Stücke von Strauß, seltener von Mozart und Beethoven begrüßen am 1. Januar im Vereinssaal das neue Jahr.

www.wienerphilharmoniker.at; Januar

Vienna City Marathon

151

Mitte April läuft ganz Wien – und rundherum ist Volksfest.

www.vienna-marathon.com; April

Maifest

152

Das Noch-immer-rote-Wien feiert am 1. Mai seinen Tag der Arbeit im Prater – wie es sich gehört, gleichzeitig mit der Eröffnung der Pratersaison.

Mai

Wiener Festwochen

153

Alljährliches Kulturspektakel: im Theater an der Wien, im Museums-Quartier und anderen Orten mit Konzerten, Tanz und Theater.

www.festwochen.at; Mai/Juni

154 Film-Festival Viennale

2013 feierte die Viennale ihren 50. Geburtstag. Die Viennale ist Österreichs bedeutendstes Filmfestival. Eine Retrospektive widmet sich meist einem Generalthema. Dazu kommt das Festivalprogramm mit 300 Spiel-, Dokumentar- und Kurzfilmen in 14 Tagen. Fast 100 000 Gäste und Aktive aus dem In- und Ausland beteiligen sich an diesem größten Publikumsfestival, bei dem auch der Wiener Filmpreis vergeben wird.

www.viennale.at; Oktober/November

155 Donauinselfest

Drei Tage lang Ende Juni ist die Donauinsel Schauplatz eines riesigen Gratis-Freiluft-Events mit Konzerten, Partys und jeder Menge Spaß auf und rund um 20 Bühnen. Fast drei Millionen Besucher kommen jedes Jahr, und natürlich gehören neben den Wiener Lokalgrößen auch internationale Spitzenbands zu den Auftretenden. Wenn das Wetter schön ist, kann man auch einfach im Gras am Ufer der Donau liegen und den fernen Klängen lauschen.

www.donauinselfest.at; Juni

156 Kaiserball

Die Hofburg Vienna lädt zu einer rauschenden Ballnacht in imperialen Prunksälen ein. Der letzte (oder erste?) der großen Bälle – in diesem Fall steht er ganz im Zeichen der Habsburger. Alles Walzer oder was?

www.legrandbal.at; Silvester

157 Christkindlmarkt

Schnee gehört natürlich dazu. Und es muss richtig kalt sein: Dann ist der Rathausplatz in den Wochen vor Weihnachten der schönste Ort, um sich heiße Kastanien und Glühwein zu bestellen. Trotz Kommerz wird es einem dabei warm ums Herz.

www.christkindlmarkt.at; Dezember

ImPulsTanz 158

Internationales Tanztheater und -performances rücken Wien in den Mittelpunkt der Szene.

Information: Tel. 01/5 23 55 58; www.impulstanz.com; Juli/Aug.

Wien modern 159

Bei dieser Konzertreihe steht seit über 25 Jahren die Musik des 20. und 21. Jh. im Mittelpunkt.

www.wienmodern.at; Oktober/November

Jazzfest Wien 160

Die Größen des Jazz geben sich in der Staatsoper, im Konzerthaus und an anderen illustren Orten die Klinke in die Hand. Anfang jedes Jahres stehen die ersten Highlights für den Sommer fest.

www.viennajazz.org; Juni/Juli

Nieder-österreich

Links und rechts der blauen Donau gelegen, ist das Bundesland die Quintessenz Österreichs: »Land der Berge, Land am Strome, Land der Äcker, Land der Dome« heißt es in der Nationalhymne. Es zeigt sich üppig und wohlgerundet im Mostviertel, rau im Waldviertel, grün im Wienerwald und im Weinviertel erinnert es schon mal an die Toskana ...

Obstblüte im Mostviertel – die Schönheit der Region ist ebenso berauschend wie ihr Haupterzeugnis, der vergorene Birnensaft.

161 Mostviertel

Das Mostviertel hat zwei Gesichter: Im Norden präsentiert es sich sanfthügelig und fruchtbar, im Süden schroff und gebirgig. Im alpenländischen Mostviertel entspringt die Traisen und durchfließt in ihrem Oberlauf, dem Lilienfelder Bezirk, die waldreichste Region Österreichs – die herrlichen Mischwaldbestände der Region machen sie zu einer zauberhaften Urlaubslandschaft für Wanderer und Skifahrer. Die alpine Bergwelt rund um Ötscher, Hochkar und Dürrenstein war ein Zentrum der Eisenverarbeitung – zahlreiche Museen und Themenwege erzählen davon.

Ihren Namen verdankt die Region dem Most, der hier vorwiegend sortenrein aus Birnen produziert wird. Über das gesamte Viertel sind Birn- und Apfelbäume verbreitet, besonders zahlreich finden sie sich aber im Einzugsbereich der unteren Ybbs. Zur Blütezeit im April bilden sie einen bezaubernden Anblick, im Spätsommer liefern sie den Grundstoff für den Most, um den herum sich eine einzigartige Genusskultur entwickelt hat. Neben natürlichen und kulinarischen gibt es aber auch kulturelle Highlights: prächtige Schlösser, altehrwürdige Stifte und das für sein reges Kulturleben bekannte St. Pölten. Während die Altstadt vom Barock geprägt ist, zeigt Österreichs jüngste Landeshauptstadt im Regierungsviertel und Kulturbezirk ihr modernes Gesicht.

Adalbert-Stifter-Str. 4; 3250 Wieselburg a. d. Erlauf; Tel. 0 74 16/ 5 21 91; www.mostviertel.info

162 St. Pölten

St. Pölten ist die älteste Stadt und zugleich die jüngste Landeshauptstadt Österreichs. Einer Blütezeit im Barock verdankt es prächtige Baudenkmäler wie den Dom, das Rathaus, das Institut der englischen Fräulein und die Prandtauerkirche sowie die Palais um den Riemerplatz. Von einem zweiten Boom um die Jahrhundertwende zeugen Jugendstiljuwele wie das Olbrich-Haus und die ehemalige Synagoge. Für Freunde moderner Architektur lohnt ein Rundgang durch das Regierungs- und Kulturviertel mit dem »Landtagsschiff«, dem Landesmuseum, dem Festspielhaus und dem Klangturm mit Klangräumen auf drei Etagen und Aussichtsplattform in 47 m Höhe. Vor den Toren der Stadt verspricht die Weinstraße Traisental genussreiche Entdeckungen in Heurigen und Winzerhöfen.

Rathausplatz 1; Tel. 0 27 42/33 30; www.st-poelten.gv.at

Scheibbs

Enge Gassen mit alten Bürgerhäusern prägen das Ortsbild – im Spätmittelalter war Scheibbs ein Zentrum der Eisenverarbeitung. Sehenswert sind die gotische Pfarrkirche St. Maria Magdalena und das Schloss von 1160.

163

Rathausplatz 1; Tel. 0 74 82/42 51 10; www.scheibbs.gv.at

Schallaburg

Herzstück des prächtigen Renaissanceschlosses ist der mit Terrakottafiguren geschmückte zweigeschossige Arkadenhof. Auf einer Führung sieht man Palas und Bergfried sowie die Schlosskapelle mit dem Hochgrab Hans Wilhelm von Losensteins.

164

Tel. 0 27 54/6 31 70; www.schallaburg.at; Ende März–Mitte Nov.

Stift Lilienfeld

165

Das 1202 gegründete Zisterzienserstift ist das größte mittelalterliche Kloster Österreichs. Es besitzt eine prächtig verzierte barocke Bibliothek und ein zierliches gotisches Brunnenhaus. Der Babenberger-Herzog Leopold VI. liegt vor dem Hochaltar begraben.

Tel. 0 27 62/52 42 00; www.cisto.at/stift/

Neuhofen a. d. Ybbs

166

Im Ostarrichi-Kulturhof erklärt eine Ausstellung, in deren Zentrum die sog. Ostarrichi-Urkunde steht, warum die Gegend um Neuhofen als »Wiege Österreichs« gilt.

Milleniumsplatz 1; Tel. 0 74 75/5 27 00 40; www.ostarrichi-kulturhof.at

167 Haag

Haag ist bereits seit der Antike besiedelt, wie die Römersteine in der Außenwand der Pfarrkirche zeigen; die durch eine Wehrmauer geschützte Pfarrkirche St. Michael, eine Staffelkirche von 1585, beherrscht die Stadtsilhouette. Vom bäuerlichen Erbe des Umlands zeugt das Mostviertelmuseum. Im weitläufigen Park von Schloss Salaberg wurde ein Tiergarten eingerichtet.

Hauptplatz 4; Tel. 0 74 34/ 4 24 2 30; www.haag.gv.at

168 Ötscher-Tropfsteinhöhle

Auf einer Strecke von 500 m ist der Höhlenkomplex für Besucher zugänglich, denen sich eine großartige Welt erschließt – an der tiefsten Stelle erstreckt sich in einer domartigen Vertiefung ein 100 qm großer See. Zufahrt bis Jausenstation Schindlhütte, dann Aufstieg auf markiertem Wanderweg (45 Min.).

Tel. 06 76/7 82 27 63; www.kienberg-gaming.naturfreunde.at; Mai–Okt. nur Sa, So 9–16 Uhr, Juli/Aug. auch Mi

169 Waidhofen a. d. Ybbs

Der Hauptort der Eisenwurzen besitzt eine gut erhaltene Altstadt aus dem 14. bis 16. Jh. Ihr Zentrum bildet der Obere Stadtplatz mit prächtigen Bürgerhäusern, barocker Mariensäule, dem Alten Rathaus und der spätgotischen Pfarrkirche St. Maria Magdalena. Der Stadtturm (1534–1542) wurde zur Erinnerung an die Abwehr eines Türkenangriffs gebaut. Die Spitalkirche St. Katharina (15. Jh.) am Eberhardplatz besitzt eine kostbare Steinkanzel. Das ehemalige Rothschildsche Schloss (heute Forstfachschule) wird im Sommer für Kulturveranstaltungen genutzt.

Schlossweg 2; Tel. 0 74 42/51 12 55; www.waidhofen.at

170 Ybbsitz

Zauberhaft an der Einmündung des Pollingbachs in die Kleine Ybbs gelegen und geprägt von barocken Schmiedehäusern, ist der Ort noch heute Sitz von Hammerwerken. Alles über das Schmiedewesen erfährt man an den acht Stationen der Ybbsitzer Schmiedemeile, die im Museum Haus Kremayr beginnt.

Markt 24; Tel. 0 74 43/8 53 00; www.ybbsitz.at

171 Sonntagberg

Auf dem Sonntagberg, 10 km nördlich von Waidhofen a. d. Ybbs, erhebt sich weithin sichtbar die Pfarr- und Wallfahrtskirche zu Ehren der Heiligsten Dreifaltigkeit. Der Architekt des Klosters Melk, Jakob Prandauer, schuf hier 1706 bis 1732 anstelle des Vorgängerbaus vom Ende des 15. Jh. ein barockes Klosterjuwel mit wunderschönen Deckenfresken und dem monumentalen Hochaltar, in dem das Gnadenbild der Allerheiligsten Dreifaltigkeit (17. Jh.) eine zentrale Stelle einnimmt. Künstlerisch wertvoll sind auch die Seitenaltarbilder, die vergoldete Kanzel und die Rokokobeichtstühle.

Waidhofner Str. 20; Tel. 0 74 48/22 90; www.sonntagberg.gv.at

Bisamberg

Die Aussicht von der 360 m hohen Anhöhe am Donauufer soll schon Kaiserin Sisi begeistert haben, weswegen der Gipfel auch Elisabethhöhe genannt wird. Eine Säule erinnert an die Regentin, sie ist Teil des Bisamberg-Kulturwanderwegs. Im gleichnamigen Weinort am

172

Fuß des Berges erinnert ein im 17. Jh. gestifteter Kreuzweg an die Befreiung von den Türken. Das 1568 erbaute Renaissanceschloss befindet sich in Privatbesitz und kann nicht besichtigt werden. Der Schüttkasten wird jedoch für Veranstaltungen genutzt, u. a. für die Bisamberger Weinkost (1. So nach Aschermittwoch). Im Eckturm lädt eine Taverne zur Einkehr.

www.bisamberg.at

173 March-Donautal

Überwiegend nördlich der Donau erstreckt sich zwischen Wien und der ungarischen Grenze das Marchfeld, eine fast 1000 qm große Schotterebene. Das Gebiet teilt sich in eine südliche nacheiszeitliche Aufschwemmungsebene, die auch mit einem schmaleren Streifen auf das südliche Donauufer übergreift und weniger fruchtbar ist, und eine sich nördlich anschließende Niederterrasse auf. Die Niederterrasse ist ein wichtiges niederösterreichisches Landwirtschaftsgebiet mit Feldgemüse-, Zuckerrüben- und Weizenanbau sowie Weinbau an seinem Nordrand – und das Marchfeld ist berühmt für seinen Spargel!

Als Grenzregion war das Marchfeld lange Schauplatz kriegerischer Auseinandersetzungen, die viele Befestigungen erforderten. Sie bildeten die Grundsubstanz für die zauberhaften Barockschlösser, die hier heute noch zu bewundern sind. Einst Sommer- und Jagdresidenzen des Wiener Hochadels, zeugen sie mit prächtigen Fresken, Stuck- und Bildhauerarbeiten sowie Parkanlagen von der herrschaftlichen Pracht vergangener Tage.

An der Donaupforte bei Hainburg mündet die March – in ihrem Unterlauf Grenze Niederösterreichs zur Slowakei –, deren Talauen eine einzigartige Landschaft mit einer speziellen Flora und Fauna bilden: In die sumpfigen Mulden sowie die vielen Altwasserarme und Tümpel dieses urtümlichen Auenwaldgebietes kommen Schwarzstörche und Kormorane zur Futtersuche, Weißstörche nisten auf den Stieleichen, und es bestehen große, vom WWF geschützte Graureiherkolonien.

Im tischebenen Tullnerfeld wechseln sich die Auenwälder mit Getreidefeldern ab – doch im eigentlichen, ca. 5 km breiten Kern des Beckens ist durch den aufgeschotterten Untergrund eine landwirtschaftliche Nutzung kaum möglich. Vielleicht hat dies zur weitgehenden Unberührtheit dieser einzigartigen Landschaft beigetragen.

www.donau.com, www.regionmarchfeld.at

174 Baden

Das reizvolle Städtchen war 30 Jahre lang Sommerresidenz von Kaiser Franz I. Nach dem verheerenden Stadtbrand von 1812 erfolgte ein Neubau zur biedermeierlichen Bäderstadt mit vielen klassizistischen Bauten. Für Spaziergänge empfehlen sich der Kurpark mit dem prachtvoll gestalteten Kasino und besonders zur Blütezeit im Juni das Rosarium im Doblhoffpark mit über 600 Rosenarten. Entspannen kann man anschließend in der Römertherme, einer modernen, mit allen Raffinessen ausgestatteten Wellnesslandschaft (www.roemertherme.at).

Brusattiplatz 3; Tel. 0 22 52/ 4 50 30; www.baden.at

175 Korneuburg

Das kleine Städtchen im äußersten Osten des Tullnerfelds besitzt eine gut erhaltene historische Altstadt. Spätgotische Bürgerhäuser säumen den hübschen Hauptplatz, in dessen Mitte die barocke Pestsäule aufragt. An der westlichen Stadtmauer steht die barockisierte Augustinerkirche mit Altargemälden von F. A. Maulpertsch (1770). In Korneuburg ist auch die Ruine der ältesten Synagoge Österreichs (Anfang 14. Jh.) zu sehen.

Hauptplatz 39; Tel. 0 22 62/ 77 00; www.korneuburg.gv.at

176 Jagdschloss Eckartsau

Das südlich von Wagram a. d. Donau gelegene Jagdschloss Eckartsau zählt zu den bekanntesten an der Marchfelder Schlösserstraße. Der heutige Bau geht auf eine Anlage aus dem 12. Jh. zurück, die mehrfach umgebaut wurde und durch den Thronfolger Franz Ferdinand seine heutige Gestalt erhielt. Die Höhepunkte bei einem Rundgang durch den Bau, der heute Sitz der österreichischen Bundesforstverwaltung ist, sind die kaiserlichen Privatgemächer und das prächtige Stiegenhaus. Anschließend lohnt sich ein Spaziergang im weitläufigen Schlosspark.

Tel. 0 22 14/22 40; www.schlosseckartsau.at; Führungen tgl. 11., 14 und 16 Uhr

Laxenburg

177

Publikumsmagnet ist hier die herrliche Parkanlage mit ihren Schlössern, Denkmälern, Teichen und altem Baumbestand. In der Franzensburg – der von Franz II. errichteten romantischen Nachbildung einer gotischen Ritterburg –, tanzte auch der Wiener Kongress. Der Blaue Hof gegenüber der Pfarrkirche, von Maria Theresia zum Sommerschloss mit prächtigen Repräsentationsräumen und kleinem Hoftheater ausgebaut, ist ein Juwel des Spätbarock.

Schlossplatz 7–8; Tel. 0 22 36/71 10 10; www.laxenburg.at

Leithagebirge

Der 35 km lange, bis zu 8 km breite Bergrücken liegt an der Grenze zwischen Niederösterreich und Burgenland. Zu Niederösterreich gehört der Naturpark Mannersdorf-Wüste mit Eichen-Hainbuchenwäldern und Streuobstwiesen rund um das Kloster St. Anna in der Wüste. In Mannersdorf beginnt ein Rundwanderweg durch den Park, ein Regionalmuseum zeigt archäologische Funde, Mineralien und Fossilien aus der Umgebung (Mai–Okt.). Der Welterbe-Naturpark Neusiedler See-Leithagebirge (www.neusiedlersee-leithagebirge.at) liegt auf dem Gebiet des Burgenlandes, kann aber von Mannersdorf aus erwandert werden.

178

www.mannersdorf-leithagebirge.gv.at

179 Rohrau

Zu einer Pilgerstätte für Musikenthusiasten entwickelte sich die Marktgemeinde, weil sich hier das Geburtshaus Joseph Haydns befindet. In dem strohgedeckten Bauernhaus aus dem 18. Jh. ist heute ein Museum untergebracht, das über Leben und Werk des großen Komponisten und seines jüngeren Bruders Michael informiert. Zu sehen sind das Geburtszimmer, die Küche, die Wohnstube und der Barocksaal mit dem restaurierten Originalflügel, auf dem der Meister selbst gespielt haben soll. Im Haydnhaus finden regelmäßig Konzerte statt, die natürlich in erster Linie dem Werk der Brüder Haydn verpflichtet sind.

Obere Hauptstr. 25;
Tel. 0 21 64/22 68;
www.haydngeburtshaus.at

180 Gumpoldskirchen

Berühmtester Weinort der Region, vielleicht ganz Österreichs, mit stimmungsvollen Heurigenlokalen in traditionsreichen Winzerhöfen. Das reizvolle Ortsbild geht auf das 16. Jh. zurück, als man Gumpoldskirchen nach Zerstörungen während der ersten Türkenbelagerung neu aufbaute. Sehenswert sind das wuchtige Deutschordensschloss (14./15. Jh.), die Pfarrkirche St. Michael (1. Hälfte 15. Jh.) und das Renaissancerathaus mit viergeschossigem Eckturm und breiten Laubengängen. Etwa 2 km südöstlich von Gumpoldskirchen liegt das Stiftsweingut Thallern, vor über 850 Jahren von Zisterziensern aus Heiligenkreuz gegründet und damit eines der ältesten Österreichs. Es unterhält die Gebietsvinothek mit Weinen von über 40 Winzern der Thermenregion (www.freigut-thallern.at).

Schrannenplatz 5;
Tel. 0 22 52/6 35 36;
www.gumpoldskirchen.at

181 Schloss Hof

Erbaut für Prinz Eugen von Savoyen, ließ Maria Theresia das Ensemble zur größten Landschlossanlage der Habsburger ausbauen. Drei Bereiche prägen das barocke Gesamtkunstwerk: Die prunkvollen Räumlichkeiten des Schlosses geben Einblick in imperiale Wohnträume, die Gartenanlagen mit Broderiebeeten und Skulpturen erstrecken sich über sieben Terrassen und der Gutshof ist Schauplatz von Themengärten und Refugium für selten gewordene Haustierrassen. Auf den Erlebnispfaden und in der Kinder- und Familienwelt wird der barocke Alltag wieder lebendig.

Tel. 0 22 85/2 00 00; www.schlosshof.at

182 Schloss Harrach

Das ehemalige Wasserschloss der Grafen von Harrach, 15 km westlich von Rohrau, beherbergt die größte private Gemäldesammlung Österreichs. Über 450 Jahre gewachsen, umfasst sie mehr als 400 Werke von spanischen, neapolitanischen und niederländischen Meistern des 16. bis 18. Jhs. Gezeigt werden diese zusammen mit prachtvollem Mobiliar und erlesenem Kunstgewerbe.

Tel. 0 21 64/22 53 16; www.schloss-rohrau.at; Ostern–1. Nov.

183 Schloss Marchegg

Vom böhmischen König Ottokar II. als Trutzburg erbaut, erhielt das Schloss 1730 seine barocke Form und wurde in den folgenden beiden Jahrhunderten als Jagdschloss und Sommersitz genutzt. Heute beherbergt es das Heimatmuseum des Ortes und eine Ausstellung zum angrenzenden Naturschutzgebiet Marchauen. Hier nistet eine Storchenkolonie, die auch auf den Kaminen des Schlosses ihre Nester baut. Ein Naturlehrpfad durch die Marchauen beginnt beim Schloss und endet am Ungartor im Osten Marcheggs.

Tel. 0 22 85/2 91 11; www.marchegg.at; April–Okt. nach Voranmeldung; der Naturlehrpfad ist vom späten Frühjahr bis in den Herbst begehbar

184 Thermalbad Vöslau

»Ein Garten für Kinder und Adolescente, ein Jugendbrunnen für Mädchen und Frauen, ein Lebenselexier für Schwache und Greise – das ist Vöslau«, rühmte 1893 ein Zeitgenosse. Nachdem Dr. Johann Malfatti, Leibarzt Ludwig von Beethovens, dem Mineralwasser heilende Wirkung bestätigt hatte, wurde Vöslau zum mondänen Treffpunkt der Wiener Gesellschaft. Mitglieder der Kaiserfamilie lernten hier das Schwimmen, und auch Arthur Schnitzler und Adolf Loos schwammen als Buben in der Ursprungsquelle. Als die Badeanlagen erweitert werden mussten, betraute man Theophil Hansen mit dem Projekt, der durch seine Bauten an der Wiener Ringstraße zu einem Star der damaligen Architekturszene avanciert war.

Eine so große Tradition verpflichtet natürlich: Als man 2010 daran ging, die historische Anlage behutsam zu modernisieren, war man von der Idee geleitet, eine zeitgemäße Nutzung zu ermöglichen und dennoch das unverwechselbare Flair zu bewahren. Neuerungen betrafen hauptsächlich die Raumgestaltung und funktionale Details, erhalten blieben die charmante K.-u.-K-Architektur und das stimmungsvolle natürliche Ambiente mit lauschigen Plätzchen zwischen Felsen und unter Schatten spendenden, alten Föhren.

Herzstück des alten wie des neuen Bades ist das Grüne Becken, das von der Vöslauer Ursprungsquelle gespeist wird. Das 15000 Jahre alte Wasser sprudelt mit 21,5 Grad aus 660 m Tiefe an die Oberfläche und bietet an warmen Sommertagen angenehme Erfrischung. Heiß umkämpft wie eh und je sind die Plätze unter der einzigartigen Schwedendusche. In der Mitte des Beckens lädt eine Insel mit Rasenplätzen unter alten Bäumen zum Entspannen im Schatten ein. Quellfrisches Vöslauer Mineralwasser füllt auch das Waldbecken, einen Badeteich, der um eine kleine Ökozone mit Wasserpflanzen bereichert wurde. Aktiven bietet das als Sportbecken konzipierte Blaue Becken auf 1000 qm viel Bewegungsfreiheit. Es ist auf angenehme 26 Grad temperiert. Hier werden auch Kurse wie Aquarhythmik oder Aquazumba durchgeführt. Im Kinderbecken können die Jüngsten im schützenden Schatten gelber Sonnensegel nach Herzenslust planschen oder in den Sandkisten Burgen bauen.

Sportbegeisterte Jugendliche und Erwachsene kommen im Marienpark auf ihre Kosten – Beachvolleyballplatz, Tennis, Tischtennis und Minigolf machen so richtig Lust auf einen Sprung ins kühle Nass. Entspannung suchenden steht die Saunawelt zur Verfügung, die mit Sole-Dampfbad, finnischer Sauna, Biosauna, Infrarotkabinen und Hamam wohltuende Wellnessmomente bietet. An jedem ersten Sonntag im Monat werden Saunagäste mit Erlebnisaufgüssen verwöhnt: Aromen wie Meersalz und Honig, aber auch ausgefallene Varianten wie Olive und Joghurt machen den Saunagang zum sinnlichen Erlebnis. In den Ruheräumen finden anschließend auch Gestresste zu seelischer Balance. Klassische

Heilmassagen, Anti-Migräne-Massage, Lymphdrainage, Aromatherapie, Akupunktur und Yoga-Kurse runden das Wellnessangebot ab. Die Firma Saint Charles, bekannt für hochwertige Naturkosmetik, hat für das Thermalbad Vöslau eine eigene Produktpalette entwickelt, welche im Thermalbad-Shop erhältlich ist. Neben der Saint-Charles-Pflegeserie findet man dort alles, was man für einen perfekten Badetag braucht – und noch viel mehr.

Nach einem erlebnisreichen Tag im Wasser und an der frischen Luft kommt auch das leibliche Wohl nicht zu kurz. Im Thermalbad-Restaurant werden leckere Gerichte für den großen und kleinen Hunger in entspannter Atmosphäre serviert. Für die Erfrischung zwischendurch sorgt der Eispavillon. Ergänzt wird das gastronomische Angebot von der Milchbar im Föhrenwald und vom Saunastüberl. Wenn das Freibad am Abend seine Türen schließt, gehen längst nicht alle Badegäste nach Hause. Viele haben Kabanen gemietet, in denen sie übernachten oder sogar den Sommer verbringen. Die kleinen Wohneinheiten sind zum Teil mit Balkon und Garten ausgestattet und heiß begehrt, bieten sie doch Gelegenheit, jederzeit baden zu gehen, sich im Grünen zu bewegen und sich dann in sein persönliches Refugium zurückzuziehen. 67 Apartments und 100 Kabanen stehen als Mietobjekte zur Verfügung, davon wurden zwölf Waldkabanen nach historischem Vorbild neu erbaut.

Maital 2; Tel. 0 22 52/76 26 60; www.thermalbad-voeslau.at; Thermalbad 27. April–29. Sept. tgl.; Saunawelt ganzjährig

Maria Taferl

Die zweitürmige Wallfahrtskirche zählt nach Mariazell zu den meistbesuchten Pilgerzielen Österreichs. Sie wurde 1660 bis 1710 auf einer Donauanhöhe gegenüber von Pöchlarn errichtet, dem schönsten Aussichtspunkt des Nibelungengaus. Die Kuppel stammt von Jakob Prandauer, im Inneren sind barocke Deckenmalereien, eine reich verzierte Rokokokanzel und eine Rokokoorgel zu sehen.

Tel. 0 74 13/70 40;
www.mariataferl.at

185

Tulln

Die ehemalige römische Kastellsiedlung Comagena war im Mittelalter Residenz der Babenberger. Sehenswert sind der Römerturm aus dem 3./4 Jh., das Minoritenkloster, die im Kern romanische Pfarrkirche St. Stephan und der benachbarte Karner von 1250. Schöne Bürgerhäuser säumen den Hauptplatz. Das Römermuseum gibt einen Eindruck vom Alltag in der spätantiken Siedlung. Tulln ist Geburtsstadt des Malers Egon Schiele – in seinem Elternhaus wurde ein Museum eingerichtet. Das Schiele-Museum im früheren Bezirksgefängnis zeigt mit über 100 Originalwerken einen repräsentativen Querschnitt durch sein Œuvre.

186

Minoritenplatz 2; Tel. 0 22 72/ 6 75 66; www.tulln.at

187 Wiener Neustadt

Die »Neustadt« entstand ab 1194 als befestigte Stadt im südöstlichen Steinfeld gegen Ungarneinfälle. Ihre Blütezeit erlebte sie im 15. Jh., als sie Kaiser Friedrich III. viele Jahrzehnte als Residenz diente. Trotz schwerer Zerstörungen im Zweiten Weltkrieg besitzt sie einige wertvolle Baudenkmäler. Noch aus der Babenbergerzeit stammt die viertürmige Burganlage. Maria Theresia gründete hier 1751 die älteste Militärakademie der Welt. Spätgotische Häuser säumen den Hauptplatz mit dem 1401 errichteten Rathaus und der Mariensäule von 1678. Etwas östlich befindet sich in der Neuklostergasse das ehemalige Stift Neukloster mit seiner gotischen, später barockisierten Hallenkirche. Den Domplatz dominiert der spätromanische, 1297 geweihte Liebfrauendom. Beim Reckturm aus dem 13. Jh. handelt es sich um die nordwestliche Begrenzung der Stadtbefestigung. Ebenfalls aus dem 13. Jh. stammt das ehemalige Kloster St. Peter an der Sperr, in dem heute das Stadtmuseum seine Ausstellung präsentiert. Am Flugplatz Ost zeigt das Aviaticum historische Fluggeräte wie die legendäre Etrichtaube, eines der ersten Motorflugzeuge der Welt.

Hauptplatz 3;
Tel. 0 26 22/3733 11;
www.wiener-neustadt.gv.at

188 Sooß

Schönster Rotweinort der Thermenregion mit frühgotischer Wehrkirche, alten Giebelhäusern und vielen gemütlichen Buschenschänken. Im Lausturm oberhalb des Ortes soll die letzte Reblaus beerdigt sein. Mehrere Wander- und Radwege erschließen die reizvolle Umgebung.

Hauptstr. 48;
Tel. 0 22 52/8 75 73;
www.sooss.gv.at

Wachau und Nibelungengau

Der Wein hat der Wachau Wohlstand gebracht – ihre prächtigen Orte, vielfach von Burgen bewacht und mit spätmittelalterlicher Bausubstanz, machen dies deutlich: Im Tal verfügen sie über viele sehenswerte Kirchen, Klöster und darüber hinaus über viele Spitzenrestaurants, Hotels, Pensionen, Gasthäuser und Buschenschänken – Letztere verdanken ihre Existenz einem Privileg des Kaisers Franz Joseph II., der den Weinbauern ihr Gewohnheitsrecht, selbst erzeugten Wein an Gäste auszuschenken, 1784 verbriefte. Der Nibelungengau, die Talweitung zwischen Strudengau und Wachau, trägt seine Bezeichnung nach einem der Handlungsorte des Nibelungenliedes. Hier, wo die Hänge des Waldviertels sanfter zur Donau hin abfallen und sich südlich der Donau eine fruchtbare Ebene erstreckt, hatte der Grenzgraf Rüdiger von Bechelaren seinen Sitz – der Name von Pöchlarn als Hauptort des Nibelungengaus geht auf diese Figur aus dem Nibelungenlied zurück.

www.wachau.at

189

Schloss Orth

190

In Orth a. d. Donau kann das Schloss Orth besichtigt werden. Dieses älteste Marchfeldschloss vom Typ einer mittelalterlichen Wasserburg mit vier wuchtigen Türmen wurde von den Lengenbachern errichtet, einer der mächtigsten Adelsfamilien der Babenbergerzeit. Bis 2005 umfassend renoviert, beherbergt es heute ein Heimatmuseum und das Info- und Verwaltungszentrum des Nationalparks Donau-Auen mit der Ausstellung DonAUräume. Angeschlossen ist das Au-Erlebnisgelände Schlossinsel mit Unterwasser-Beobachtungsstation.

Tel. 0 22 12/34 50;
www.donauauen.at;
Ende März–Anfang Nov.

191 Göttweig

Das Benediktinerstift – 1083 gegründet, 1718 abgebrannt, ab 1719 von Barockbaumeister Lukas von Hildebrandt neu erbaut – ist, wenn auch nicht ganz vollendet, einer der prächtigsten Klosterbauten von Österreich. Hoch über der Donau liegt es auf dem 140 m hohen Klosterberg. Von der Terrasse des Stiftsrestaurants bietet sich ein herrlicher Panoramablick.

Tel. 0 27 32/85 58 10;
www.stiftgoettweig.at

192 Benediktinerstift Melk

Das am Eingang der Wachau auf einem Felssporn über der Donau gelegene Benediktinerstift ist einer der bedeutendsten Barockbauten Europas. Die palastartige Anlage wurde vom Tiroler Architekten Jakob Prandauer von 1700 bis 1732 an der Stelle errichtet, wo die Babenbergerburg des Markgrafen Leopold II. stand. Im 11. Jh. wurde diese in ein Benediktinerkloster umgewandelt, das im 15. Jh. Ausgangspunkt von Klosterreformen in Süddeutschland und Österreich war. Höhepunkte einer Besichtigung bilden die Kaiserstiege, der Marmorsaal und die prachtvolle Bibliothek. Einen Blickfang im Stiftspark stellt der barocke Gartenpavillon dar, in dem ein Café eingerichtet wurde.

Tel. 0 27 52/55 52 32; www.stiftmelk.at

193 Stadt Melk

Auch die vom Stift überragte Stadt lohnt ihres geschlossenen historischen Ortskerns wegen einen Besuch. Die ältesten Häuser stehen in der Sterngasse. Die Alte Post von 1792, die heute das Stadtmuseum beherbergt, gilt als schönster Profanbau der Stadt. Medaillons an der Fassade stellen alte Postmeister und Merkur als Nachrichtenüberbringer dar. Architektonische Schmuckstücke sind auch das Rathaus von 1575, die 1657 erbaute Stadtapotheke und der schindelgedeckte Alte Brotladen. Die drei Bäcker von Melk hatten hier eine Verkaufsstelle, die sie gemeinsam betrieben.

Kremser Str. 5; Tel. 0 27 52/5 23 07; www.melk.gv.at

Dürnstein

Das von Weinterrassen umgebene Städtchen ist der malerischste Ort der Wachau. Auf der Kuenringerburg (heute Ruine) oberhalb der Stadt wurde König Richard Löwenherz 1192/1193 auf dem Rückweg vom Dritten Kreuzzug wegen Unterschlagung von Kriegsbeute gefangen gehalten. Heute genießt man hier einen traumhaften Blick auf die ineinander verschachtelten Dächer von Dürnstein und die Donau. In Dürnstein selbst sind die barocke Kirche des ehemaligen Augustiner-Chorherrenstiftes, das spätgotische Rathaus und die schönen Bürgerhäuser in der Altstadt sehenswert.

Dürnstein 132;
Tel. 0 27 11/ 2 00;
www.duernstein.at

194

195 Krems-Stein

Trotz Zerstörungen in verschiedenen Kriegen besitzen Krems und Stein sehenswerte historische Stadtbilder. Wahrzeichen von Krems ist das Steiner Tor, ein Relikt der mittelalterlichen Stadtbefestigung. Den Pfarrplatz dominiert die Pfarrkirche St. Veit mit prachtvoller barocker Innenausstattung; am Hohen Markt zieht der gotische Stadtpalast des Stadtrichters Gozzo den Blick auf sich. Die historische Bausubstanz von Stein steht der von Krems in nichts nach – inzwischen zusammengewachsen, gehören beide Städte zu den ältesten und schönsten des Landes. In der Steiner Altstadt sind der Göttweigerhof (13./14. Jh.) und die Pfarrkirche St. Nikolaus sehenswert. Zwischen Krems und Stein erstreckt sich die Kunstmeile, zu der die in einer alten Tabakfabrik untergebrachte Kunsthalle gehört. Im von Gustav Peichl entworfenen Karikaturmuseum huldigt eine Dauerausstellung Manfred Deix.

Utzstr. 1; Tel. 0 27 32/8 26 76;
www.krems.info

196 Waldviertel

Zwischen Kamp und tschechischer Grenze erstreckt sich der urtümlichste Teil des Waldviertels. Wegen seines angeblich rauen Klimas und seiner Abgeschiedenheit am ehemaligen Eisernen Vorhang ist diese Region von Touristen lange nur wenig frequentiert worden – doch die Grenzen zum Osten sind längst offen und das leichte Reizklima hat viele Gesundheitsbetriebe angelockt. Zwischen Kamp und Donau erstreckt sich ein breiter Berg- und Waldgürtel mit vielen kulturhistorisch interessanten Orten und ausgedehnten Wandergebieten. Dieser südliche Teil des Waldviertels ist stärker strukturiert als der nördliche Teil, weil die Nachbarschaft zur Donau tiefe Abflusstäler entstehen ließ, sodass die Oberflächengestalt hier noch stärkeren Mittelgebirgscharakter annimmt. Entsprechend zieht das Waldviertel viele Mountainbiker an, die das weitläufigste Streckennetz Österreichs mit 90 Routen von über 2000 km Länge vorfinden.

Sparkassenplatz 1; Tel. 0 28 22/5 41 09; www.waldviertel.at

197 Langenlois

Österreichs größter Weinort vereint historische Kellergassen und einen modernen Tempel der Weinkultur: Im Loisium wurden die Niederösterreich Vinothek, eine Cafeteria und ein Weinrundgang durch alte Kellergewölbe eingerichtet. Der historische Stadtkern um den Holzplatz wird von der Laurentiuskirche und dem Rathaus beherrscht. Am Kornplatz stehen stattliche Bürgerhäuser aus dem 16. bis 18. Jh. und die 1713 errichtete Pestsäule. Das Franziskanerkloster aus dem 15. Jh. war Ende des 18. Jhs. Kaserne, heute Internat.

Rathausstr. 2; Tel. 0 27 34/21 01; www.langenlois.at

198 Kamptal

Auf einer Strecke von nur 140 km Länge durchfließt die Kamp ganz unterschiedliche Landschaften. Im Oberlauf überwiegen Waldtäler mit Granitblöcken, Mooren und Teichen, im Mittellauf bildet sie tiefe Schluchten, im Unterlauf öffnet sich das Tal und besonders um Langenlois prägen Weinterrassen das Bild. Im Naturpark Kamptal-Schönberg am Übergang zum Weinviertel informieren ein Wein-, ein Fluss- und ein Waldlehrpfad über die Besonderheiten der Region, als Infozentrum fungiert die Alte Schmiede in Schönberg, wo auch Weine aus dem Kamptal verkostet werden können.

Kornplatz 5; 3550 Langenlois; Tel. 0 27 34/2 00 00; www.kamptal.at

Drosendorf

199 Das »Rothenburg« des Waldviertels liegt nahe der tschechischen Grenze. Der historische Ortskern rund um den Hauptplatz mit Bürgerhäusern aus dem 16. und 17. Jh. ist von gut erhaltenen mittelalterlichen Festungsmauern umgeben.

Hauptplatz 1; Tel. 0 29 15/22 13; www.drosendorf.at

Weitra

200 Älteste Braustadt Österreichs. Die mittelalterliche Stadtmauer mit dem Oberen Tor ist fast vollständig erhalten. Wie tief die Bierkultur in Weitra verwurzelt ist, zeigt der »Bierpfad«, der den Besucher mit der schön renovierten Altstadt vertraut macht.

Rathausplatz 1; Tel. 0 28 56/ 5 00 60; www.weitra.gv.at

201 Gars-Thunau

In dem traditionsreichen Ferienort verbrachte Franz von Suppé (1819–1895) viele Sommer und komponierte auch seine Operette »Boccaccio«. Zauberhafte Villen (u. a. von Josef Hoffmann) und das historische Strandbad beim Kurpark zeugen von dieser Zeit. Der Ortsteil Thunau auf der anderen Flussseite wird von einer Burgruine überragt, die im 11. Jh. den Babenbergern als Residenz diente. Sie bildet den stimmungsvollen Schauplatz sommerlicher Opernfestspiele.

Hauptplatz 82; Tel. 0 29 85/ 2 22 50; www.gars.at

202 Ottenstein

Eine Bilderbuchburg auf steilem Felsen, im Kern aus dem 12. Jh. (Bergfried), das erste Vorwerk stammt von 1699. Sehenswert ist vor allem die romanische Hochzeitskapelle (Ende 12. Jh.) mit Fresken, die zu den ältesten Österreichs zählen. Die Burg beherbergt ein Hotel und ein Restaurant. Ganz in der Nähe an der Straße nach Zwettl liegt die ehemalige Höhenburg Lichtenfels malerisch am Ottensteiner Stausee, wo man an warmen Tagen baden sowie Boote und Surfbretter leihen kann.

Tel. 0 28 26/2 54; www.hotelottenstein.at

Zwettl

Die Ortsbezeichnung geht auf eine befestigte Siedlung slawischer Siedler im 7. Jh. mit der Bezeichnung »Svetlica« zurück. Das Zisterzienserstift Zwettl, 3 km außerhalb der Stadt gelegen, wurde 1138 gegründet – es handelt sich um eine romanische Gesamtanlage mit gut erhaltenem gotischem Kreuzgang und monumentaler barocker Einturmfassade. Zwettl selbst verfügt noch über große Teile der mittelalterlichen Stadtmauer, am Hauptplatz ziehen das sgraffitoverzierte Alte Rathaus und die Pestsäule die Blicke auf sich. Einen reizvollen Kontrapunkt setzt die Brunnenanlage von Hundertwasser.

203

Sparkassenplatz 4;
Tel. 0 28 22/ 50 31 29;
www.zwettl.gv.at

Eggenburg

Am Fuße des Manhartsbergs gelegene Stadt mit erhaltener Stadtmauer samt Befestigungstürmen. Die romanisch-gotische Pfarrkirche St. Stephan liegt dominierend auf einem Felsen.

204

Den Hauptplatz säumen Häuser aus dem 16. Jh., die Dreifaltigkeitssäule von 1715 und der Pranger aus dem 15. Jh. sowie das Gemalte Haus mit Sgraffito-Verzierungen. Im Krahuletz-Museum, das auf der Privatsammlung des Paläontologen Johann Krahuletz basiert, sind Fossilien und Mineralien sowie archäologische Exponate zu sehen. Ein Muss für Biker: das Österreichische Motorradmuseum mit 300 Modellen unterschiedlicher Marken.

Kremserstr. 3; Tel. 0 29 84/35 01; www.eggenburg.gv.at

205 Weinviertel

Die Besiedlung des Weinviertels erfolgte zwangsläufig entlang der Flüsse, die aber aufgrund von teilweise zu geringem Gefälle zur Versumpfung neigten, sodass zunächst erst einmal Flussregulierungsmaßnahmen erforderlich wurden. Insofern erhielten die Siedlungen Straßendorfcharakter, der noch durch die vorherrschende Bauweise optisch verstärkt wird – die typischen Weinviertler Häuser, einstöckig mit Satteldach gebaut, stehen mit ihren meist reich verzierten Tür- und Fenstergesimsen und in sanften Pastelltönen gestrichenen Breitseiten parallel zur Straßenfront. Genauso charakteristisch ist die Anlage der Weinlager in den Hohlwegen, wo die Winzer tiefe Stollen in den Lössgrund gegraben und ihre Eingänge mit hausähnlichen Fronten versehen haben – diese Weinviertler Kellergassen sind einmalig in der Welt! Aber nicht nur Weinliebhaber, auch Genuss-Radler kommen im Weinviertel auf ihre Kosten. Es gibt ein 1600 km langes, meist abseits von Straßen verlaufendes Radwegenetz ohne längere Steigungen.

Kolpingstraße 7, 2170 Poysdorf; Tel. 0 25 52/35 15; www.weinviertel.at

206 Geras

Barockort mit berühmtem Prämonstratenser-Chorherrenstift, das sich als Kreativzentrum einen Namen gemacht hat. Den Mittelpunkt der Anlage bildet der Neugebäude genannte Barocktrakt von Josef Munggenast. Den Marmorsaal zieren Fresken von Paul Troger. Prunkstück ist die Pfarr- und Stiftskirche Mariä Geburt. Neben dem Stift erstreckt sich der Naturpark Geras mit Wildgehege und Streichelzoo.

Hauptstr. 16; Tel. 0 29 12/70 50; www.geras.gv.at

207 Asparn a. d. Zaya

Das barocke Ensemble im Zentrum des Ortes, das aus dem Schloss, der Kirche mit dem Wehrgang über den Burggraben, dem Kloster sowie dem Herrschaftshof besteht, zählt zu den schönsten Baudenkmälern Niederösterreichs. Das Schloss beherbergt ein hochinteressantes Museum zur Frühgeschichte.

Hauptplatz 1; Tel. 0 25 77/82 40; www.asparn.at

208 Hadres

Der nahe der tschechischen Grenze gelegene Ort besitzt die längste Kellergasse Niederösterreichs – ihre Bauten ziehen sich über eine Länge von 1,6 km hin. Hier findet im Gegensatz zu den sonst herbstlichen Kellerfesten am Ostermontag ein Frühlingsfest bei Wein und herzhafter Kost statt.

Hadres 367; Tel. 0 29 43/23 03; www.hadres.at

209 Poysdorf

In Österreichs Sektmetropole dreht sich alles um den Rebensaft – das Weinstadt-Museum informiert auf unterhaltsame Weise über die Geschichte und Technik des Weinanbaus. Es ist zugleich Ausgangspunkt für die Erkundung der Wein-Erlebnis-Welt Vinum Verso, zu der eine Freilichtgalerie mit 126 Flaschenbildern gehört. Kellerviertel mit ganzjährig geöffneten Heurigen umgeben die frühbarocke Stadtpfarrkirche; im Weinmarkt kann man Sekte, Weine und Traubensäfte von 29 Poysdorfer Winzern verkosten und kaufen. In der Umgebung laden gut markierte Wege zu Wanderungen durch die Weinberge ein.

Brünner Str. 28; Tel. 0 25 52/2 03 71; www.poysdorf.at

Falkenstein

Der von einer eindrucksvollen Burgruine und der Pfarrkirche St. Jakobus überragte Winzerort zählt zu den Postkartenmotiven des Weinviertels. Er besitzt eine besonders schöne Kellergasse, die heute von Kunstwerken und Installationen geschmückt wird. Hier beginnt auch ein knapp 3 km langer Weinlehrpfad. Ein weiterer lohnender Spaziergang führt zum Galgenberg, auf dem 1773 die letzte Hinrichtung stattfand.

Marktstr. 60; Tel. 0 25 54/8 53 40; www.falkenstein.gv.at

210

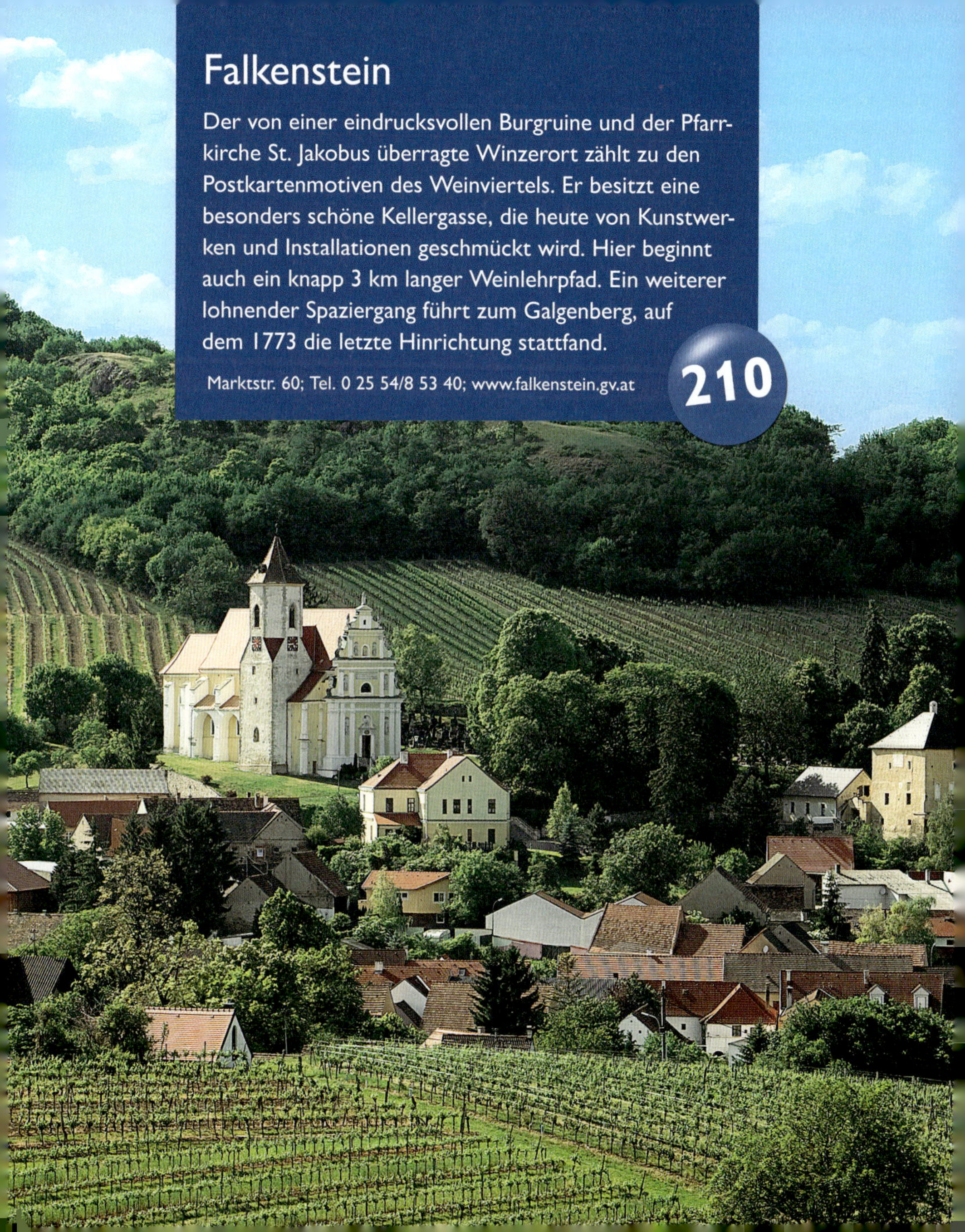

Retz

Einer der schönsten Orte Österreichs, von einer mittelalterlichen Stadtmauer, die teilweise aus dem 13. Jh. stammt, umgeben, mit zauberhaftem Marktplatz. Dort steht auch das Verderberhaus, ein zinnengekrönter Renaissancebau. Szenen aus der griechischen Mythologie und dem Alten Testament zieren das Sgraffito-Haus (1576) gegenüber. Der Turm des Rathauses in der Platzmitte kann bestiegen werden. Schöne Ausblicke bietet auch die oberhalb der Stadt auf einer Anhöhe gelegene Windmühle, das Wahrzeichen von Retz. Unter der Stadt liegen die größten historischen Weinkeller Österreichs mit einer Länge von 8 km.

211

Hauptplatz 30; Tel. 0 29 42/ 27 00; www.retz.at

212 Laa a. d. Thaya

Alte Grenzstadt nach Mähren im unteren Thayatal. Die Burg Laa von 1413 beherbergt heute das erste österreichische Biermuseum. Sehenswert sind die Reste der Stadtmauer, die Pestsäule von 1680, der Pranger von 1575 und die romanisch-gotische Pfarrkirche St. Veit aus dem 13. Jh. Laa besitzt eine der modernsten Thermen Österreichs mit Saunawelt und Kinderland.

Stadtplatz 43; Tel. 0 25 22/ 25 01 29; www.laa.at

213 Mistelbach

Zentrum des östlichen Weinviertels. Schöne Winzerhäuser säumen den Stadtplatz mit der Dreifaltigkeitssäule von 1680. Die erhöht erbaute gotische Pfarrkirche St. Martin besitzt eine gotische Sandsteinmadonna. Im Keller des Barockschlössls wurde eine Vinothek eingerichtet. Das Museumszentrum Mistelbach auf einem ehemaligen Fabrikgelände umfasst die Lebenswelt Weinviertel, ein modern gestaltetes Regionalmuseum und das Herrmann-Nitsch-Museum, das sich dem Mitbegründer des Wiener Aktionismus widmet. Der im nahen Prinzendorf in einem Schloss lebende Künstler wurde durch sein »Orgien- und Mysterientheater« und durch aus Blut und Innereien geschaffene Schüttbilder bekannt.

Hauptplatz 6; Tel. 0 25 72/25 15; www.mistelbach.at

214 Wienerwald

Die Beliebtheit des Wienerwalds als Naherholungsgebiet der österreichischen Hauptstadt ist seinem Waldreichtum zu verdanken. Dass dieser sich in seiner vollen Schönheit über die Jahrhunderte erhalten konnte, hängt mit den herrschaftlichen Besitzverhältnissen zusammen. Während ansonsten im Alpenvorland die Kolonisation seit dem Mittelalter zu umfangreichen Rodungen führte, die bis heute landschaftsbestimmend sind, wurde auf dem überwiegend herzoglichen und später kaiserlichen Grund des Wienerwaldes bis in die Zeiten Maria Theresias nicht gerodet. So blieben beispielsweise im Bezirk Purkersdorf 72 Prozent der Fläche mit Wald bedeckt, und weite Buchenwälder erstrecken sich bis in die Vororte von Wien. Etwa 6000 km markierter Wanderwege durchziehen heute den Wienerwald, zusätzlich gibt es 46 Mountainbikerouten mit einer Streckenlänge von über 1000 km.

Hauptplatz 11; 3002 Purkersdorf; Tel. 0 22 31/6 21 76; www.wienerwald.info

215 Alland

Der Urlaubsort ist vor allem durch seinen Ortsteil Mayerling bekannt. In Haus Nr. 33 wurde 1249 der Babenberger Friedrich I. geboren; sehenswert ist auch die Pfarrkirche St. Georg, eine gotische Hallenkirche. Am Buchberg kann eine Tropfsteinhöhle besucht werden.

Mayerlingstr. 4; Tel. 0 22 58/26 70; www.alland.at

216 Altenmarkt

Der schön gelegene Ort im oberen Triestingtal ist ein guter Ausgangspunkt für Wanderungen in die Hochlagen des Wienerwaldes. Einen Blick werfen sollte man in die Pfarrkirche zum heiligen Johannes.

Altenmarkt 35;
Tel. 0 26 73/22 00;
www.altenmarkt-triesting.gv.at

217 Berndorf

Der Industriellenfamilie Krupp, die hier eine Löffelfabrik besaß, verdankt der Ort nicht nur sein Theater, sondern auch zwölf »Stilklassen« in seiner Schule: im ägyptischen, im byzantinischen oder etwa im pompejanischen Stil eingerichtete Klassenzimmer.

Kislingerplatz 2–4; Tel. 0 26 72/8 22 53; www.berndorf-stadt.at

218 Breitenfurt

Gemeinde an der Südwestgrenze von Wien mit schönen Bauernhäusern im Ort. Sehenswert sind die ehemalige Kapelle des Kirchner'schen Schlosses sowie die Pfarrkirchen St. Johann und St. Bonifaz.

Hirschentanzstr. 3; Tel. 0 22 39/23 42; www.gemeinde-breitenfurt.at

219 Beethoven-Wanderweg

Ludwig van Beethoven verbrachte die Sommer gerne in Mödling und in Baden. Zu seinem Gedenken gibt es heute den Wienerwald-Beethoven-Wanderweg, der aus zwei Teilen besteht: dem 13 km langen Beethoven-Spazierweg, der zwischen Mödling und Baden über den Richardhof und oberhalb von Gumpoldskirchen entlangführt, sowie den eigentlichen Beethoven-Wanderweg mit einer Streckenlänge von 50 km, der in drei Tagesetappen absolviert werden kann. Er führt von Baden durch das Helenental zur Augustinerhütte und zum Zoblhof, über den Hohen Lindkogel, den Hauptgipfel des südlichen Wienerwalds, nach Merkenstein und über Bad Vöslau, Baden und Gumpoldskirchen nach Mödling. Die Wege haben eine rot-weiß-rote Markierung und tragen die Wegnummer 40.

www.wienerwald.info, s. Bewegen, Wandern

220 Helenental

Schönstes Tal des Wienerwaldes, von der Schwechat gebildet, die bei Baden in das Wiener Becken eintritt. Zu beiden Seiten erheben sich die Raubritterburgen Rauheneck und Rauhenstein. Die Cholerakapelle wurde zum Dank für das Ende der Cholera-Epidemie errichtet, die 1830/31 in Baden und Wien wütete. Teile des Helenentals wurden im Naturschutzgebiet Hoher Lindkogel – Helenental unter Schutz gestellt. Es gibt eine Vielzahl lohnender Wanderwege, einer der schönsten beginnt bei der Albrechtsbrücke in Baden und führt am Flussufer entlang. Er wurde in dem Schlager »Ich kenn ein kleines Wegerl im Helenental« besungen.

www.noe.gv.at/umwelt/naturschutz/schutzgebiete

221

Heiligenkreuz

Das Zisterzienserkloster an der »Via Sacra«, mit der die Babenberger durch Errichtung von Klöstern in den niederösterreichischen Alpen Zivilisationsarbeit geleistet haben, ist eine architektonische Meisterleistung aus verschiedenen Stilepochen: Westfassade und Querschiff sind romanisch, der Hallenchor gotisch, der Kreuzgang frühgotisch und die Klostervierung mit schlichtem Arkadenhof barock.

Tel. 0 22 58/87 03; www.stift-heiligenkreuz.org

Schaubergwerk Hinterbrühl

222

Das ehemalige Gipsbergwerk ist heute als Schaubergwerk eingerichtet. Sein 6200 qm großer, durch Wassereinbruch entstandener unterirdischer See kann mit Kähnen befahren werden. Gegen Ende des Zweiten Weltkriegs wurde ein Flugzeugwerk in das aufgelassene Bergwerk verlegt.

Grutschgasse 2a; Tel. 0 22 36/ 2 63 64; www.seegrotte.at

Burgruine Staatz

223

Weithin sichtbar erhebt sich auf der 331 m hohen Staatzer Klippe die Burgruine Staatz. Sie wurde wohl im 12. Jh. erbaut und 1645 von den Schweden zerstört. Für die Mühen des Aufstiegs belohnt ein fabelhafter Rundumblick. Auf der Felsenbühne am Fuß der Klippe werden in den Sommermonaten Musicals aufgeführt.

Neudorfer Str. 7; Tel. 0 25 24/ 22 12; www.staatz.at

Mayerling

Das Karmeliterinnenkloster war ursprünglich ein Herrenhaus, das Kronprinz Rudolf 1886 erwarb und zum Jagdschloss umbauen ließ. Hier ereignete sich die »Tragödie von Mayerling« – am 30. Januar 1889 erschoss Kronprinz Rudolf erst seine Geliebte, die Baronesse Mary Vetsera, und dann sich selbst. Der Kaiser ließ das Schloss noch im selben Jahr in ein Kloster umwandeln und übergab es den Karmeliterinnen. Die kleine Kirche des Karmel befindet sich exakt an der Stelle, wo die Bluttat verübt wurde. Im Museum sind Originalmöbel und Dokumente ausgestellt, weiterhin der aufgebrochene Prunksarg von Mary Vetsera.

224

Tel. 0 22 58/22 75;
www.karmel-mayerling.org

225 Hotel Höldrichsmühle Hinterbrühl

Historisches Mühlengebäude, in dem schon Schubert und Beethoven einkehrten, komfortabel ausgebaut, mit Gastgarten und Dachterrasse. Dem Hotel angeschlossen ist eine Reitschule mit Dressurviereck. Unmittelbar vor der Haustür beginnen mehrere Reit-, Wander- und Radwege.

Gaadnerstr. 34;
Tel. 0 22 36/26 27 40;
www.hoeldrichsmuehle.at

226 Klosterneuburg

Klosterneuburg vor den Toren Wiens war lange Zeit Residenz der Babenberger – Herzog Leopold III. (1095 bis 1136) war der Mitbegründer des Augustiner-Chorherrenstiftes. Das Innere der romanischen Stiftskirche Unsere Liebe Frau wurde im 17. Jh. barockisiert, der Kreuzgang blieb romanisch. Prachtvoll ausgeschmückt sind der ehemalige Fürstentrakt und der Marmorsaal. Der Verduner Altar, eine Emaillearbeit aus 81 Tafeln, eine volkstümliche Bilderbibel von Nikolaus von Verdun (1181), ist weltberühmt. Ebenfalls einzigartig: die Schatzkammer und die Stiftsbibliothek mit 170 000 Bänden, 1250 Handschriften und 850 Inkunabeln.

Rathausplatz 1; Tel. 0 22 43/4 44;
www.klosterneuburg.at

AM LIEBSTEN MITTENDRIN
UND live! DABEI.
MERIAN live!
BERLIN
MIT EXTRA KARTE
Mehr entdecken mit MERIAN TopTen 360°
FotoTipps für die schönsten Urlaubsmotive
Ideen für abwechslungsreiches Reisen mit Kindern
BARCELONA
BUDAPEST
LONDON
VENEDIG
WIEN
Von Abu Dhabi bis Zypern: MERIAN live! bringt Ihnen mit über 150 Ausgaben die schönsten und spannendsten Reiseziele der ganzen Welt näher, die wichtigsten Sehenswürdigkeiten, topaktuelle Adressen und außergewöhnliche Empfehlungen.
MERIAN
Die Lust am Reisen

Wanderreiten im Waldviertel

227

Viel zu wenig bekannt ist Niederösterreich als Pferdeland. Für Wanderreiter wurde eine eigene Sektion im niederösterreichischen Fachverband eingerichtet. Ideale Voraussetzungen für das Wanderreiten und Gespannfahren bietet das nördliche Waldviertel mit seinem leicht hügeligen Gelände, abwechslungsreicher Landschaft und zum Großteil unasphaltierten Feld-, Wald- und Wiesenwegen. Mehrtägige, teils nach Böhmen hineinführende Wanderritte, aber auch Sternritte vom Hof aus und kurze Ausritte organisiert die Wanderreitstation Nordwaldhof bei Litschau.

Badergrabenweg 15; 3874 Litschau; Tel. 06 64/3 99 87 04; www.wanderreiten-litschau.at

228 Tierpark Stadt Haag

Der Tierpark Stadt Haag befindet sich im Park des Schlosses Salaberg, wo schöne Wanderwege unter alten Bäumen hindurch und an Teichen vorbeiführen. Auf dem 33 ha großen Areal sind 800 heimische und exotische Tiere zu Hause; auf dem Raubkatzenweg begegnet man Luchsen, Pumas, Löwen, Leoparden und Tigern. Auf dem Vogelstimmenweg lernt man die heimischen Vögel, die beim Rundgang in der freien Natur beobachtet werden können, näher kennen. Dem Tierpark angeschlossen ist ein riesiger Abenteuerspielplatz.

Tel. 0 74 34/45 40 81; www.tierparkstadthaag.at

229 Geocaching in der Wachau

Als Freizeitspaß im Trend liegt Geocaching, eine auf GPS-Geräte gestützte Schnitzeljagd. Dabei werden sog. Geocaches aufgespürt, wasserdichte Behälter mit einem Logbuch, in das man sich eintragen muss. Die Caches enthalten auch Hinweise, die beim Aufspüren des nächsten Verstecks helfen. Rätsel ratend und kleine Aufgaben erfüllend lernt man Interessantes über die Region. Gleich sieben solcher Rallyes von unterschiedlicher Länge und Thematik wurden entlang des Welterbesteigs Wachau angelegt.

www.welterbesteig.at

230 Skilanglaufen im Mostviertel

Niederösterreich ist eine bevorzugte Skilanglaufregion – in annähernd 100 Skigebieten sind Langlaufloipen unterschiedlicher Schwierigkeitsgrade und Längen angelegt. Drei besonders schöne Loipen verlaufen auf dem Hochplateau Hochreit in den Mostviertler Alpen, zwischen 3,5 km und 12 km lang und doppelt gespurt. Sie führen zu Bauernhöfen, wo man sich in gemütlichen Stuben bei Most und Speck stärken kann. Aus diesem Grund wird die Panoramaloipe, wie sie offiziell heißt, im Volksmund auch »Speckjausenloipe« genannt.

www.mostviertel.info

231 Familienpark Hubhof

Der Park liegt in waldreicher Umgebung im Naturpark Jauerling, 4 km von der Donau entfernt bei Maria Laach. Auf dem weitläufigen Abenteuergelände gibt es eine Märchenwelt mit 16 Märchenszenen und einen Dino-Park mit über 20 lebensgroßen Sauriern; sieben Urzeittiere können von Kindern selbst gesteuert und so zum Leben erweckt werden. Im Irrgarten ist Orientierungssinn gefragt, bevor das Indianerdorf erkundet wird. Für Unterhaltung sorgen weiterhin eine Minigolfanlage, Schaufelradboote, ein kleiner Haustier-Streichelzoo und ein Kinder-Riesenrad.

Aggsbach, Markt 54;
Tel. 0 27 12/2 41;
www.hubhof.at;
Ostern–Okt.

Golfen im Mostviertel

29 großzügige Anlagen warten in Niederösterreich auf Spieler, wobei vom 9-Loch-Platz über 18-Loch-, 27-Loch- bis hin zu 36-Loch-Anlagen alles angeboten wird. Eine Reihe spezieller Golfhotels bieten Pauschalarrangments mit Anfänger- und Fortgeschrittenenkursen an, z. B. das Hotel Schloss Ernegg in Steinakirchen am Forst, im Bezirk Scheibbs.

232

Nur wenige Meter vom Schloss entfernt liegt ein anspruchsvoller, am Hang angelegter 9-Loch-Golfplatz, die Herausforderung des in der Ebene gelegenen 18-Loch-Platzes besteht in den vielen Wasserhindernissen. Eine Driving Range, Swing Studio, Bunker, Pitching Green und Putting Greens ergänzen das Angebot.

Tel. 0 74 88/7 12 14;
www.schlosserneggg.at

Sommerspiele Stift Herzogenburg

233

Größtes Kinderkulturfestival Österreichs mit umfangreichem Programm: Kindertheater und Puppenspiel, Ballett und Zirkus, Workshops, Bastelstationen, Wettbewerbe und Gruppenspiele.

Tel. 0 27 82/8 34 45; www.noekiss.at; Ende Aug.–Anfang Sept.

Rollerbahn in Mönichkirchen

234

Die Auffahrt erfolgt mit dem Sessellift, zur Talstation geht es dann mit Trittrollern auf der 2,5 km langen Naturrodelbahn bergab. Kinder ab 10 Jahren dürfen allein fahren, Kinder ab 3 Jahren mit einem Erwachsenen.

Tel. 0 26 49/2 09 06; www.schischaukel.net; Mai, Juni, Okt. Sa, So, Juli–Sept. tgl.

235 Puppentheatertage in Mistelbach

Bei über 100 Aufführungen demonstrieren Ensembles aus der ganzen Welt die Kunst des Puppen-, Marionetten- und Schattenspiels. Das Spektrum reicht von Märchen über Bearbeitungen der Kinderliteratur bis zu Schauspiel-Klassikern für Erwachsene.

Infos beim Kulturamt der Stadt Mistelbach, Tel. 0 25 72/25 15 43 00, www.puppentheatertage.at; Ende Okt.

236 Urgeschichtemuseum in Asparn a. d. Zaya

In den Ausstellungsräumen im Schloss werden prähistorische Funde aus ganz Österreich gezeigt; im Freigelände im Park stehen Rekonstruktionen prähistorischer Bauten samt Interieur, etwa eine Eisenschmiede oder das Zelt eines Mammutjägers. Im Rahmen von Workshops können Kinder wie in der Steinzeit Getreide mahlen und daraus Brot backen, aber auch Leder verarbeiten und aus Stein Pfeilspitzen herstellen.

Dr. Franz-Hampl-Platz 1; Tel. 0 25 77/8 41 80; www.mamuz.at; Ende April bis Anfang Nov.

237 Museumsdorf Niedersulz

In Niederösterreichs größtem Freilichtmuseum sind Bauern- und Handwerkshäuser, Kapellen, Mühlen und Wirtshäuser aus dem Weinviertel zu einem Museumsdorf gruppiert worden. Es gibt sogar eine ganze Kellergasse. Ein Hof aus dem 18. Jh. wurde mit Ziegen, Schafen, Schweinen und Kleintieren zum Lebenden Bauernhof gestaltet. Es gibt ein Café und eine Dorfwirtschaft mit Gastgarten, im Shop kann man bäuerliche Spezialitäten der Region erwerben.

Tel. 02 5 34/3 33; www.museumsdorf.at; April–Okt.

Draisinenfahrt im Weinviertel

238

Die stillgelegte Bahnstrecke zwischen Ernstbrunn und Asparn an der Zaya kann von April bis Oktober mit Draisinen (Schienenfahrrädern) befahren werden (Reservierung erforderlich!). Die Strecke führt durch den Naturpark Leiser Berg. Am höchsten Punkt lädt die Draisinenalm Grafensulz zu einer Rast ein. Von dort rollen die leichtgängigen Draisinen dann fast von selbst bergab nach Asparn. Auf der eingleisigen Strecke herrscht Einbahnverkehr: Vormittags wird nur in Richtung Asparn gefahren, nach Eintreffen des letzten Fahrers dann Richtung Ernstbrunn.

Tel. 06 64/4 47 69 44; www.weinvierteldraisine.at; Ende April–Anf. Okt. Sa/So/Fei, Aug. auch Do/Fr

Donauradweg

Zu den beliebtesten und auch schönsten Radrouten Europas zählt der Donau-Radweg – er ist ausgezeichnet beschildert, bietet Streckenvarianten für jede Fitnessstufe und es gibt hervorragendes Infomaterial bei den Touristeninformationen der Donauorte. Der niederösterreichische Streckenabschnitt des großen europäischen Weges ist 260 km lang und führt von Ybbs/Persenbeug im Westen bis nach Hainburg an der Grenze zur Slowakei – meist direkt am Fluss entlang. Landschaftlich reizvolle Abschnitte wie die Weinberge der Wachau oder der Nationalpark Donauauen wechseln mit kulturhistorischen Highlights wie den Stiften Klosterneuburg und Melk oder dem Archäologischen Park Carnuntum. Am gesamten Donauradweg stehen Leihrad-Stationen zur Verfügung. Der kostenlose Donau-Radweg-Folder ist zusammen mit weiterem Infomaterial bei Donau Niederösterreich Tourismus erhältlich, dort sind auch geführte Touren buchbar.

239

www.donau.com

Ski- und Bergschule Schneeberg

240

Ski-, Snowboard- und Tourenski- sowie Kletterkurse für Kinder, Jugendliche und Familien, Camps für Jugendliche.

Wasserfallweg 6,
2734 Puchberg am Schneeberg;
Tel. 06 64/4 01 45 79;
www.schi-berg-schule.at/

Kinderbuchfestival St. Pölten

241

Auf dem Programm stehen knapp eine Woche lang Autorenlesungen, Theateraufführungen, Filme und Workshops. Im Foyer des Festspielhauses ist für die gesamte Dauer des Kijubu eine Buchhandlung eingerichtet, in der Bücher für alle Altersklassen ausgestellt sind – Neuerscheinungen und Altbekanntes.

www.kijubu.at; März

242 Viertelfestival Niederösterreich

Jedes Jahr ist ein anderes Viertel Gastgeber dieses Festivals, das regionalen Künstlern und Kulturinitiativen eine Plattform bieten soll. 2013 werden 74 Projekte im Weinviertel sowie an einzelnen Standorten in Südmähren und der Westslowakei umgesetzt.

www.viertelfestival-noe.at; Mai–Aug.

243 Falkenhof Schloss Rosenburg

Vor der beeindruckenden Kulisse des Renaissanceschlosses werden zweimal täglich die Flugkünste von Falken, Adlern und Geiern vorgeführt. Ein Museum informiert über die Geschichte der Falknerei. In weiteren Räumen des Schlosses sind Waffen und Trophäen zu sehen.

Tel. 0 29 82/29 11; www.rosenburg.at; April–Okt., Flugvorführungen Mi–So 11 und 15 Uhr

244 Chopin-Festival Gaming

Von der internationalen Chopin-Gesellschaft veranstalteter, viel beachteter Konzertzyklus. Hervorragende internationale Solisten und Ensembles – darunter viele Preisträger der internationalen Chopin-Klavierwettbewerbe in Warschau – spielen in der Kartause von Gaming Musik von Chopin und Zeitgenossen. Das musikalische Spektrum reicht von Orchesterkonzerten über Kammermusikabende und Chorkonzerte zur Matinee mit der Mozartorgel.

http://members.aon.at/chopin.at; Aug.

245 Internationale Barocktage Stift Melk

Barocke Musik in barocker Welterbekulisse, vorgetragen von Ensembles und Künstlern aus der ganzen Welt. Spielorte sind neben der goldglänzenden Stiftskirche der mit Fresken von Troger geschmückte Kolomani-Saal und der zauberhafte Gartenpavillon im Stiftsgarten. Wichtiger Programmpunkt: der Wettbewerb für Barockensembles.

www.barocktage.at; Pfingsten

246 Haydn-Tage Schloss Rohrau

Das Schloss der Familie Harrach mit seiner berühmten privaten Gemäldesammlung und das Geburtshaus von Joseph und Johann Michael Haydn sind die Hauptschauplätze eines vielfältigen literarisch-musikalischen Programmes. Originalklangensembles präsentieren Musik des 18. Jhs.

www.schloss-rohrau.at; www.haydn-gesellschaft.at; Juni

Traben in Baden 247

Die beliebte Sommerrennbahn mit ihrem unvergleichlichen Flair ist internationaler Treffpunkt der Rennsportfreunde; Höhepunkt ist die Nacht des Pferdes Mitte Juli. Zum Ende der Saison findet Ende August ein Glücksrenntag statt.

www.trabenbn.co.at; Mai–Aug.

Art Carnuntum 248

Im rekonstruierten Amphitheater des Römerlagers von Petronell-Carnuntum, in dem einst Kaiser Marc Aurel selbst Betrachtungen über das Theater verfasste, kommen jedes Jahr zeitgemäße Interpretationen bedeutender Stücke des großen Welttheaters zur Aufführung.

www.artcarnuntum.at; Juni

Donaufestival Krems

Abseits des Mainstream angesiedeltes Festival für aktuelle künstlerische Positionen im Spannungsfeld zwischen Musik, Performance und Medienkunst. Großen Anteil am Programm haben Eigenproduktionen, die es ausschließlich in Krems zu sehen gibt.

249

www.donaufestival.at; April–Mai

Glatt & Verkehrt Festival in Krems

250

Die Festivalleitung hat sich den Brückenschlag zwischen Volks- und Weltmusik zum Ziel gesetzt. Künstler aus aller Welt setzen sich auf oft überraschende Weise mit ihren musikalischen Wurzeln auseinander.

www.glattundverkehrt.at; Juli

Kammermusikfestival Allegro Vivo

251

In verschiedenen Klöstern, Kirchen, Schlössern und Burgen des Waldviertels beheimatete Konzertreihe. Zusätzlich Sommerakademie mit Meister- und Jugendförderkursen, die von Musikstudenten aus der ganzen Welt besucht wird.

www.allegro-vivo.at; Aug./Sept.

252 Internationales Orgelfest Stift Zwettl

Im Mittelpunkt des Festivals stehen die historische Egedacher-Orgel auf der Westempore der Stiftskirche und die sog. Chororgel von Johann Dejobe. 1983 umfassend renoviert, kommen die musikalischen Meisterwerke bei Konzerten, Meisterkursen oder festlichen Gottesdiensten zum Klingen.

www.stift-zwettl.at; Juni/Juli

253 Wellenklänge Lunz

Experimentelle und traditionelle Töne, Tanzperformances und Lesungen auf der Seebühne, internationale Topstars arbeiten mit Einheimischen, Künstler verschiedener Sparten tauschen bei Gemeinschaftsprojekten Erfahrungen aus. Artist in Residence verbringen den Juli in Lunz und schaffen Kunst im öffentlichen Raum.

www.wellenklaenge.at; Juli

254 Theaterfest Niederösterreich

23 Spielorte, die Sommerprogramme anbieten, haben sich zu einer Interessengemeinschaft zusammengeschlossen, die für diese Veranstaltungsreihe verantwortlich zeichnet. Sie umfasst Darbietungen in Stiften, Schlössern, Burgen sowie auf Plätzen, in Hallen und Zelten und natürlich in festen Häusern – die Programmfolge reicht vom antiken über das klassische Theater bis hin zu Lustspielen und Possen. Auch Opern, Operetten und Musicals werden aufgeführt.

www.theaterfest-noe.at; Mitte Juni–Mitte Sept.

Musikfestival Grafenegg

Von Starpianist Rudolf Buchbinder geleitetes Festival mit Konzerten internationaler Spitzensolisten und -orchester. Als Spielstätten dienen die Open-Air-Bühne Wolkenturm im Schlosspark, der Konzertsaal Auditorium und die historische Reitschule.

255

www.grafenegg.com; Aug./Sept.

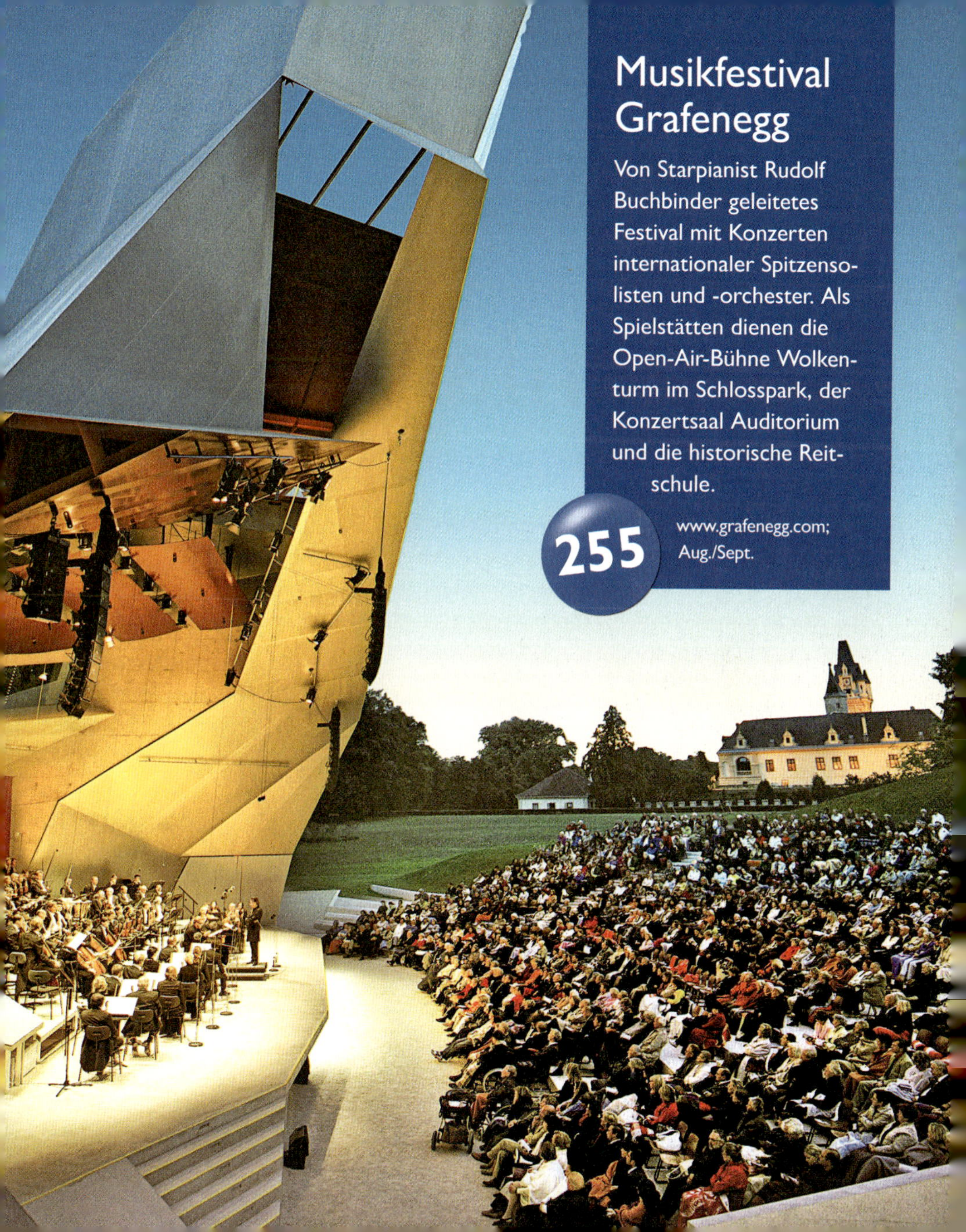

Burgenland

Ausgedehnte Weingärten und urige Kellerviertel, Puszta-Idylle mit Ziehbrunnen, Störchen und Europas größter Steppensee – durch Österreichs Osten weht ein Hauch von Ungarn. Und die Burgen? Die gibt es natürlich auch. Heute werden sie nicht mehr von feindlichen Heeren, sondern von Kunstfreunden belagert.

Nordsee, Ostsee? Von wegen: Dieser Leuchtturm befindet sich in Podersdorf am Neusiedler See. Eine Rarität in Österreich. Seine Warnsignale gelten den Wassersportlern bei aufkommendem Sturm.

Eisenstadt

256

Eigentlich kaum zu glauben, wie viele internationale Berühmtheiten, Politiker, Künstler und Wissenschaftler sich einstmals auf burgenländischem Boden aufhielten. Freilich befand sich die Gegend rund um Eisenstadt vor zwei-, dreihundert Jahren auch nicht in geografischer Randlage, wie dies bis zur Öffnung des Eisernen Vorhangs der Fall war. Heute präsentiert sich die rund 13 170 Einwohner zählende Stadt südlich des Leithagebirges als blühende Handels- und Kulturstadt, die den Charme vergangener Zeiten dank einer bezaubernden Altstadt nicht verloren hat. Mit dem Auftrag an den damaligen Star-Baumeister Carlo Carlone, rund um die mittelalterliche Burganlage eine standesgemäße Residenz zu errichten, legte Fürst Paul Esterházy um 1670 den Grundstein für ein Märchenschloss. Hier fühlte sich nicht nur Maria Theresia wohl, sondern auch Admiral Lord Nelson samt seiner Lady Hamilton, Ludwig van Beethoven oder Joseph Haydn. Letzteren verband mit Schloss Esterházy allerdings nicht nur fürstliche Gastfreundschaft, sondern ein festes Dienstverhältnis, das ihn ab 1761 für rund 30 Jahre an das kunstfreundliche Fürstenhaus als Kapellmeister verpflichtete. Haydns Spuren sind in der ganzen Stadt allgegenwärtig. Musikfestivals, die renommierten Haydn-Tage, Sehenswürdigkeiten und Museen, die sich dem Leben und Wirken des Künstlers widmen, und sogar

Weine halten die Erinnerung an den großen Sohn der Stadt wach. Apropos Wein: Neben Joseph Haydn ist der Rebensaft wohl die zweite Säule, auf der das Renommee der fürstlichen Residenzstadt beruht. Freilich wird das wirtschaftliche und politische Leben Eisenstadts heute wesentlich dadurch geprägt, dass es – nachdem das ursprünglich für die Rolle vorgesehene Ödenburg (heute Sopron) per manipuliertem Volksentscheid an Ungarn gefallen war – 1925 zur Landeshauptstadt erkoren wurde.

Glorietteallee 1;
Tel. 0 26 82/6 73 90;
www.eisenstadt-tourismus.at

Bergkirche

257

Die Bergkirche auf dem Kalvarienberg war von ihrem Erbauer, Fürst Paul Esterházy, zu Beginn des 18. Jh. als riesige Wallfahrtskirche in Auftrag gegeben worden. Von diesem Vorhaben wurde nur das Presbyterium verwirklicht. Im kreisrunden Inneren der Bergkirche sind außer dem Hochaltar mit der »Heimsuchung Mariens«, der vom Meister selbst gespielten Haydn-Orgel und den Kuppel-Wandmalereien von 1772 vor allem der Grabstein Joseph Haydns unter der Empore sehenswert, wo der Komponist 1820 beigesetzt wurde – allerdings ohne Kopf, denn dieser war zu Studienzwecken entwendet worden.

Haydnplatz 1;
www.haydnkirche.at

Kalvarienberg

258

Unmittelbar im Anschluss an die Bergkirche erhebt sich der eindrucksvolle, künstlich aus Quadersteinen aufgeführte und mit Ziegeln eingedeckte »Berg«. In seinen engen Gängen, dunklen Grotten und kleinen Kapellen wird die Leidensgeschichte Jesu durch mehr als 300 lebensgroße Stein- und Holzfiguren dargestellt. Letzte Station auf der Kuppe ist die auf ovalem Grundriss errichtete Bergkirche – von hier genießt man einen herrlichen Ausblick bis weit in die Alpen hinein und zum Neusiedler See. An klaren Tagen sieht man sogar noch bis zum jenseitigen Ufer, also bis Ungarn hinüber.

Haydnplatz 1; Tel. 0 26 82/6 26 38; www.haydnkirche.at

259 Dom

Wo sich um 1200 die romanische Kleinkirche Capella sancti Martini befand, erhebt sich heute der mächtige spätgotische Dom zum hl. Martin. Ein Brand im Jahr 1589 und zahlreiche Renovierungen haben das Kircheninnere stark verändert. Die vier kleinen Wehrtürmchen mit Schießscharten am Nordturm lassen heute noch erkennen, dass die Kirche einst in das Verteidigungssystem der Stadt fest eingebunden war. Sie diente als Bollwerk gegen die Türken.

Domplatz 1a; Tel. 0 26 82/6 27 17; www.dompfarre-eisenstadt.at

260 Burgenländisches Landesmuseum

In dem architektonisch äußerst reizvollen Ensemble mit Laubengängen und Innenhöfen ist eigentlich alles zum Thema Burgenland dokumentiert. Die interessante Dauerausstellung »LebensBilder, LebensRäume, LebensSpuren« zeigt auf drei Geschossebenen Exponate zur burgenländischen Geschichte und Kultur. Schwerpunkte sind die umfangreiche archäologische Sammlung, die Musikgeschichte des Landes, die Weinkultur, die kulturelle Identität und die Volksgruppen sowie Fauna und Flora und der einzigartige Naturraum rund um den Neusiedler See.

Museumgasse 1–5; Tel. 0 26 82/71 94 40 00; www.landesmuseum-burgenland.at; Ende Dez.–Anfang Jan. geschl.

261 Jüdischer Friedhof

Nach der Vertreibung der Juden aus Wien durch Kaiser Leopold I. entstand im 17. Jh. in Eisenstadt-Unterberg ein abgegrenztes jüdisches Viertel. Auch ein Friedhof wurde angelegt. Hier sind noch zahlreiche alte Grabsteine aus dem 17. bis 19. Jh. erhalten, der älteste ist von 1679.

Unterbergstr. 6, in der Nähe des jüdischen Museums; Tel. 0 26 82/ 6 51 45; www.ojm.at

262 Franziskanerkirche

Auf den Grundfesten der ehemaligen gotischen Minoritenkirche zum hl. Johannes, die 1529 von den Türken zerstört wurde, ließ Graf Nikolaus Esterházy 1625 das Gotteshaus wieder neu errichten und übergab es den Franziskanern. Im Inneren der Barockkirche beeindrucken Renaissancealtäre italienischer Meister, der Hochaltar mit einem Bildnis des hl. Michael, die Seitenaltäre mit flämischen Stuckreliefs, das Chorgestühl mit reichen Ornamenten von 1690 sowie der Marienaltar mit einer – der Madonna von Tschenstochau nachempfundenen – schwarzen Muttergottes.

Haydngasse 31; Tel. 0 26 82/ 6 22 21; www.franziskaner.at

263 Österreichisches Jüdisches Museum

Das Wertheimerhaus im ehemaligen jüdischen Viertel gilt als Rarität, da es als einer von wenigen Bauten den zerstörerischen Gewaltakten der Nazis nicht zum Opfer gefallen ist. Deshalb kann sogar die Privatsynagoge des Bankiers und Oberrabbiners Samson Wertheimer (1658–1724) heute noch besichtigt werden. In der Dauerausstellung erfährt man Interessantes über das jüdische Privat- und Gemeindeleben und über die Geschichte des Judentums im Burgenland und in Westungarn. An manchen Wochenenden werden für Interessierte Hebräisch-Kurse angeboten.

Unterbergstr. 6; Tel. 0 26 82/ 6 51 45; www.ojm.at; Mai–Okt.

Schloss Esterházy

Die Schlossanlage wurde im 14. Jh. erbaut und ab 1683 barock umgestaltet, ihr heutiges Aussehen verdankt sie dem 18. Jh. Sie beeindruckt – dank reich verzierter Fassaden, Säulenvorhalle und Ecktürmen – nicht nur durch ihr Äußeres, sondern auch durch ihr gediegenes Innenleben. So zählt etwa der freskengeschmückte, über drei Stockwerke reichende Haydnsaal zu den schönsten und beliebtesten Festsälen Österreichs, nicht zuletzt wegen der von Joseph Haydn selbst mitgestalteten ausgezeichneten Akustik. Nicht weniger prunkvoll zeigen sich auch die übrigen Schauräume. Im Schlosskeller kann ein Weinmuseum besucht werden, in dem die älteste Baumpresse und das älteste Weinfass des Burgenlandes von der Weintradition der Region zeugen. Danach lohnt ein Rundgang durch den herrlichen, im englischen Stil angelegten Schlosspark.

Esterházyplatz 1; Tel. 0 26 82/ 6 38 54 12; www.esterhazy.at; Mitte März bis Ende Okt. tgl., sonst Fr–So

264

Gasthaus Haydnbräu

265

Dieses Gasthaus heißt nicht nur Bräu, es ist eines. Mitten im Gastraum funkeln imposante Kupferkessel, in denen zwei untergärige Biere, Pils und Märzen, gebraut werden – jedes Jahr rund 1000 Hektoliter. Alle Biere werden nur ungefiltert ausgeschenkt. Dazu genießt man bodenständige Küche und den idyllischen Garten direkt an der historischen Stadtmauer. Hier finden Kinder auch einen Spielplatz. Das Bier kann übrigens auch sowohl in Ein- oder Zweiliterflaschen als auch in Partyfässer zu 20 Liter abgefüllt als originelles Mitbringsel gekauft werden.

Pfarrgasse 22; Tel. 0 26 82/ 6 39 45; www.haydnbraeu.at

266 Hotel Burgenland

Am Beginn der Fußgängerzone, in unmittelbarer Nähe zum Schlosspark gelegen, eignet sich dieses moderne, persönlich geführte Hotel als Stützpunkt für Erkundungen. Zur Entspannung stehen im Haus Schwimmbad, Sauna und Fitnessräume zur Verfügung. Das elegante Restaurant Bienenkorb verfügt über Plätze im idyllischen Innenhof.

Franz-Schubert-Platz 1; Tel. 0 26 82/6 96-0; www.hotelburgenland.at

267 Haydn-Museum

Im ehemaligen Wohnhaus von Joseph Haydn, der hier 1766–1778 lebte, ist heute eine liebevoll zusammengestellte Dokumentation untergebracht. Die Sammlung von Erinnerungsstücken, Bildern, Instrumenten, Notenblättern und Autografen zeigt den großen Musiker auch von seiner menschlichen Seite.

Joseph-Haydn-Gasse 19 & 21; Tel. 0 26 82/7 19 60 00; www.haydn-haus.at; Mitte März–Mai Di–Sa, Juni–Mitte Nov. Mo–Sa

268

Bad Sauerbrunn

Bereits die Römer suchten die heilbringenden Quellen auf, um sich von Nierenleiden, Gicht oder Rheuma zu befreien. Heute ist der ehemalige Sitz der Landesregierung und Bischofssitz ein beliebter Kurort, dessen Heilquelle den höchsten Magnesiumanteil Österreichs aufweist.

Wiener Neustädter Str. 2; Tel. 0 26 25/3 22 03;
www.bad-sauerbrunn.at

Leithaprodersdorf

Das Gemeindegebiet von Leithaprodersdorf war schon in römischer Zeit dicht besiedelt. Bei Ausgrabungen im 19. Jh. wurden die Fundamente zweier großer Gutshöfe sowie die zugehörigen Gräberfelder mit Grabsteinen freigelegt. Noch heute sichtbar und jederzeit zugänglich ist das »Gschlößl« östlich des Ortes, ein Bodendenkmal mit Resten einer mittelalterlichen, aus drei konzentrisch umlaufenden Gräben und Wällen bestehenden Wasserburg. Einige Mauerelemente gehen auf römische Zeit zurück, bei Grabungen wurden neben römerzeitlichen und Awaren-Gräbern auch prähistorische Fundstücke freigelegt. Bis ins Jahr 1285 lässt sich die Gründung der ehemaligen Zisterzienserkirche südwestlich des Dorfes zurückverfolgen, die aufgrund ihres eigenartigen Aussehens auch »Pfefferbüchsl« genannt wird. 269

Schulgasse 1;
Tel. 0 22 55/62 03;
www.leithaprodersdorf.gv.at

270 Pöttelsdorf

Am reizvollsten ist die Landschaft rund um den berühmten Weinort im Frühling, wenn sich ein weiß-rosa Blütenmeer unter die ausgedehnten Rebgärten mischt. Und hier beginnt das Frühjahr auch immer ein bisschen früher als im restlichen Österreich. Aber auch in den übrigen Jahreszeiten hat die Weinlandschaft ihre Reize, die sich am besten von einem der zahlreichen Radwege aus erschließen. Der Koglweg ist übrigens auch per Kutsche zu befahren. Dank des milden Klimas und der fruchtbaren Böden gedeiht hier ein besonders beliebter Blaufränkischer, der Bismarckwein. Ihm hat bereits der Reichskanzler gerne zugesprochen.

Hauptstr. 64; Tel. 0 26 26/52 14; www.gemeindepoettelsdorf.at

271 Loretto

Die sagenumwobene, nach dem italienischen Vorbild von Loreto (sic!) geschaffene Marienstatue in der Lorettokapelle ist alljährlich, vor allem am 15. August und am dritten Septembersonntag, am »Kroatischen Sonntag«, Ziel von einigen Tausend Wallfahrern. Sie pilgern in den nördlich von Eisenstadt, knapp an der Grenze zu Niederösterreich gelegenen beschaulichen Wallfahrtsort, um die prächtige barocke Klosterkirche Zur unbefleckten Empfängnis zu besuchen. Die Kirchensiedlung entstand in der Mitte des 17. Jh. und schloss damals bereits die Lorettokapelle sowie die Wallfahrtskirche ein. Verheerende Verwüstungen durch die Türken machten allerdings einen Neubau der Kirche um 1707 notwendig. Heute birgt das Gotteshaus außer der erwähnten Gnadenstatue mit kunstvoller silberner Krone zahlreiche seitlich an das Langhaus angegliederte Kapellen mit üppigen Stuckarbeiten, Fresken und wertvollen Skulpturen sowie einen bemerkenswerten grünmarmornen Hochaltar von 1766 mit dem Marienbild der »Unbefleckten Empfängnis«.

Hauptplatz 22; Tel. 0 22 55/82 56; www.basilika-loretto.at

272 Seehotel Rust

Das direkt am romantischen Schilfgürtel gelegene Hotel bietet alles, was den Urlaub angenehm macht. Moderne Komfortzimmer, Schwimmbad, Wellnessbereich, große Liegewiese und ruhige Lage sorgen für unbeschwerte Tage. Das Gelände mit eigenem Bootanlegeplatz ist durch einen Kanal mit dem See verbunden. Im Restaurant kommen regionale Küche und erlesen Weine aus dem Burgenland auf den Tisch.

Am Seekanal 2–4; Tel. 0 26 85/38 10; www.seehotelrust.at

273 Wirtshaus Rusterhof

Wäre nicht auch das Essen hier vorzüglich, man müsste dieses Restaurant schon alleine seiner raffinierten Architektur wegen besuchen. Im ältesten Haus von Rust lässt es sich zwischen wuchtigen Gewölben, edlem Holz und modernem Design so richtig angenehm tafeln – regional, versteht sich, allerdings auf eine feine, keinesfalls zu deftige Art. Im Haus gibt es einige Apartments. Reservierung wird empfohlen!

Rathausplatz 18; Tel. 0 26 85/6 07 93; www.hotelbuergerhaus-rust.at

274 Rust

Freistadt, Stadt der Störche, international prämierte Modellstadt für Denkmalschutz: Kein anderer burgenländischer Ort kann sich mit so vielen Attributen schmücken. Rust gilt auch als Weinhauptstadt Österreichs. So verwundert es nicht, dass sich die Weinakademie Österreichs 1989 hier etabliert hat. Sie bietet Seminare und Verkostungen an. Vorbildlich ist die Instandhaltung der aus dem 16. bis 19. Jh. stammenden Bürgerhäuser. Die alten Gebäude besitzen gepflegte Barock- oder Renaissancefassaden, anmutige Erker oder kunstvolle Stuckdekorationen. Rundbogenportale führen in idyllische, im Sommer blumengeschmückte Innenhöfe, viele alte Hoftrakte beeindrucken noch mit gedeckten Stiegenaufgängen und Arkaden, teils mit Resten der alten Stadtmauer. Schon 1954 war dies Grund genug, den gesamten Altstadtbereich als ersten Österreichs unter den Schutz der Haager Konvention zu stellen.

Conradplatz 1; Tel. 0 26 85/5 02; www.rust.at

Fischerkirche

Die an der westlichen Stirnseite des Rathausplatzes auf den Grundfesten einer romanischen Kapelle erbaute Wehrkirche gilt als kunsthistorisch bedeutendster Sakralbau des Burgenlandes. Die Marienkapelle mit Fresken aus dem 13. Jh. soll von der ungarischen Königin Maria als Dank an Ruster Fischer gestiftet worden sein, die sie aus Seenot gerettet hatten. Außer dem frühbarocken Pankratiusaltar, dem Dreiheiligenaltar, einem Sakramentshäuschen aus dem 14. Jh. und einem Dorfmeister-Gemälde sollte man vor allem der sogenannten »Fischermadonna«, einer spätgotischen Marienfigur, sowie der steinernen Pietà aus dem 15. Jh. Beachtung schenken.

Rathausplatz 16, Rust;
Tel. 0 26 85/2 95

275

276 Breitenbrunn

In Breitenbrunn lohnt ein kurzer Museumsbesuch, denn das hiesige Heimatmuseum hat immerhin ein veritables Höhlenbären-Skelett sowie bemerkenswerte frühgeschichtliche Exponate zu bieten. Untergebracht ist das Museum im 32 m hohen Wehrturm, von dem man eine herrliche Aussicht auf die zahlreichen Storchennester des Ortes und die umliegenden Weinberge genießt. Weiterhin sehenswert: die hübschen Kellergassen mit liebevoll renovierten Weinkellern und die barocke Pfarrkirche mit einer Kreuzkapelle von 1766. Äußerst selten vorkommende Vogelarten haben im größten Flugwildgehege Europas, am Rand des Schilfgebietes, ideale Lebensbedingungen gefunden.

Eisenstädter Str. 16; Tel. 0 26 83/ 50 54; www.breitenbrunn.at

277 Gols

Als größte Weinbaugemeinde Österreichs mit vielen Winzerhöfen und Heurigen hat Gols immer Saison. Am meisten Trubel herrscht allerdings in der zweiten Augusthälfte, wenn das große Golser Volksfest veranstaltet wird. Auch wenn dabei sämtliche Attraktionen, die ein zünftiges Fest ausmachen, vertreten sind, kommt dem Wein selbstverständlich die größte Bedeutung zu. Immerhin gilt es, den hart erkämpften guten Ruf der Golser Weinbauern zu verteidigen. Im Weinkulturhaus Gols sind 90 Winzer der Region mit über 400 Weinen vertreten. Weinfreunde können sich hier einen repräsentativen Überblick verschaffen und Weine verkosten, die zu Ab-Hof-Preisen verkauft werden. Zum Angebot der Vinothek gehören auch Weinwanderwegführungen.

Sportplatzgasse 15; Tel. 0 21 73/ 2 17 75; www.weinort-gols.at

278 Kittsee

Das Neue Schloss am westlichen Ortsrand von Kittsee wurde zu Beginn des 17. Jhs. errichtet und unter Fürst Paul Esterházy barockisiert. Der von einem hübschen Park umgebene Bau beherbergt ein Ethnografisches Museum, das jedoch seit geraumer Zeit geschlossen ist. Das Alte Schloss im Zentrum geht auf das 12. Jh. zurück und gelangte ebenfalls im 17. Jh. in den Besitz der Familie Esterházy. Es ist wegen Baufälligkeit gesperrt, beeindruckt aber auch in der Außenansicht. Kittsee ist bekannt für seine schmackhaften Marillen, die inzwischen als Marke geschützt sind und im Zentrum mehrerer Veranstaltungen stehen.

Hauptplatz 11; Tel. 0 21 43/ 22 03; www.kittsee.at

279 Mörbisch

An der Grenze zu Ungarn, am Beginn der Kleinen Ungarischen Tiefebene, liegt dieser beliebte Weinbau- und Badeort. Der kleine Ortskern lohnt wegen seiner malerischen Hofgassen und hübschen Laubenhäuser einen Besuch. Ein viel fotografiertes Ensemble ist das Heimathaus, ein alter Winzerhof mit Nebengebäuden – alles aus der Zeit um 1900. Einen Versuch wert ist auch, den See von Mörbisch aus mit dem Fahrrad zu umrunden. Im Sommer finden hier auf der Seebühne die berühmten Operettenfestspiele statt. Unmittelbar daneben befindet sich ein hübsches See- und Freibad.

Hauptstr. 23; Tel. 0 26 85/84 30; www.moerbisch.at

280 Donnerskirchen

Von der frühen Besiedlung des Ortes zeugen die fünf am Schönleitenberg gefundenen keltischen Hügelgräber. Bei den Grabungsarbeiten kam ein frühchristlicher Marmortisch aus dem 4. Jh. ans Tageslicht, der heute im Eisenstädter Landesmuseum zu bewundern ist. Noch an Ort und Stelle befindet sich hingegen das ehemalige Esterházyschlösschen, heute Sitz der Winzergenossenschaft St. Martinus. Sie besitzt das teuerste Weinfass der Welt, das mit kostbarer Trockenbeerenauslese gefüllte Lutherweinfass. Einen schönen Blick genießt man von der erhöht gelegenen Martinskirche, die von einer mittelalterlichen Wehrmauer umgeben ist. Ihr Inneres birgt kunstvoll bemalte und vergoldete Heiligenfiguren. Am Waldrand oberhalb der Kirche beginnt eine lohnende Wanderung auf den Kamm des Leithagebirges zur Franz-Josephs-Warte.

Hauptstr. 29; Tel. 0 26 83/85 41; www.donnerskirchen.at

281

Oggau

Österreichs älteste Rotweingemeinde war schon in der Jungsteinzeit besiedelt, auch die Römer ließen sich hier nieder. Besucher erwarten stilvoll renovierte alte Häuser, eine Pfarrkirche mit barockem Hochaltar und der 1. Burgenländische Weinwanderweg. Westlich des Ortes erstreckt sich das von Wanderwegen erschlossene Naturschutzgebiet Goldberg.

Hauptstr. 52; Tel. 0 26 85/ 77 44; www.oggau.at

282 Römersteinbruch St. Margarethen

Die Gemeinde St. Margarethen liegt am Rand des Ruster Hügellandes zwischen Eisenstadt und Neusiedler See. Berühmt ist der Ort vor allem wegen seines Steinbruchs, der zu den größten und ältesten Europas zählt. Er lieferte den Kalksandstein für zahlreiche Bauten an der Wiener Ringstraße und für den Wiener Stephansdom. Im Römersteinbruch wurde 1959 das erste Europäische Bildhauersymposium gegründet, wovon heute noch zahlreiche Kunstwerke Zeugnis geben. Die imposante Felskulisse bildet auch den Hintergrund für die Opernfestspiele. Der Steinbruch kann auf eigene Faust oder im Rahmen einer informativen Führung inklusive Schatzsuche für Familien besichtigt werden. Ein gut sortierter Souvenirladen ist angeschlossen.

Tel. 0 26 82/63 00 44 02; www.roemersteinbruch.at

Löffler

Neusiedl am See

Die am Nordufer des Neusiedler Sees gelegene Bezirkshauptstadt ist aufgrund des großen Freizeitangebots und der zahlreichen gut sortierten Geschäfte ein beliebter, allerdings auch stark frequentierter Ferienort. Reiten, Tennis, Radfahren und natürlich sämtliche Wassersportarten sorgen für Kurzweil; es können hier auch Segeljachten gechartert werden. Für Wanderer empfiehlt sich der kurze Aufstieg zur Burgruine Tabor, von wo man einen herrlichen Panoramablick genießt. Der Weg beginnt hinter dem Friedhof bei der Pfarrkirche, die wegen der sogenannten »Fischerkanzel« und einer alten Ansicht von Neusiedl aus dem Jahr 1738 auf dem Hochaltarbild einen kurzen Besuch wert ist. Ebenso sehenswert ist der im Südosten der Stadt gelegene Kalvarienberg.

283

Untere Hauptstr. 7; Tel. 0 21 67/ 22 29; www.neusiedlamsee.at

Winden am See

In der Bärenhöhle am rund 3 km nördlich gelegenen Zeilerberg wurden Überreste eiszeitlicher Tiere gefunden. Die Naturhöhle kann bis zu einer Tiefe von 60 m begangen werden.

284

Hauptstr. 8; Tel. 0 21 60/ 82 75; www.winden.at

Apetlon

Apetlon besitzt ein hübsches Ortsbild, fotogen ist vor allem der historische Häuserkomplex am Raiffeisenplatz, vor dem ein Ziehbrunnen steht.

285

Die von Regenwasser gespeisten Lacken rund um den Ort beheimaten seltene Pflanzen und viele Wasservogelarten. Sie werden besonders im Spätherbst von Ornithologen besucht.

Kirchengasse 3; Tel. 0 21 75/ 2 40 43; www.apetlon.info

286 Purbach

Das Wahrzeichen von Purbach ist der »Purbacher Türke«. Die Steinfigur auf dem Kamin des Hauses Schulgasse 9 erinnert an jenen Türken, der im 16. Jh. den Abzug seiner Landsleute verpasste, weil er betrunken im Keller lag. Als er später vor den wütenden Purbachern flüchten wollte, blieb er im Kamin stecken, wurde gefasst und musste sich beim Besitzer des Hauses als Knecht verdingen. Im malerischen Kellerviertel sind noch zahlreiche alte Winzerhäuser zu sehen, von denen die Nikolauszeche und der erwähnte Türkenkeller (Schulgasse 9) besonders hübsch restauriert wurden.

Haus am Kellerplatz; Tel. 0 26 83/5920; www.purbach.at

Illmitz

287

Illmitz ist Hauptort des Seewinkels und als tiefstgelegener Ort Österreichs mit extrem mildem, sonnenreichem Klima zudem noch Herkunftsort vieler Prädikatsweine der Region. Über ein Dutzend Mal haben Illmitzer Weinbauern schon den begehrten Titel »Wine World Champion« gewonnen. Von den schilfgedeckten Häusern und jenen mit Barockgiebel, die einst das Ortsbild prägten, stehen nur noch wenige – einen Eindruck vom alten Illmitz geben das Florianihaus, in dessen Innenhof noch eine historische Weinpresse steht, und die spätbarocke Pfarrkirche. Das Seevogelmuseum widmet sich der artenreichen Vogelwelt rund um den Neusiedler See. Die Naturlandschaft um Illmitz erfährt man am besten mit dem Rad. Badevergnügen garantiert das Strandbad, bei dem auch die Fahrradfähren zu anderen Seeorten ablegen.

Obere Hauptstr. 2–4;
Tel. 0 21 75/23 83;
www.illmitz.co.at

Schloss Halbturn

Das östlich des Neusiedler Sees gelegene Schloss ist ein Meisterstück des berühmten Lukas von Hildebrandt. Im Auftrag der Grafen von Harrach errichtete der Baumeister 1711 dieses barocke Kleinod. 1765 beauftragte dann Kaiserin Maria Theresia den Maler Franz Anton Maulpertsch mit der künstlerischen Ausgestaltung des Großen Saals. Das Schloss wird heute regelmäßig für Ausstellungen und andere Veranstaltungen genutzt; jederzeit zugänglich ist der weitläufige Schlosspark.

www.schlosshalbturn.com

288

Seewinkel

289

Am Ostufer des Neusiedler Sees breitet sich der Seewinkel aus, ein von vielen Lacken durchsetztes Salzsteppengebiet, das als Nationalpark Neusiedler See-Seewinkel unter Naturschutz steht. Es beheimatet eine Fülle von Pflanzen und Tieren, darunter allein 340 Vogelarten. Hobby-Ornithologen können Schwarzstörche, Rohrdommeln und sogar die scheue Großtrappe beobachten, einer der größten flugfähigen Vögel der Welt. Typisch für die Kulturlandschaft Seewinkel sind Dörfer mit schilfgedeckten Bauernhäusern, wie sie auch etwas weiter östlich in der ungarischen Tiefebene stehen könnten. Die Nationalparkmitarbeiter bieten ganzjährig dreistündige Exkursionen zu verschiedenen Themen an; zentrale Informationsstelle ist das Besucherzentrum in Illmitz mit 12 m hohem Beobachtungsturm.

Tel. 0 21 75 /34 42; www.nationalpark-neusiedlersee-seewinkel.at

Mitterpullendorf

290

Der kleine Vorort von Oberpullendorf besitzt noch einige alte Laubenhäuser mit hübschem Putzdekor aus dem 19. Jh. So sind etwa in der Ungargasse und Mühlgasse noch Häuser mit Bogen- oder Ständerlauben zu sehen. Älter ist der aus dem 18. Jh. stammende Gutshof der Familie Rohonczy. Die Pfarrkirche birgt einen Hochaltar aus dem 18. Jh. mit einem Rokokotabernakel, der eine Madonna mit Kind darstellt. Barocke Heiligenfiguren und eine hölzerne Marienfigur um 1700 verdienen genauere Betrachtung. Vor der Kirche steht eine Antoniussäule von 1727, dahinter eine Dreifaltigkeitssäule von 1853.

www.pfarre-oberpullendorf.at/mitterpullendorf

291 St. Andrä am Zicksee

Sein besonderes Gepräge verdankt der Ort den typisch burgenländischen Streckhöfen (Wohnhaus, Stall und Scheune sind hintereinander angeordnet), die den Anger umgeben. Der flache, sich schnell erwärmende Zicksee lädt zum Baden und Surfen ein, er kann auf einem Wanderweg umrundet werden.

Hauptstr. 59; Tel. 0 21 76/23 00 12; www.standraezicksee.at

292 Oberpullendorf

An die zur Hochsaison mitunter recht überfüllte Ferienregion rund um den Neusiedler See schließt im Süden das ruhige, beschauliche Mittlere Burgenland an. Zwischen dem Ostabfall der Alpen, der Buckligen Welt und der Pannonischen Tiefebene breitet sich jene liebliche Landschaft aus, in der man dank sanfter Hügel, schattiger Wälder und großflächiger Weinebenen Ruhe und Erholung findet. Berühmt ist das Mittelburgenland auch für seine ausgezeichneten Rotweine, die vor allem an der Rotweinstraße gedeihen. Bei einem Heurigenbesuch oder bei einer Weindegustation kann man sich von ihrer Qualität überzeugen. Mit Sehenswürdigkeiten im klassischen Sinne kann die pulsierende Bezirkshauptstadt Oberpullendorf nicht aufwarten. Durch umfassende Modernisierungen ist im Ortsbild so gut wie nichts mehr von der im 10. Jh. gegründeten, freien ungarischen Grenzwächtersiedlung erhalten geblieben. Einzig das Schloss Rohonczy ist ein Relikt aus dem 17. Jh. Dafür herrscht in den Straßen der Stadt reges Treiben. Durch seine zentrale Lage hat sich Oberpullendorf zu einer belebten Einkaufs-, Verwaltungs- und Schulstadt entwickelt.

Hauptstr. 9; Tel. 0 26 12/4 22 07; www.oberpullendorf.at

293

Burg Forchtenstein

Die mächtige, auf einem steilen Dolomitfelsen hoch über dem Wulkatal thronende Burg Forchtenstein zählt zu den imposantesten Burganlagen Österreichs. Um 1300 von den Grafen von Mattersdorf erbaut, gelangte sie 1447 in den Besitz der Habsburger und 1622 in jenen der Esterházys. Die Anlage wurde ständig erweitert und ausgebaut, weshalb sie lange als uneinnehmbar galt. Immerhin konnten die bis zu 12 m dicken Mauern sogar den Angriffen der Türken standhalten. Höhepunkte der Burgführung bilden die Rüstkammer mit einer der größten privaten Waffensammlungen Österreichs und zahlreichen Beutestücken aus der Türkenzeit sowie die Schatzkammer mit Elfenbeinminiaturen, Silbermöbeln und kostbaren Edelsteinarbeiten.

Tel. 0 26 26/8 12 12; http://esterhazy.at/de/burgforchtenstein

Stoob

294

Wenige Kilometer den Stoober Bach aufwärts liegt der kleine Ort Stoob, der über die Landesgrenzen hinaus für seine hochwertige Keramik berühmt ist. In dem traditionellen »Töpferdorf« werden typische burgenländische Souvenirs, Schmuckvasen und Dekorationsgegenstände aus Keramik angeboten. Hier befindet sich auch die einzige Fachschule Österreichs für Keramik und Ofenbau. Im Rahmen von Kursen können Besucher das Töpfern von Gefäßen, das Bemalen von keramischen Fliesen, das Modellieren von Reliefs und Plastiken, das Brennen und Glasieren lernen. Das Töpfermuseum dokumentiert die Geschichte der Stoober Hafnerzunft und zeigt neben historischen Arbeitsgeräten auch einen alten Brennofen. Sehenswert ist außerdem die romanische Bergkirche, eines der ältesten Gotteshäuser des Burgenlandes mit Resten von Fresken aus der Zeit um 1220.

Kirchengasse 3; Tel. 0 26 12/4 24 36; www.stoob.at

295 Klostermarienberg

Südlich von Oberpullendorf, nahe der Grenze zu Ungarn, befindet sich das älteste Kloster des Burgenlandes. Es wurde von Zisterziensern im 12. Jh. gegründet. Nach der Aufhebung während der Reformation konnten die Geistlichen ab 1680 ihre Arbeit wieder fortsetzen. Mittlerweile ist die Kirche profaniert. Im Kloster sind noch Spuren des gotischen Kreuzgangs mit einer Holzfigur des hl. Bernhard von Clairvaux von 1700 zu sehen. Im Obergeschoss befindet sich ein einzigartiges Museum, das sich mit der Geschichte von Mensch und Hund befasst: Unser Bild zeigt die mythische Jägerin Atalante gemeinsam mit Meleager bei der Jagd auf den kalydonischen Eber – begleitet von wilden Hunden, die man ganz offensichtlich nicht zum Jagen tragen muss.

Tel. 0 26 11/22 92; Mai–Okt.: www.kulturimkloster.at

Bernstein

296

Der malerische, kleine Ort nahe der Grenze zu Niederösterreich verdankt seinen Namen einem im Mittelalter hier vorbeiführenden Zweig der berühmten Bernsteinstraße. Im Gegensatz zu dem Halbedelstein Edelserpentin, der hier abgebaut und überall im Ort hübsch verarbeitet angeboten wird, kommt Bernstein allerdings nicht vor! Unter die Erde entführt das private Felsenmuseum, das über die Bergbaugeschichte des Ortes und die kulturhistorische Bedeutung des Edelserpentins informiert. Der überdachte Freilichtbereich ist dem 1991 eingestellten Antimonerzbergbau gewidmet.

Hauptplatz 5; Tel. 0 33 54/66 20; www.bernstein.gv.at

297 Raiding

Die nördlich von Oberpullendorf an der einstigen Bernsteinstraße liegende Weinbaugemeinde erlangte vor allem als Geburtsort von Franz Liszt (1811–1886) Berühmtheit. Leben und Wirken des Komponisten werden in einem Museum gewürdigt, das in seinem Geburtshaus untergebracht ist. Zu sehen sind persönliche Gegenstände aus dem Besitz von Franz Liszt, Fotos, Notenmaterial, eine Dia-Schau, Hörtexte, Musikbeispiele und der historische Érard-Flügel, auf dem Liszt selbst gespielt hat. Neben dem Geburtshaus wurde 2006 das Franz-Liszt-Konzerthaus errichtet; hier findet alljährlich an vier Terminen, den Jahreszeiten angepasst, das Liszt Festival statt (www.liszt-festival.at).

Franz-Liszt-Platz 1; Tel. 0 26 19/ 7 47 20; www.raiding-online.at

298 Bad Tatzmannsdorf

Der bekannte, schon 1620 als solcher erwähnte Kurort liegt eingebettet in eine reizvolle Landschaft im südlichen Mittelburgenland. Moderne Kureinrichtungen bieten ein breites Spektrum von Heilanzeigen (Rheuma, Herz-Kreislauf-, Stoffwechsel- oder Atemwegserkrankungen). Dank des angenehm milden Klimas gedeiht im gepflegten Kurpark eine üppige, beinahe exotisch anmutende Vegetation. Für Unterhaltung sorgen Kurkonzerte, Operetten- oder Kammermusikabende. Viele Besucher zieht die Burgenlandtherme mit 1200 qm Thermalwasserfläche, Saunagarten und einem breiten Spektrum an Wellnessanwendungen an. Weiterhin bietet der Ort in der näheren Umgebung eine Fülle an Laufmöglichkeiten (www.laufarena.at).

Joseph-Haydn-Platz 3; Tel. 0 33 53/ 70 15; www.bad-tatzmannsdorf.at

Mariasdorf

Mit der hübsch gelegenen katholischen Pfarrkirche Mariae Himmelfahrt besitzt der kleine Ort ein seltenes Juwel sakraler gotischer Baukunst. Ab 1400 erbaut, wurde die Kirche im 17. Jh. barockisiert und später wiederholt im gotischen Stil restauriert. Beeindruckend sind die Fassadengestaltung, das neugotisch dekorierte Spitzbogenportal aus dem 15. Jh., Sakramentshäuschen, Hochaltar, Kanzel und Taufbecken, Letzteres aus farbig glasierter Majolika von 1884. Ein kurzer Abstecher ins nahe Schul- und Kulturzentrum Oberschützen lohnt wegen der im Kern romanischen Filialkirche zum hl. Bartholomäus mit mittelalterlichen Fresken und der größten evangelischen Pfarrkirche im Burgenland von 1785.

299

Bergwerk 38; Tel. 0 33 53/ 80 44; www.mariasdorf.at

Kobersdorf

300

Der hübsche Ort, der von einem erloschenen Vulkan, dem Pauliberg, überragt wird, besitzt das schönste Wasserschloss des Burgenlandes. Das aus dem 13. Jh. stammende und im 17. Jh. zu einer stattlichen Renaissanceburg ausgebaute Schloss ist im Sommer romantischer Schauplatz der beliebten Schlossspiele. Sehenswert sind auch die denkmalgeschützte Synagoge und der jüdische Friedhof. Den angrenzenden Naturpark Landseer Berge erschließt ein weitverzweigtes Rad-, Reit- und Wanderwegnetz, welches unter anderem am Badesee Kobersdorf vorbeiführt.

Hauptstr. 38; Tel. 0 26 18 /82 00; www.kobersdorf.at

301 Ruine Landsee

Zwar sind von der mächtigen, bereits 1158 urkundlich erwähnten Burganlage heute nur mehr Reste vorhanden, doch die sind imposant genug. Immerhin zählt das einstige Raubritternest zu den größten Burgruinen Mitteleuropas. Vier Mauerringe, gewaltige romanische und gotische Mauern, die bis zu 10 m dick sind, ein spätgotischer Burghof und ein Wohnturm aus dem Mittelalter lassen die einstige Machtstellung, die diese Wehranlage im Lauf ihrer rund 600-jährigen Geschichte innehatte, erahnen. Der Turm besitzt eine Aussichtsplattform, von der sich eine fantastische Fernsicht bietet.

www.landseeaktiv.at

302 Burg Lockenhaus

Eingeweihte denken bei Lockenhaus sofort an die »Blutgräfin« Erzsébeth Nádasdy, die hier zu Beginn des 17. Jh. an die 100 junge Mädchen grausam zu Tode brachte. Andere wiederum wissen von geheimnisumwitterten Zusammenkünften der Templer zu berichten. Tatsache ist jedenfalls, dass die um 1242 errichtete Burg Lockenhaus nicht nur einen prächtigen gotischen Rittersaal, eine Burgkapelle mit wertvollen romanischen Fresken und eine alte Burgküche mit mächtigem Kamin besitzt, sondern auch einen unterirdischen Apsidenraum, der vermutlich als Kultraum diente. Heute ist die Burg Veranstaltungsort der Lockenhauser Konzerte und der Kammermusiktage. In ihren Gemäuern wurden ein Hotel und ein Restaurant eingerichtet. Der angrenzende Naturpark Geschriebenstein bietet ein weitverzweigtes Wanderwegenetz.

Günserstr. 5; Tel. 0 26 16/23 94; www.ritterburg.at

303 Stadtschlaining

So sehenswert die gut erhaltene Altstadt mit ihren reizvollen Patrizierhäusern oder die spätgotische barockisierte Pfarrkirche mit bemerkenswerter barocker Innenausstattung auch sein mag, die Hauptattraktion von Stadtschlaining ist doch die gleichnamige Burg. Die hoch über dem Tauchental aufragende, bereits 1271 urkundlich erwähnte Festung zählt zu den eindrucksvollsten und besterhaltenen mittelalterlichen Burganlagen in ganz Österreich. An ihrem Ausbau zu einer der mächtigsten Wehranlagen war unter anderen der Ritter Andreas Baumkircher um 1450 beteiligt, der allerdings später als Verräter 1471 in Graz geköpft wurde. Sein Lebenswerk blieb der Nachwelt jedoch erhalten, wurde um- und ausgebaut, wechselte oftmals den Besitzer und musste nach der Zerstörung während des Zweiten Weltkriegs gründlich restauriert werden. Heute ist ein Besuch der beeindruckenden Anlage wegen der prächtigen Prunksäle, der Gemälde- und Waffensammlung sowie der gotischen Burgkapelle äußerst lohnenswert.

Baumkircher Gasse 1;
Tel. 0 33 55/22 01 30;
www.stadtschlaining.co.at

Rattersdorf

Knapp an der Grenze zu Ungarn birgt die Pfarr- und Wallfahrtskirche Mariae Geburt und Mariae Heimsuchung kunsthistorische Kleinodien. Auf römischen Gebäuderesten und einem romanischen Vorgängerbau von 1190 wurde im 13. Jh. mit dem Bau des Turmes begonnen. Nach der Zerstörung durch die Türken 1532 erfolgte 1696 der Wiederaufbau im Stil des Barock. In der Apsis wurden gotische Fresken von 1380 freigelegt, die drei ungarische Könige darstellen. Für Aufsehen sorgte der Fund eines spätromanischen Reliquienkreuzes aus Bronze, das sogenannte Rattersdorfer Reliquiar.

304

Hauptstr. 68; Tel. 0 26 11/22 04; www.mannersdorf-adr.at

305 Rechnitz

Die Ortschaft liegt idyllisch am Fuß der höchsten Erhebung des Burgenlandes, des 884 m hohen Geschriebensteins, der zu erholsamen Wanderungen einlädt. Viel besucht ist der Badesee im nahen Faludital. Kunstfreunde werden die Pfarrkirche mit ihrem prächtigen dreigeschossigen Hochaltar schätzen. Das im Gemeindeamt untergebrachte Stiefelmachermuseum ist das einzige seiner Art in Österreich (Besuch nach Voranmeldung unter Tel. 0 33 63/7 95 15).

Hauptplatz 10; Tel. 0 33 63/7 92 02; www.rechnitz.com

306 Clusius-Naturpark

Nordöstlich von Güssing erstreckt sich auf einer Fläche von 100 ha eine einmalige Symbiose aus Wildpark, Forschungsstation und Erholungsgebiet. In Freigehegen lassen sich hier Hirsche, Mufflons, Tarpane (Wildpferde), Steppenrinder, aber auch Wildschweine oder Damwild beobachten. Ein 2,5 km langer Lehrpfad, der auch den Urbersdorfer Stausee mit Picknick-Spielplatz berührt, informiert über die Besonderheiten der heimischen Flora und Fauna.

Ortsteil Uberdorf; Tel. 0 33 22/4 24 19; www.naturpark.at

307 Franziskanerkloster Güssing

Das Franziskanerkloster wurde 1648 anstelle eines älteren, aufgegebenen Augustiner-Eremitenklosters gegründet. Der dreiflügelige Bau ist in die bis heute erhaltene Stadtmauer integriert und beherbergt eine Bibliothek mit wertvollen Inkunabeln, Handschriften und Erstdrucken. In der Klosterkirche befindet sich die Gruft der Batthyánys, nach der Kapuzinergruft in Wien die größte Familiengrablege Österreichs. Neben Prunksärgen sieht man hier die eher schlichte Grabstätte des 2003 seliggesprochenen Arztes Ladislaus Batthyány (1870–1931). Er behandelte Arme unentgeltlich und spendete einen Großteil seines ererbten Vermögens für wohltätige Zwecke.

Franziskanerplatz 1;
Tel. 0 33 22/4 23 39

Güssing

Vor der idyllischen Kulisse des Zusammenflusses von Strem- und Zinkenbach schmiegt sich das Städtchen an den steil aufragenden Vulkankegel Quizin, dem es seinen Namen verdankt. Auf der Spitze thront die mächtige Burg Güssing, einst heiß umkämpftes Bollwerk zwischen Ost und West. Doch Güssing stand keineswegs nur im Zentrum von Fehden, sondern erlebte unter dem Patronat der kunstsinnigen Grafen Batthyány, noch heute Besitzer der Feste, auch immer wieder Phasen kultureller Blüte. Daran versuchen die Güssinger Stadtväter mit einer Vielzahl kultureller Veranstaltungen anzuknüpfen.

308

Hauptplatz 7; Tel: 0 33 22/
4 23 11; www.guessing.co.at

Burg

Die auf einem Vulkankegel thronende Festung gilt zu Recht als eine der schönsten Burgen Österreichs. 1157 als hölzerne Wehranlage errichtet, wurde sie im 13. Jh. zu einer mächtigen Steinburg ausgebaut. Die weithin sichtbare Feste war somit westliches Bollwerk der Ungarn. Im Lauf ihrer Geschichte wurde die Burg 1524 als Dank für eine siegreiche Schlacht gegen die Türken den Batthyánys zugesprochen, womit eine kulturelle Blüte begann. Immerhin wirkten hier Wissenschaftler und Künstler wie der Botaniker Carolus Clusius oder der Maler Pieter Brueghel. Von der Kunstsinnigkeit der Fürsten Batthyány zeugt heute noch die Gemäldegalerie, die auch Werke von Lucas Cranach und Hieronymus Bosch umfasst.

Tel. 0 33 22/4 34 00;
www.burgguessing.info

309

310 Schnapsmuseum

In einem mehr als 200 Jahre alten, umgebauten Bauernhof wurde das Schnapsmuseum eingerichtet – hier lässt sich alles Wissenswerte rund um Obst und Schnaps nicht nur in der Theorie in Erfahrung bringen, sondern auch gleich an Ort und Stelle in die Praxis umsetzen. Eine große Auswahl edelster Destillate wird hier nämlich auch zur Verkostung und zum Verkauf angeboten. Ein informativer Obstlehrpfad mit seltenen Äpfel- und anderen Obstarten sorgt nach möglicherweise zu intensiver Verkostung für frische Luft.

Brennerei Lagler: Hotelgasse 1, 7543 Kukmirn; Tel. 0 33 28/ 3 20 03; www.lagler.cc/schnapsmuseum.html

311 Freilichtmuseum Gerersdorf

Die westlich von Güssing gelegene Freilichtanlage zählt zu den schönsten burgenländischen Museen und wird mit Sicherheit nicht nur bei Experten Anklang finden. Die 32 abgetragenen und originalgetreu wieder aufgebauten Wohn- und Wirtschaftsgebäude veranschaulichen auf lebendige Weise den bäuerlichen Alltag vergangener Zeiten. Unter anderem können ein alter Glockenturm, Presshäuser und Kellerstöckel, ein Bienenhaus und ein Taubenschlag sowie zahlreiche bäuerliche Arbeitsgeräte und Hausrat besichtigt werden. Im Sommer werden alte Handwerkstechniken vorgeführt und in Workshops auch an Interessierte weitergegeben. Kinder können selbst Brot backen, filzen, tischlern und töpfern oder alte Spiele erlernen. In den Räumen des Freilichtmuseums finden auch immer wieder Ausstellungen zeitgenössischer Künstler statt.

Tel. 0 33 28/3 22 55; www.freilichtmuseum-gerersdorf.at; April–Okt.

312 Heilquelle Sulz

Schon seit grauer Vorzeit entspringt etwa 6 km westlich der Festung Güssing, in der Ortschaft Sulz, das weit über die Landesgrenzen hinaus bekannte, mit natürlicher Kohlensäure angereicherte Güssinger Heil- und Mineralwasser. Die Quelle wurde bereits um Christi Geburt als Trink-, vielleicht auch als Badebrunnen benutzt und gilt daher als eine der ältesten Heilquellen Österreichs. Sie wirkt dank ihres geringen Natriumgehalts und relativ hohen Prozentsatzes an Kalzium, Magnesium und freier Kohlensäure diuretisch sowie stoffwechselfördernd und wird besonders bei Nierenleiden indiziert.

Güssinger Str. 1; Tel. 0 33 22/42 12 10; www.guessinger.at

Jennersdorf

Reiche Funde auf dem Gemeindegebiet belegen, dass sich schon die Römer an diesem idyllischen Fleckchen im Raabtal wohlgefühlt haben. Umgeben von waldigen Hügeln, die bereits die Weite der ungarischen Tiefebene ahnen lassen, ist die junge Stadt heute ein beliebter Urlaubsort und Ausgangspunkt für Kanutouren auf der Raab. Eine kurze Wanderung führt auf den Tafelberg, wo sich schöne Ausblicke bieten. Im Ort selbst ist neben der Pfarrkirche das Bauernmuseum sehenswert, das mithilfe von Einrichtungsgegenständen und landwirtschaftlichen Geräten den bäuerlichen Alltag dokumentiert.

313

Kirchenstr. 4;
Tel. 0 33 29/4 86 83;
www.jennersdorf.eu/

314 Hotel Landhaus Römerstein

Liebevoll geführtes, idyllisch gelegenes Hotel im Landhausstil mit nur 30 Betten; Römerbad-Tempel, Biosauna, Kräuterbad und Beauty-Studio. Ausgezeichnete Küche mit Zutaten aus dem eigenen Gemüse- und Kräutergarten und Weinen von umliegenden Winzerhöfen. Die 27-Loch-Golf-Anlage Loipersdorf ist nur 4 km entfernt.

Henndorf-Therme 18;
8282 Jennersdorf; Tel. 0 33 29/
4 67 77; www.roemerstein.at

315 Heiligenbrunn

Das Weinbaugebiet rund um Heiligenbrunn ist die kleinste Weinbaufläche im Burgenland. Das ändert aber nichts daran, dass das idyllische Winzerdorf als schönstes burgenländisches Weindorf gilt. Hauptattraktion ist das reizende Kellerviertel mit einer unter Denkmalschutz stehenden Kellerstraße. Rund 120 Weinkeller, die auch heute noch bewirtschaftet werden, reihen sich malerisch aneinander. Wenn Sie wissen wollen, was den hier wachsenden »Uhudler« so berüchtigt macht, kosten Sie diese an fruchtige Beeren erinnernde Kreszenz einfach selbst an Ort und Stelle, in einer der gemütlichen Buschenschänken.

Tel. 0 33 24/72 81;
www.heiligenbrunn.at

316 Eberau

Die aus dem 14. Jh. stammende Anlage, deren Wälle und Wassergräben früher als uneinnehmbar galten, ist die größte Wasserburg Österreichs. Da die Mauern und Wehranlagen noch sehr gut erhalten sind, vermittelt Eberau heute ein malerisches Ortsbild. Im Ortsteil Gaas befindet sich die Wallfahrtskirche Maria Weinberg, die größte und schönste Wallfahrtskirche im Südburgenland. Das im 15. Jh. erbaute Gotteshaus ist wegen der sehenswerten Fresken aus dem 17. Jh., des spätgotischen Madonnen-Gnadenbildes und nicht zuletzt wegen der traumhaften Aussicht alljährlich Ziel vieler Wallfahrer. Pilger, denen es vielleicht auch auf ein gutes Glas Wein ankommt, werden den kleinen Umweg über eine der reizvollsten Weingegenden Österreichs nicht scheuen. Eine kleine Straße führt nach (Unter- und Ober-)Bildein, das für seine – ungarisch anmutenden – Kellerhäuser berühmt ist. Die malerischen Gebäude sind so gut isoliert, dass die darin gelagerten Weine stets konstante Temperatur haben. Von Bildein ist es nur einen Katzensprung zur berühmten Pinkataler Weinstraße mit den für ihre Rotweine berühmten Orten Deutsch Schützen und Eisenberg.

Marktstr. 27; Tel. 0 33 23/ 40 03; www.eberau.at

Pinkafeld

317

Der 860 von Karl dem Großen gegründete Ort gilt als älteste deutsche Ansiedlung im Burgenland. Seine weit zurückreichende Geschichte dokumentiet das Stadtmuseum im Alten Rathaus, einst Sitz der Landadelsfamilie Rindmaull. Im bewaldeten Stadtpark sind noch römische Hügelgräber erkennbar. Den Hauptplatz mit einer Mariensäule aus dem 17. Jh. dominiert das 1658 errichtete Schloss Batthyány, heute Sitz einer Landesberufsschule. Ein reizvoller Spaziergang führt auf den Kalvarienberg mit der Kalvarienbergkirche Zur schmerzhaften Muttergottes.

Hauptplatz 1;
Tel. 0 33 57/4 23 51;
www.pinkafeld-online.at

Oberwart

1327 als Grenzwächtersiedlung erstmals urkundlich erwähnt, ist Oberwart heute die

318

zweitgrößte Stadt des Burgenlandes und ein beliebtes Einkaufszentrum.

Vor allem in den älteren Ortsteilen haben sich noch zahlreiche, für die Region typische Arkadenhäuser erhalten. Oberwart liegt am Erlebnisweg Lebenswart, einer Wander- und Radroute, welche die gelebte Viersprachigkeit des Landstrichs rund um die Pinka thematisiert. Seit Jahrhunderten sprechen die Menschen hier Deutsch, Ungarisch, Kroatisch und Roman. An 21 Stationen findet man auf interaktiven Tafeln nicht nur Infos zur Geschichte und Natur, sondern jeweils auch ein Märchen.

Waldmüllergasse 2–4;
Tel. 0 33 52/31 31 30;
www.suedburgenland.info

319 Stegersbach

Hauptattraktionen des beliebten Urlaubsorts sind die moderne Familientherme mit 14 Becken verschiedener Temperaturen und Tiefen und die sich unmittelbar anschließende Golfschaukel, Österreichs größte Golfanlage (www.golfschaukel.at). Im ehemals Batthyányschen Kastell ist heute das Regionalmuseum untergebracht. Etwas außerhalb des Ortes liegt die alte katholische Pfarrkirche zum hl. Ägidius. In dem 1333 gegründeten Gotteshaus sind ein Hochaltar mit interessanter Rahmenarchitektur, ein bemerkenswertes Ägidius-Bild sowie eine Kanzel mit Rokokodekor zu sehen. Die moderne, 1974 geweihte, neue Pfarrkirche sorgte aufgrund ihrer eigenartigen Stahlbeton-Architektur – eine aufsteigende Spirale symbolisiert die »Himmelsstiege« – für einige Diskussionen. Unweit von Stegersbach, in St. Michael, gibt ein landtechnisches Museum Einblick in den hiesigen bäuerlichen Alltag. Im nahen Ortsteil Rauchwart liegt ein kleiner Badesee.

Thermenstr. 12; Tel. 0 33 26/
5 20 52; www.stegersbach.at

Reiter's Golfschaukel Stegersbach

Wegen der günstigen klimatischen Bedingungen kann im Burgenland fast ganzjährig Golf gespielt werden. Plätze liegen in Bad Tatzmannsdorf, Donnerskirchen, Lutzmannsburg und Rudersdorf-Loipersdorf. Zu einem Mekka für Golfer hat sich Stegersdorf entwickelt, hier befindet sich mit Reiter's Golfschaukel die größte Golfanlage Österreichs. In reizvoller Hügellandschaft können zwei 18-Loch-Kurse, ein 9-Loch-Kurs und ein 5-Loch-Fun-Kurs bespielt werden. Zur Anlage gehören weiterhin zwei Driving Ranges, Pitching- und Putting-Greens sowie eine Chipping-Area. Die Simon Tarr Gold Academy bietet Kurse für alle Könnensstufen. In der Umgebung liegen vier Spitzen-Wellnesshotels und viele gemütliche Pensionen. Das Clubrestaurant Eulenwirt serviert regionale und internationale Schmankerln.

320

Zum Golfzentrum 8; Tel. 0 33 26/ 5 50 00; www.golfschaukel.at

Sonnentherme Lutzmannsburg

Zu den attraktivsten Erlebnisbädern des Burgenlands zählt die Sonnentherme Lutzmannsburg mit drei voneinander getrennten Erlebnisbereichen: Sauna World bietet Entspannung und Wellness, Fun & Speed World ist der Aktivbereich mit Wellenbecken, Wildbach und Wasserrutschen. Die liebevoll gestaltete Baby World bietet neben kleinkindgerechten Becken auch die nötige Infrastruktur, um Eltern mit Baby einen entspannten Tag in der Therme zu ermöglichen.

Tel. 0 26 15/8 71 71; www.sonnentherme.at

321

Rolling Area Lutzmannsburg

322

Im Mittleren Burgenland warten in der Rolling Area insgesamt 45 km fein asphaltierte, abwechslungsreiche Strecken auf Inlineskater. Startpunkt der drei unterschiedlich anspruchsvollen Routen ist der Rolling Terminal bei der Sonnenentherme Lutzmannsburg, dort befinden sich ein Verleih und ein 45 x 25 m großer Asphaltplatz – ideal für Anfänger oder eine Aufwärmrunde vor dem Start. Die Routen sind 7, 15 und 17 km lang, zwei sind durchweg flach, eine weist Bodenunebenheiten auf. Entlang der Strecke sorgen ausgewiesene Skater-Wirte für eine Stärkung.

Tel. 0 26 15/8 71 71; www.skatingpark.at

323

Eislaufen auf dem Neusiedler See

Die mitunter recht kalten Wintermonate lassen die Seen und Teiche rasch gefrieren und sorgen somit für unbeschwertes Eisvergnügen. Bevorzugter Tummelplatz für alle Eisläufer, -segler und -surfer ist der riesige Neusiedler See. Alle Seebäder mit Zugang zum Eis haben ein Eistelefon eingerichtet, das täglich aktuell über die Eisstärke und -qualität informiert. Am Ufer liegen Seile und Leitern bereit, falls im flachen Wasser jemand einbricht. Auch Schlittschuhe können vor Ort geliehen werden.

Eistelefon Neusiedl am See Tel. 0 21 67/34 00 34; übrige Orte unter www.neusiedlersee.com, s. Sport, dort Eislaufen, -segeln, -surfen

324 Sonnenland Seilgarten Lutzmannsburg

Freizeitspaß mit Nervenkitzel: In dem von einem erfahrenen Team betreuten Klettergarten bieten abwechslungsreiche Parcours Übungen für alle Könnensstufen, vom Niedrigseilbereich in Bodennähe mit 33 dynamischen und fixen Stationen bis zum Hochseilparcours mit Flying Fox als krönendem Abschluss.

Tel. 06 80/1 41 52 58; www.sonnenlandseilgarten.at

325 Laufarena Bad Tatzmannsdorf

Rund um Bad Tatzmannsdorf stehen Laufwege von insgesamt 138 km und Walkingwege von 280 km Länge zur Verfügung. Ein intelligentes Leitsystem informiert über den Schwierigkeitsgrad und ermöglicht an zahlreichen Stellen den Einstieg. Es gibt mehrere Spezialbahnen wie die bis 24 Uhr beleuchtete Sun & Moon-Strecke oder die federnde, waldbodenähnliche Finnenbahn.

www.laufarena.at

326 Reitstall Altmann in Andau

Der renommierte Reit- und Springstall H. Altmann liegt direkt neben dem Badesee von Andau. Er verfügt über eine Reithalle sowie einen Springparcours und ein Dressurviereck im Freien. Im Sommer werden neben geführten Ausritten und Kursen auch Ungarn-Sternritte und Kutschpartien mit Kesselgulasch-Essen geboten.

Neue Siedlung 35; Tel. 0 21 76/34 05; www.reitclub-andau.at

327 Entdecker-Radtour

Ein 2500 km umfassendes Radwegenetz sowie die sanften landschaftlichen Gegebenheiten machen das Burgenland zum Radlerparadies. Besonders reizvoll ist die Entdeckertour, eine 97 km lange, auch in drei Teilstrecken zu absolvierende Route von der Donau zu den schilfumrahmten Ufern des Neusiedler Sees. Entlang der Strecke warten zahlreiche Einkehrmöglichkeiten mit kulinarischen Köstlichkeiten der Region auf. Prospektmaterial (auch zum Download) hält Burgenland Tourismus bereit, auf der Webseite gibt es auch einen Online-Routenplaner.

Tel. 0 26 82/63 38 40; www.burgenland.info

Alpannonia-Weitwanderweg

Keine Gemeinde, die nicht mindestens einen Wein-, Kultur- oder Naturlehrwanderweg angelegt hat. Darüber hinaus verlaufen der Europäische Fernwanderweg und der Österreichische Weitwanderweg auf burgenländischem Gebiet.

328 2006 wurde das Projekt »Alpannonia« ins Leben gerufen, ein grenzüberschreitendes Wandersystem, das in sechs gut zu bewältigenden Tagesetappen vom Semmering in Niederösterreich durch das Burgenland und die Steiermark bis nach Köszeg in Ungarn führt. Der Höhen- und Panoramaweg besteht aus einer 104 km langen Hauptstrecke und mehreren Zubringern.

www.alpannonia.at

329 Segelschule Neusiedl

Der Neusiedler See gilt wegen seiner guten Windverhältnisse als Segel- und Surfparadies. Starkwindsurfen ist vor allem im März, April und Oktober möglich. Segel- und Surfschulen gibt es in vielen Seeorten. Die Segelschule Neusiedl veranstaltet Kurse für alle Könnensstufen, Ausbildungstörns und im Sommer auch Jugendcamps. Jollen und Katamarane sowie Surfausrüstung können auch geliehen werden.

Am Segelschulhafen;
Tel. 0 21 67/87 60;
www.segelschule-neusiedl.at

330 Aqua-Splash Gols

Das Erlebnisbad bietet mit Lang- und Speedrutsche, Wildwasserströmungskanal, Kleinkinderbecken und jeder Menge Spielgeräten unbeschwerten Spaß. Es gibt ein Beachvolleyballfeld und einen Mehrzwecksportplatz, auf dem neben Fußball auch Handball und Basketball gespielt werden können.

Badgasse 7; Tel. 0 21 73/23 01;
www.gols.at; Mai–Sept.

331 Baumwipfelweg Althodis

Der Baumwipfelweg im Wald von Althodis ist für Alle ein Erlebnis. Die barrierefreie Holzkonstruktion ermöglicht auch Rollstuhlfahrern und Familien mit Kinderwagen einzigartige Perspektiven. In bis zu 20 m Höhe erleben Eltern und Kinder die Vielfalt des umliegenden Waldes.

Tel. 06 64/5 05 78 79; www.baumwipfelweg-althodis.at; April–Okt.

332 Lucky Town Großpetersdorf

In Lucky Town geht es zu wie im Wilden Westen: Es gibt einen Saloon, Lagerfeuer und Line Dancing, man kann auf Ponys reiten oder sich im Bullriding versuchen. Für Stärkung sorgt u. a. ein Cupcake Shop.

Hauptstr. 27; Tel. 0 33 62/23 03; www.lucky-town.at; Juni–Aug. Mo ab 17 Uhr

333 Steppentierpark Pamhagen

Der im Süden des Seewinkels gelegene, liebevoll gestaltete Tierpark zeigt Steppenrinder, Büffel, Wölfe, Rotwild, Greifvögel und Wassergeflügel in einer Umgebung, die ihrem natürlichen Lebensraum entspricht. Schöne Spazierwege führen durch das 13 ha große Areal mit schattigen Wäldchen, Lichtungen und Teichen. Im Eingangsbereich wird Tierfutter verkauft – Füttern ist erlaubt. Für das leibliche Wohl der Besucher sorgt ein Kiosk-Restaurant mit Gastgarten und Spielplatz.

Tel. 0 21 74/24 89; www.steppentierpark.at; März–Okt.

334 Clusius-Naturlehrpfad Güssing

Mitten im südburgenländischen Naturpark Weinidylle liegt der Clusius-Naturlehrpfad. An den Pfad grenzt ein Wildpark an, in dem Wasserbüffel, Wildschweine, Mufflons, Rot- und Damhirsche ein Leben wie in freier Wildbahn führen. Auch alte Haustierrassen werden hier gehalten. Auf dem 2,5 km langen Weg rund um den Urbersdorfer Stausee kann man sich als Forscher betätigen und mit »Clusi« Pflanzen und Tiere einsammeln, um anschließend ein Tümpelaquarium anzulegen. Es gibt ein Picknickgelände und einen Abenteuerspielplatz mit Seilbrücken und Aussichtswarten.

Tel. 0 33 24/63 18; www.naturpark.at

Familypark Neusiedlersee

Zwischen Rust und St. Margarethen befindet sich dieser Freizeitpark, der Kinderaugen zum Glänzen bringt. Außer lebensgroßen Märchenfiguren und einem Bauernhof mit Streichelzoo locken Klettermöglichkeiten, Fahrgeschäfte und ein Wasserspielplatz. Neuestes Highlight im Park ist die Rattenmühle, eine Familienachterbahn mit engen Kurven, rasanten Richtungswechseln und waghalsigen Berg- und Talfahrten.

St. Margarethen bei Rust; Tel. 0 26 85/6 07 07; www.familypark.at; Ende März–Ende Okt.

335

336 Liszt Festival Raiding

Im Geburtsort des Komponisten wurde 2006 dieses Festival ins Leben gerufen, das Franz Liszt und dem Virtuosentum gewidmet ist. Internationale Star-Interpreten treten im Franz-Liszt-Konzerthaus auf, das eigens für diese Veranstaltung errichtet wurde und über eine ausgezeichnete Akustik verfügt.

www.lisztfestival.at; März, Juni, Okt.

337 Internationales Gitarrenfestival Rust

Die Gründung des Festivals im Jahr 1998 ging auf eine Initiative von Gitarrestudenten des Joseph-Haydn-Konservatoriums in Eisenstadt zurück. Zur Popularität der Veranstaltung tragen neben den Konzerten Angebote wie die Meisterkurse und Gitarrenwettbewerbe bei.

www.guitarfestivalrust.at; März

338 Pannonian Bird Experience

Der Neusiedler See und der Seewinkel sind Rast- und Überwinterungsgebiet für mehr als 300 Vogelarten. Bei der Pannonian Bird Experience führen Ornithologen zu den besten Beobachtungsorten; es gibt Filmvorführungen, Vorträge und Diskussionsrunden zum Erfahrungsaustausch unter Experten.

www.birdexperience.org; April

339 Güssinger Kultursommer

Theateraufführungen und Musikveranstaltungen auf der Burg Güssing, aber auch an anderen Spielorten wie dem Freilichtmuseum Gerersdorf und der Rabelhofer Mühle in Strem.

www.kultursommer.net; Juni/Juli

Klangfrühling Burg Schlaining

340

Internationales Kammermusikfestival auf einer mittelalterlichen Burg. Internationale Top-Interpreten spielen Werke von Mozart, Schubert, Liszt und Brahms; daneben ist aber auch viel Raum für Zeitgenössisches und Experimentelles.

www.klangfruehling.com; Mai

Festivalgelände Wiesen

341

In der Erdbeer-Metropole finden in den Sommermonaten Festivals statt, die alle Musikrichtungen von Rock bis Electronic abdecken, u. a. Lovely Days, Two Days a Week, The Nova Jazz & Blues Nights oder Sunsplash Reloaded.

www.wiesen.at; Juni–Sept.

342 Neusiedler See Radmarathon

Mörbisch am See ist Start und Ziel des 126 km langen Radmarathons, bei dem 303 Höhenmeter zu überwinden sind. 2013 teilt der veranstaltende RC Hohe Wand die Teilnehmer erstmals ihrem Können entsprechend in die Gruppen Rennsport und Radtouristik auf.

www.rchohewand.at; April

343 Summer Opening Podersdorf

Der Surf Worldcup eröffnet alljährlich die Saison, in der Trendsport-Events, Konzerte und Partys stattfinden. Beim Zipfer Seaside Festival rocken die besten Bands Österreichs zusammen mit internationalen Gästen Podersdorf; beim Bacardi Party Weekend legen angesagte DJs auf.

www.surfworldcup.at; April/Mai

344 Seefestspiele Mörbisch

Vor einzigartiger Naturkulisse werden auf einer der größten Freilichtbühnen Europas Meisterwerke der klassischen Operette geboten, meist von österreichischen oder ungarischen Komponisten. Den krönenden Abschluss jeder Aufführung bildet ein Feuerwerk.

www.seefestspiele-moerbisch.at; Juni–Aug.

345 Burg Forchtenstein Fantastisch

Unter dem Motto »Leben wie früher erleben« lädt die Burgmaus Forfel zu einer Reise in vergangene Zeiten ein. Eine fantastische Welt von Magiern, Gauklern, Hexen und Rittern wird heraufbeschworen. Es gibt ein Mitmachtheater und »Ritter Rups« wird als Musical aufgeführt. An mehr als 30 Stationen kann man sich im Bogenschießen versuchen, sein persönliches Wappen kreieren, historische Kostüme probieren oder sich schminken lassen.

www.forchtenstein.at; Juli

346 Kammermusikfest Lockenhaus

Festival mit Werkstattcharakter, bei dem sich oft Ensembles für eine Komposition neu gruppieren oder feste Gruppierungen sich auflösen, um in anderen Besetzungen aufzutreten. Geboten wird Klassik ebenso wie Musik des 20. Jhs.

www.kammermusikfest.at; Juli

347 Rotweinfestival Deutschkreutz

Top-Winzer aus dem Blaufränkischland präsentieren auf der Hauptstraße von Deutschkreutz ihre Weine, beliebte Kapellen aus der Region sorgen für die richtige Stimmung. Shuttle-Busse fahren von Weingut zu Weingut.

www.rotweinfestival.at; Juli

Güssinger Burgspiele

348 Laiendarsteller bringen, teils unterstützt durch Profis, Klassiker der Bühnenliteratur zur Aufführung; momentan setzt man auf englische Komödien. Es gibt eine Hauptproduktion mit dem Standard- und eine zweite mit dem Jugend-ensemble.

www.burgspiele.eu; Juli/Aug.

Opernfestspiele St. Margarethen

349 Opernaufführungen und klassische Konzerte vor der eindrucksvollen Kulisse des Römersteinbruchs, einer der ältesten Steinbrüche Europas. Auch eine Kinderoper bzw. ein Kindermusical steht auf dem Programm.

www.ofs.at; Juli/Aug.

350 Lipizzaner & Friends auf Schloss Halbturn

Gemeinsam mit dem Lipizzaner-Zuchtverband präsentiert der Kulturverein Schloss Halbturn diese spektakuläre Pferdeshow, bei der Lipizzaner und ihnen artverwandte, im Barock gezüchtete Pferderassen im Gartenparterre des Schlosses Dressurkunststücke vorführen. Programmpunkte sind ein mit Kutschen gefahrener Pas-de-Deux, Zirkusvorführungen mit Friesenhengsten und eine Lipizzaner-Quadrille, weiterhin ein Flamenco zu Pferd.

www.schlosshalbturn.com; Aug.

351 Schlossspiele Kobersdorf

Zentrale Aufführungsstätte dieses sommerlichen Kulturfestivals ist seit über 40 Jahren der romantische Arkadenhof des Renaissanceschlosses. Er bildet den stimmungsvollen Rahmen für Theateraufführungen und musikalische Darbietungen. Den Programmschwerpunkt bilden Komödien – zuletzt waren »Ein Sommernachtstraum«, »Der eingebildete Kranke« und »Was ihr wollt« zu sehen.

www.schlossspiele.com; Juli/Aug.

352 Uhudler Sturmfest Heiligenbrunn

Die Kellergasse in Heiligenbrunn mit ihren historischen Weinkellern bildet den Schauplatz für dieses Fest, bei dem der Uhudler Sturm im Mittelpunkt steht. Zum jungen Wein reichen die Winzer in ihren Kellern kulinarische Köstlichkeiten der Region.

www.kellerviertel-heiligenbrunn.at; Sept.

353 Haydn Festival Eisenstadt

Die besten Haydn-Interpreten der Welt führen an den Original-Wirkungsstätten des großen Komponisten Werke aller Gattungen auf – Symphonien, Opern und Oratorien, kammermusikalische Werke und Messen.

www.haydnfestival.at; Sept.

354 Golser Volksfest

Das ausgelassene Fest ist eine gelungene Symbiose aus Bezirksweinkost, Wirtschaftsmesse, Hobby- und Kunstausstellung samt Kleintier- und Pferdeschau. Vom Teddy bis zum Computer wird hier alles feilgeboten, und natürlich fehlen auch Fahrgeschäfte nicht.

www.golservolksfest.at; Aug.

355 Gartenlust auf Schloss Halbturn

Über 100 Aussteller präsentieren im barocken Gartenparterre und in zwei Innenhöfen Schönes für Garten und Haus. Im Maulpertsch-Freskensaal finden Vorträge zu verschiedenen gärtnerischen Themen statt.

www.schlosshalbturn.com; Aug./Sept.

Steiermark

Das Kaiserlich-Königliche wurde in Graz nie zur Gänze abgelegt. Doch man schlägt gerne Brücken in die Moderne – mit dem Amphitheater auf der Murinsel oder dem als »Friendly Alien« bezeichneten Kunsthaus. Im Umland dominiert die Farbe »Grün«, besonders schön anzusehen im Weinland von Südost bis Südwest, das verleiht der Region einen mediterranen Reiz.

Ob nussig, krautig, röstig oder mild würzig – ein Spritzer vom Steirischen Kürbiskernöl verfeinert Suppen, Salate und Sülze.

Graz

356

Als zweitgrößte Stadt Österreichs nimmt Graz mit rund 270 000 Einwohnern sowohl in wirtschaftlicher als auch in kultureller Hinsicht eine Vorrangstellung ein. In Mittelalter und Renaissance Residenz der Habsburger, besitzt Graz eine der besterhaltenen mittelalterlichen Altstädte Mitteleuropas, die 1999 von der Unesco in die Weltkulturerbe-Liste aufgenommen wurde. Wegen des angenehmen, milden Klimas und der städtebaulichen Verwandtschaft mit Wien zogen es viele Offiziere der ehemaligen Monarchie vor, ihren Ruhestand im beschaulichen Graz zu verbringen, was der Stadt bald den Spitznamen »Pensionopolis« einbrachte. Kaiserliche Pensionäre gibt es zwar heute keine mehr, wohl aber Senioren, die die städtische Infrastruktur, die guten Verkehrsverbindungen und das vielfältige kulturelle Angebot zu schätzen wissen. Vielleicht war es gerade dieser geruhsame Lebensstil, der in den wilden Sechzigerjahren junge Künstler auf den Plan rief. Literaten wie Peter Handke, Barbara Frischmuth, Ernst Jandl oder Gerhard Roth schlossen sich im »Forum Stadtpark« zusammen und brachten frischen Wind ins müde Kulturgetriebe. Im Jahr 2003 war Graz Kulturhauptstadt Europas, was dem Ort viele Neuerungen brachte – darunter das Kunsthaus und die künstliche Murinsel.

Herrengasse 16; Tel. 03 16/ 8 07 50; www.graztourismus.at

357 Domkirche

Mitte des 15. Jh. ließ Friedrich III. das dem hl. Ägydius geweihte Gotteshaus errichten. Im Besitz der Seckauer Bischöfe wurde es 1786 zum Dom erhoben. Dass dieser von außen gedrungen wirkt, liegt u. a. daran, dass ein unscheinbarer Dachreiter den Turm ersetzt. Beeindruckend sind hingegen das 1485 von Thomas von Villach geschaffene »Landplagenbild« und der Innenraum mit Netzrippengewölbe, barockem Marmor-Hochaltar und der Bleibüste auf dem Epitaph des Grafen von Cobenzl.

Hof-/Bürgergasse; Tel. 03 16/82 16 83; www.domgraz.at

358 Landhaus

Seinem Erbauer Domenico dell'Allio ist es zu verdanken, dass der einstige Sitz der Landstände heute zu den bedeutendsten Renaissancebauten nördlich der Alpen zählt. Kunstvolle, an italienische Paläste gemahnende Rundbogenfenster, luftige Laubengänge, der dreigeschossige Arkadenhof und ein Renaissancebrunnen mit bronzener Brunnenlaube machen das im 16. Jh. begonnene und im Lauf der Jahrhunderte ständig erweiterte Landhaus zu einem architektonischen Juwel. Die Landstube ist heute der Sitzungssaal des steirischen Landtags.

Herrengasse 16;
Tel. 03 16/8 07 50

359 Mausoleum

Das Grabmal von Kaiser Ferdinand II. gilt in Österreich als eines der bedeutendsten Baudenkmäler im Stil des Manierismus. In unmittelbarer Nähe des Doms wurde im Jahr 1614 nach Entwürfen von Giovanni Pietro de Pomis mit dem Bau begonnen, der durch seine imposante Kuppelarchitektur beeindruckt. Für die Stuckierung zeichnete Johann Bernhard Fischer von Erlach verantwortlich. Gemeinsam mit Dom und Burg bildet das Mausoleum die sogenannte Stadtkrone. Sonderführungen für Gruppen sind nach telefonischer Voranmeldung beim Dompfarramt möglich.

Hof-/Bürgergasse; Tel. 03 16/82 16 83; www.domgraz.at

Murinsel

Die in der Mur schwimmende, an eine halb geöffnete Muschel erinnernde Stahlkonstruktion wurde für die Kulturhauptstadt Graz 2003 erbaut und war als temporäres Projekt gedacht. Weil die Grazer sie aber nicht mehr missen wollten, blieb das futuristische Gebilde an Ort und Stelle und stellt einen reizvollen Kontrast zu den älteren Fassaden der Umgebung dar. Der New Yorker Künstler Vito Acconci entwarf den Bau, der über zwei Stege mit dem Ufer verbunden ist und den Rahmen für ein kleines Amphitheater sowie ein trendiges Café bietet. Es kann für Veranstaltungen gemietet werden.

Tel. 0316/82 26 60;
www.murinselgraz.at

360

Basilika Mariatrost

361

Viel besuchte Wallfahrtskirche, deren imposante Zwiebeltürme schon von Weitem sichtbar sind. Fresken des Hofmalers Lukas von Schrams versprühen spätbarocke Lebensfreude; dem Gnadenbild aus dem 15. Jh. werden viele Wundertaten zugeschrieben. Wallfahrer, die von Graz aus zu Fuß unterwegs sind, kommen auf dem reizvollen Wanderweg am Hilmteich vorbei, einem beliebten Naherholungsgebiet mit Rudermöglichkeit. Wer es bis zum Fuß des kleinen Bergs, auf dem die Kirche steht, geschafft hat, muss nun noch die Angelusstiege mit über 200 Stufen bewältigen.

Kirchplatz 8; Tel. 03 16/39 11 45; www.pfarre-mariatrost.at

362 Leechkirche

Nahe der Grazer Universität befindet sich dieser bedeutende frühgotische Sakralbau. Berühmt ist das Gotteshaus vor allem wegen der Sandstein-Madonna über dem Westportal, der Glasgemälde aus dem 14. Jh. und wegen des Hochaltars mit einer gotischen Maria mit Kind.

Zinzendorfgasse, Bezirk Geidorf; Tel. 03 16/32 26 28; http://khg.graz-seckau.at

363 Grazer Hauptplatz

Der im 12. Jh. angelegte, nahezu geschlossen erhaltene Platz besticht durch eindrucksvolle spätgotische, barocke und biedermeierliche Fassaden. Neben dem Weiß'schen Haus auf Nr. 3 sind auch das Luegg-Haus auf Nr. 11/Ecke Sporgasse und sein Nebengebäude wegen ihrer prächtigen Stuckfassaden sehenswert. An der Südseite befindet sich das neoklassizistische Grazer Rathaus, in der Mitte der Erzherzog-Johann-Brunnen mit den vier Hauptflüssen der (ehemaligen) Steiermark. Verschiedene Märkte finden hier statt, zum Beispiel der Oster- und der Christkindlmarkt.

364 Schlossberg

Was den Parisern ihr Eiffelturm, ist den Grazern ihr Schlossberg. Im 16. Jh. wurde die Anlage zur Hauptfestung von Innerösterreich ausgebaut, die sämtlichen Türkenangriffen standhielt, und selbst Napoleon konnte sie nicht stürmen. In den Schönbrunner Friedensverträgen von 1809 wurde die Schleifung der Festung vereinbart, doch glücklicherweise konnten die Grazer den Franzosen den Glockenturm, auch »Liesl« genannt, sowie den Uhrturm für 3000 Gulden abkaufen und so vor der Zerstörung bewahren. 30 Jahre später wurde der Festungshügel in eine Parkanlage umgewandelt. An die kriegerische Vergangenheit erinnern heute noch der Türkenbrunnen, das Franzosenkreuz und die Kanonenbastei. Auf den Schlossberg führt eine Standseilbahn. Am Fuß des Schlossbergs befinden sich der Eingang zur Märchengrottenbahn und ein gläserner Lift zum Uhrturm.

Schlossbergbahn: Tel. 03 16/ 8 87 33 91; www.holding-graz.at/schlossberg; tgl.

365

Kunsthaus

Das Kunsthaus wurde ebenso wie die Murinsel für die Kulturhauptstadt Graz 2003 erbaut. Seine Schöpfer, die britischen Architekten Peter Cook und Colin Fournier, bezeichneten es als »Friendly Alien«. Tatsächlich lässt der futuristische Bau, der vage an ein Organ erinnert, außerirdische Lebensformen assoziieren. Die blau schimmernde Außenhaut enthält Lichtelemente, die für künstlerische Projektionen und Medienbotschaften genutzt werden können. Das Innere des »Alien« bietet auf zwei Etagen Raum für Wechselausstellungen zeitgenössischer Kunst, im transparenten Unterbau sind eine Medienlounge und ein Restaurant untergebracht.

Lendkai 1; Tel. 03 16/80 17 92 00; www.museum-joanneum.at/de/kunsthaus

Schloss Eggenberg

Im Westen von Graz liegt dieses Schloss, das unter Johann Ulrich von Eggenberg 1623 nach dem Vorbild des spanischen Escorial ausgebaut wurde und in seiner Anlage die Zeit und den Kosmos reflektieren sollte. Die vier Türme stehen für die Jahreszeiten, mit seinen 365 Fenstern bot es seinen Bewohnern an jedem Tag im Jahr einen anderen Ausblick. Heute erfreuen sich seine Besucher an den 24 Prunksälen, die den Planetensaal umschließen (Besichtigung nur mit Führung), am Arkadenhof sowie am weitläufigen Schlossgarten mit Wildpark. Im Schloss sind zwei Abteilungen des Joanneum untergebracht, das Archäologiemuseum und die Alte Galerie mit Kunst des 13. bis 18. Jh.

366

Eggenberger Allee 90; Tel. 03 16/ 80 17 95 32; www.museum-joanneum.at/eggenberg

367 Landeszeughaus

Mit über 32 0000 Exponaten – Schusswaffen, Harnische, Helme, Panzer und Schilde, vor allem für Fuß- und Reitsoldaten – ist das landständische Waffenarsenal die größte original erhaltene Rüstkammer der Welt. In den 1640er-Jahren erbaut, war das Zeughaus das wichtigste Versorgungsdepot, um den Südosten des Habsburger-Reichs zu schützen. Der Großteil der Stücke stammt aus dem 16. und 17. Jh. und war für den Kampf gegen die osmanischen Truppen angefertigt worden. Seit Mitte des 18. Jh. ist das Landeszeughaus ein Museum.

Herrengasse 16; Tel. 03 16/80 17 98 10; www.museum-joanneum.at/landeszeughaus

368 Palais-Hotel Erzherzog Johann

Im Herzen der Stadt, nahe der Fußgängerzone, bietet das gepflegte Hotel in einem ehemaligen Barockpalais modernen Komfort und das Flair vergangener Epochen. Knapp 60 mit antikem Mobiliar eingerichtete Zimmer und Suiten, Café-Restaurant im barocken, überdachten Innenhof.

Sackstr. 3–5 (Hauptplatz); Tel. 03 16/81 16 16; www.erzherzog-johann.com

369 Hotel Wiesler

Als der Zeitgeist in das Nobelhotel mit Jugendstilvergangenheit einkehrte, entstand ein Ambiente für Ästheten, Puristen, Designliebhaber und Romantiker. Geschmackvoll gestaltete Zimmer, bester Service und ein hoteleigener Barbier gehören zum aktualisierten Luxus.

Grieskai 4–8; Tel. 03 16/7 06 60; www.hotelwiesler.com

370 Bauernmarkt am Kaiser-Josef-Platz

Auf dem seit 1928 bestehenden Markt verkaufen Bauern aus der Grazer Umgebung Obst und Gemüse, Geselchtes und Bauernspeck, steirisches Kürbiskernöl, Käferbohnen und Süßmost ... Einen weiteren Bauernmarkt gibt's auf dem Lendplatz.

Mo–Sa 6–13 Uhr

371 Lurgrotte

In der schönsten und tropfsteinreichsten Schauhöhle Österreichs, die außerdem mit dem größten frei hängenden Stalaktit der Welt aufwartet, wurden steinzeitliche Funde gemacht, die eine Besiedlung bereits um 8000 v. Chr. belegen. Ende des 19. Jh. wurden die tiefer liegenden Teile der Höhle wiederentdeckt und im Lauf mehrerer Jahrzehnte erschlossen. Heute kann man das labyrinthische Höhlensystem auf ausgebauten, schön beleuchteten Wegen im Rahmen einer rund einstündigen Führung erkunden. Die Höhle ist von Peggau und Semriach aus begehbar.

Tel. 0 31 27/83 19; www.lurgrotte.com; www.lurgrotte.at; Mitte Apr.–Okt. tgl., Nov–Anf. Apr. Sa/So u. nach Vereinbarung

372 Ernst-Fuchs-Bar

Schon die gediegene Auswahl an perfekt zubereiteten Drinks wäre Grund genug, die Bar im Palais-Hotel Erzherzog Johann aufzusuchen. Doch die eigentliche Attraktion ist die Ausstattung von Ernst Fuchs, einem der Hauptvertreter der Wiener Schule des Phantastischen Realismus.

Sackstr. 3–5 (Hauptplatz), Graz; Tel. 03 16/81 16 16; www.erzherzog-johann.com; So geschl.

373 Bärnbach

Der kleine Ort in unmittelbarer Nachbarschaft der Schul- und Industriestadt Voitsberg ist nicht nur wegen seiner Pfarrkirche besuchenswert, die 1988 von Friedensreich Hundertwasser eindrucksvoll bunt »umgestaltet« wurde, sondern auch wegen des lebendig gestalteten Glasmuseums und des nördlich gelegenen Burgenmuseums auf Schloss Alt-Kainach.

Hauptplatz 1; Tel.: 0 31 42/6 15 50; www.baernbach.at

374 Piber

Hier finden die Lipizzaner jene idealen Bedingungen vor, die sie zu Österreichs Fremdenverkehrsattraktion Nummer eins machten. Das Gestüt kann im Rahmen von Führungen besichtigt werden. Auf der An- oder Rückreise sollten Sie einen Abstecher zum zweitgrößten steirischen Wallfahrtsort Maria Lankowitz (www.maria-lankowitz.at) einplanen.

Piber 1, Köflach; Tel. 0 31 44/33 23; www.piber.com

Frohnleiten

Die malerische Stadt an der Mur, häufig als »steirisches Rothenburg« bezeichnet, vereint Architekturdenkmäler aus allen Epochen: schmucke Bürgerhäuser, eine teils noch erhaltene Stadtmauer, die ehemalige Katharinenkirche, die Pfarrkirche mit ihren prächtigen Fresken, den gotischen Karner von Schloss Neupfannberg sowie die Burg Rabenstein und die Burgruine Pfannberg – das sind nur einige Gründe, Frohnleiten aufzusuchen.

Hauptplatz 2;
Tel. 0 31 26/23 74;
www.frohnleiten.or.at

375

376 Stübing

Für die Besichtigung dieses wohl einzigartigen österreichischen Freilichtmuseums sollte man sich genügend Zeit nehmen. Auf einem Areal von rund 50 ha gibt es über 70 Gehöfte, Sägewerke, Schmieden und Köhlerhütten mitsamt ihrem vollständigen Inventar. Die Gebäude sind quasi als »Miniatur-Österreich« den geografischen Verhältnissen entsprechend nach Bundesländern angeordnet. Direkt am Weg von Graz aus liegt ein sehenswertes Gotteshaus: Die Wallfahrtskirche Maria Straßengel (Am Kirchberg, 8111 Judendorf).

Gratweinerstr. 134, 8121 Deutschfeistritz; Tel. 0 31 24/ 5 37 00; www.freilichtmuseum.at; April–Okt.

377 Stift Rein

Das 1129 gegründete Kloster ist das älteste durchgängig bestehende Zisterzienserkloster der Welt. Höhepunkte einer Führung durch die barocke Anlage sind die Stiftskirche sowie die Bibliothek mit mittelalterlichen Handschriften aus der klostereigenen Schreibstube. Nach der Besichtigung laden die Stiftswälder zu einem Spaziergang ein. Besucher von Stift Rein können auf Wunsch auch am Chorgebet der Mönche teilnehmen, das täglich um 12 Uhr abgehalten wird.

Rein 1; Tel. 0 31 24/51 62 10; www.stift-rein.at

378 Kantine 191

Saisonale, heimische Produkte werden von Köchin Angelika mit viel Kreativität umgesetzt: Ausseer Caprese oder ein Sommersaibling auf Zitronen-Artischocken-Soße sind einen Versuch wert. Die heimische Weinauswahl ist hervorragend. Unbedingt einen Tisch vorbestellen!

Fischerndorf 191, Altaussee; Tel. 06 76/4 48 75 18; kantine191@gmx.at

379 Hotel Erzherzog Johann

Zirbenzimmer, Kräuterbalkone – hier wird Übernachten zum Naturerlebnis. Die Küche offeriert Speisen auf hohem Niveau. Die meisten Produkte stammen aus der Umgebung, dazu werden erlesene Tropfen serviert.

Kurhausplatz 62, Bad Aussee; Tel. 0 36 22/5 25 07; www.erzherzogjohann.at

380 Bad Aussee

Manche meinen, Bad Aussee sei eigentlich kein Urlaubsort, sondern ein schöner Seelenzustand. Da könnte angesichts der Harmonie, die alte Traditionen mit zeitgemäßem Tourismus vereint, schon einiges dran sein. Vom besonderen Zauber des Ausseer Lands fühlten sich seit jeher auch Künstler angezogen – entlang der Via Artis informieren Tafeln darüber, wer hier in den letzten 150 Jahren die Sommerfrische genossen hat. Vor dem Tourismus war es jahrhundertelang die Salzgewinnung, der Bad Aussee seinen Wohlstand verdankte: Durch das weiße Gold reich gewordene Bürger, die sogenannten »Hallinger«, ließen sich im Spätmittelalter imposante, kunstvoll ausgestaltete Häuser errichten. Viele dieser steingewordenen Zeugen einstigen Reichtums sind heute noch gut erhalten und verleihen Bad Aussee einen ganz eigenen Charakter. Neben dem bedeutendsten Gebäude, dem Kammerhof (heute Heimatmuseum), sind vor allem das Hoferhaus (am oberen Marktplatz) mit Fresken, das Herzheimer-Haus (an der ehemaligen Mautbrücke) sowie die »Alte Steinmühle« (in der Nähe des Meranplatzes) mit reichen Sgraffito-Ornamenten sehenswert.

Bahnhofstr. 132;
Tel. 0 36 22/54 04 00; www.ausseerland.salzkammergut.at

Grundlsee

Der größte See der Steiermark verdankt seinen hohen Bekanntheitsgrad nicht zuletzt dem Umstand, dass er der Ausgangspunkt für eine Drei-Seen-Fahrt (oder Wanderung) zum Toplitzsee mit seinen Wasserfällen und zum versteckt gelegenen Kammersee ist. Abgesehen davon ist der Grundlsee dank seines kilometerlangen Naturbadestrandes bei Schwimmern und Wassersportlern sehr beliebt.

www.grundlsee.at

381

382 Altaussee

Blumengeschmückte Häuser und die sich im gleichnamigen See spiegelnden Bergmassive von Trisselwand und Loser – der kleine Ort ist eine wahre Urlaubsidylle. Neben der Pfarrkirche mit gotischen Glasgemälden zählt das Salzbergwerk zu den Hauptattraktionen. Seit dem Mittelalter Haupterwerbsquelle der Region, wurden hier im Zweiten Weltkrieg Kunstwerke gelagert. Bergwerksführungen sind bei Familien beliebt; kleinere Kinder können mit dem »Bergmandl« auf Schatzsuche gehen, inkl. Rutschpartie auf einer Bergmannsrutsche (www.salzwelten.at). Außerdem empfiehlt sich eine Wanderung auf dem Seerundweg (ca. 2 Std.) oder auf dem Künstlerweg. Im Winter ist der Loser eine beliebte Skiregion.

Fischerndorf 61; Tel. 0 36 22/ 7 16 43; www.altaussee.at

383 Stift Admont

Von dem einstmals prächtigen Barockkloster blieb nach einem verheerenden Brand im Jahr 1865 nur mehr die Stiftsbibliothek im Originalzustand erhalten. Dieser einmalige Rokokobau würde freilich schon alleine einen Besuch rechtfertigen, birgt er doch mehr als 150 000 Bände und kostbare Handschriften. Wegen ihrer Größe und ihrer prachtvollen Rokokoausstattung wird die Bibliothek von Kunstkennern gerne als »achtes Weltwunder« bezeichnet. Doch auch die nach dem Brand neu erbaute Stiftskirche beeindruckt durch ihre imposante Raumwirkung. Weitere Schätze des Stifts sind im Naturhistorischen (u. a. mit Fliegensammlung!) und im Kunsthistorischen Museum zu sehen. Die Sammlung des Museums für Gegenwartskunst setzt sich sowohl aus Ankäufen als auch aus Auftragswerken zusammen, die für das Stift Admont konzipiert wurden.

Admont 1; Tel. 0 36 13/2 31 20; www.stiftadmont.at

Bad Mitterndorf

Dass Bad Mitterndorf das ganze Jahr über gut besucht ist, verdankt es seinem ausgezeichneten Ruf als heilklimatischer Kurort mit modernst ausgestattetem Thermalschwimmbad und Kuranlagen sowie seiner Beliebtheit als Sommer- und Wintersportort.

384

In der weißen Jahreszeit gelten besonders die Pisten auf der Tauplitzalm sowie die höchste Natur-Skiflugschanze der Welt am Kulm als Hauptattraktionen. Aus kunsthistorischer Sicht ist Bad Mitterndorf wegen der gotischen Pfarrkirche St. Margaretha mit einem Altarbild von Kremser Schmidt sowie einem zwölfeckigen spätgotischen Taufstein einen Besuch wert.

Bad Mitterndorf 59; Tel. 0 36 23/24 44; www.bad-mitterndorf.at

Pürgg

385

Das »Kripperl der Steiermark« liegt am Rand eines Felsplateaus über dem Ennstal. Schmucke Bauernhäuser drängen sich um die Pfarrkirche zum Hl. Georg, vermutlich 1130 geweiht und im 14. Jh. im Stil der Gotik erweitert. 1904 wurde an die Westfassade die Grufthalle der Grafen Lamberg angebaut. Ein kunsthistorisches Juwel ist die Johanniskapelle mit ihren Fresken. Dargestellt wird u. a. der Katzen-Mäuse-Krieg, ein Motiv, das auf eine Fabel Aesops zurückgeht. Zugrunde liegt die Idee von der Macht der Schwachen über die Starken. Bei Bergsteigern ist Pürgg als Ausgangspunkt für Touren auf den Grimming bekannt.

Trautenfels 52; Tel. 0 36 82/2 48 00; www.puergg-trautenfels.at

386 Gröbming

Der auf einem Hochplateau gelegene Markt ist nicht nur Start für zahlreiche Touren, etwa auf den Stoderzinken, sondern bietet auch Kunstinteressierten einiges. Die spätgotische Pfarrkirche Maria Himmelfahrt, eine der ältesten Kirchen der Obersteiermark, besitzt einen imposanten Flügelaltar sowie eine sehenswerte gotische Marienstatue, die als Zentrum des mächtigen Hochaltars an die Zeit erinnert, als Gröbming noch ein populärer Wallfahrtsort war. Unweit befindet sich der 288 qkm große Naturpark Sölktäler mit einem Waldlehrpfad im Kleinsölktal, einem Wasserlehrpfad sowie der Erzherzog-Johann-Straße im Großsölktal.

Hauptstraße 200; Tel. 0 36 85/2 21 50; www.groebming.at

387 Irdning

Der viel besuchte Ferienort mit seiner sehenswerten Pfarrkirche, der Aeneas Silvius Piccolomini im 15. Jh. vorstand, ist Ausgangspunkt für zahlreiche Ausflüge: in die Landschaft der Niederen Tauern rund um Donnersbach und Donnersbachwald, zum lieblichen Spechtensee, in die romantische Wörschacherklamm oder zum Badevergnügen im Putterer See.

Trautenfelserstr. 220; Tel. 0 36 87/22 42 00; www.irdning.at

388 Ramsau am Dachstein

Nur wenige Kilometer nördlich von Schladming erstreckt sich das beeindruckende, 18 km weite Ramsauer Hochplateau, das zu den beliebtesten steirischen Ferienzielen gehört. Ausgezeichnete Pisten, ein faszinierendes Panorama und die schneesichere Lage ziehen nicht nur im Winter, sondern auch im Sommer die Skifahrer an. Überragt wird das Plateau vom vergletscherten Dachsteinmassiv. Mit der Seilbahn gelangt man auf 2700 m Höhe, wo der SkyWalk einen atemberaubenden Blick auf die Gipfelwelt bietet. Ebenfalls nahe der Bergstation erlaubt der Eispalast Einblicke ins Innere des Dachsteingletschers. Die Talstation Türlwand ist über die Dachstein-Panorama-Straße, eine Mautstraße, erreichbar. Für die Jüngsten wurde ein Natur- und Umweltlehrpfad mit Forschungsstation angelegt. In der Gemeinde Ramsau selbst ist die Pfarrkirche St. Rupert am Kulm sehenswert, die dank ihrer spätromanischen und gotischen Fresken, einer gotischen Rupert-Figur und einer Pietà aus dem 15. Jh. mit zu den wertvollsten Kirchen des Ennstals gehört.

Ramsau 372; Tel. 0 36 87/81 83 38; www.ramsau.com

Schloss Trautenfels 389

Das auf einer Anhöhe über dem Irdninger Becken thronende Schloss wurde im Jahr 1261 erstmals als Schutzburg urkundlich erwähnt. Sein heutiges Aussehen erhielt Schloss Trautenfels im 17. Jh., als es in den Besitz von Friedrich von Trauttmannsdorf gelangte. Heute beherbergt Schloss Trautenfeld als Teil des Joanneums ein sehr anschaulich gestaltetes Landschafts- und Volkskundemuseum. Zu den weiteren Attraktionen zählt ein Gewölberaum mit erst vor wenigen Jahren entdeckten und behutsam freigelegten Fresken aus dem 16. Jh.

Trautenfels 1; Tel. 0 36 82/2 22 33; www.museum-joanneum.at/de/trautenfels; April–Okt.

390 Schladming

Waren es einst Erz, Kupfer und Nickel, die die Stadt nahe der Salzburger Landesgrenze reich machten, so findet Schladming heute als beliebter Fremdenverkehrsort und Skiparadies internationale Anerkennung. Auch die Profis geben sich hier alljährlich ein Stelldichein: Schladming ist Austragungsort von Weltcup-Rennen. Rein geografisch und politisch gesehen, ist die rund 4500 Einwohner zählende Stadt zwar keineswegs der Hauptort des Ennstals, sondern das vergleichsweise unattraktive Liezen. Aus fremdenverkehrspolitischer Sicht hingegen spielt Schladming – gemeinsam mit seinen Nachbargemeinden Ramsau, Haus und Gröbming – jedoch sehr wohl eine Hauptrolle. Und das im Winter und im Sommer, wenngleich der Schwerpunkt sicherlich der kalten Jahreszeit gilt.

Ehe der Tourismusboom einsetzte, durchlebten die Schladminger allerdings eine äußerst bewegte, zeitweilig auch grausame Geschichte. Als blühende Stadt mit reichen Silber- und Kupfervorkommen wurde Schladming zum Zentrum des protestantischen Bauern- und Knappenaufstands, dem im Jahr 1525 ein dramatisches Ende gesetzt wurde, indem man die ganze Stadt in Brand steckte. Das damals aberkannte Stadtrecht wurde Schladming erst 1925 wieder zugesprochen. Leicht machte es die Geschichte den Bewohnern von Schladming also nicht immer, doch ihr Fleiß und ihr hohes handwerkliches Können, etwa im kunstfertigen Betreiben von Kupfer- und Eisenhämmern, haben stets Anerkennung gefunden. Größter Wertschätzung, auch international, erfreut sich übrigens eine Handwerkskunst, die seit über 500 Jahren überliefert wird: das Walken des berühmten Schladminger Lodens, wobei Schafwolle in der »Walke« durch heißes Wasser so bearbeitet wird, dass sie einläuft und verfilzt. Dadurch wird eine isolierende Wirkung erzielt, die im Sommer kühlt und im Winter wärmt.

Ramsauerstraße 756;
Tel. 0 36 87/2 33 10;
www.schladming-dachstein.at

Eisenerz

391

Die Gemeinde liegt am Fuß des Erzbergs, an dem noch heute im Tagebau Eisenerz gewonnen wird. Historische Radmeisterhöfe (Radmeister nannte man früher die Besitzer der Schmelzwerke), der in früheren Zeiten den Schichtwechsel einläutende Schichtturm und Bergmannsmotive in der Kirche St. Oswald zeugen von der langen Bergbautradition. Sie ist auch Hauptthema des Stadtmuseums. In einem stillgelegten Stollen des Erzbergs wurde ein Schaubergwerk eingerichtet. Ein besonderes Erlebnis sind Fahrten über das Tagebaugelände mit sogenannten Haulys, 860 PS starken Schwerlastern (www.abenteuer-erzberg.at).

Dr.-Theodor-Körner-Platz 1, Tel. 0 38 48/25 11 81; www.eisenerz.at

392 Nationalpark Gesäuse

Die wildromantische Verengung des Ennstals zwischen Admont und Hieflau gilt mit dem Buchsteinmassiv, Tamischbachturm, Hochtor und Reichenstein als Paradies für Bergsteiger. 2002 wurde diese eindrucksvolle Landschaft zu Österreichs jüngstem Nationalpark erklärt. Die Parkverwaltung hat in Weng ihren Sitz, das Infobüro befindet sich in Admont. Ein guter Ausgangspunkt für Wanderungen ist Gstatterboden, wo u. a. der vierstündige Peternpfad beginnt. Besinnlich stimmt ein Besuch des berühmten Bergsteigerfriedhofs in Johnsbach; hier befindet sich auch die Forschungswerkstatt Weidendom, ein »lebendes Gebäude«, mit Angeboten für Kinder. Ein beliebtes Familienziel ist der Wasserspielpark St. Gallen. Abenteurer können sich beim Rafting auf der Enns und beim Canyoning austoben.

Hauptstraße 35, Admont;
Tel. 0 36 13/2 11 60 10;
www.gesaeuse.at

393 Rennstrecke in Spielberg

Der Parcours, 1969 als Österreichring eröffnet, war bis 1987 und von 1997 bis 2003 Austragungsort von Formel-1-Rennen. Danach kaufte Red Bull das Gelände. 2011 wurde die umgebaute Rennstrecke neu eröffnet und inzwischen finden auch wieder Formel-I-Rennen statt. Auf dem Red Bull Ring kann man auch sein eigenes fahrtechnisches Können testen.

Tel. 035 77/20 20; www.projekt-spielberg.at

394 Judenburg

Die alte Kaufmannssiedlung »mercatum Judenburgense« entstand am Fuße des Zirbitzkogels. Durch die günstige Lage an wichtigen Verkehrswegen florierte hier bereits im Mittelalter der Handel mit Eisen, Holz, Loden und Speik, einer damals sehr begehrten, wohlriechenden Heilpflanze. Der Aufstieg zur Handelsstadt machte Judenburg durch die Prägung des »Judenburger Guldens« zur Wiege der österreichischen Goldmünzung. Knapp 2500 Jahre später präsentiert sich die Stadt an der Mur als lebendige Schul- und Handelsstadt, die sich ihre alte Bausubstanz erhalten konnte. Der Hauptplatz, wie der gesamte historische Stadtkern, wird von zahlreichen, teilweise noch recht gut erhaltenen Bürgerhäusern geprägt. Einige Häuser, wie etwa Nr. 5 oder Nr. 16, verfügen noch über hübsche Arkadenhöfe bzw. Laubengänge. Ihr Baukern stammt meist aus dem 16. und 17. Jh. Die angenehme Atmosphäre in der Innenstadt, gemütliche Restaurants und gepflegte Geschäfte machen Judenburg heute zu einem gern besuchten Stützpunkt für eine Vielzahl von Ausflügen.

Hauptplatz 20; Tel. 0 35 72/ 8 50 00; www.judenburg.com

395 Judenburger Stadtturm

Vom Selbstbewusstsein des Judenburger Bürgertums kündet der Stadtturm, der höchste Österreichs. Vermutlich 1449 erbaut, fiel er im Laufe der Geschichte immer wieder Bränden zum Opfer. Nach dem letzten Brand 1840 wurde er um eine Aussichtsgalerie bereichert, von der sich ein herrlicher Blick über das Aichfeld bietet. Seit 2006 beherbergt der steinerne Wächter der Stadt das modernste Kleinplanetarium Europas. An die Weltraumshows schließen sich von Experten kommentierte Live-Vorführungen an, sogenannte Sternenmoderationen.

Kirchplatz 1; Tel. 0 35 72/ 4 40 88; www.sternenturm.at

396 Leoben

Reich geworden ist die zweitgrößte Stadt der Steiermark durch den Eisenhandel. Der Bergmannsbrunnen, das prächtige Hacklhaus oder das Rathaus am Hauptplatz, der »Schwammerlturm« sowie das älteste durchgehend bespielte Stadttheater Österreichs zeugen von diesem Wohlstand. Das moderne Museumscenter Leoben thematisiert Stadt- und Montangeschichte und ist Schauplatz von Veranstaltungen. In den Stiftsgebäuden des ehemaligen Frauenklosters im Stadtteil Göss wird das berühmte Gösser Bier gebraut. Besichtigungen mit Verkostung sind möglich.

Peter-Tunner-Straße 2;
Tel. 0 38 42/4 81 48;
www.tourismus-leoben.at

397 Hotel Schloss Gabelhofen

Etwas außerhalb von Judenburg, dafür in ruhiger Lage, lädt dieses komplett restaurierte Schloss seine Gäste zu einem gemütlichen Aufenthalt ein. Abgesehen von Annehmlichkeiten wie Sauna oder Hallenbad besitzt das Haus ein Restaurant im gotischen Säulensaal sowie ein Schloss-Café mit schöner Sonnenterrasse.

Schlossgasse 54, Fohnsdorf;
Tel. 0 35 73/5 55 50;
www.gabelhofen.at

398 Bruck an der Mur

Bruck war schon im Mittelalter ein wichtiges Fernhandelszentrum. Von der Weltläufigkeit der Kaufleute zeugt das Kornmesserhaus aus dem Jahr 1495 im Stil venezianischer Palazzi. Am Hauptplatz zieht der filigran gearbeitete Eiserne Brunnen die Blicke auf sich, seit dem 17. Jh. Wahrzeichen der Stadt. In der Minoritenkirche blieben sehenswerte Fresken aus dem 14. Jh. erhalten. Dem sog. Minoritenmeister wird auch die Weltgerichtsdarstellung in der Filialkirche St. Ruprecht zugeschrieben.

Koloman-Wallisch-Platz 1;
Tel. 0 38 62/89 01 21;
www.tourismus-bruckmur.at

399 Mariazell

Die meistbesuchte Wallfahrtsstätte Österreichs wird von der über dem Ort thronenden Basilika beherrscht. Im Inneren der Kirche ist die vielschichtige Überlagerung der eigentlichen Gnadenstätte, des von Fischer von Erlach geschaffenen Altars mit der »Magna Mater Austriae«-Statue aus dem 12. Jh., interessant. Die Barockausstattung und die Stuckaturen verleihen der an sich düsteren Kirche eine nahezu überirdische Ausstrahlung. Von Mariazell aus lohnen sich Ausflüge nach Gusswerk, einem alten Eisenort mit Jagd- und Waffenmuseum sowie dem berühmten Erzherzog-Johann-Gut »Brandhof« und zum Zisterzienserstift in Neuberg, eine zu den Prunkstücken der österreichischen Gotik zählende ehemalige Abtei.

Hauptplatz 13; Tel. 0 38 82/ 23 66; www.mariazell.at; www.basilika-mariazell.at

400 Murau

Die selbst ernannte Holzstadt wird vom Schloss Obermurau dominiert, das sich seit fast 400 Jahren im Besitz der Fürstenfamilie Schwarzenberg befindet. Am Burgberg steht die gotische Stadtpfarrkirche mit prächtigen Fresken. Das alte Stadtzentrum überrascht mit einer Vielzahl an noch gut erhaltenen, liebevoll restaurierten Bürgerhäusern. Besonders hübsche Gebäude sind in der Anna-Neumann-Gasse sowie am Raffalt- oder Schillerplatz zu finden. Häuser mit charakteristischen Holzveranden säumen die wildromantische Murpromenade. Am Raffaltplatz hat die Brauerei Murau ein Museum eingerichtet.

Am Bahnhof 5; Tel. 0 35 37/ 36 00; www.murau-kreischberg.at

St. Lambrecht

Viele steirische Kirchen und Klöster sind Gründungen dieses alten, seit 1076 bestehenden Benediktinerstifts. In der 1421 geweihten und später barockisierten Stiftskirche wurden in den Siebzigerjahren Fresken aus der zweiten Hälfte des 14. Jh. freigelegt. Von der 900-jährigen Geschichte des Klosters zeugt das Stiftmuseum mit naturkundlichen, kunsthistorischen und volkskundlichen Exponaten. Im Kaisersaal finden regelmäßig stimmungsvolle Konzerte und Liederabende statt. Im Kloster- und Naturparkladen gibt es u. a. Wild aus heimischen Revieren und Weine aus dem Stiftsgut.

401

Hauptstr. 1; Tel. 0 35 85/23 05; www.stift-stlambrecht.at

402 Naturpark Grebenzen

Grebenzen im Südwesten (1870 m) und Zirbitzkogel im Osten (2396 m) rahmen diesen Naturpark ein. Der Zirbitzkogel ist ein beliebter Aussichtsberg und kann in ca. 3 Std. bestiegen werden. Lohnende Wanderungen führen durch die Graggerschlucht bei St. Marein, ins Dürnberger Latschenhochmoor oberhalb von Mariahof und zum Wilden Loch, einer Karsthöhle am Grebenzen. Ein Geheimtipp für Ornithologen ist der Furtner Teich bei Neumarkt – hier rasten über 250 Zugvogelarten. Interessant für Kinder sind der NaturLesePark und die Sommerrodelbahn.

Hauptplatz 4, Neumarkt; Tel. 0 35 84/20 05; www.naturpark-grebenzen.at

403 Oberwölz

Die kleinste Stadt der Steiermark ist zugleich eine der schönsten. Ihre mittelalterliche Stadtmauer ist gut erhalten, in der romantischen Burg Rothenfels kann man übernachten. Im Österreichischen Blasmusikmuseum sind historische Instrumente und Gewänder zu sehen. Eine Fotogalerie würdigt bedeutende Komponisten, Kapellmeister und Dirigenten.

Stadt 15; Tel. 0 35 81/84 20; www.oberwoelz.istsuper.com

404 Waldheimat

Die »Waldheimat« des steirischen Dichters Peter Rosegger (1843–1918) ist die malerische Landschaft rund um Krieglach, der er ab 1877 zahlreiche literarische Denkmäler setzte. Die »Rosegger-Rundstraße« führt von Roseggers Geburtshaus und der berühmten Waldschule in Alpl bis nach Krieglach, wo er ein Landhaus bewohnte.

Kirchenviertel 24, St. Jakob im Walde; Tel. 0 33 36/2 02 55; www.rosegger.steiermark.at

405 Hartberg

Auf der einen Seite blühende Einkaufsstadt und Ferienzentrum, lässt Hartberg seine Gäste andererseits – etwa in den Gässchen der Altstadt oder bei einem Bummel durch den Stadtpark mit den römischen Löwen – in vergangene Zeiten eintauchen. Ganz und gar nicht von gestern präsentieren sich in der nahen Thermenregion modernste Kur- und Diäthotels.

Alleegasse 6; Tel. 0 33 32/60 33 00; www.hartberg.at

406 Steinpeißhaus Hartberg

Stellvertretend für die zahlreichen noch erhaltenen Bürgerhäuser aus dem 16. bis 18. Jh. sei hier dieser Renaissancebau mit seitlichen Erkervorbauten aus dem 16. Jh. erwähnt. Das ehemalige Freihaus der Herren von Steinpeiß beherbergte einige Zeit das zweite Rathaus, heute ist das Stadtmuseum hier untergebracht.

Herrengasse 6; Tel. 0 33 32/6 60 01; www.museum.hartberg.at

407 Seckau

Ein Rundgang durch dieses zu den schönsten romanischen Baudenkmälern ganz Mitteleuropas zählende Benediktinerstift gleicht einem Grundkurs in Kunstgeschichte, da hier sämtliche Perioden von der Gotik bis zur Moderne vertreten sind. Als Meisterwerk des österreichischen Frühbarock gilt das Mausoleum des Erzherzogs Karl II., eine bedeutende Schöpfung der Fünfzigerjahre ist die Apokalypse des Künstlers Herbert Boeckl an den Wänden der Engelskapelle. Das Kloster betreibt neben einer Buch- und Kunsthandlung eine Destillerie, in der aus den Früchten des Klostergartens sehr feine Schnäpse gebrannt werden.

Seckau 1; Tel. 0 35 14/5 23 40; www.abtei-seckau.at

Karner in Hartberg

Der an der Südseite der Stadtpfarrkirche in Hartberg aus heimischen Muschelkalkquadern errichtete romanische Karner ist das eigentliche kunsthistorische Prunkstück der Stadt. Das zweigeschossige Gebäude mit zwei steilen Kegeldächern wurde 1167 als Aufbewahrungsort von Gebeinen gebaut, später jedoch als Baptisterium verwendet und dementsprechend mit Fresken ausgestattet. Die Fresken zeigen die sieben Hauptsünden als Fürsten, die auf Tieren reiten. Über ihnen thront Christus mit den zwölf Aposteln. Im Gewölbe am Kirchenplatz befindet sich ein römisches Triptychon.

408

www.hartberg.at

409 Thonet-Ausstellung Friedberg

Die weltberühmten Bugholzmöbel aus dem Hause Thonet wurden seit den 1960er-Jahren auch in Friedberg hergestellt, nördlich von Hartberg. Die Fabrik wurde im Jahr 1996 geschlossen und dann verkauft. Heute gibt es hier ein Museum, das 80 Exponate zeigt, darunter einzigartige Objekte wie den Weltausstellungstisch von 1852, den legendären Postsparkassenstuhl von Otto Wagner und Stücke der Wiener Sezessionisten.

Bahnhofstr. 67; Tel. 0 33 39/ 2 51 10; www.friedberg.at, s. Tourismus/Freizeit: Sehenswürdigkeiten; So 14–16 Uhr und nach Vereinbarung

410 Hotel Schloss Obermayerhofen

Wohnen auf diesem Traumschloss zählt zu den ganz besonderen Freuden. Mitten im üppig grünenden Hartberger Land thront das vorbildlich revitalisierte Schloss auf einem anmutigen Hügel. Seine bewegte, im Mittelalter beginnende Geschichte berichtet von Familienzwistigkeiten, Vernachlässigung und immer wieder neu erwachendem Bauherreneifer. Aller Gediegenheit zum Trotz strahlt das Haus eine behagliche Atmosphäre aus. Sauna, Badeteich, Diners in den mit Fresken geschmückten Festräumen und Ausflüge in die nicht weit entfernte Thermenregion sorgen für Kurzweil. Ein ausgezeichnetes Restaurant ist angeschlossen. Bei schönem Wetter kann auch im Park gespeist werden, den die Besitzerin, Brigitte Gräfin Kottulinsky, Ende der Neunzigerjahre auf 170 000 qm erweitern ließ. Die barocke Schlosskapelle und der Arkadenhof werden gern für Hochzeiten genutzt.

Neustift 1, Sebersdorf; Tel. 0 33 33/25 03; www.heiraten-im-schloss.info

411 Pöllau

Die Barockkirche des ehemaligen Chorherrenstifts hatte kein geringeres Vorbild als den Petersdom in Rom. Dementsprechend imposant präsentiert sich ihr Inneres. Außer Bildern von J. Adam von Mölck sind das Kreuzigungsbild von Martino Altomonte von 1725 sowie eine Steinpietà (um 1420) in der dritten Seitenkapelle sehenswert. Stattliche Häuser säumen den Hauptplatz, in die Wand des Rathauses wurde eine Prangersäule eingelassen. Von der Wallfahrtskirche im benachbarten Pöllauberg blickt man über den Naturpark Pöllauer Tal (www.naturpark-poellauertal.at).

Schloss 1; Tel: 0 33 35/42 10; www.marktgemeinde-poellau.at

Riegersburg

Ein wahres Märchenschloss ist die einst heiß umkämpfte, von den Türken als »stärkste Festung der Christenheit« bezeichnete Burg. Hoch oben auf einem Basaltfelsen thront die imposante Anlage, deren Innenräume mit Rittersaal, Waffensammlung, Burg- und Hexenmuseum und Greifvogelwarte mit Führungen zu besichtigen sind. Zuvor muss ein kurzer, aber steiler Aufstieg in Kauf genommen werden. Wer das nicht schafft, kann den 2003 gebauten Panoramalift nehmen (Talstation an der Nordseite des Burgbergs). Und wem beides zu langweilig ist, der kann eine der 40 Kletterrouten auf den Berg nehmen.

Tel. 0 31 53/8 21 31; www.veste-riegersburg.at; April–Okt.

412

Stubenberg am See

Der reizvolle Ort am Fuß des Rabenwalds wird vorwiegend wegen seines großen, warmen Badesees frequentiert. Das kleine Renaissanceschloss wird als stilvoller Rahmen für Kulturveranstaltungen genutzt. Bei einem Spaziergang auf dem Ersten Österreichischen Schnapslehrpfad durch Obstgärten und Wald erfährt man alles Theoretische über die Herstellung von Edelbränden. Danach geht man über zur Praxis, indem man das Erlernte in der angeschlossenen Brennerstub'n bei einer kleinen Verkostung Revue passieren lässt (www.edelbrand.at).

413

Tel. 0 31 76/88 82; www.stubenbergsee.at

414 Feldbach

Ein Abstecher in diese nette Stadt lohnt allein schon wegen des umfassenden Museums im Tabor (Wehranlage), übrigens dem besterhaltenen der Steiermark. Hier befinden sich nämlich außer einer volkskundlichen Sammlung ein Schneiderei-, ein Fischerei- und ein Feuerwehrmuseum sowie das industriegeschichtliche Krobath-Museum.

Tabor-Platz 1; Tel. 06 64/6 41 23 27; www.tabor-feldbach.at; Mo, Di geschl.

415 Weiz

Ehe man zur Dampflokfahrt mit der nostalgischen Feistritztalbahn nach Anger startet, sollte man der Taborkirche mit einem Hochaltar von Josef Adam v. Mölck sowie der Innenstadt mit ihren hübschen Bürgerhäusern einen Besuch abstatten. Westlich der Stadt kann man die Raabklamm durchwandern.

Hauptplatz 18; Tel. 0 31 72/2 31 96 60; www.tourismus-weiz.at

416 Leibnitz

Hier wimmelt es nur so von antiken, vorgeschichtlichen und römischen Funden. Dass Leibnitz auch das »Tor zum steirischen Weingebirge« genannt wird, liegt nicht nur an seiner verkehrsgünstigen Lage am Zusammenfluss von Sulm und Lassnitz, sondern wohl vor allem daran, dass es gleich von zwei »Weinlandtorhütern« überragt wird: nördlich vom Schloss Seggau, südlich von der Wallfahrtskirche am Frauenberg.

Sparkassenplatz 4 a; Tel. 0 34 52/7 68 11; www.leibnitz.info

417 Schloss Seggau

Die im 13. Jh. errichtete Burg bestand aus drei Teilen – der Burg Leibnitz der Salzburger Erzbischöfe, der Bischofsburg von Seckau und der Burg der Leibnitzer, dem jetzigen Schloss Polheim. Heute ist Schloss Seggau die Sommerresidenz der steirischen Bischöfe. Neben einem prächtigen Fürstenzimmer, dem Schlosshof und dem größten Weinkeller der Steiermark (Weinproben!) ist vor allem die Sammlung römischer Grabsteine aus Flavia Solva bemerkenswert. Die gotische und später barockisierte Kapelle enthält reiche Stuckarbeiten von Peter Bettini.

Tel. 0 34 52/82 43 50; www.seggau.com; Schlossführungen Mai–Okt. Sa, So, Fei

418 Flavia Solva

Hier befand sich einst die einzige Römerstadt auf steirischem Boden, Flavia Solva. Sie wurde von Kaiser Vespasian um 70 n. Chr. zu einem wirtschaftlichen und politischen Zentrum ausgebaut. Eine Ausstellung zeigt archäologische Funde.

Marburgerstraße 111, Wagna; Tel. 03 16/80 17 95 15; www.museum-joanneum.at/flavia_solva

419 Bad Radkersburg

Die 1978 mit der Europagoldmedaille für Denkmalpflege ausgezeichnete Stadt am äußersten Zipfel der Südsteiermark hat sich vor allem als Kurort einen Namen gemacht. Sie besitzt aber auch eine schmucke Altstadt mit gut erhaltenen Gebäuden sämtlicher Epochen von der Romanik bis zum Jugendstil. Mit einem schönen Renaissance-Arkadenhof prunkt das 1583 erbaute Palais Herberstorff, die barocke Mariensäule auf dem Hauptplatz erinnert an die Pestplage von 1680. Im Keller der Pistorkaserne sind Fresken von Johannes Aquila zu sehen, einem der frühesten namentlich bekannten Maler Mitteleuropas.

Hauptplatz 14; Tel. 0 34 76/2 54 50; www.badradkersburg.at

420 Ehrenhausen

Der bereits von Johann Gottfried Seume in seinem berühmten Reisebericht »Spaziergang nach Syrakus« erwähnte Ort profitiert von seiner Lage an der Südsteirischen Weinstraße und am Mur-Radweg. Viele (vorwiegend gläubige) Besucher zieht auch die im Rokokostil erbaute Pfarr- und Wallfahrtskirche Zur schmerzhaften Muttergottes an. Schon von Weitem sichtbar ist das auf einem Felsplateau gelegene Mausoleum der Eggenburger mit seinen beiden riesigen Wächterfiguren. Vermutlich von Giovanni Pietro de Pomis geplant, zählt es zu den Hauptwerken des Manierismus in Österreich.

Marktplatz 2; Tel. 0 34 53/25 07; www.ehrenhausen.at

421 Sausal

Ausgehend von Leibnitz führt die Sausaler Weinstraße in das höchstgelegene Weindorf Europas. Kitzeck mit 564 m Seehöhe ist nicht nur als Ausflugsziel mit einem traumhaften Panoramablick beliebt, sondern bei Einheimischen – wegen der hübschen Pfarrkirche – auch als Hochzeitsort.

Steinriegel 11; Tel. 0 34 56/37 00; www.kitzeck-sausal.at

422 Stainz

Das Wahrzeichen des mitten im Schilcherland gelegenen »Erzherzog-Johann-Markts«, Schloss Stainz mit der ehemaligen Stiftskirche, thront auf einem Hügel über der Stadt. Die barocke Stiftskirche wirkt durch prächtige Stuckarbeiten von Alexander Serenio und einen zweistöckigen Hochaltar von 1689 besonders hell und freundlich. Im Schloss können ein Jagd- und ein Landwirtschaftsmuseum besichtigt werden (www.schloss.stainz.at). Eine nostalgische Schmalspurbahn, der Flascherlzug, verbindet Stainz seit 1892 mit Preding.

Rathausplatz 4; Tel. 0 34 63/45 18; www.stainz.at

423 Radtour auf der Steirischen Ölspur

Die attraktivsten Mountainbikestrecken befinden sich im Norden der Steiermark; der Süden ist bestens geeignet für kürzere Genusstouren. Vorbei an lohnenden Sehenswürdigkeiten führen der Enns-Radweg (260 km; www.ennsradweg.com) und der Mur-Radweg (450 km; www.murradweg.com). Der Salzkammergut-Radweg erschließt die Ausseer Seenwelt (47 km; www.ausseerland.at). »Steirische Ölspur« nennt sich ein Genussradweg auf fast durchgängig asphaltierten Straßen. Er führt von St. Martin über Wies, Deutschlandsberg, Stainz und Preding wieder zurück zum Ausgangsort. Die 91 km lange Tour, von der auch Varianten von 60, 40 und 25 km Länge möglich sind, ist dem Steirischen Kürbiskernöl gewidmet. Neben Ölmühlen und Bauernhöfen passiert sie auch Wirtshäuser, in denen mit dem »Schwarzen Gold« gekocht wird.

Schilcherland Tourismus;
Tel. 0 34 62/75 20;
www.schilcherland.at

424 Golfen im Thermenland

24 unterschiedliche Golfplätze liegen zwischen Dachstein und dem Weinland. Besonders im oststeirischen Hügelland kann man Golfvergnügen mit Baden in heilkräftigem Wasser verbinden: Im Thermengolfclub Loipersdorf ziehen sich zum Beispiel 27 Bahnen durch eine der schönsten Gegenden Österreichs, einige der Spielbahnen führen gar ins benachbarte Burgenland. Entspannen kann man anschließend in der Therme Loipersdorf, einer der größten Thermenanlagen Europas. Auch in Bad Waltersdorf und der Hundertwasser-Therme Bad Blumau liegt der nächste Golfplatz praktisch vor der Haustür.

Tel. 0 33 85/6 60 40;
www.thermenland.at

425 Reiten im Naturpark Pöllauer Tal

»Hufeisentour« nennt sich das 700-km-Reitwegenetz der Steiermark. Entlang der Strecke bieten Reiterhotels Leihpferde, geführte Ausritte und Kurse an. Ideal für einen Urlaub zu Pferde ist der Naturpark Pöllauer Tal. Man kann die Landschaft auf geführten Ausritten erkunden oder mit einem GPS-Gerät, in das der Gastgeber vorher die Reitroute eingegeben hat. Auskünfte erteilt das Reitsportzentrum Schönegg, eine moderne Anlage mit Reithalle, Springplatz und Dressurviereck. In der Nähe liegen die Pferdehöfe Pölzler, Kogler und Heiling.

Schönau 105, Pöllau;
Tel. 06 99/19 26 06 70;
tobiasbachler@hotmail.com;
www.naturpark-poellauertal.at

Wandern zur Silberkarhütte

426

Das Ausseerland, das Gebiet rund um Bad Mitterndorf mit der Tauplitzalm, Gesäuse, Hochschwab, Veitsch und Semmering, umfasst attraktive Wandergebiete. Hier werden auch häufig Moor-, Kräuter- und Blumenwanderungen organisiert. Eine kurze, aber sehr eindrucksvolle Tour führt durch die Silberkarklamm im Herzen des Dachsteinmassivs zur Silberkarhütte. Über Stufen und Leitern folgt man dem Bett des Wildbachs, Wasserfälle und steil aufregende Felswände sorgen für eine spannende Szenerie und lassen auch bei Kindern keine Langeweile aufkommen. Die Klamm geht in ein Kar über, wo eine Hütte zur Rast einlädt. Auf der Sonnenterrasse mit ihrer herrlichen Aussicht genießt man Bioprodukte vom eigenen Bauernhof. Anschließend geht es über einen Höhenweg und durch den Wald und zurück zum Ausgangspunkt.

Tel. 0 36 87/8 13 77;
www.silberkar.com

Tauchen im Erlaufsee

427

Glasklare Bergseen mit einem außerordentlichen Fisch- und Pflanzenreichentum machen die Steiermark zu einem attraktiven Tauchgebiet. Beliebte Reviere sind Grüner See, Grundlsee, Altausseer See und Erlaufsee, wo es bei St. Sebastian zwei Tauchschulen gibt. Das Angebot reicht vom Schnupperkurs im Bergseetauchen bis zur professionellen Ausbildung zum Tauchlehrer in diesem Spezialgebiet. Das klare Wasser des Erlaufsees ermöglicht Sichtweiten bis 20 m, bekannt ist das Gewässer für seine großen Hechte.

Harrys Tauchschule: Florianigasse 1, Traismauer; Tel. 0 27 83/ 77 47; www.tauchschule.co.at
Neptun Divecenter: Alpenbad, Mitterbach; Tel. 0 38 82/31 63; www.neptun-erlaufsee.com

428 Baden im Putterer See

Die Steiermark bietet zwar nicht allzu viele große Seen, doch auch in den kleineren Badeseen, den zahlreichen Teichen und Freibädern lässt sich Abkühlung finden. Besonders beliebt sind Stubenbergsee, Sulmsee, Erlaufsee oder die Waldschacher Teiche. Durch seine wunderschöne Lage inmitten der Ennstaler Bergwelt besticht der Putterersee, der seine ausgezeichnete Wasserqualität mehreren unterirdischen Quellen verdankt. Ein weiterer Trumpf ist die familienfreundliche Badeanlage mit Sprungtürmen, schwimmender Insel, Sinkbrettern, Trampolinanlage und vielen weiteren Angeboten.

Tel. 0 36 82/2 25 20; www.putterersee.at

429 Klettern im Abenteuerpark Gröbming

Kletterrouten gibt es in der Steiermark u. a. im Dachstein, am Hochschwab, am Grimming oder im Gesäuse. Zuvor kann man in Kletterparks und Hochseilgärten eine Mutprobe ablegen. Zu den größten und abwechslungsreichsten gehört der Abenteuerpark Gröbming mit 18 verschiedenen Parcours zwischen Bäumen und drei Flying-Fox-Bahnen. Über 200 Stationen lassen den Wald aus einer ganz neuen Perspektive erleben.

Stoderstraße 114; Tel. 0 36 85/2 22 45; www.abenteuerpark.at

430 Paragleiten im Grazer Bergland

Die landschaftlichen Gegebenheiten der Steiermark kommen besonders den Paragleitern und Drachenfliegern zugute. Eine Absprungschanze befindet sich am Loser, im Ennstal kann man vom Stoderzinken bei Gröbming und nördlich von Graz vom Schöckel oder von der Teichalm abheben. Tandemflüge, Schnuppertage und Kurse bietet u. a. die Flugschule Steiermark (Grundschulgelände bei Fladnitz im Teichalmgebiet) an.

Tel. 06 64/2 60 09 95; www.flugschule-steiermark.at

431 Rafting auf Salza und Enns

Ein attraktiver Raftingfluss mit nicht allzu starkem Wildwasser ist die Salza, etwas anspruchsvoller ist die Enns. Geführte Touren auf beiden Flüssen, auch mehrtägige Ausflüge mit Übernachtung und Lagerfeuer, mit erfahrenen Guides und Top-Ausrüstung bietet Absolute Outdoors Strobl; das Unternehmen unterhält Outdoor-Camps u. a. in Golling bei Salzburg, im Salzatal und im Gesäuse, von denen aus auch Canyoningtouren verschiedener Schwierigkeitsgrade starten. Es gibt auch Kombitouren: vormittags Canyoning, nachmittags Rafting.

Info & Buchung online oder unter Tel. 0 36 12/2 53 43; www.rafting.at

Gsellmanns Weltmaschine

432

Als er 1958 auf der Brüsseler Weltausstellung das Atomium sah, war es um den Bauern Gsellmann geschehen. Die nächsten Jahre schloss er sich in einer kleinen Kammer ein und baute die Konstruktion aus Drähten, Schläuchen und allerlei Schrott nach. Immer neue Teile fügte er seiner »Maschin'« hinzu, malte sie an und setzte sie mit kleinen Motoren in Bewegung. Als Franz Gsellmann 1981 starb, hatte er über 20 Jahre daran gearbeitet. Kommentare zu ihrem Sinn ließ er sich niemals entlocken. Die Maschine befindet sich nach wie vor in Besitz der Familie, die sie für Besucher in Bewegung setzt.

Kaag, Edelsbach; Tel. 0 31 15/29 83; www.weltmaschine.at

433 Langlaufen auf dem Ramsauer Hochplateau

Auf dem schneesicheren und sonnigen Hochplateau werden fast die Hälfte der Loipenkilometer der Steiermark gespurt. 1999 fanden hier die Nordischen Weltmeisterschaften statt. Schon im Spätsommer reisen Profis aus vielen Ländern an, um sich für die Saison vorzubereiten. Das Spektrum des 220 km umfassenden Loipennetzes reicht von der ganzjährig befahrbaren Strecke auf dem Gletscher bis zur flutlichtbeleuchteten Nachtloipe im WM-Stadion (bis ca. 21 Uhr). Im Kinderlanglaufpark werden die Kleinen spielerisch an den Sport herangeführt – natürlich unter fachkundiger Anweisung.

Ramsau 372; Tel. 0 36 87/81 83 38; www.ramsau.com

434 Grazer Kindermuseum FRida & freD

Wechselnde interaktive Ausstellungen und ein medizinisches Forschungslabor geben Kindern von drei bis zwölf Jahren Gelegenheit zum Tüfteln, Basteln und Experimentieren. Von Montag bis Donnerstag heißt es im Theater ab 16 Uhr »Vorhang auf!«. Beliebt ist das sonntägliche Eltern-Kind-Kochen, bei dem gemeinsam ein 3-Gänge-Menü zubereitet wird.

Friedrichgasse 34; Tel. 03 16/8 72 77 00; www.fridaundfred.at

435 Abenteuerwelt Mautern

Ein Sessellift führt auf 1100 m Seehöhe hinauf, wo man rund 250 heimische Wildtiere, eine begehbare Wolfshöhle, das größte Bärengehege Österreichs und einen Kinderbauernhof mit Streichelzoo besuchen kann. Neben den täglichen Greifvogelshows sorgen eine Sommerrodel- sowie eine Rollerbahn und ein Bikepark für Unterhaltung.

Alpsteig 1; Tel. 0 38 45/22 68; www.abenteuerwelt-mautern.at; April–Okt.

436 Schladminger 4-Berge-Skischaukel

Die Dachstein-Tauern-Region zählt zu den Top-Skigebieten Österreichs. Hier liegen die durch FIS- und WM-Wettbewerbe bekannt gewordenen Wintersportorte Schladming und Rohrmoos mit dem Planai-Skigebiet. Etwas weniger überlaufen sind Hauser Kaibling, Hochwurzen und Reiteralm. Eine Skischaukel verbindet die vier Berge, wobei jeder für sich bereits ein attraktives Skigebiet darstellt. Ideal für Familien sind Fageralm, Galsterbergalm und Stoderzinken. Am Hochwurzen gibt es einen Snowpark.

www.4berge.at

437 Lipizzanergestüt Piber

Die schneeweißen, weltberühmten Pferde der Wiener Spanischen Hofreitschule in ihrer »Sommerresidenz« hautnah zu erleben, ist ein Vergnügen für alle Pferdefreunde. Die Besichtigung ist nur im Rahmen einer rund einstündigen Führung möglich. Dabei besucht man auch das »Kinderzimmer« des Gestüts mit den jüngsten Fohlen. Im August findet ein internationales Fahrturnier statt, im September die Landesmeisterschaften im Gespannfahren. Weitere Veranstaltungen im September sind der Almabtrieb der Lipizzanerjunghengste und die Herbstparade.

Piber 1, Köflach; Tel. 0 31 44/33 23; www.piber.com; Führungen tgl. 11 und 14 Uhr

438

Märchenwald St. Georgen

Für kleine Leute, die sich fragen, wo Hänsel und Gretel oder Frau Holle wirklich wohnen, gibt's im Märchenwald die Antwort. Neben 130 Märchenfiguren und vielen Spielgeräten sorgen auch ein Indianerdorf, ein Wikingerschiff, Elektroautos und eine Riesenrutsche für Unterhaltung.

Pichlhofen 60, St. Georgen ob Judenburg; Tel. 0 35 83/21 16; www.maerchenwald.at; April–Okt.

439

Apfelblütenfest in Puch

Österreichs größter Obstgarten lädt zur Blütenwanderung ein; alternativ gibt es Pferdekutschen- und Traktorrundfahrten. Obstbauern schenken Säfte, Most und Schnäpse aus, die Wirte kochen Apfelspezialitäten.

Puch 100; Tel. 0 31 77/22 22 17; www.puch-weiz.at; April

440

Nocky-Flitzer-Rodelbahn Turracherhöhe

Auf der Turracherhöhe, mitten durch den gleichnamigen Ort, verläuft die Grenze zwischen der Steiermark und Kärnten. Sehr beliebt – insbesondere bei der jüngeren Generation – ist die hochmoderne Rodelbahn, die ganzjährig befahren werden kann. Mit rasanten Kurven, Kreiseln, Wellen und Jumps geht es auf Schienen 1600 m talabwärts in den Kärntner Teil des Gebietes.

Tel. 0 42 75/2 67 22; www.turracherhoehe.at

441 Wasserspielpark Eisenwurzen

Hier sammeln Kinder auf spielerische Weise Erfahrungen mit dem nassen Element. An Wasser- und Sandbaustellen zeigen Schöpfräder und Dammbauten die Kraft des Wassers; Aquarien und Schauteiche geben Einblicke in biologische Zusammenhänge. Wasser als Transportmedium ist auf dem Holztriftkanal ein Thema oder auf dem 400 m langen Bootskanal, auf dem man selbst schippern kann.

Bodenweg 64, St. Gallen; Tel. 0 36 32/2 04 42; www.wasserspielpark.at; Mai–Sept.

442 Styrassic Park Bad Gleichenberg

In grüner Waldidylle lauern Saurier, Mammuts und Säbelzahntiger – allerdings nur solche aus Kunstfaser. Man begegnet einem Feuer speienden Vulkan, der die Erde beben lässt, und einer geheimnisvollen Moorleiche. Bei Filmvorführungen und Urzeit-Shows wird im Buch der Erdgeschichte geblättert.

Dinoplatz 1; Tel. 0 31 59/2 87 50; www.styrassicpark.at; März–Okt.

443 Schloss Herberstein

Für diesen Ausflug sollte man sich etwas mehr Zeit nehmen. Denn abgesehen von einer Führung durch das seit 700 Jahren unversehrt erhaltenen gebliebene Schloss mit seinem arkadengeschmücktem Florentinerhof, seiner Porzellan- und Waffensammlung lockt da noch ein faszinierender Tierpark mit über 600 Tieren aus 130 Arten. Sie leben in dem großzügig angelegten Areal fast wie in freier Wildbahn (www2.tierwelt-herberstein.at). Für kleine Gäste steht ein Kinderspielplatz zur Verfügung, für große Gäste eine gemütliche Buschenschank mit hauseigenen Weinen.

Buchberg 1, St. Johann bei Herberstein; Tel. 0 31 76/8 82 50; http://herberstein.co.at

Faschingrennen in der Krakau

444 Der »damische Montag« (Rosenmontag) steht im steirischen Krakautal ganz im Zeichen eines jahrhundertealten Brauches: Beim Faschingrennen vertreiben die Burschen und Männer des Ortes ab dem Morgengrauen mit viel Getöse und Jauchzen die Dämonen des Winters. Den ersten Teil des bunten Trosses bilden die schön gekleideten Schellfaschinge, die vor jedem Haus ein »Radl« laufen. Ihnen folgen die »Vetteln« – Figuren aus dem früheren bäuerlichen Alltag wie Rossknecht, Rosshändler, Arzt, Scherenschleifer, Friseur und billiger Jakob bieten ihre Leistungen an und treiben dabei allerlei Unsinn.

Tel. 0 35 35/86 06; www.krakau.at, s. Kultur: Das Faschingrennen; Rosenmontag

445 Springfestival Graz

Das Springfestival Graz ist Österreichs größtes Festival für elektronische Kunst und Musik. DJs und elektronisch orientierte Bands – darunter sowohl Stars als auch Newcomer – verwandeln Clubs, Hallen und Lokale in Graz in eine vibrierende Party-Zone. Workshops und Podiumsdiskussionen begleiten das abendliche Hauptprogramm.

www.springfestival.at; Mai/Juni

446 Stainzer Flascherlzug

Der berühmte Zug gilt nicht nur unter Eisenbahnfans als Attraktion. Mit Riesengetöse, Musik und Dampf bummelt die Schmalspurbahn samt bunten Waggons zwischen Stainz, Wieselsdorf und Preding, wobei es wiederholte Stopps für einen ausgiebigen Schilcher-Umtrunk gibt, wozu auch Strauben und Verhackert-Brote angeboten werden.

Tel. 06 64/9 61 52 05; www.stainz.at; April–Okt. Mi, Fr–So und Fei 15 und 17 Uhr ab Stainz, Sept./Okt. Sa/So auch 10 und 12 Uhr

447 Spielberg Musikfestival

Zwischen anspruchsvoller Neuer Volksmusik und Jazz pendeln die Künstler, die beim Spielberg Musikfestival in Zeltweg auftreten. Unter anderem sind Hubert von Goisern oder Labrassbanda zu hören. Bereits in den 1970er und 1980er Jahren war die natürliche Arena des Formel-I-Rundkurses Schauplatz eines erfolgreichen Austropop-Festivals.

Red Bull Ring, Spielberg; www.projekt-spielberg.com; Ende Aug.

448 Narzissenfest im Ausseerland

Wenn im Salzkammergut die weiße sternblütige Narzisse blüht, findet eines der schönsten alpenländischen Feste statt. Aus Narzissen werden fantasievolle Figuren gesteckt und in Bad Aussee bei einem Korso mit Musikkapellen und Trachtengruppen präsentiert; auf dem Grundlsee findet ein Bootskorso statt. Mehrere Gemeinden bieten Narzissenwiesen-Wanderungen an.

Tel. 0 36 22/5 22 73; www.narzissenfest.at; Mai/Juni

Neuberger Kulturtage 449

Chor- und Orchesterkonzerte im Münster eröffnen die Veranstaltungsreihe, die auch Kammermusik, Lieder- und Literaturabende umfasst. Studenten aus ganz Europa besuchen die anspruchsvollen Seminare, die das Programm begleiten.

www.neuberger-kulturtage.org; Juli

La Strada in Graz 450

Beim Internationalen Festival für Straßen- und Figurentheater wird ganz Graz zur Bühne. Theater und Musik, Projektion und Pantomime, Clownerie und Cirque Nouveau – der gemeinsame Nenner ist die Auseinandersetzung mit der Stadt und ihren Bewohnern.

www.lastrada.at; Juli/Aug.

Mid Europe in Schladming

451

Konzertante und qualitativ hochwertig dargebotene Bläsermusik steht im Zentrum dieser Veranstaltungsreihe. Das Spektrum umfasst alte und neue Ansätze, überlieferte und experimentelle Musik, regionale und internationale Stilrichtungen. Gespielt wird in Hallen und Kirchen, »late night« oder »open air«. Rund 2500 Musiker nehmen jedes Jahr teil. In Workshops werden neue Ausdrucksformen erarbeitet, ein Wettbewerb für Jugendblasorchester gibt dem Nachwuchs eine Chance. Eine Messe, auf der die Musikindustrie Neuheiten präsentiert, rundet die Mid Europe ab.

Tel. 0 77 53/26 45; www.mideurope.at; Juli

452 Samsonumzug in Murau

Das Samsontragen wurde im Jahr 2010 in die österreichische Liste des immateriellen Kulturerbes aufgenommen. In Murau reicht diese Tradition bis ins Jahr 1746 zurück. An Mariä Himmelfahrt werden in einem großen Spektakel zwei große Samsonfiguren von der Bürgergarde unter lauten Salutschüssen durch den Ort getragen, anschließend gibt's ein zünftiges Fest.

Tel. 0 35 32/29 90; www.buergergarde-murau.at; 15. Aug.

453 Nikolospiel Bad Mitterndorf

Bäuerliches Jedermannsspiel mit eindrucksvollen Kostümen und Masken; ihren Auftritt haben dabei der Bischof Nikolaus, der Krampus, der Tod in Gestalt des Sensenmanns, Luzifer und seine Helfer sowie der Eheteufel. Hauptfiguren und Text sind seit nahezu 100 Jahren unverändert geblieben.

Tel. 0 36 23/24 44; www.bad-mitterndorf.at; 5. Dezember

454 Styriarte in Graz

Die Styriate ist ein von Stardirigent Nikolaus Harnoncourt (1929–2016) über viele Jahre geprägtes, international anerkanntes Festival der klassischen Musik. Neben dem Ensemble Concentus Musicus Wien und dem Chamber Orchestra of Europa gehören führende Interpreten der Alten Musik zu den Stammgästen. Die Styriarte organisiert auch das Osterfestival Psalm.

Tickets: Tel. 03 16/82 50 00; styriarte.com; Juni/Juli

Steirischer Herbst

Spartenübergreifendes Festival für Experimentelles aus den Bereichen Theater, Musik, Tanz, Literatur, Performance und Bildende Kunst. Das Selbstverständnis als »produzierendes Festival« spiegeln viele Uraufführungen und eigens für den Steirischen Herbst entwickelte Auftragsarbeiten wider.

Tel. 03 16/82 30 07; www.steirischerherbst.at; Sept./Okt.

455

Oberösterreich

»Im Salzkammergut, da kann man gut lustig sein«, heißt es in einer der bekannten Musiknummern aus dem »Weißen Rössl«. Doch nicht nur das heimliche Herz der Alpenrepublik macht gute Laune: Zwischen Dachstein und Böhmerwald sorgen Linzer Torte und Apfelmost für kulinarische Freuden. Flüsse, Seen und Berge sind die Spielwiesen für Aktive.

Träumen am Traunsee: Unterhalb des Traunsteins – auch Wächter des Salzkammerguts genannt – ruht der tiefste See Österreichs.

Linz

Es war die Lage an der Kreuzung von Alter Salzstraße und Donau, die Linz früh erblühen ließ. Die Stadt besaß schon zur Römerzeit Handelsverbindungen in alle Himmelsrichtungen. Mit dem Aufkommen der Eisenbahn entwickelte sich auch eine lebhafte Industrie. Im Zweiten Weltkrieg musste die Stadt zahlreiche Zerstörungen hinnehmen, wurde nach dem Krieg zwischen Russen und Amerikanern geteilt. Heute ist die Hauptstadt Oberösterreichs ein großes Industriezentrum, besitzt einen wichtigen Hafen und macht immer wieder mit ungewöhnlichen Ideen auf sich aufmerksam. Seit der Ernennung zur Kulturhauptstadt im Jahr 2009 erscheint Linz im Glanz neuer Wahrzeichen und kultureller Aufbrüche. Kreative Menschen kamen übrigens immer gerne nach Linz. Der Astronom Johannes Kepler wirkte hier, der Schriftsteller Adalbert Stifter arbeitete als Schulrat, Mozart komponierte hier seine »Linzer Symphonie«, Beethoven seine 8. Symphonie. Der große Sohn der Stadt ist jedoch der Komponist Anton Bruckner.

Hauptplatz 1; Tel. 07 32/70 70 20 09; www.linztourismus.at

456

457 Brucknerhaus

Bruckner und Linz, das ist wie Mozart und Salzburg. Das nach Plänen des finnischen Architektenpaares Sirén erbaute Konzerthaus am Flussufer der Donau erinnert an den großen Komponisten und zeichnet sich durch eine hervorragende Akustik aus. Alljährlich dient es als Hauptspielort des Brucknerfests.

Untere Donaulände 7;
www.brucknerhaus.at

458 Hauptplatz

Eindrucksvolle 220 x 60 m misst der im 13. Jh. angelegte Platz, den schöne Barockfassaden säumen. In seiner Mitte ragt die 20 m hohe Dreifaltigkeitssäule aus weißem Marmor auf. An der Ostseite steht das Alte Rathaus, von dessen Balkon Adolf Hitler 1938 vor 60 000 Zuhörern das »große volksdeutsche Reich« ausrief. Heute startet am Hauptplatz der knallgelbe Minizug Linz City Express zu halbstündigen Stadtrundfahrten. Ganz gemütlich lassen sich so Kultur und Geschichte der Stadt erleben.

Linz City Express: Tel. 07 32/79 75 55; www.geigers.at; tgl., bei Schneefahrbahn kein Betrieb

459 Alter Dom St. Ignatius

Außen wirkt der Barockbau schlicht, drinnen entfaltet er seine volle Pracht. Auf der Orgel spielte Anton Bruckner 1856–68 als Domorganist. Das Instrument ist nach ihm benannt.

Domgasse 3;
Tel. 07 32/7 70 86 60;
www.ignatiuskirche-linz.at

460 Landhaus

Zwischen 1568 und 1638 erbaut, zieht im Arkadenhof des Landhauses ein achteckiger Brunnen den Blick auf sich. Die sieben Planeten am Sockel des Bronzeaufsatzes der Mittelsäule erinnern an den Astronomen Johannes Kepler, der hier einst unterrichtete.

Theatergasse 1; Tel. 07 32/ 70 70 20 09; www.linz.at

Adalbert Stifter Haus

461

In dem Haus an der Donaulände lebte Adalbert Stifter von 1848 bis zu seinem Tod 1868. Begraben liegt der große österreichische Erzähler und Maler auf dem St. Barbara-Friedhof (Friedhofstr. 1). In seiner ehemaligen Wohnung im zweiten Stock wurde ein Gedenkraum eingerichtet. Des Weiteren beherbergt das Gebäude das Adalbert-Stifter-Institut, eine Forschungsstätte für Literatur- und Sprachwissenschaft, sowie das Oberösterreichische Literaturhaus, das regelmäßig Autorenlesungen und Literaturgespräche veranstaltet.

Adalbert-Stifter-Platz 1; www.stifter-haus.at

462 Neuer Dom

Bis zu 20 000 Menschen passen in Österreichs größte Kirche. Der Mariä-Empfängnis-Dom ist allerdings nicht auch Österreichs höchstes Gotteshaus, denn zur Zeit seiner Erbauung durfte kein Gebäude in der Donaumonarchie den Stephansdom in Wien überragen. Mit 134,8 m Höhe ist der Turm des Linzer Doms rund 2 m niedriger als der des Stephansdoms in Wien. Kostbare Buntglasfenster zeigen Szenen aus der Linzer Stadtgeschichte, in der Krypta ist der Linzer Bischof Rudigier bestattet, auf dessen Initiative der Dombau zurückging.

Herrenstr. 26; Tel. 07 32/94 61 00; www.mariendom.at; Di–Sa

463 Pöstlingberg

Knappe 5 km nordwestlich der Stadt gelegen, bietet der 537 m hohe Berg den besten Blick auf Linz und weit darüber hinaus. Vom Hauptplatz kann man mit der Pöstlingbergbahn, der steilsten Adhäsionsbahn Europas, auf den Hausberg von Linz hinauffahren. Das Besondere an diesem Bahntyp ist, dass der Antrieb ausschließlich über die Haftung der Räder erfolgt. Für die 225 m Höhenunterschied benötigt die vor über 100 Jahren in Betrieb genommene Bahn rund 20 Minuten. Auf halber Strecke befindet sich der ganzjährig geöffnete Linzer Tiergarten mit Streichelzoo (www.zoo-linz.at). Auf dem Gipfel des Pöstlingbergs steht die sehenswerte Wallfahrtskirche Sieben Schmerzen Mariae, die jährlich Hunderttausende Pilger anzieht. In einem Turm der ehemaligen Befestigungsanlage fährt die Grottenbahn Besucher durch eine funkelnde Zwergenwelt, über die besonders die Kleinen staunen.

Am Pöstlingberg 16; Tel. 07 32/34 00 40 00; www.linzag.at; Grottenbahn Nov–Feb geschl.

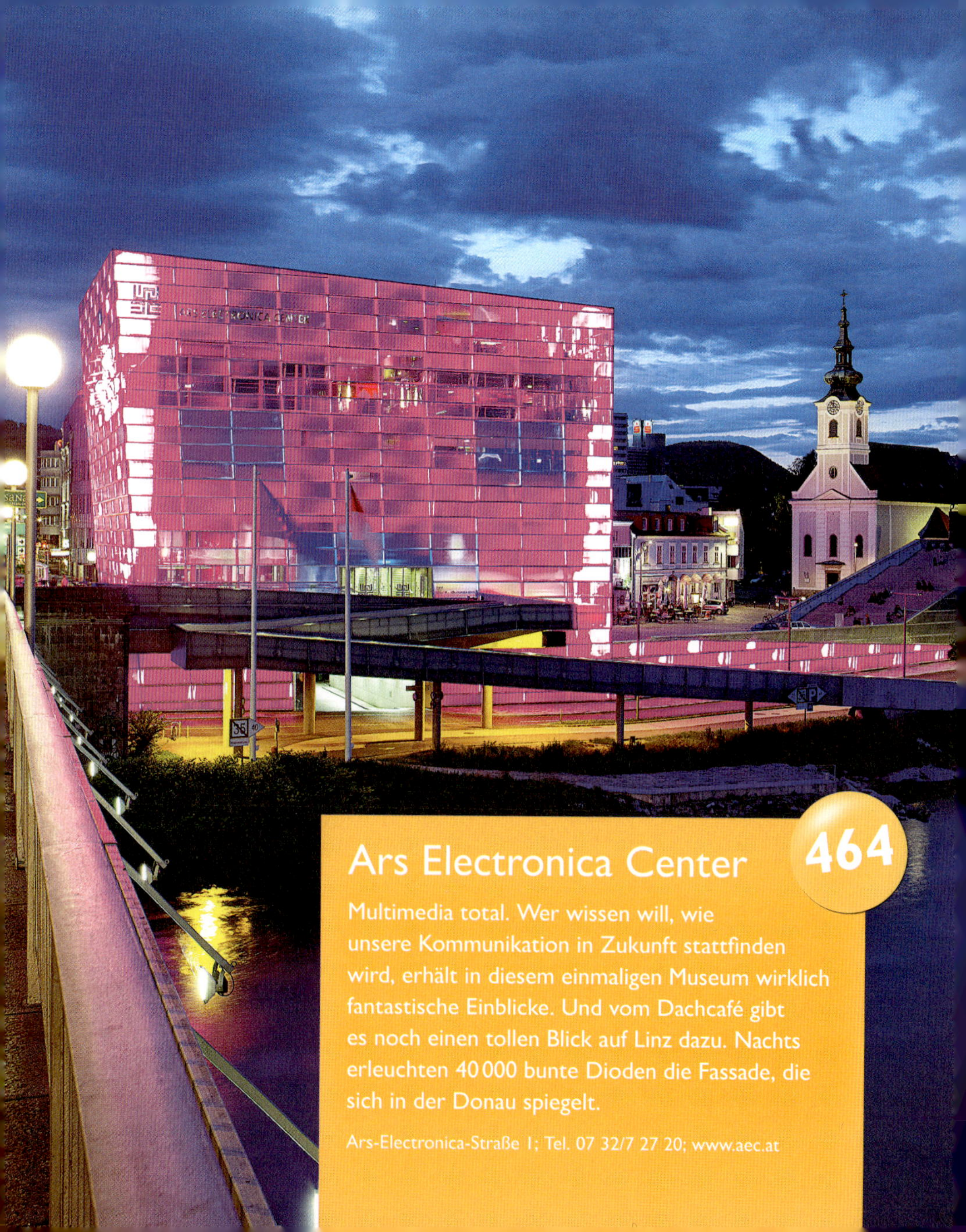

Ars Electronica Center

464

Multimedia total. Wer wissen will, wie unsere Kommunikation in Zukunft stattfinden wird, erhält in diesem einmaligen Museum wirklich fantastische Einblicke. Und vom Dachcafé gibt es noch einen tollen Blick auf Linz dazu. Nachts erleuchten 40 000 bunte Dioden die Fassade, die sich in der Donau spiegelt.

Ars-Electronica-Straße 1; Tel. 07 32/7 27 20; www.aec.at

465 Schlossmuseum

Im 8. Jh. als Burganlage erbaut und im 15. Jh. von Kaiser Friedrich III. zur Residenz umgestaltet, beherbergt der auf einem Felssporn über der Donau thronende Rennaissancebau heute das Provinzialmuseum mit Sammlungen zur Kulturgeschichte des Landes. Im 2009 erbauten gläsernen Südtrakt werden interaktive Dauerausstellungen zur Natur- und Technikgeschichte Oberösterreichs gezeigt sowie Kunstwerke von der Gotik bis zur Moderne. Die Befestigungsmauern der Burg sind noch teilweise erhalten, am Friedrichstor ist die Inschrift AEIOU (»Alles Erdreich ist Österreichs Untertan«) zu lesen. Dass dies nicht Realität geworden ist, scheint die Linzer Bevölkerung aber nicht weiter zu stören.

Schlossberg 1; Tel. 07 32/7 72 05 23 00; www.landesmuseum.at/schlossmuseum

466 Lentos Kunstmuseum

Eindrucksvoll ist das neue Museum direkt an der Donau platziert worden. Es zeigt einen repräsentativen Querschnitt österreichischer Kunst der Klassischen Moderne (u.a. Klimt, Schiele, Kokoschka) sowie heimische und internationale moderne Kunst. Die Züricher Architekten Weber und Hofer erbauten bis 2003 die langgezogene Konstruktion, die interessante Durchblicke ermöglicht.

Ernst-Koref-Promenade 1; Tel. 07 32/70 70 36 00; www.lentos.at

467 Verdi Restaurant und Einkehr

Das Gourmet-Restaurant Verdi und die bodenständigere Einkehr sind ein kulinarisches Zweigestirn, das in reizvoller Panoramalage hoch über Linz erstrahlt. Sehr kreative Küche, die Ideen aus Österreich und vom Mittelmeer gekonnt kombiniert. Guter Service, erlesene Weinauswahl.

Pachmayrstr. 137; Tel. 07 32/ 73 30 05; www.verdi.at

468 Konditorei Jindrak

95 000 Torten verlassen jährlich das »Haus der Original Linzer Torte« – Köstlichkeiten aus Mürbteig mit einem Teiggitter über der Decke aus Ribisel-Marmelade (Johannisbeere). Wer nicht wenigsten ein Stück der berühmten Torte probiert hat, war nicht wirklich in Linz. Wer eher Lust auf Ausgebackenes hat, bekommt ab Oktober die sogenannten Mmmh-Krapfen.

Herrenstr. 22–24; www.linzertorte.at

Arcotel Nike

469

In dem direkt am Südufer der Donau, neben dem Brucknerhaus gelegenen Hotel schaffen die hauseigenen Ausstellungen und der Skulpturengarten ein kunstaffines Ambiente. Die schön gestalteten geräumigen Zimmer bieten besonders in den oberen Stockwerken eine beeindruckende Aussicht auf den Fluss, die benachbarten Museen sowie den gegenüber liegenden Pöstlingberg. Für Entspannung nach der Stadtbesichtigung sorgt der großzügige Wellnessbereich mit Finnischer Sauna, Dampfbad, Regenduschen sowie Ruhebereich. Alternativ kann man in der Cafébar Ké einen Drink nehmen.

Untere Donaulände 9; Tel. 07 32/7 62 60; www.arcotel.at/nike

470

Aigen-Schlägl

Der Doppelort in den Ausläufern des Böhmerwalds ist touristisch gut erschlossen, vor allem Wanderfreunde schätzen seine reizvolle Umgebung. Eine Besonderheit stellt das Freibad dar, besitzt es doch einen Naturbadestrand an der Großen Mühl mit moorschwebstoffhaltigem Wasser. Bedeutendste Sehenswürdigkeit ist das 1218 gegründete Chorherrenstift Schlägl. Während der Bauernkriege 1626 zerstört, wurde es im barocken Stil wiederaufgebaut. Seit 400 Jahren wird dort Bier gebraut, wobei man heute auf Nachhaltigkeit und regionale Zutaten Wert legt. Im Stiftskeller oder bei einer Brauereiführung kann man die Schlägl-Bierspezialitäten probieren, darunter auch Österreichs erstes Bio-Roggenbier (Nov.–April nur Fr, sonst Mo–Fr). Im Meierhof des Stifts dokumentiert das Museum Kulturgut Oberes Mühlviertel das nicht immer einfache Leben in dieser Region (Juni–Sept. Sa, So 14–17 Uhr).

Marktplatz 17, Aigen; Tel. 0 72 81/6 25 50; www.schlaegl.at

Stift Wilhering

1733 brannte die im 12. Jh. errichtete Anlage nieder, bis 1748 wurde sie wiederaufgebaut. Die Stiftskirche Mariä Himmelfahrt zählt zu Österreichs prächtigsten Rokokobasiliken. In dem lichtdurchfluteten Gotteshaus leuchten einzigartige Farben und feinste Stuckarbeiten. Von hoher Handwerkskunst zeugen das Gewölbe des Langhauses, die Vierungskuppel und der Kreuzgang. Auf den Orgeln werden regelmäßig Konzerte gespielt. Im weitläufigen Stiftspark stehen einige Bäume unter Naturschutz, darunter eine Eibe, die so alt sein soll wie das Kloster.

471

Linzer Str. 4, Wilhering; Tel. 0 72 26/23 11 12; www.stiftwilhering.at

472 Haslach

In Haslach fließen Große und Steinerne Mühl zusammen, weswegen hier schon früh ein wichtiger Handelsplatz entstand. Früher war der Ort ein Zentrum der Weberei – dieser Tradition huldigt man noch heute. Jedes Jahr im Juli werden bei einem großen Symposium das Weben am Handwebstuhl, das Filzen und andere textile Techniken vermittelt. Auf dem Webermarkt bieten Textilschaffende aus ganz Europa ihre Kreationen an. Und es gibt ein Webereimuseum, das die Geschichte dieses Erwerbszweiges anhand von Geräten und Dokumenten zeigt. Einen Besuch lohnt auch das Heimathaus im alten Turm, einem Relikt der historischen Befestigungsanlage Haslachs. Das entzückende Kaufmannsmuseum präsentiert einen reich bestückten Gemischtwarenladen aus den Zwanzigerjahren und das Museum für mechanische Musik über 100 Musikautomaten – Drehorgeln, Orchestrien oder automatische Klaviere. Wer kulinarisch interessiert ist, sollte die Ölmühle aufsuchen. Hier wird seit über 600 Jahren Leinöl hergestellt, das den Mühlviertler Leinölerdäpfeln ihren besonderen, leicht herben Geschmack verleiht.

Stahlmühle 4; Tel. 0 72 89/72 30 00; www.haslach.at; www.textile.kultur.haslach.at

473 Freistadt

Der hübsche Ort besitzt eine mittelalterliche Altstadt, die vom Turm der Stadtpfarrkirche überragt und von gut erhaltenen Befestigungsanlagen umgeben wird. Liebevoll renovierte Hausfassaden säumen die engen Gassen und den großen Hauptplatz, in dessen Mitte der barocke Marienbrunnen steht. Durch ein spätgotisches Rundbogentor gelangt man zum Schloss mit seinem mächtigen Bergfried; er beherbergt das Mühlviertler Heimatmuseum mit regionalgeschichtlichen und volkskundlichen Exponaten. In der Schlosskapelle sind ca. 500 Hinterglasbilder ausgestellt. Einen sehr guten Ruf genießt das Freistädter Bier.

www.freistadt.at

474 Neufelden

Die 1200-Seelen-Gemeinde war im Mittelalter ein bedeutender Handelsplatz für Leinen. Im Jahr 1849 wurde die Wallfahrtskapelle Maria Pötsch errichtet, nachdem man hier eine Quelle entdeckt hatte, der man Heilkraft zusprach. Gutes Wasser ist auch der Grundstoff für einen anderen, noch heute florierenden Erwerbszweig der Neufelder – das Bierbrauen. Die Region verfügt über viele kleine Brauereien, der Hopfenanbau prägt die Landschaft rund um Neufelden. In 2 km Entfernung bildet der Wildpark Altenfelden ein lohnendes Ausflugsziel (www.wildpark-altenfelden.at).

Markt 22; Tel. 0 72 82/62 55; www.neufelden.at

475 Ulrichsberg

Der beliebte Urlaubsort lädt im Sommer zum Wandern, im Winter zum Langlaufen ein. Vom Moldaublick und vom Alpenblick, zwei nahe gelegenen Aussichtstürmen, erschließt sich die Schönheit seiner landschaftlichen Umgebung. Im Ort selbst lohnt das Glasmuseum einen Besuch, es dokumentiert die Geschichte der für die Region einst wichtigen Glaserzeugung. Neben raren bemalten Stücken und solchen aus farbigem Glas sind auch zahlreiche Petroleumlampen zu sehen. »WunderWeltWald« nennt sich eine multimediale Ausstellung im Haupthaus der Böhmerwaldarena, die mit der Flora und Fauna der Region vertraut macht. Zur Böhmerwaldarena gehört auch ein Hochseilgarten, um das leibliche Wohl der Kletterer und Wanderer kümmert sich das Restaurant Inn´s Holz (www.boehmerwaldarena.at).

Markt 20; Tel. 05/7 89 02 10; www.ulrichsberg.at

476 Bad Leonfelden

In dem Kurort fällt das von Zwiebeltürmen flankierte Rathaus auf. Sehenswert sind außerdem die Pfarrkirche zum Hl. Bartolomäus und die Wallfahrtskirche Maria Schutz am Bründl. 1691 als Kapelle errichtet, wurde sie im 18. Jh. aufgrund der zunehmenden Marienverehrung mehrmals erweitert und schließlich 1791 auf die heutige Größe ausgebaut. Eine lohnende Wanderung führt auf den nördlich des Ortes gelegenen Sternstein, den höchsten Gipfel des Mühlviertels. Unmittelbar an der Grenze zu Tschechien befindet sich in Rading die Schwedenschanze, eine historische Wehranlage aus dem Dreißigjährigen Krieg.

Hauptplatz 19; Tel. 0 72 13/63 97; www.badleonfelden.at

Kefermarkt

Kostbarster Schatz der Stadt ist der Altar in der St. Wolfgangskirche, ein Werk spätgotischer Schnitzkunst. Er wurde Ende des 15. Jhs. von einem unbekannten Künstler geschnitzt, ist imposante 13 m hoch und begeistert durch seinen Detailreichtum. Adalbert Stifter hat ihm in seinem Roman »Nachsommer. Eine Erzählung« ein literarisches Denkmal errichtet und außerdem die Restaurierung des Kunstwerks veranlasst. Auftraggeber waren die Herren von Schloss Weinberg, einem Renaissancebau mit weit in den Himmel ragendem Zwiebelturm. Heute wird es als Landesbildungszentrum für Musik und Umweltschutz geführt, die Prunkräume bilden den Rahmen für Kulturveranstaltungen.

477

Oberer Markt 15; Tel. 0 79 47/ 59 10; www.kefermarkt.at

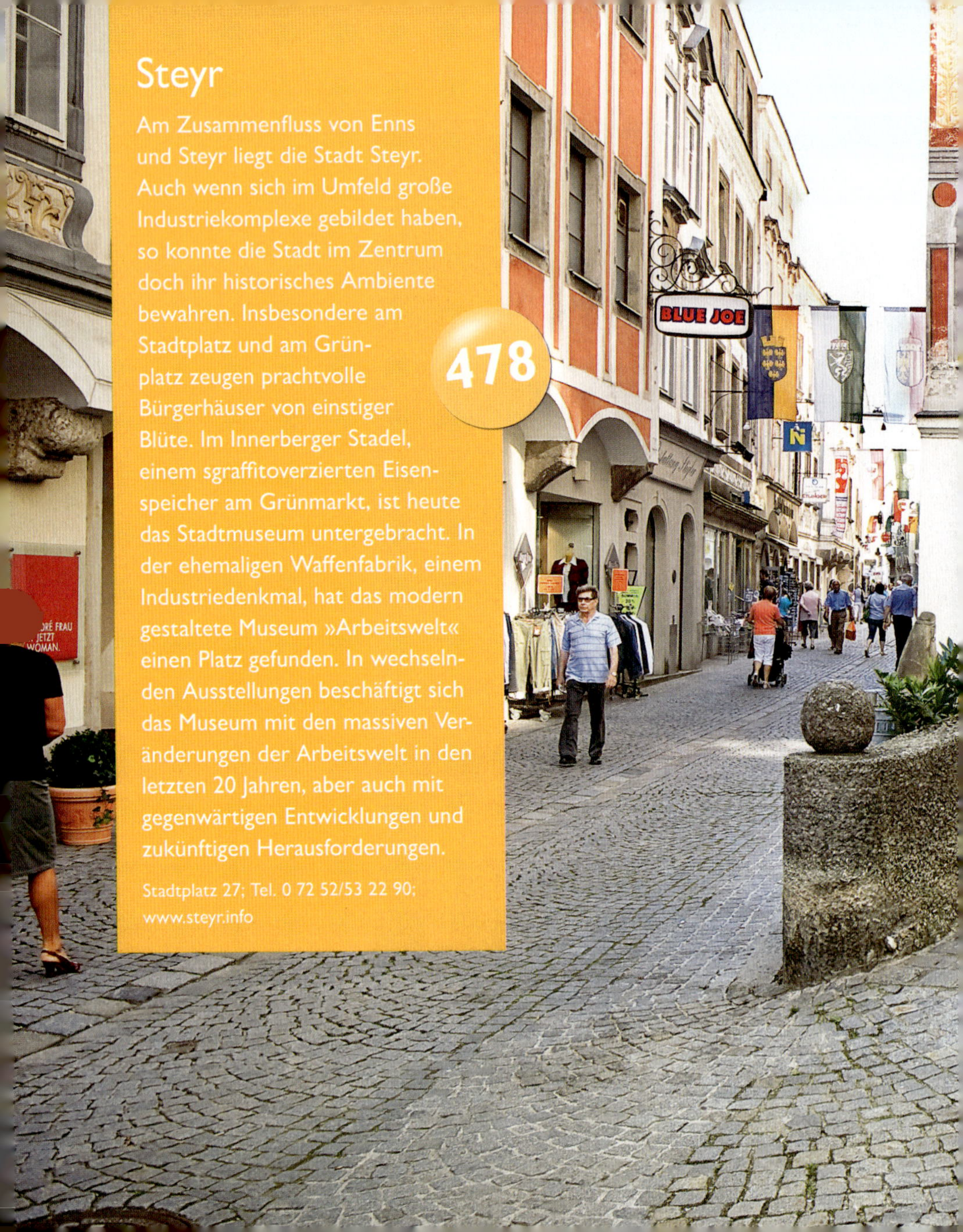

Steyr

478

Am Zusammenfluss von Enns und Steyr liegt die Stadt Steyr. Auch wenn sich im Umfeld große Industriekomplexe gebildet haben, so konnte die Stadt im Zentrum doch ihr historisches Ambiente bewahren. Insbesondere am Stadtplatz und am Grünplatz zeugen prachtvolle Bürgerhäuser von einstiger Blüte. Im Innerberger Stadel, einem sgraffitoverzierten Eisenspeicher am Grünmarkt, ist heute das Stadtmuseum untergebracht. In der ehemaligen Waffenfabrik, einem Industriedenkmal, hat das modern gestaltete Museum »Arbeitswelt« einen Platz gefunden. In wechselnden Ausstellungen beschäftigt sich das Museum mit den massiven Veränderungen der Arbeitswelt in den letzten 20 Jahren, aber auch mit gegenwärtigen Entwicklungen und zukünftigen Herausforderungen.

Stadtplatz 27; Tel. 0 72 52/53 22 90; www.steyr.info

LOTTO TOTO
Austria Tabak

St. Florian

Der barocke Klosterpalast des Stifts St. Florian ist einer der prächtigsten seiner Art. Auf der Orgel spielte Anton Bruckner, bevor er 1854 nach Linz wechselte. Seine Karriere begann er bei den St. Florianer Sängerknaben, die heute noch im Stift ausgebildet werden und weltweit Konzerte geben. Im Gebäude beeindrucken die Bibliothek mit 140 000 Büchern, die Kaiserzimmer und der Marmorsaal, im Sommer stilvoller Rahmen für Konzerte. Schmuckstück ist allerdings die Altdorfer-Galerie mit den 14 Tafeln des Sebastiansaltars von Albrecht Altdorfer (1480–1538), dem bedeutendsten Maler der Donauschule.

479

www.stift-st-florian.at

480 Enns

Dort, wo in der Nähe die Enns in die Donau mündet, gründeten einst die Römer die Stadt Lauriacum – Relikte dieser Siedlung sind in der Unterkirche der Basilika St. Laurenz zu sehen. Heute heißt die Stadt Enns und ist die älteste Oberösterreichs. Enns besitzt eine ganze Reihe imponierender Bürgerhäuser mit Arkadenhöfen, so am Hauptplatz und in der Wiener Straße. Die Stadtbefestigung aus Wall, Graben, Mauern und Wehrtürmen wurde Ende des 12. Jh. errichtet und ist noch sehr gut erhalten. Gotik und Renaissance prägen das Wahrzeichen der Stadt, den Mitte des 16. Jh. errichteten Stadtturm. Es geht 157 Stufen hinauf, dann bietet sich ein schöner Blick auf die Stadt. Im Alten Rathaus am Hauptplatz befindet sich das Stadtmuseum Lauriacum, zu dessen Glanzstücken das einzige in Österreich erhaltene römische Deckenfresko zählt.

Hauptplatz 19; Tel. 0 72 23/8 27 77; www.enns.at

481 Benediktinerstift Kremsmünster

Stolz thront das Stift über dem Kremstal. Im 8. Jh. wurde die Anlage gegründet. Herzog Tassilo III. soll den Bau als Erinnerung an seinen Sohn, der an dieser Stelle von einem Eber getötet worden sein soll, in Auftrag gegeben haben. Sein heutiges Aussehen erhielt das Kloster im 17. und 18. Jh., bekannte Architekten jener Zeit beteiligten sich am Umbau. Gleich auf den ersten Blick fällt der Mathematische Turm auf. Die Sternwarte wurde 1749 bis 1758 gebaut. Sie beherbergt die naturwissenschaftlichen Sammlungen, vom Turm hat man einen weiten Blick über die Landschaft. Im Kaisersaal erkennt man zahlreiche Porträts von Kaisern des Heiligen Römischen Reiches Deutscher Nation. Einzigartig ist der Tassilokelch, den Herzog Tassilo bei seiner Hochzeit 768 nutzte und danach den Mönchen schenkte. Er ist der älteste erhaltene Messkelch der Welt. In der Stiftskirche sind die 24 Marmorengel neben den Altären erwähnenswert. Der Fischbehälter besteht aus fünf Becken und wurde 1717 fertiggestellt.

www.stift-kremsmuenster.at

Spital am Pyhrn

Der Name des Ortes geht auf ein Spital zurück, das Bischof Otto II. von Bamberg hier 1190 einrichtete. Schon bald entwickelte sich ein Stift, das 1605 zur Propstei erhoben wurde. Der wachsende Reichtum des Stiftes spiegelt sich in der Pfarrkirche wider, die Bartolomeo Altomonte mit Fresken verzierte. In den Barockräumen des Stifts widmet sich ein Museum den Felsbildern, die in der Umgebung sowie an anderen österreichischen und europäischen Fundorten entdeckt wurden. Ein beliebtes Ausflugsziel in der Umgebung ist die Vogelsangklamm, die auf Treppen und Stegen aus Holz durchwandert wird.

482

Stiftsplatz 7; 0 75 63/25 50; www.spital-pyhrn.at

Hinterstoder

Hinterstoder ist das Zentrum der Ferienregion Phyrn-Priel. Wanderer finden hier ebenso gute Bedingungen vor wie Wintersportler – auf der Bärenalm werden seit 1986 internationale Skiwettbewerbe ausgetragen. Lohnende Wanderungen führen auf den Hohen Priel (2515 m), die Spitzmauer (2446 m) oder zum Strumboding, dem Wasserfall der jungen Steyr. In Hinterstoder selbst macht das moderne Alpineum mit der Tourismusgeschichte des Ortes und mit der Entwicklung des Alpinismus vertraut. Ein Simulator lässt den Geschwindigkeitsrausch während eines Abfahrtslaufes erleben.

483

Hinterstoder 38; Tel. 0 75 64/52 63; www.hinterstoder.at

484 Thermenhotel Miraverde

Das Hotel liegt inmitten des riesigen, mit exotischen Bäumen und Pflanzen bestückten Kurparks von Bad Hall. Seine Architektur ist eine Mischung aus Jugendstilelementen und zeitgenössischer Moderne. Entspannen und dem Alltag entfliehen kann man im Thermalhallenbad, in der Beautyabteilung oder im mit Wärmeliegen und Kräuterdampfbad ausgestatteten Wellnessbereich, dessen Einrichtungen alle auf den Kurpark ausgerichtet wurden. Das angeschlossene Restaurant Mediterrana verwöhnt seine Gäste mit einer ausgezeichneten Küche, die auf regionale Zutaten aus dem Traunviertel setzt.

Parkstr. 4; Tel. 0 72 58/7 99 66 00; www.eurothermen.at, s. Eurothermenresort Bad Hall

485 Bad Hall

Im 19. Jh. entdeckte man, dass die hiesigen Salzquellen auch viel Jod enthielten. In der Folge entwickelte sich Bad Hall zum gerne besuchten Kurort. Man legte den Kurpark mit dem Musikpavillon an; das Kurorchester wurde von niemand Geringerem als Gustav Mahler dirigiert. Für Bad Halls berühmte Tassiloquelle wurde ein Tempelchen erbaut, in dessen Vorhof das heilkräftige Wasser noch heute sprudelt. Es speist gemeinsam mit anderen Quellen die Eurotherme Bad Hall, einen modernen Thermen- und Hotelkomplex mit Saunawelt und Gesundheitszentrum (www.eurothermen.at/de-bad-hall). Wunderbar entspannen kann man aber auch auf dem Trockenen. Im 34 ha großen historischen Kurpark wandern Besucher durch fantasievoll bepflanzte Blumenbeete und herrliche Themengärten.

Kurpromenade 1; Tel. 0 72 58/72 00-0; www.badhall.com

Nationalpark Kalkalpen

Das Gebiet des Sengsengebirges und des Reichraminger Hintergebirges wurde 1997 zum Nationalpark erklärt. Enge Schluchten und schroffe Felsformationen, Karsthöhlen und Hunderte Quellen prägen das Bild von Österreichs größtem Waldschutzgebiet, in dem viele gefährdete Tiere und Pflanzen einen Rückzugsort gefunden haben. Der Nationalpark kann auf gut markierten Wegen erkundet werden – allein oder in der Gruppe, zu Fuß, zu Pferd oder mit dem Rad. Infos zu allen Freizeitaktivitäten erhält man in den Besucherzentren des Parks in Molln, Reichraming und im Panoramaturm am Wurbauerkogel bei Windischgarsten. Die Infozentren zeigen auch jeweils eine Ausstellung zu den Themen Wasser, Wald und Fels.

www.kalkalpen.at

486

Wels

Das Erbe der Römer ist in Wels unübersehbar, andere Epochen begegnen dem Besucher aber auch in der Innenstadt. Der Ledererturm, Wahrzeichen von Wels, ist ein Rest der mittelalterlichen Stadtbefestigung. In der Burg sind Sammlungen zur Stadtgeschichte untergebracht, weiterhin das Österreichische Gebäckmuseum und das Museum der Heimatvertriebenen. In der Pollheimerstraße zeigt das einzigartige Lebensspuren-Museum Siegel und Stempel vom sumerischen Rollsiegel bis zum Jugendstil-Petschaft. Im naturnah gestalteten Tiergarten leben mehr als 100 verschiedene Tierarten.

487

Stadtplatz 44; 0 72 42/6 77 22-0; www.wels-info.at

488 Attersee

Wo heute Ausflugsboote übers Wasser gleiten (www.atterseeschifffahrt.at), wurde einst reger Handel getrieben. Das in Hallstatt abgebaute Salz wurde über den Atter- und Traunsee weitertransportiert. Die Schönheit der Natur rund um den See begeisterte schon Gustav Klimt, der sie in zahlreichen Ansichten festhielt. Auch Gustav Mahler verbrachte hier viele Sommer. Heute zieht Österreichs größter Alpensee vor allem Wassersportler an. Hübsche Ferienorte wie Nußdorf, Attersee, Seewalchen, Schörfling, Weyregg und Steinbach säumen die Ufer, die ungetrübte Badefreuden versprechen. Taucher wissen die Klarheit des Wassers mit Sichtweiten bis 25 m zu schätzen, Angler den Fischreichtum, Segler und Surfer die ausgezeichneten Windverhältnisse. An Land führen zahlreiche wildromantische Wanderwege ins Hochgebirge, Reiter finden ein abwechslungsreiches, 140 km langes Wegenetz vor und Golfer können in eindrucksvoller landschaftlicher Szenerie abschlagen.

http://attersee.salzkammergut.at

489 Attersee (Ort)

Im Ort Attersee lohnt die barocke Wallfahrtskirche Maria Attersee einen Besuch. Künstlerisch bedeutend ist die Innenausstattung der Pfarrkirche St. Laurentius im Ortsteil Abtsdorf. Das Fromingerhaus, ältestes erhaltenes Holzhaus der Gemeinde, bot einst dem Mesner Unterkunft. In der Atterseehalle werden Kunstausstellungen gezeigt, u. a. von Christian Ludwig Attersee. Der international erfolgreiche Künstler verbrachte in Attersee seine Jugend. Ein Muss für Eisenbahnnostalgiker ist eine Fahrt mit der Attergaubahn, die zwischen Attersee und Vöcklamarkt verkehrt. Sie bietet die sehr seltene Gelegenheit, einen Hobbylokführerkurs mit einem historischen Triebwagen zu absolvieren.

Nussdorferstr. 15; Tel. 0 76 66/77 19; www.attersee.salzkammergut.at

490 Ebensee

Der Ort am Südufer des Traunsees ist ein beliebtes Ausflugsziel, in erster Linie wegen der Seilbahn auf den Feuerkogel. Im Ortskern informiert das Zeitgeschichtemuseum über die Ereignisse zwischen 1918 und 1955. Nicht übergangen wird dabei auch ein dunkles Kapitel: 1943 wurde bei Ebensee eines der größten Nebenlager des KZ Mauthausen eingerichtet. Über 8000 Häftlinge kamen beim Bau von Stollen ums Leben, die für die aus Peenemünde in eine bombensichere Umgebung zu verlagernde Raketenversuchsanstalt bestimmt waren. Stattdessen produzierte die Steyr-Daimler-Puch AG hier Panzerteile. Einer der Stollen kann besichtigt werden, auf dem ehemaligen Lagergelände befindet sich heute eine Gedenkstätte (www.memorial-ebensee.at)

Hauptstraße 34, Tel. 0 61 33/80 16; www.ebensee.at

491 Gasselhöhle

Der Gasselkogel östlich von Ebensee birgt diese eindrucksvolle Tropfsteinhöhle, deren vorderer Teil mit betonierten Wegen, Treppen und Podesten für Besucher zugänglich gemacht wurde. Eine raffiniert inszenierte Beleuchtung bringt den Formenreichtum und die Farbenpracht der Tropfsteingebilde effektvoll zur Geltung. Man erreicht die Höhle auf einem markierten Wanderweg von Rindbach bei Ebensee aus (2,5 Std.), ein Shuttlebus von Ebensee ermöglicht die Verkürzung der Gehzeit auf 30 Min. Wer möchte, kann nach dem Höhlenbesuch noch den Gipfel des Gasselkogels besteigen (ca. 20 Min.).

Tel. 06 80/1 12 75 44; www.gasselhoehle.at; Mai–Mitte Sept. Sa, So und feiertags

Traunsee

492

Der tiefste See des Salzkammerguts wird von eindrucksvollen Gipfeln wie dem Traunstein, dem Hochkogel und dem Erlakogel gerahmt. Wegen seiner guten Wasserqualität ist er als Badesee beliebt, das Spektrum der Wassersportarten reicht von Segeln über Windsurfen bis zum Tauchen. Im Sommer verkehren Schiffe zwischen den Orten Gmunden, Traunstein, Altmünster, Traunkirchen und Ebensee; Stolz der Flotte ist der nostalgische Raddampfer »Gisela«, der bereits seit 1872 übers Wasser stampft (www.traunseeschifffahrt.at). Zwischen Traun- und Attersee erstreckt sich das Höllengebirge, ein beliebtes Wandergebiet, das von Ebensee aus durch die Feuerkogel-Seilbahn erschlossen ist (www.feuerkogel.net).

Toscanapark 1, Gmunden; Tel. 0 76 12/6 43 05; www.traunsee.at

493 Seeschloss Ort

Gmundens auf einer Insel errichtetes Wahrzeichen ist durch einen Steg mit dem Festland verbunden. Schon im 12. Jh. erbaut, fiel das Schloss 1634 einem Brand zum Opfer und entstand dann in seiner heutigen Form neu, mit markantem Torturm und dreieckigem Arkadenhof. Erzherzog Franz Salvator, ein Neffe Kaiser Franz Josephs, lebte Ende des 19. Jh. hier unter dem bürgerlichen Namen Johann Orth. In den Neunzigerjahren erlangte das Schloss als Schauplatz der TV-Serie »Schlosshotel Orth« die Bekanntheit eines großen Fernsehpublikums. Heute werden die Räume für Veranstaltungen genutzt, es gibt ein Schlossrestaurant mit Seeterrasse und Gastgarten im Arkadenhof.

Tel. 0 76 12/6 24 99; www.schlossorth.com

Restaurant & Galerie Tanglberg 494

Einige Kilometer nordöstlich der Stadt kocht im Ort Vorchdorf Rainer Stranzinger großartig auf. Nicht nur die Aromen kommen eindrucksvoll heraus, auch optisch ist die regional geprägte Küche ein Genuss. In den Räumlichkeiten im jahrhundertealten Bürgerspital sorgt ein Mix aus historischen Elementen und modernem Design für ein stilvolles Ambiente, an den Wänden hängen Werke zeitgenössischer, einheimischer Künstler.

Pettenbacherstraße 3–5, Vorchdorf; Tel. 0 76 14/83 97; www.tanglberg.at

495 Gmunden

Gmunden profitierte enorm vom Salztransport, denn hier befand sich einst das Salzamt, das dem Kaiser unterstand, hier wurde das Salz gestapelt und gehandelt. Vom Glanz vergangener Zeiten zeugen die Patrizierhäuser am Marktplatz und die Stadtpfarrkirche Maria Himmelfahrt mit einem kostbaren Hochaltar. Im 19. Jh. entwickelte sich die Keramikherstellung zu einem wichtigen Erwerbszweig: Tafelgeschirr aus Gmunden, ob grüngeflammt oder mit Jagdmotiven, schmückt nicht nur in Österreich viele Tische, es wird auch in andere europäische Länder und in die USA exportiert. Entsprechend besitzt das Rathaus ein Keramikglockenspiel, und im Stadtmuseum, im ehemaligen Kammerhof (15. Jh.), zieht sich das Thema Keramik als roter Faden durch alle Ausstellungsräume. Im Schloss Weyer ist eine Ausstellung mit Meißner Porzellan zu sehen. Gmunden zog schon immer Kunstschaffende an, und auch heute entdeckt man bei einem Bummel durch die Innenstadt viele Galerien, Ateliers und Werkstätten für Kunsthandwerk.

Rathausplatz 1; Tel. 0 76 12/6 57 52; www.gmunden.at

496 Gmundner Keramik

Keramik besitzt in Gmunden eine lange Tradition, das berühmte grüngeflammte Geschirr wird bereits seit dem 17. Jh. hergestellt. Inzwischen gibt es den Klassiker auch in Rot, Blau, Gelb und Grau. Weitere erfolgreiche Designs sind »Hirsch« und »Streublumen«. Jedes Stück ist handbemalt und ein Unikat von unverwechselbarem Charakter. Im Werksverkauf können alle aktuellen Designs erworben werden.

Keramikstraße 24; Tel. 0 76 12/78 60; www.gmundner.at

497 St. Georgen

Nur 4 km vom Attersee entfernt liegt die Ferienregion Attergau. Insbesondere Aktivurlauber kommen gerne hierhin: ob Eisstockschießen, Wandern oder Bogenschießen, hier ist vieles möglich. Die Marktgemeinde St. Georgen im Attergau besitzt schöne Bürgerhäuser und eine im Inneren barockisierte spätgotische Pfarrkirche. Das Aignerhaus, ein liebevoll restauriertes Mittertennenhaus, beherbergt das Heimatmuseum. Die 1000-jährige Linde im Gries zählt zu den ältesten Bäumen des Landes. Eine lohnende Wanderung führt auf den nahen Lichtenberg, wo ein Aussichtsturm einen herrlichen Panoramablick über den Attergau bietet.

www.attergau.salzkammergut.at

498 Unterach

Der beschauliche Ort am Südufer des Attersees besitzt eine sehenswerte Pfarrkirche. Am Kirchplatz beginnt ein 3 km langer Naturlehrpfad, der durch einen für die Region sehr ungewöhnlichen Edelkastanienwald führt. Er verdankt seine Existenz dem milden Klima – nirgendwo sonst nördlich der Alpen gelangt die Edelkastanie zur vollen Reife. Der Weg passiert auch den »Jubiläumsbaum«, der 1908 zum 60-jährigen Regierungsjubiläum von Kaiser Franz Joseph gepflanzt wurde. Von dort genießt man einen schönen Blick auf den See. Eine lohnende Wanderung führt ins Hochmoor- und Naturschutzgebiet Egelsee.

Hauptstraße 9; Tel. 0 76 65/ 8 32 70; www.unterach.at

499 Schörfling / Seewalchen

Die Siedlungsgeschichte des Doppelorts am Attersee geht auf das 3. Jt. v. Chr. zurück. In Schörfling direkt am See liegt das in Privatbesitz befindliche Schloss Kammer, das unterschiedlichste Baustile vereint. Im Sommer finden hier im stimmungsvollen Rahmen Konzerte statt. An der Schlossallee wurde 2012 das Gustav-Klimt-Zentrum eröffnet. Es informiert mit einer multimedialen Ausstellung über die zahlreichen Aufenthalte des Künstlers am Attersee. In Seewalchen steht an der Promenade die Villa Paulick, in der Gustav Klimt zwischen 1900 und 1916 mehrfach zu Gast war. Eingeführt wurde er durch die Familie Flöge – die Modeschöpferin Emilie Flöge war Klimts Lebensgefährtin und stand ihm für viele Porträts Modell. Bei der Villa Paulick beginnt auch ein Klimt gewidmeter Themenweg.

Marktplatz 32; Tel. 0 76 62/ 32 55-0; www.schörfling.eu

500 Chorinsky-Klause

Von 1819 bis 1850 wurde aus dem waldreichen Weißenbachtal Holz über diese Triftanlage nach Hallstatt und Bad Ischl transportiert, wo es für die dortigen Salinen gebraucht wurde. Beim Öffnen der Klause, dem sogenannten Schlagen, entleerten sich fast 17 000 Kubikmeter Wasser in nur fünf Minuten. Dieses Schauspiel lockte schon im 19. Jh. viele Schaulustige an. Noch bis vor einigen Jahren wurde die Klause als touristische Attraktion im Sommer mehrmals geöffnet, obwohl die Holztrift inzwischen Vergangenheit ist. Seither verzichtet man der Umwelt zuliebe darauf. Doch auch geschlossen bietet die Anlage einen eindrucksvollen Anblick.

www.bad-goisern.net
unter: Bad goisern entdecken

501 Bad Ischl

Bad Ischl ist ein angenehmes Städtchen mit ca. 14 000 Einwohnern. Im 19. Jh. entwickelte sich die einstige Saline zu einem Kurort ersten Ranges. Nachdem Aufenthalte in Ischl der bislang kinderlosen Herzogin Sophie vier Buben (scherzhaft »Salzprinzen« genannt) beschert hatten, war der Name des Solebads in aller Munde. Sophies ältester Sohn, Kaiser Franz Joseph, erwählte es zu seiner bevorzugten Sommerfrische und feierte hier Verlobung mit der bayrischen Prinzessin Elisabeth. In der Folge avancierte Ischl zum Treffpunkt der vornehmen Gesellschaft, und auch viele Musiker, Literaten und Schauspieler gaben sich hier ein Stelldichein. Von Ischls Glanzzeit zeugen noch heute prächtige Villen, Grand-Hotels wie das Tallachini sowie gepflegte Parkanlagen. Im ehemaligen Erbhaus der Salzfertigerfamilie Seeauer – dem späteren Hotel Austria – lädt heute das Stadtmuseum zu einem Streifzug durch die Stadthistorie ein. Die moderne Salzkammergut-Therme mit Österreichs einziger Outdoor-Flusslandschaft knüpft an die große Kurbad-Tradition an. Eine Sünde wert sind die süßen Spezialitäten der Konditorei Zauner.

Auböckplatz 5;
Tel. 0 61 32/27 75 70;
http://badischl.salzkammergut.at

502 Bad Goisern

Bad Goisern, Teil des Unesco-Welterbes Hallstatt Dachstein, ist bekannt für seine Schuhmacher, für seine Schwefelquelle, deren Wasser bei Gelenkkrankheiten lindernd wirken soll, sowie als Heimatort eines gewissen Hubert Achleitner, bekannt als Hubert von Goisern. Im Winter zieht Bad Goisern viele Skilangläufer an, im Sommer bietet es ideale Bedingungen für Wanderer und Mountainbiker. Mit der Salzkammergut Mountainbike Trophy wird hier eines der größten Bike-Events Österreichs ausgetragen. Das Heimat- und Landlermuseum gibt Einblick in die Vergangenheit Bad Goiserns.

Kirchengasse 4; Tel. 0 61 35/8 32 90; www.bad-goisern.net

Five Fingers

503

Wie eine ausgestreckte Hand ragt die Aussichtsplattform »Five Fingers« über die Bergkante am Krippenstein nördlich des Hohen Dachsteins hinaus. Der Blick folgt der langgezogenen Form des Hallstätter Sees, der von dort oben an eine große Badewanne erinnert, und reicht bis ins Innere Salzkammergut. Die 2006 an die Landschaft angebauten »Finger« sind etwa 4 m lang und wurden über einem Abgrund von rund 400 m Tiefe installiert. Sie sind nach einem rund 20-minütigen Fußweg von der Bergstation der Dachsteinseilbahn erreichbar. Deren Talstation liegt in Obertraun.

www.dachstein-salzkammergut.com

VISIO

504 Lehár-Villa

Er komponierte u. a. die «Lustige Witwe« und den »Graf von Luxemburg« – Franz Lehár. 1912 erwarb er dieses Haus von der Herzogin von Sabran und kam fortan fast jeden Sommer hierher. Im Großen Arbeitszimmer enstanden viele seiner erfolgreichsten Werke. Die Räumlichkeiten blieben so erhalten, wie Lehár sie sich eingerichtet hatte. Neben Möbeln, Gemälden und persönlichen Erinnerungsstücken sind Originalpartituren und Fotografien von Uraufführungen zu sehen.

Lehárkai 8, Bad Ischl;
Tel. 0 61 32/2 69 92; Mai–Sept.

505 Kaiservilla

Die prachtvolle Sommerresidenz war ein Hochzeitsgeschenk von Erzherzogin Sophie an das Kaiserpaar. Sommer für Sommer kam Franz Joseph hierher, insgesamt fast 60 Mal. Heute sind in der Biedermeiervilla private und offizielle Gegenstände des Monarchen zu sehen, darunter auch der Schreibtisch, an dem er 1914 das Ultimatum an Serbien unterschrieb, welches den Ersten Weltkrieg auslöste. Zahlreiche Trophäen zeugen von der Jagdleidenschaft des Kaisers. Herrlich ist der große Park, wo das für Kaiserin Elisabeth als Teehaus erbaute Marmorschlössl steht. Es beherbergt heute das Photomuseum.

Jainzen 38, Bad Ischl; Tel. 0 61 32/2 32 41; www.kaiservilla.at

506 Hallstatt

Salz ist das, was Hallstatt durch Jahrtausende hindurch prägte. Im Hallstätter Hochtal wurde um 1846 ein keltisches Gräberfeld entdeckt, dessen reiche Grabbeigaben nicht nur von Wohlstand, sondern auch von weitreichenden Handelsbeziehungen zeugen. Erstmals entdeckten Archäologen hier auch Eisen, was Historiker dazu bewog, den ersten Abschnitt der europäischen Eisenzeit Hallstattzeit zu nennen. Den prähistorischen Fundstätten, aber auch der einzigartigen Natur in seiner Umgebung verdankt Hallstatt die Ernennung zum Unesco-Welterbe. Hallstatt selbst besticht durch seine spektakuläre Lage: Enge Gassen ziehen sich den steilen Berghang hinauf, an dem wie Schwalbennester die Häuser kleben. Auf einem Felssporn thront die gotische Pfarrkirche; die Krypta bewahrt etwa 1200 Totenschädel, viele davon mit Namen und Lebensdaten versehen. Die Platznot auf dem winzigen Kirchfriedhof machte es notwendig, die vorhandenen Gräber in rascher Abfolge zu belegen. Nach zehn Jahren wurden die Verstorbenen exhumiert, ihre Gebeine in die Krypta verbracht. Das Museum Hallstatt widmet sich der 7000-jährigen Geschichte der Region und zeigt spektakuläre Funde vom Gräberfeld sowie aus dem vermutlich ältesten Salzbergwerk der Welt.

Seestraße 99; Tel. 0 61 34/ 82 08; www.hallstatt.net

Gästehaus Villa Schratt

507

Wo einst Burgschauspielerin Katharina Schratt ihrem Kaiser Franz Joseph täglich frühmorgens seinen geliebten Gugelhupf servierte, kann man heute wohnen – in vier liebevoll renovierten Zimmern mit herrlichem Ausblick. Die Katharina-Schratt-Suite ist mit Biedermeiermöbeln eingerichtet und besitzt wie das Johann-Nestroy-Zimmer eine große Terrasse. Mit bäuerlichen Zirbelholzmöbeln und einer Kitchenette sind die Ludwig-Girardi-Suite und das Franz-Lehár-Zimmer ausgestattet. Seit 1964 ist das Haus im Besitz der Opernsängerin Linda Plech.

Steinbruch 43, Bad Ischl; Tel. 0 61 32/2 35 35; www.villaschratt.at

508 Hotel Weißes Rössl

Das seit 1712 in Familienbesitz befindliche Hotel wurde durch Ralph Benatzkys gleichnamige Operette weltbekannt. Aber hier ruht man sich nicht auf dem großen Namen aus, sondern verleiht dem Begriff »Viersternekomfort« stets neue Dimensionen: Zum beheizten, im See schwimmenden Pool, dem legendären Herzstück des Wellnessbereichs, gesellte sich vor einigen Jahren der erste schwimmende Whirlpool der Welt. Die vom Gault Millau ausgezeichnete Patisserie des Hauses kreiert Torten und Pralinen, die man im Rössl-Shop erwerben und mit nach Hause nehmen kann.

Markt 74, Sankt Wolfgang im Salzkammergut; Tel. 0 61 38/2 30 60; www.weissesroessl.at

509 Salzwelten Hallstatt

Mit der Seilbahn oder zu Fuß geht es vom Hallstätter Stadtteil Lahn hinauf zum Rudolfsturm am Salzberg. Von hier führt ein kurzer Fußweg am Hallstätter Gräberfeld vorüber zum ältesten Bergwerk der Welt. 1734 entdeckten Bergleute hier die gut konservierte Leiche eines »Kollegen« aus dem 4. Jh. Sie wurde zunächst auf dem örtlichen Friedhof bestattet, musste aber wieder exhumiert werden, weil der Pfarrer keine Ungetauften in geweihter Erde duldete. Über ihr weiteres Schicksal hat sich das Dunkel der Geschichte gesenkt, in den Salzwelten Hallstein ist das Leben und Schaffen des prähistorischen Bergmanns jedoch zentrales Thema. Dämmrige Stollen führen unter Tage, wo man in einer Salzkristallkammer riesige Salzkristalle bewundert, auf der längsten hölzernen Bergwerksrutsche Europas in die Tiefe saust und am mystisch beleuchteten, unterirdischen Salzsee geheimnisvollen Klängen lauscht.

www.salzwelten.at; Ende April bis Anf. Nov.

510 St. Wolfgang

Neben dem Hotel »Weißes Rössl« steht die spätgotische Wallfahrtskirche, im 15. Jh. in ihrer heutigen Form neu erbaut, um die stetig wachsende Zahl an Pilgern zu fassen. Über die Jahrhunderte erlangte sie vor allem durch ihre kostbare Innenausstattung Bedeutung. Der gotische Flügelaltar von Michael Pacher, der barocke Schwanthaler-Altar mit den Reliquien des hl. Wolfgang sowie drei weitere Altäre und die Kanzel von Meinhard Guggenbichler machen die Kirche zum kunsthistorischen Juwel.

Au 140; Tel. 0 61 38/80 03; www.stwolfgang.at

Mondsee

511

Mondsee ist durch seinen berühmten Käse in aller Munde. Aus dem Ortsbild sticht neben dem Marktplatz mit einigen historischen Bürgerhäusern vor allem das Stift hervor. Bereits 748 gegründet, zählt es zu den ältesten Klöstern Österreichs, wurde 1791 aber aufgehoben und beherbergt heute ein Hotel. Als Gotteshaus erhalten blieb die Stiftskirche, die heutige Pfarrkirche zum Hl. Michael. Meinrad Guggenbichler (1649–1723), der berühmte Mondseer Barockbildhauer, gestaltete das Kirchenschiff. Fünf Altäre stammen von seiner Hand, der Corpus-Christi-Altar mit Weinranken tragenden Putten zählt zu seinen Hauptwerken.

Dr. Franz Müller Straße 3; Tel. 062 32/22 70;
http://mondsee.salzkammergut.at

512 Irrsee (Zeller See)

Der von sanften Hügeln und Wäldchen umrahmte See gilt als einer der saubersten und wärmsten der Region. Die weitgehend naturbelassenen Ufer sind oft verschilft, ein offener Badeplatz befindet sich im Südosten. Da das Gewässer unter Naturschutz steht, sind Motorboote und Tauchgänge verboten – ein Umstand, der den Erholungswert noch steigert. Am Nord- und Südende des Sees breiten sich Feuchtwiesen und Moore aus, die seltenen Pflanzen und Tieren Lebensraum bieten. So haben der Große Brachvogel und das Braunkehlchen am Irrsee ihr landesweit einziges Brutgebiet.

http://mondsee.salzkammergut.at

513 Zell am Moos

Der größte Ort am Irrsee besitzt eine schön gelegene, öffentliche Badeanlage. Südlich von Zell gibt es ein Kinderbad mit Spielplatz und Bootverleih; hier ist das Wasser seicht. Flach und schilffrei ist das Ufer auch am Badeplatz Tiefgraben. Im Ortszentrum gibt es eine spätgotische Pfarrkirche mit schönem Netzgewölbe zu sehen. Das Irrseer Heimathaus dokumentiert mit volkskundlichen Objekten aus der Region bäuerliche Lebensweise, Handwerk und Brauchtum. Im Garten stehen Skulpturen des einstigen Besitzers, des Malers und Bildhauers Hans Mairhofer-Irrsee (1914 bis 1998). Mairhofers Tochter Monika betreibt im Haus seit 1982 ein Keramikatelier mit Verkaufsausstellung. Eine reizvolle Wanderung führt vom Gasthof Fischhof am Nordwestende des Sees zur Ruine Wildeneck. Entlang der Zeller Ache, die den Irrsee zum südöstlich gelegenen Mondsee entwässert, führt ein Naturerlebnisweg.

Kirchenplatz 1; Tel. 0 62 34/82 15; www.zell-moos.at

514 Stift Engelszell

Das 1293 gegründete Stift am südlichen Ortsausgang von Engelhartszell ist das einzige Trappistenkloster Österreichs. Eindruck hinterlässt vor allem der 76 m hohe Turm der Stiftskirche. Die Innenausstattung umfasst bedeutende Kunstwerke u.a. von Bartolomeo Altomonte. Die Mönche stellen eigenen Käse und Klosterliköre her, die an der Klosterpforte verkauft werden. Seit 2012 wird auch ein Trappistenbier gebraut, das »Gregorius« – Engelszell unterhält damit die einzige Trappistenbrauerei außerhalb der Niederlande und Belgiens.

Stiftstraße 6; Tel. 0 77 17/80 10; www.stift-engelszell.at

515

Braunau am Inn

Als Geburtsstadt Hitlers hat die Stadt traurige Berühmtheit erlangt. Sehenswert ist die gut erhaltene Innenstadt, insbesondere die Bebauung des Stadtplatzes. Hier stehen der Salzburger Torturm mit einem Glockenspiel und der Stadtturm, der noch aufs 13. Jh. zurückgeht, die Gründungszeit von Braunau. In der Johann-Fischer-Gasse findet man die einzige original erhaltene Glockengießerei im deutschen Sprachraum, neben der Werkstatt sind hier eine Backstube, eine Rauchküche und eine Bürgerstube mit Möbeln aus der Barock- und Biedermeierzeit zu sehen, weiterhin die Heimatstube der Donauschwaben.

Stadtplatz 38; Tel. 0 77 22/8 08-0; www.braunau.at

516 Pfarrkirche St. Stephan

Der 90 m hohe Kirchturm ist der dritthöchste Österreichs. Die Grundsteinlegung für Braunaus Wahrzeichen erfolgte bereits im Jahr 1492. Beachtenswert sind der spätgotische Bäckeraltar und der barocke Hochaltar. Dass ein zu langer Bart tödliche Folgen haben kann, daran erinnert an der Mauer der Grabstein des Stadthauptmanns Staininger. Der verwickelte sich auf der Flucht vor einem Stadtbrand in seinem bodenlangen Bart, stolperte und brach sich den Hals.

Kirchenplatz 15; Tel. 0 77 22/6 32 14; www.dioezese-linz.at/pfarre/4046

Herzogsburg Braunau

517

Bei dem als Herzogsburg bezeichneten Gebäude, welches das Bezirksmuseum beherbergt, handelte es sich vermutlich um eine herzogliche Abgabestelle und Lagerhalle von Gütern. In der Dauerausstellung zur Geschichte der Stadt und den sie prägenden Persönlichkeiten ist der rund 2 m lange Original-Bart des 1567 verstorbenen Stadthauptmannes Staininger ein Kuriosum. In weiteren Sammlungen sind historische Geräte der Feuerwehr, bedeutende Werke der Bildhauerkunst, eine riesige Wandelkrippe aus dem 18. Jh. und viele archäologische Funde zu sehen. Unter diesen bildet der hallstattzeitliche »Uttendorfer Goldhalsring« ein Glanzstück. Eigene Räume sind dem Zunftwesen sowie der umfangreichen Schlüssel- und Schlössersammlung gewidmet.

Altstadt 10; Tel. 0 77 22/6 52 11; www.ooemuseumsverbund.at/museum/167_bezirksmuseum_herzogsburg; Di–Sa nachm. Juli/Aug. auch vorm.

518

Haibach/Schlögen

Nicht die klassischen Sehenswürdigkeiten machen den Reiz dieser Gegend aus, sondern die Landschaft. Die Donau ändert hier ihre Fließrichtung in einer dramatischen Kehre, der »Schlögener Schlinge«. Vom Schlögener Blick aus hat man den besten Blick auf den mäandernden Flusslauf, weitere beliebte Aussichtspunkte sind die Linetshuber Aussicht, der Steiner Blick und die Burgruine Haichenbach. In Schlögen legen Ausflugsschiffe der Donauschifffahrt an. Sowohl der Donau-Radweg als auch der Donausteig führen an der Schlögener Schlinge vorüber. Die waldreiche Umgebung ist durch gut markierte Wanderwege erschlossen.

Kirchenplatz 4; Tel. 0 72 79/82 35; www.oberoesterreich.at/haibach

519 Obernberg

Gut 1500 Menschen leben in diesem Ort, dessen Marktplatz von bunt verputzten Giebelhäusern gesäumt wird. Um die Fassaden des Stuckmeister-, Apotheker- und Wörndlehauses machte sich der bayerische Künstler Johann Baptist Modler verdient. Eindrucksvoll ist auch der Brunnen in der Platzmitte. Das Heimatmuseum im Gurtentor informiert über die wechselvolle Geschichte des Markts, Sammlungsschwerpunkt bilden die Flößerei und die Innschifffahrt, welcher Obernberg seinen früheren Reichtum verdankte. In der Burg tagt heute das Bezirksgericht, die Falknerei veranstaltet Greifvogel-Flugvorführungen (Ende März–Okt. Di–So 15 Uhr, www.falknerei-obernberg.at). Obernberg liegt am Inn-Radweg, die nahen Flussauen laden zum Wandern und zur Vogelbeobachtung ein.

Marktplatz 36; Tel. 0 77 58/ 22 55-0; www.obernberg.at

520 Schärding

Ganz selbstbewusst bezeichnet sich Schärding als schönste Barockstadt Österreichs. Ein Blick auf die Landkarte verdeutlicht Schärdings exponierte Lage am Inn. Folglich florierte hier lange Zeit der Handel, ob nun mit Holz, Marmor oder Salz. Natürlich musste sich Schärding auch immer schützen, Teile der alten Mauern sind noch erhalten, ebenso eine Vielzahl historischer Häuser. Schärdings Schmuckstück ist die »Silberzeile« am oberen Stadtplatz, ein Häuserensemble aus dem 16. bis 18. Jh., in dem reiche Kaufleute residierten. Sein geschlossener Auftritt und die Farben der Fassaden lassen niemanden unbeeindruckt.

Innbruckstraße 29; Tel. 0 77 12/43 00; www.schaerding.at

521 St. Agatha

Größter Sohn der Gemeinde war Stephan Fadinger, der 1626 den Bauernaufstand gegen die bayerische Obrigkeit führte. St. Agatha hat ihm im neuen Gemeindezentrum ein Museum gewidmet. Es beleuchtet sowohl sein Leben als auch das seines Schwagers Christoph Zeller, der eine Taverne in St. Agatha unterhielt und Mitstreiter Fadingers an der Seite der aufständischen Bauern war (15. März bis Okt. Fr–So nachmittags oder mit telefonischer Anmeldung). St. Agatha besitzt ein schönes Freibad mit Rutsche, in der Umgebung bieten sich vielfältige Wander- und Radfahrmöglichkeiten.

Kirchenplatz 1; Tel. 0 72 77/ 82 55; www.st-agatha.at

522 Genussland Oberösterreich

Oberösterreich ist ein Land kultureller Tradition. Baukunst, Handwerk und altes Brauchtum wird mit Liebe gepflegt. Es ist das Land, das Anton Bruckner und Gustav Klimt inspirierte. Dieses Erbe ist der Humus, auf dem die Zukunft wächst: Linz, das als „UNESCO City of Media Arts“ ein kreatives Kraftzentrum der Medienkunst ist. Aus einer pulsierenden Musikszene gehen internationale Größen wie der Elektroswing-Pionier Parov Stelar hervor.

Wer sich aufmacht um Oberösterreich zu entdecken wird erkennen: Hier öffnet sich eine Schatztruhe landschaftlicher Vielseitigkeit. Im Norden erhebt sich das Granithochland des Mühlviertels. Im Tal der Donau ergänzen sich Naturraum und urbane Lebensart rund um die Landeshauptstadt Linz. Im Süden erheben sich die Berge der Pyhrn-Priel Region und des Salzkammergutes, das für seine Seen berühmt ist. Und all das liegt in einer Ausflugsdistanz von ein bis zwei Stunden Autofahrt.

Übrigens: Kreativ gehen die Oberösterreicher auch mit ihrem kulinarischen Erbe um. Das Land zelebriert den Knödel in einer Vielzahl an Variationen. Und darunter sind beileibe nicht nur die althergebrachten. Moderne Knödel mit Fisch und Gemüse versöhnen die leichte Küche mit alter Herd-Tradition. Das gleiche gilt für den Most, der von umtriebigen Produzenten mit Akribie und moderner Kellertechnik immer wieder in neue Qualitäts-Sphären katapultiert wird. Und dann ist da natürlich noch das Bier. Auch hier kennt Oberösterreich beides. Die lange Geschichte der Braukunst, aus der heraus eine Vielzahl kleiner und kleinster Brauereien das Zusammenspiel von Hopfen, Wasser und Malz immer wieder neu und zukunftsträchtig definieren.

Genussland Oberösterreich,
Oberösterreich Tourismus
Information:
Freistädter Straße 119,
4041 Linz;
Tel.: +43 732 221022;
E-Mail: info@genussland.at;
www.genussland.at

Oberösterreich im Internet

www.genussland.at
Oberösterreich im Internet genießen. Wissenswertes zu den typischen Köstlichkeiten aus Oberösterreichs Küchen und Kellern und wo sie in Gastronomie und Handel erhältlich sind. Angebote für genussvolle Urlaube und Ausflüge. Und Rezepte zum Zuhause nachkochen.

www.oberoesterreich.at
Die Website für den Urlaub in Oberösterreich. Ob sportlich, genussvoll oder mit Kultur. Eine Inspirationsquelle für die Planung der nächsten Entdeckungsreise nach Oberösterreich.

www.ausflugstipps.at
Die Online-Plattform für die Ausflugsplanung. Von aktuellen Veranstaltungstipps über sportliche Touren und Sehenswürdigkeiten bis hin zu fix und fertigen Tipps für Tagesausflüge.

Wanderreiten im Mühlviertel

Oberösterreich ist Pferdeland: Es gibt kein reiterliches Bedürfnis, welches hier nicht erfüllt wird. Angeboten werden Ausritte im Sommer wie im Winter, auf gut ausgebildeten Pferden ebenso wie mit der Kutsche. Anfänger sind ebenso willkommen wie ambitionierte Freizeitreiter. Insbesondere das Mühlviertel hat sich einen Ruf als Reit-Destination erworben. Viel für seine Gäste einfallen lässt sich der Reiterhof Rössl-Alm in St. Oswald bei Freistadt – auf dem Programm stehen hier Tagesritte und mehrtägige Trekkings, Western-Reiten und sogar Geschichten-Wanderungen zu Pferd für Kinder.

523

www.roessl-alm.at

524 Golfresort Kremstal

Kein Bundesland hat so viele Flächen für Golfplätze hergegeben wie Oberösterreich – 28 sind es an der Zahl. Entsprechend groß ist das Angebot an speziellen Hotels und Kursen. Bei Kematen an der Krems, in der sanfthügeligen Landschaft des Traunviertels, ist die 27-Loch-Anlage des Golfclubs Kremstal in ein herrliches Voralpenpanorama eingebettet. Die Kurse zeichnen sich durch gut durchdachtes, anspruchsvolles, aber immer faires Design aus und sind für Golfer jeder Spielklasse eine Herausforderung. Direkt am Rande des Platzes wohnen kann man im schönen Greenvillage mit Apartments für bis zu vier Personen. Vom Balkon bzw. der Terrasse hat man einen ausgezeichneten Blick auf Green 9 und den großen Schwimmteich. Den Gästen stehen neben dem Golfplatz ein Restaurant und ein Erholungsbereich mit Sauna und Dampfbad zur Verfügung.

Tel. 0 72 28/7 64 40;
www.golfresort-kremstal.at

525 Anton-Bruckner-Radweg

Oberösterreich hat Anteil am Donau-, am Ennstal- und am Inn-Radweg. Entlang des Salzkammergutwegs kann man von See zu See radeln. Auf dem Römerweg entdeckt man Spuren der Antike. Anspruchsvoller ist der Grenzlandweg im Mühlviertel, auf dem man die Landschaft des Böhmerwalds genießen und in hübschen Ortschaften pausieren kann. Wer nur einen kurzen Tagesausflug unternehmen möchte, dem sei z. B. der Anton-Bruckner-Weg empfohlen. Von Ansfelden, dem Geburtsort des großen Komponisten, geht es zu seiner Begräbnisstätte in St. Florian.

www.oberoesterreich.at/radfahren

526 Kajak- und Kanutouren auf dem Traunsee

Die Seen des Salzkammerguts bieten sich für gemütliche Bootstouren an. Der Veranstalter Salzkammergut Kajak & Kanu organisiert Schnupperkurse und geführte Halbtages- und Tagestouren. Ein besonderes Erlebnis sind Mondscheinfahrten mit beleuchteten Booten.

www.kajak-kanu.at

527 Tauchen im Attersee

Herrliche Reviere zum Tauchen bieten sich im Hallstätter See, Mondsee und Wolfgangsee. Doch ganz besonders lieben Unterwassersportler den Attersee. Dessen Wasserqualität ist ausgezeichnet, die Fischvielfalt ist so groß wie kaum in einem anderen österreichischen Gewässer. Kurse und geführte Tauchgänge werden rund um den See angeboten. Neben der artenreichen Tier- und Pflanzenwelt warten unter der Wasseroberfläche des Attersees auch versunkene Relikte aus vergangenen Zeiten. Das erfahrene Tauchkompetenz-Zentrum Attersee steht Unterwassersportlern mit Rat und Tat zur Seite.

www.atterseediving.com

Attergaubahn

Bei der Attersee-Lokalbahn geht es gemütlich zu. Ganz gemächlich schiebt sich der Zug durch die Landschaft zwischen Vöcklamarkt und Attersee. Es gibt kombinierte Fahrten mit Zug und Schiff, Bummelbahnfahrten oder Kinderzugfahrten zum Kindermuseum auf Schloss Walchen.

528

www.stern.at/sternverkehr

Cowboy Museum Fatsy in Linz

Der Wilde Westen in Reinformat mit Spieltischen, Sheriff-Büro, Pistolen, Gewehren und Hüten. Und natürlich fehlt auch der Saloon nicht. Ein Must für große und kleine Cowboys.

529

www.ooemuseumsverbund.at/museum/37_cowboy-museum_fatsy; Mai–Juli Sa/So, 13–18 Uhr

530 Aquapulco-Piratenwelt Bad Schallerbach

Spaßbad der Superlative mit Piratenboot zum Klettern, Wellenbecken und fünf spektakulären Rutschen, darunter der Canyon, in dem einen 20 000 l Wasser pro Minute durch Stromschnellen und Grotten hindurchspülen. In der räumlich abgetrennten Baby Bay bietet eine Palmeninsel mit kleinen Bachläufen den Kleinsten Gelegenheit zum Krabbeln, Klettern und Planschen.

www.piratenwelt.at

531 Baumkronenweg Kopfing

Nahe der Ortschaft Knechtelsdorf im Sauwald kann man zwischen Baumwipfeln spazieren gehen. Möglich macht dies eine Konstruktion aus Stegen, Plattformen und insgesamt 41 Türmen, die zwischen 3 und 22 m hoch sind. Auf dem Boden gibt es 26 Stationen, die auf spielerische Weise Wissen vermitteln. Wer länger bleiben möchte, kann in einem Baumhaus in 10 m Höhe übernachten.

www.baumkronenweg.at

532 Cumberland Wildpark Grünau

Gut 500 Tiere leben in dem Park, in dem man bedrohten Arten wie dem Urwildpferd und dem Waldrapp besonderes Augenmerk gewidmet hat. Hier aufgezogene Geier konnten in freier Natur erfolgreich wieder ausgewildert werden. In der Nähe befindet sich übrigens die Konrad-Lorenz-Forschungsstelle.

Tel. 0 76 16/84 25; www.wildparkgruenau.at

533 Dachstein Höhlenwelt

So gewaltig das Bergmassiv des Hohen Dachsteins von außen wirkt, so imposant ist auch sein Innenleben: Gigantische Karsthöhlen durchziehen den Gebirgsstock, von denen drei für Besucher erschlossen wurden. Zu Fuß von Obertraun aus erreichbar ist die Koppenbrüllerhöhle im Tal der Traun, die bis heute Wasser führt. Von der Seilbergstation Schönbergalm gelangt man zur Rieseneishöhle mit ihren bizarr gefrorenen Eisdomen und -kegeln sowie zur eisfreien Mammuthöhle, eine der größten Höhlen Europas.

Tel. 0 50/1 40; www.dachstein-salzkammergut.com; Mai–Okt.

534 Donausteig

Landschaftliche Höhepunkte sind die Schlögener Schlinge, in der der Fluss zweimal die Richtung wechselt, der Strudengau mit Stillensteinklamm und Wolfsschlucht und die Auenwälder im Machland. Kulturelle und kunsthistorische Schätze bieten die Stifte St. Florian und Engelszell, die Abtei Wilhering sowie Passau und Linz. 450 km lang, führt der Donausteig über 23 Etappen von Passau nach Grein. Weitwanderer nehmen den gesamten Steig in mehreren Etappen in Angriff, Ausflügler eine der 41 Runden, Genusswanderer absolvieren Teilstrecken und kehren anschließend per Schiff, Bus oder Bahn zurück.

Tel. 07 32/72 77-8 00; www.donausteig.com

Indianerspielgelände Natternbach

535 Indianer spielen kann man in der Westernstadt Snake River und auf dem Schleichpfad. An warmen Tagen pritscheln die Kleinen im Wasserspielbereich, während die Großen mit dem Floß den Spielteich überqueren.

www.natternbach.at; April–Okt.

Kinderland Schindlbach

536 Ein Märchenwald und ein Freizeitpark mit Gokart-Bahn und Elektrobooten. »Hier lässt sich's aushalten«, werden nicht nur Kinder, sondern auch ihre Eltern denken, während sie auf einer Bank sitzend die schöne Bergkulisse auf sich wirken lassen.

www.kinderland-schindlbach.at; Mai/Juni und Mitte Sept.–Ende Okt. Sa, So, Juli–Mitte Sept. tgl.

537 Kinderweltmuseum Schloss Walchen

Wie Kinder in Österreich leben und lebten, in welchen sozialen Schichten, unter welchen Bedingungen, das veranschaulicht dieses Museum im Schloss Walchen südlich von Vöcklamarkt. Im Schlosspark kann man nicht nur den Kräuterpark bestaunen, sondern Karussell fahren, Fassl rutschen, auf Stelzen gehen oder sich im Irrgarten verlaufen. In der Villa Kunterbunt gibt es ein Spiegelkabinett, alte Musikinstrumente und ein Pippi-Langstrumpf-Zimmer – hier dürfen Kinder nicht den Boden berühren und müssen daher über die Möbel klettern oder an Seilen hangeln. Die reformpädagogischen Bemühungen der verstorbenen Museumsgründerin Dr. Eugenie Hanreich sind bis heute ein besonderes Vorbild und maßgebend für die Arbeit in der Kinderwelt.

Tel. 0 76 82/62 46; www.kinderweltmuseum.at; Mai–Sept.

538 Salzkammergut Tierweltmuseum Pinsdorf

Mehr als 2000 präparierte Tiere sind in diesem Museum am Ortsrand von Pinsdorf zu bestaunen, darunter nicht nur einheimische, sondern auch der ein oder andere Exot. Die Präparate wurden von Alfred Höller angefertigt, der über 50 Jahre lang als Tierkonservator tätig war, unter anderem für das Haus der Natur in Salzburg. Der Schriftsteller Thomas Bernhard setzte ihm in seinem Roman »Korrektur«, einem Gleichnis über das Verhältnis zwischen Kunst und Natur, ein literarisches Denkmal. Beim Rundgang durch die Ausstellungsräume werden Besucher von sach- und fachkundigen Mitarbeitern der bekannten Präparatorwerkstätte begleitet und mit allem Wissenswerten versorgt.

Tel. 0 76 12/6 44 54; www.tierweltmuseum.at; Mo–Fr 8–12, 14–17 Uhr

539 Speed-Gleitbahn Schönau

Zunächst wird man im Rodel mit dem Schlepplift etwa 400 m hinauf bis zur Bergstation gezogen. Mit einem Klick löst sich der Bügel und die rasante, 600 m lange Abfahrt startet. Auf einer Aluminiumschiene gleitet man flott hinab ins Tal, dabei kann man durch Ziehen oder Drücken des Bremshebels die Geschwindigkeit selbst bestimmen. Kinder ab sechs Jahren dürfen alleine rodeln, kleinere Kinder teilen sich den Rodel mit einem Erwachsenen und werden zusätzlich durch einen Gurt gesichert.

Tel. 0 72 61/74 43; www.stoaninger-alm.at

Zoo Schmiding

Hier können Kinder Giraffen füttern, Österreichs einzige Gorillas oder die riesige Flamingokolonie bestaunen. Exotik pur also. Besonders eindrucksvoll ist die begehbare Greifvogelanlage. Und wenn das alles noch nicht genug ist, dann warten noch drei Spielplätze mit 8 m hohem Rutschenturm und Trampolin.

Krenglbach; Tel. 0 72 49/4 62 72; www.zooschmiding.at; März-Nov.

540

Forellenzirkus Engelhartszell

541 Vor etwa 60 Jahren begannen die Brüder Otto und Karl Luger bei ihrer alten Sägemühle in St. Aegidi Forellen zu dressieren. Ihre Familie setzte die Tradition fort. Die Aussicht auf einen fetten Regenwurm spornt die Fische zu Höchstleistungen an: Sie schwimmen um die Wette, springen durch Reifen und spielen sogar Ball. Neben den zahmen Forellen gibt es auch einen dressierten Gockel und in den renovierten Wohnräumen der Erlet-Mühle bekommt man einen Eindruck vom Müllerleben anno dazumal. Eine telefonische Voranmeldung ist erforderlich!

Mühlbach 3, St. Aegidi; Tel. 0 77 17/75 52; www.oberoesterreich.at/oesterreich/poi/402042/forellenzirkus.html

542 Linz Fest

Jedes Jahr im Mai findet im Donaupark zwischen Lentos Kunstmuseum und Brucknerhaus ein Open-Air-Festival mit Livekonzerten sehr unterschiedlicher Musikrichtungen statt. Beim Linz Fest ist Klassik ebenso dabei wie Popmusik und Folk. Lesungen, Theatervorstellungen, Filmvorführungen, Kinderkultur und gastronomische Angebote runden das vielfältige Programm ab.

www.linzfest.at; Mai

543 Country Music Festival in Haag am Hausruck

Das Festival für Freizeit-Cowboys auf dem Bahnhofsgelände von Haag hat sich inzwischen fest im oberösterreichischen Veranstaltungskalender etabliert. Es gibt unterhaltsame Auftritte von Country Bands und zur Eröffnung eine große Line Dance Party. Westernfreunde können in der Nähe des Festivalgeländes auf einem Campingplatz übernachten.

www.country-freunde-haag.at; Mai

544 Lederhosentreffen in Windischgarsten

Ein Riesen-Straßenfest, mit Bier, Schuhplattler, Trachtenumzügen und natürlich einem Wettbewerb um die schönste »Krachlederne«. Unter den Besuchern abgestimmt wird weiterhin über die Sieger in den Kategorien »schönstes Kind in Lederhose« und »schönstes Lederhosenpärchen«.

http://lederhosentreffen.at; Ende Juli

Speckdackel in Hofkirchen

545

Straßenkünstler aus der ganzen Welt – Zauberer, Clowns, Artisten und Jongleure – sorgen für viel Spaß im Mühlviertel. Auf vier Bühnen spielen Straßenbands Musik unterschiedlichster Stilrichtungen.

www.speckdackel.at; Juli

Clam Konzerte

546

Am Fuße der pittoresken Burg Clam finden im Juli und August Open-Air-Konzerte und das Clam Rock Festival mit namhaften Bands statt: Neil Young, Roxette oder Simply Red spielen vor bis zu 10 000 Besuchern in der einzigartigen Naturarena nahe dem Dorf Klam im Alpenvorland.

Klam bei Grein; www.clam.at; Juli/Aug.

Linzer Pflasterspektakel

547

Ob Clowns oder Akrobaten, Gesang oder Samba-Rhythmen, Profi oder Nachwuchshoffnung – kreative Straßenkunst dominiert jedes Jahr im Juli ein Wochenende lang den öffentlichen Raum in Oberösterreichs Hauptstadt. Bei den beliebten Kaleidoskopnächten im Spektakelzelt am Pfarrplatz präsentieren Straßenkünstler gemeinsam eine Show mit ausgewählten Kostproben aus ihrem Repertoire. Speziell für Kinder bietet das »Kinderspektakel« ein Programm aus Kindertheater, Aktiv- und Kreativstationen. Auch Linzer Künstler und Kulturinitiativen präsentieren während der drei Tage Arbeiten und Projekte, die sich mit dem öffentlichen Raum auseinandersetzen.

www.pflasterspektakel.at; Juli

548 Chorwettbewerb Bad Ischl

Chöre aus aller Welt treffen sich alle zwei Jahre in Bad Ischl zum Wettsingen. Seit 2014 findet ebenfalls im Zweijahres-Rhythmus ein Chorfest statt, bei dem das alpenländische Chorvolkslied im Mittelpunkt steht.

www.chorwettbewerb.at; April

549 Urfahraner Frühjahrsmarkt

Seit 1817 wird das bunte Treiben am Donauufer veranstaltet. Schausteller und Gastronomie buhlen um Gäste. Im Oktober gibt es diese Veranstaltung nochmals als Herbstmarkt. Den krönenden Abschluss bildet traditionell ein Großfeuerwerk.

www.urfahranermarkt.at; Mai

550 Seefest Mondsee

Karibische Klänge, Klassik und Folklore direkt am See. Höhepunkt ist die Seebucht-Show mit Kunstflugvorführungen inklusive Base Jump aus dem Helikopter und großem Klangfeuerwerk.

http://mondsee.salzkammergut.at; Aug.

551 Brucknerfest Linz

Natürlich spielen die Orchester aus aller Welt vor allem Werke des großen Sohnes der Stadt, in Zukunft sollen aber verstärkt andere Stilrichtungen und zeitgenössische Musik einbezogen werden. War bislang das Brucknerhaus wichtigster Spielort, greifen die Veranstalter nun auch auf andere Locations wie die denkmalgeschützte Tabakfabrik zurück.

www.brucknerhaus.at; Sept./Okt.

552 Ars Electronica Festival Linz

Die Ars Electronica sucht nach Verbindungen zwischen Kunst, Technologie und Gesellschaft. Künstler und Wissenschaftler aus der ganzen Welt kommen nach Linz, um eine konkrete Fragestellung disziplinübergreifend zu erforschen. Im Ars Electronica Center finden Ausstellungen und Symposien statt, Installationen und Performances erobern den öffentlichen Raum der Linzer Innenstadt. Mit dem Prix Ars Electronica wird eine der begehrtesten Auszeichnungen für Medienkunst verliehen.

www.aec.at; Sept.

Linzer Klangwolke

Videoprojektionen und menschliche Protagonisten auf Schiffsbühnen, Lasershows und Feuerwerke begleiten Freiluftkonzerte, die über riesige, im Donaupark an Kränen aufgehängte Lautsprecher übertragen werden. Den Hintergrund bildet die stimmungsvoll illuminierte Architektur der Stadt. Es gibt eine moderne und eine klassische Klangwolke (meist Werke von Bruckner) sowie eine Klangwolke für Kinder, die musikalische Geschichten erzählt.

553

www.klangwolke.at; Sept.

Salzburg und Salzburger Land

»Er war ein Superstar. Er war populär. Er war so exaltiert. Because er hatte Flair« – mit seinem Song »Rock me Amadeus« stürmte Falco in den Achtzigerjahren die Charts. Nicht erst seit damals geht es mozärtlich zu in Salzburg. Idyllischer ist es im Seenland und Salzkammergut, sonnenverwöhnt im Lungau, schneesicher und wanderfreundlich zeigt sich (fast) das ganze Salzburger Land.

Eins, zwei, drei ... viele. Mehr als 100 Kirchen, Schlösser und Paläste bestimmen die Silhouette der Stadt.

Salzburg – Die Mozartstadt

554

In Salzburg waren die Erzbischöfe immer zugleich auch die weltlichen und geistlichen Herrscher. Das schlug sich zwangsläufig im kulturellen Gepräge der Stadt an der Salzach nieder. Noch heute bestimmen mehr als 100 Kirchen, Schlösser und Paläste das prächtige Erscheinungsbild der Stadt, die irgendwie immer auf der Sonnenseite der Geschichte stand. Salz war lange Jahre die Haupteinnahmequelle der Erzbischöfe. Der Ort verdankt dem weißen Gold sowohl seinen Namen wie seinen Wohlstand, denn der Handel mit Salz war die Basis für die wirtschaftliche Entwicklung der Stadt. Und Mozart wurde hier geboren, Er und seine Schwester wurden als »Wunderkinder« gehandelt. Später avancierte der Vielschreiber unter den Komponisten zum Enfant terrible der Musikszene. Allein der Name Mozart lässt viele Salzburger gut leben. Sein Namenszug prangt auf Skiern, grüßt von

Büchern, Kalendern, T-Shirts und natürlich den Mozartkugeln, lässt Parfumflaschen attraktiv in den Regalen stehen und … und … und … Der Komponist ist allgegenwärtig. Mozartstadt heißt Salzburg seinetwegen – und das ganz sicher nicht ungern. Aber man nennt die Stadt an der Salzach auch »Festspielstadt«. Denn als Max Reinhardt zusammen mit einigen Kollegen Anfang des 20. Jhs. die Salzburger Festspiele ins Leben rief, gab dies einen neuen Impuls, dessen Auswirkung auf das kulturelle Leben der Stadt noch heute voll wirksam ist. Prominenz, Schickeria und jedermann sonst ist gern dabei, wenn in Salzburg was los ist. Nicht nur, wenn zum wiederholten Mal seit 1920 das »Jeeederrrmaaann« über den Domplatz schallt. Gegen Tradition, Brauchtum und Festspielrummel setzte eine kreative junge Szene ein Gegengewicht an zeitgenössischer Kunst. Die Szene Salzburg startete in den späten Sechzigerjahren als das Alternativ-Festival – und hat sich heute abseits von Salzburg-Klischee und Mozartkugeln einen festen Platz eingeräumt, mit internationalem Renommee.

Mozartplatz 5, Tel. 06 62/88 98 73 30; www.salzburg.info

555 Kollegienkirche

Dieses Meisterwerk von J. B. Fischer von Erlach gehört zu den bedeutendsten Sakralbauten Europas und stellt gleichzeitig eine Synthese der großen Architektursysteme dar. 1696 begann man mit dem Bau, 1707 wurde die Kirche eingeweiht.

Universitätsplatz; Tel. 06 62/84 13 27; www.kollegienkirche.at

556 Residenzgalerie

Glanzpunkt der Galerie des Landes Salzburg ist die niederländische Malerei. Vertreten sind außerdem italienische, französische und österreichische Meister des 16. bis 19. Jahrhunderts, deren Werke in elf Sälen gezeigt werden.

Residenzplatz 1; Tel. 06 62/8 40 45 10; www.residenzgalerie.at

557 Residenzplatz

Der Residenzplatz ist sozusagen Mittelpunkt der Altstadt. Der barocke Residenzbrunnen aus Untersberger Marmor ist beliebter Treffpunkt und natürlich Fotomotiv. Darüber hinaus erfreuen sich die zahlreichen Besucher am weltberühmten und beliebten Salzburger Glockenspiel, das täglich um 7, 11 und 18 Uhr vom Turm des Residenz-Neugebäudes erklingt.

www.salzburg.info – Sehenswertes – Plätze & Straßen

558 Residenz

Zwischen 1600 und 1619 erhielt der aus dem Jahr 1120 stammende Bau seine heutige Gestalt und wurde 1660 um ein Stockwerk erhöht. Bis ins Jahr 1803 residierten hier die Salzburger Fürstbischöfe. Die Trakte gruppieren sich um drei Innenhöfe und wirken als Kontrast zur schlichten Fassade am Residenzplatz. Durch das Marmorportal mit den Wappen der Erzbischöfe Wolf Dietrich von Raitenau, Paris Lodron und Franz Anton Harrach gelangt man in den Haupthof mit Arkaden und dem Herkulesbrunnen.

Residenzplatz 1; Tel. 06 62/80 42 26 90; www.salzburg-burgen.at/de/residenz

559 Dom zu Salzburg

Nachdem der mittelalterliche Dom 1598 abgebrannt war, begann man 1614 mit dem Neubau nach Plänen des Baumeisters Santino Solari, der hier frühbarocken Stil mit römischen Bauideen verband. Das Gotteshaus bietet Platz für 10 000 Menschen. 1628 fand die feierliche Einweihung statt. Die Türme wurden erst 1665 vollendet. 1959 musste das Gotteshaus nach Bombenschäden vollständig restauriert werden. So zeigt sich der Salzburger Dom heute: An der dreiachsigen Fassade mit vorgelagerter Balustrade beeindrucken die auf hohen Sockeln stehenden Monumentalfiguren: Die Portalheiligen stellen Rupert, Virgil, Petrus und Paulus dar, im Mittelgeschoss sind die vier Evangelisten abgebildet, am Giebel Moses und Elias. Gekrönt wird die Fassade von der Giebelfigur des Heilands als Retter der Welt.

Domplatz; Tel. 06 62/8 04 77 95; www.salzburger-dom.at

Festspielhaus

560

Das Festspielgebäude gehörte einst zu den erzbischöflichen Pferdeställen. Die Winterreitschule wurde 1926 zu einem Mehrzweck-Festsaal umgebaut. Bis 1937 wurden die barocken Räume so umgestaltet, dass hier Opern, Schauspiele und Konzerte stattfinden konnten. Große Teile der Bühnentechnik sind in den Berg hineingebaut. Die Eröffnung fand 1960 mit dem »Rosenkavalier« unter der Leitung von Herbert von Karajan statt. Es sollte eine Verbeugung vor jenen drei großen Männern sein, die die Festspiele maßgeblich prägten: Richard Strauss, Hugo von Hofmannsthal und Max Reinhardt

Hofstallgasse 1; Tel. 06 62/8 04 50; www.salzburgerfestspiele.at, Besichtigung nur mit Führung, tgl. nachm.

561 Erzabtei St. Peter

Das Stift St. Peter bildet als Benediktiner-Erzabtei den historischen Kern des alten Salzburg. Die bestehende Anlage stammt vorwiegend aus dem 16. und dem 17. Jh. und umschließt drei Innenhöfe. In der Mitte des ersten Hofes steht der St.-Rupertus-Brunnen, ein alter Schöpfbrunnen aus dem 17. Jh., der 1927 wieder aufgebaut wurde. Durch ein Tor erreicht man dann den Haupthof mit dem Petrusbrunnen (1673), der ursprünglich als Fischbehälter diente. Der dritte Stiftshof befindet sich in der Nähe des Doms, er gehört zum Klausurbereich des Klosters und ist für Besucher nicht zugänglich.

St. Peter–Bezirk 1; Tel. 06 62/ 84 45 76; www.stift-stpeter.at

562 Domplatz

Auf diesem allseitig geschlossenen Platz wurde 1920 mit der allerersten »Jedermann«-Aufführung der Grundstock zu den Salzburger Festspielen gelegt. Fasziniert von der Theatralik des Platzes, inszenierte Max Reinhardt dieses Stück vor den Eingangsarkaden des Doms. Im Zentrum des Platzes steht die Mariensäule von 1771.

www.salzburger-dom.at

563 Kapuzinerberg

Der Kapuzinerberg sowie das Kapuzinerkloster sind über die Stufen der Imbergstiege, von der Steingasse aus (vorbei an spätbarocken Kreuzwegstationen), von der Franziskuspforte der Linzergasse aus oder über einen Fußweg zu erreichen, der hinter dem Einkaufszentrum »Im Berg« in der Fürbergstraße beginnt. Oben erwarten den Besucher schöne Aussichtspunkte mit wunderbaren Blicken über Salzburg. Zahlreichen Spazierwegen, etwa dem Basteiweg, der im Süden und Osten des Berges nahe der Befestigungsanlagen verläuft, aber auch die ausgedehnten Waldflächen hier oben verdankt der Berg auch den Ruf die »Grüne Lunge« der Stadt zu sein. Im unzugänglichen Nordfelsen fühlen sich seltene alpine Tiere und Pflanzen wohl: darunter eine mit dem schönen Namen »Bewimperte Alpenrose« oder der immergrüne Aurikel. Neben dem Kloster (1599–1602) wurden hier zwischen 1736 und 1744 auch zwei Kapellen errichtet. Außerdem befindet sich hier der Wehrturm der Felixpforte, ein weiteres Denkmal zu Ehren Mozarts, sowie das Paschinger Schlössl, das einstige Domizil von Stefan Zweig.

Kapuzinerberg 6; Tel. 06 62/88 98 70; www.stadt-salzburg.at – Natur & Umwelt/Stadtberge

Getreidegasse

Lange Zeit war sie der einzig durchgängige Straßenzug der Stadt. Reich verzierte Schilder, kunstvolle Portale, gepflegte Fassaden und idyllische Arkadenhöfe bilden den Hintergrund für das pulsierende Geschäftsleben. Jedes Schild für sich ist ein kleines Kunstwerk. Berühmt sind auch die »Durchhäuser«: Keine einzige Quergasse kreuzt die Getreidegasse, und so waren diese Häuserdurchgänge lange der einzige Zugang zur Salzach und zum Universitätsplatz. Die Innenhöfe mit ihren zierlichen Arkaden, den Laubengängen, den Portalen aus Untersberger Marmor, den engen Stiegenhäusern und detailreichen architektonischen Dekor sind eine wahre Augenweide. Das älteste ist das Schatz-Durchhaus von 1363.

www.salzburg.info – Sehenswertes – Plätze & Straßen

564

Festung Hohensalzburg

Mitteleuropas größte vollständig erhaltene Burganlage ist das Wahrzeichen der Mozartstadt. Sie liegt 120 m hoch über der Salzach auf dem Festungsberg und bietet einen herrlichen Blick auf die Stadt und die angrenzende Bergwelt. Man erreicht die Festung mit der Standseilbahn oder zu Fuß in etwa 20 Minuten, hat dabei immer wieder schöne Aussichten auf die Anlage. Auf den ersten Blick wirkt die verwinkelte riesige Festung unübersichtlich. Wie eine kleine Stadt ist sie mit Kirche, Arbeitshaus, Wohntürmen, Speisehaus, Schulhaus und vielem mehr ausgerüstet. Der Zugang zum äußeren Burgring führt durch drei Tore, das Scharten-Tor, den Lodron-Bogen und den Keutschach-Bogen.

Mönchsberg 34; Tel. 06 62/84 24 30 11; www.salzburg-burgen.at

565

Festungsbahn

566 In nur 70 Sekunden bringt die Standseilbahn (Abfahrt in der Festungsgasse) die Besucher hinauf zur Burg. Im Fahrpreis ist der Eintritt in die Burghöfe bereits enthalten.

www.salzburg-burgen.at – Hohensalzburg – Besucherinfo

Mozarts Wohnhaus

567 Nach dem Umbau zeigt sich Mozarts Wohnhaus in neuem Glanz. Hier soll der Musiker zwischen 1773 und 1780 viele Stücke komponiert haben. Die Ausstellung gibt einen perfekten Überblick über Leben und Wirken Mozarts. Es ist nicht so überlaufen wie sein Geburtshaus.

Makartplatz 8; Tel. 06 62/87 42 27 40; www.mozarteum.at

568 Mozarts Geburtshaus

Das Geburtshaus aller Geburtshäuser in der Festspielstadt – hier wurde im Jahr 1756 Mozart geboren – befindet sich in der Getreidegasse und beherbergt im 3. Stock, in der ehemaligen Wohnung der Familie Mozart, das Mozart-Museum.

Getreidegasse 9; Tel. 0662/ 84 43 13; www.mozarteum.at

569 Mozartplatz

Im Zentrum Salzburgs gelegen, erhält dieser Platz besondere Bedeutung durch das mächtige bronzene Mozartdenkmal, geschaffen von Ludwig von Schwanthaler und 1842 hier aufgestellt.

www.salzburg.info – Sehenswertes – Plätze & Straßen

Mirabellgarten

Nicht nur das Schloss Mirabell bezaubert, auch dessen Garten, der durch Franz Anton Danreiter stark geprägt wurde: Brunnen und Fontänen, Skulpturengruppen, der skurrile Zwerglgarten, herrliche Blumenarrangements, der Irrgarten und das Heckentheater lassen Besucherherzen höher schlagen.

570

Mirabellenplatz;
Tel. 06 62/8 07 20; www.salzburg.info – Mirabellgarten

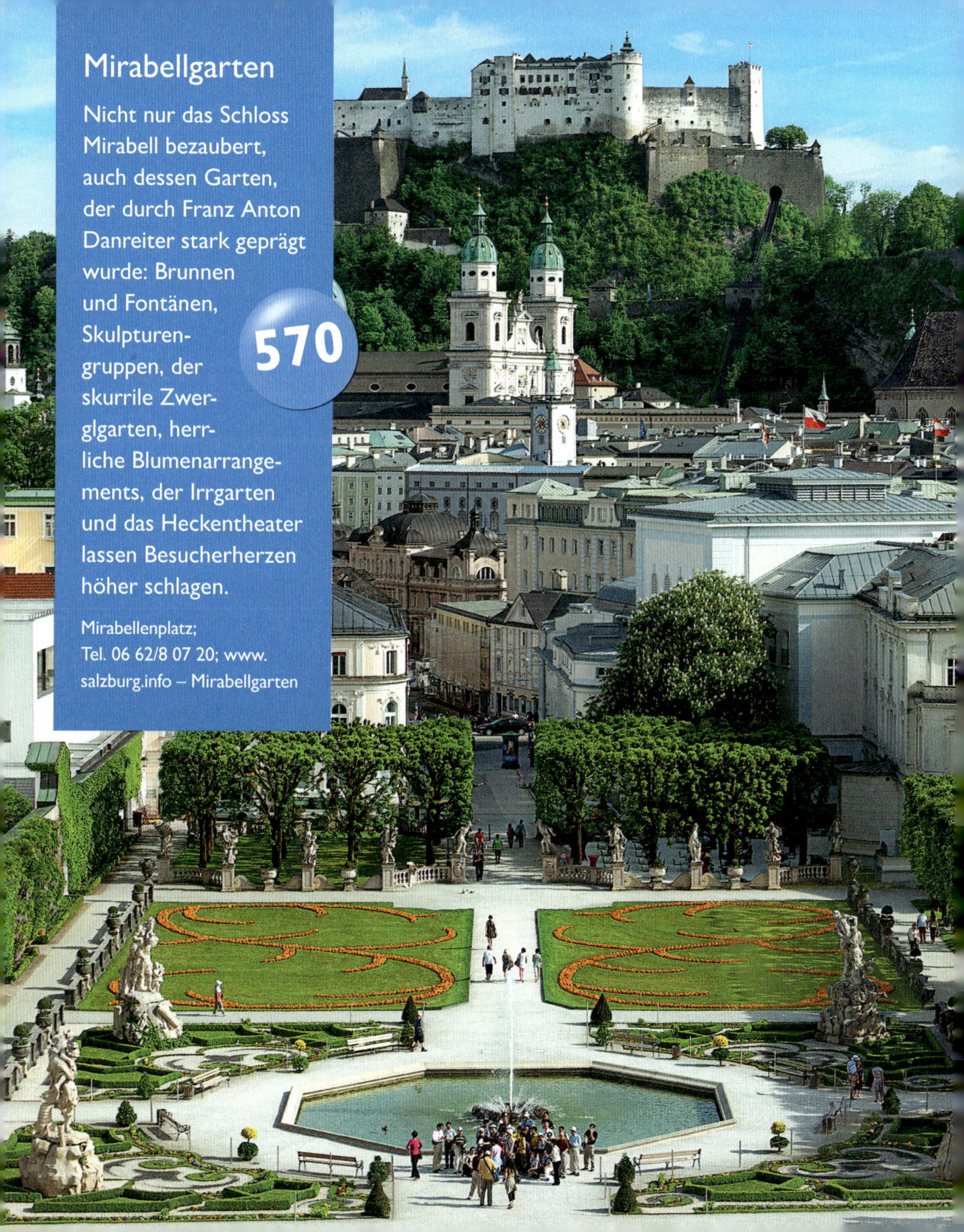

571 Hotel Goldener Hirsch

Im Herzen der Altstadt, nahe beim Festspielhaus gelegen. Hier verbindet sich der Charme der Vergangenheit mit modernem Luxus.

Getreidegasse 37;
Tel. 06 62/8 08 40;
www.goldenerhirsch.com

572 Arthotel Blaue Gans

Vom ältesten Wirtshaus der Getreidegasse zum ersten »artHotel« Salzburgs: Ursprüngliches Mauerwerk, Stuckdecken, alte Holzbalken und Gewölbe kombiniert mit modernen Kunstwerken schaffen eine besondere Atmosphäre. Eine bewohnbare Galerie auf Zeit.

Getreidegasse 41–43;
Tel. 06 62/84 24 91-0; www.hotel-blaue-gans-salzburg.at

573 Zauberflötenhäuschen

In diesem Pavillon soll Mozart 1791 in Wien die »Zauberflöte« komponiert haben. 1873 kam das Gartenhaus nach Salzburg und 1950 in den Bastionsgarten. Es ist nur im Rahmen der Veranstaltungen im Großen Saal des Mozarteums zu besichtigen.

Schwarzstr. 26; Tel. 06 62/88 94 00; www.mozarteum.at

574 Dommuseum

Ausgestellt werden der Domschatz und Werke aus der Erzdiözese Salzburg (Mittelalter bis 19. Jh.). Einiges erinnert an den Salzburger Patron Rupert, so Rupertuskreuz oder -kelch. Die Kunstkammer zeigt Kuriosa aus dem 17. und 18. Jh.

Domplatz 1a; Tel.06 62/80 47 18 60; www.kirchen.net/dommuseum/home/

575 Alter Markt

Gesäumt von Bürgerhäusern aus dem 17. Jh. steht am Alten Markt 10a das kleinste Haus Salzburgs und bietet mit 2 x 8 Metern sogar Platz für ein Geschäft. Ebenfalls sehenswert auf diesem Platz sind der Florianibrunnen und die ganz im Rokokostil eingerichtete fürsterzbischöfliche Hofapotheke.

576 Hotel Sacher Salzburg

In Salzburgs »Grandhotel« an der ruhigen Salzach-Promenade mitten im Herzen der Stadt betten sich nicht nur gekrönte Häupter und Aristokraten ganz standesgemäß. Das Gebäude, das Carl Freiherr von Schwarz in den Jahren 1863 bis 1866 erbauen ließ, bietet auch einen idealen Rahmen für Tagungen und Bankette. Luxuriös ausgestattet sind die 120 Gästezimmer und die Suite.

Schwarzstr. 5–7; Tel. 06 62/ 88 97 70; www.sacher.com – Hotel Sacher Salzburg

577 Hotel Achat Plaza Zum Hirschen

Zentral gelegenes Vier-Sterne-Haus nur einige Gehminuten von Hauptbahnhof, Mirabellgarten und Zentrum entfernt. Das Hotel, mit einer 300 qm großen Dachterrassen-Wellnessanlage und dem Restaurant »Hirschenwirt«, bietet traditionelle Salzburger Gemütlichkeit in gediegener Atmosphäre.

St.-Julien-Str. 21–23; Tel. 06 62/ 88 90 30; www.zumhirschen.at

578 Gasthof Auerhahn

Die klassische österreichische Küche wird seit Jahren mit Gault-Millau-Hauben geadelt. Der Familienbetrieb hat ein treues Publikum. Man wird hier umsorgt und gehegt und fühlt sich fast wie daheim. Die Nähe zum Bahnhof sollte daher nicht abschrecken. Besonderes Schmankerl: die Topfenknödel.

Bahnhofstr. 15; Tel. 06 62/45 10 52; www.auerhahn-salzburg.at

579 Café Tomaselli

Die Kaffeehauslegende in Salzburg. Seit 1705 gibt es dieses Café auf zwei Etagen. Ein klassisches Kaffeehaus, wie es sie immer weniger gibt! Das Tomaselli bietet Platz für 310 Gäste, an warmen Tagen können 300 weitere Gäste im Garten ihre Melange oder den Großen Braunen ordern.

Alter Markt 9; Tel. 06 62/ 8 44 48 80; www.tomaselli.at

580 Wirtshaus Die Weiße

Traditionelle Weißbierbrauerei mit schmucken Gasträumen und im Garten. Hier wird seit 1987 helles und dunkles obergäriges Bier gebraut und in Bügelflaschen abgefüllt.

Rupertgasse 10; Tel. 06 62/ 87 22 46; www.dieweisse.at

581 Untersberg

Um die Mitte des 19. Jh. wurde der Untersberg touristisch erschlossen und ist seither an sonnigen Wochenenden viel begangener Hausberg der Salzburger. Von St. Leonhard aus schwebt die Bahn in knapp zehnminütiger Fahrt über das Rosittental hinauf zum Geiereck. Genießen sollte man vor allem das großartige Panorama, das von den Salzkammergutseen bis zum ewigen Eis der Hohen Tauern reicht. In der Bergstation wird gutes Hausgemachtes serviert.

www.untersbergbahn.at

Schloss Hellbrunn

Das von Fürsterzbischof Markus Sittikus erdachte Schloss Hellbrunn mit seinem herrlichen Park wurde Anfang des 17. Jhs. von Hofbaumeister Santino Solari geplant und erbaut. Seine einzigartige Pracht erregte auch im Ausland Aufsehen. Die weitläufigen Parkanlagen, viele kulturelle Ereignisse und die Wasserspiele machen Hellbrunn zu einem unvergesslichen Erlebnis.

Fürstenweg 37; Tel. 06 62/8 20 37 20; www.hellbrunn.at

582

583 Seenland und Salzkammergut

»Nah der Stadt und doch am Land.« Mit diesem Slogan wirbt der Flachgau für sich. Die Region bietet den Komfort und die Stille einer ländlichen Idylle sowie die Nähe zu Salzburg. Egal, ob mit dem Auto oder mit öffentlichen Verkehrsmitteln. Die Idylle dieses lieblichen Alpenvorlandes mit seinen zahlreichen Seen – dem Wallersee, Mattsee, Obertrumer See, Grabensee, Fuschlsee und einem Stück vom Wolfgangsee –, die Pforte zum Salzkammergut, wusste auch Carl Zuckmayer zu schätzen: »Wenn man mich damals gefragt hätte, wo das Paradies gelegen sei, so hätte ich ohne Zögern geantwortet: in Österreich, 16 Kilometer östlich von Salzburg an der Reichsstraße, dicht beim Wallersee.« Zwölf Jahre lang lebte der Schriftsteller am Wallersee in seinem Paradies. Weltweit zu Ruhm gekommen sind noch zwei andere Orte im Flachgau. Der eine ist Oberndorf an der Salzach, Grenzstadt zur Bundesrepublik Deutschland. In der Oberndorfer Pfarrkirche St. Nikolaus wurde anno 1818 erstmals das Weihnachtslied »Stille Nacht, heilige Nacht« gesungen, das seitdem um die ganze Welt geht. Der Hilfspfarrer Joseph Mohr hatte den Text gedichtet und bat seinen Freund, den Organisten und Lehrer Franz Xaver Gruber, um eine passende Melodie dazu. An diesen denkwürdigen Weihnachtstag erinnert in Altoberndorf heute nicht nur die Stille-Nacht-Gedächtniskapelle. Der andere Ort, der in die Geschichtsbücher eingegangen ist, ist Fuschl am See mit dem gleichnamigen Jagdschloss. Dieser schrieb als Drehort der »Sissi«-Filme Film- und Zeitgeschichte. Hier nahm die Romanze der jungen Elisabeth aus Bayern mit Kaiser Franz Joseph I. ihren Anfang, die Sissi 1854 im Alter von 16 Jahren zur Kaiserin von Österreich werden ließ. 1958 erwarben der »Salzbaron« Konsul Vogel und seine Frau Winnie Markus das Schloss Fuschl und machten daraus ein Luxushotel.

www.salzburgerland.com; www.schlossfuschlsalzburg.com

584 Fuschl am See

Der malerische Ort am Fuschlsee, der sich seinen Dorfcharakter bewahrt hat, zählt zu den beliebtesten Sommerbadeorten des Salzburger Landes. Daher ist man auch auf Gäste unterschiedlichster Couleur eingestellt: vom Fünf-Sterne-Hotel bis zu Ferien auf dem Bauernhof. Selbst der Weg vom Gourmettempel zur urigen Gaststube ist hier nicht weit. Die meisten Urlauber zieht es jedoch zum Wandern in den Ort, wenngleich es auch andere attraktive Freizeitangebote gibt wie Klettern, Baden im Strandbad, Sport und Freizeitspaß im Sportclub (Inlineskating, Beachvolleyball), Fischen, eine Rutschpartie auf der Sommerrodelbahn und vieles mehr. Manch' einem verleiht Fuschl am See sogar Flügel, seit Red Bull seinen Firmensitz hier hat.

Dorfplatz 1; Tel. 0 62 26/83 84;
fuschlsee.salzkammergut.at

585 Hotel Schloss Fuschl

Die Gästeliste ist illuster. Sie reicht von Rainier Fürst von Monaco über Richard Nixon und Gabriela Sabatini bis hin zu Nikita Chruschtschow und Billy Wilder. Das Jagdschloss Fuschl ist auf einer Halbinsel im Fuschlsee gelegen und von einem 34 ha großen Privatpark umgeben. 1450 vom Salzburger Erzbischof erbaut und heute zur Sheraton Luxury Collection gehörend, bietet das Schloss ein fürstliches Ambiente hinter seinem alten Gemäuer. Hier nahm die Romanze der blutjungen Elisabeth mit Kaiser Franz Joseph I. ihren Anfang, die sie zur Kaiserin von Österreich machte. Hier, wo einst die »Sissi«-Filme gedreht wurden, stehen heute verschiedene Suiten und Zimmer sowie sechs Seehäusl, ausgestattet mit exquisitem Mobiliar, zur Verfügung. Ein SPA, ein Golfplatz und Ausflüge in einem der hoteleigenen historischen Automobile samt Chauffeur komplettieren den luxuriösen Aufenthalt.

Hof bei Salzburg; Schloss-Str. 19;
Tel. 0 62 29/2 25 30;
www.schlossfuschlsalzburg.com

586 Henndorf am Wallersee

Natur, Kultur und Badespaß verspricht der Ort am Wallersee – und den wärmsten See im Salzburger Seenland. Dieser ist mit einem beheizten Freischwimm- und Babybecken sowie einem Beachvolleyballplatz ausgestattet. Seit Jahren wandelt Henndorf auch intensiv auf Carl Zuckmayers Spuren. Von 1926 bis 1938 lebte der Dramatiker hier in der Wiesmühle, die er in mühevoller Arbeit umgebaut hatte. In dieser Zeit entstanden viele seiner berühmten Werke, wie zum Beispiel »Der Hauptmann von Köpenick«. Zuckmayers Privatbesitz kann im Rahmen einer Führung nach Voranmeldung besichtigt werden. In Henndorf lebte auch ein anderer Prominenter, nämlich der Schriftsteller Thomas Bernhard. Er verbrachte hier einen Teil seiner Kindheit. In »Die Ursache« bezeichnete er seine Heimat nicht besonders galant als eine »tödliche Gegend«, mit der ihn eine gedeihliche Hassliebe verband.

Henndorf, Hauptstr. 65; Tel. 0 62 14/60 11; www.henndorf-info.at

587 Oberndorf

Oberndorf wurde von 1900 bis 1906 neu angelegt, um es vor Hochwasser zu schützen. In Altoberndorf erinnert die Stille-Nacht-Kapelle, die 1937 an der Stelle der ehemaligen Pfarrkirche St. Nikolaus errichtet wurde (tgl. 8 bis 18 Uhr), an die Geburtsstunde des Weihnachtsliedes »Stille Nacht, heilige Nacht«. Ein historisches Schifferschützen-Corps und ein Schiffermuseum berichten von den alten Zeiten, als Oberndorf noch Stützpunkt der regen Salzachschifffahrt war. Alle vier Jahre finden zum Gedenken daran historische Piratenschlachten statt.

Oberndorf, Stille-Nacht-Platz 2; Tel. 0 62 72/44 22; www.stillenacht-oberndorf.at

588 Benediktinerabtei Michaelbeuern

Die Hauptattraktion des Ortes ist das Benediktinerkloster aus dem 8. Jh. Der romanische Urbau der Stiftskirche zum hl. Michael wurde 1072 geweiht. Sehenswert ist der Hochaltar (1691/1692) mit Skulpturen von Meinrad Guggenbichler und Gemälden von Johann Michael Rottmayer. Auch die zweistöckige Bibliothek verbirgt unter ihren rund 40 000 Bänden kleine Kostbarkeiten. Die Walther-Bibel aus dem 12. Jh., ein Hauptwerk der Salzburger Buchmalerei, ragt unter den 3000 Handschriften als Kleinod heraus.

Führung So nachm. nach Ostern–Ende Okt.; Tel. 0 62 74/81 16; www.abtei-michaelbeuern.at

589

Mattsee

Die drei Gemeinden Mattsee, Obertrum am See und Seeham sind die städtisch geprägten Zentren im Trumer Seenland. Mattsee, der größte dieser Orte, liegt auf einer Halbinsel, die östlich vom Mattsee, westlich vom Obertrumer See begrenzt ist. Wassersport wird in Mattsee großgeschrieben: Segelschule, Bootsverleih, Strandbad – alles ist vorhanden, was das Herz begehrt. Wer den See trockenen Fußes genießen will, umrundet ihn bei einer etwa dreistündigen Wanderung. Hinter der ehemaligen Probstei, dem Stift Mattsee aus dem 8. Jh., erhebt sich auf einem Hügel das neu errichtete Schloss Mattsee.

Mattsee, Passauer Str. 30; Tel. 0 62 17/60 80;
www.mattsee.co.at, www.seeham-info.at, www.trumerseenland.at

590 Rauchhaus »Mühlgrub« Oberndorf

Der Denkmalhof liegt auf dem Höhenrücken zwischen Hof und Thalgau. Er ist von Hof aus zu Fuß auf einem landschaftlich schönen Weg in einer halben Stunde zu erreichen, von Thalgau auf einem Abkürzungsweg in etwa einer Stunde. Das Rauchhaus »Mühlgrub«, das bis 1983 bewohnt war, ist ein Beispiel für einen typischen Einhof mit ebenerdiger Mittertenne zwischen Wohn- und Stallteil.

Hof bei Salzburg, Riedlstr. 11; Tel. 0 62 29/22 49; fuschlsee.salzkammergut.at – Hof bei Salzburg – Rauchhaus Mühlgrub; Juli–Okt. Fr nachm.

591 St. Gilgen

Ursprünglich hieß der Ort Oberdrum, was ziemlich exakt die geografische Lage oberen Teil (Drum, Trum) des Sees wiedergibt. Später ist der Ort nach Ägidius von St. Gilles benannt worden, einem der vierzehn Nothelfer und überaus populären Heiligen des Mittelalters. Erstmals erwähnt wird St. Gilgen 790. Lange Zeit stand es unter der Herrschaft der Salzburger Fürsterzbischöfe. Erst 1816 kam es zu Österreich. Heute ist der Ort eine führende Fremdenverkehrsgemeinde und Ausgangspunkt für zahlreiche Exkursionen, zum Beispiel eine Fahrt mit der Seilbahn auf das Zwölferhorn (1522 m). Das Mozartdorf am Nordwestende des Wolfgangsees im Salzkammergut gehört verwaltungstechnisch zum Salzburger Land. Mozarts Mutter wurde im Bezirksgerichtsgebäude am See geboren und seine Schwester Nannerl war hier mit dem Richter Sonnenburg verheiratet. Jahrzehntelang war der deutsche Ex-Bundeskanzler Helmut Kohl regelmäßig hier zur Sommerfrische.

Mondsee Bundesstr. 1a; Tel. 0 62 27/23 48; wolfgangsee.salzkammergut.at

592 Batzenhäusl

In der traditionellen Bauernstube am Krottensee werden lokale Seefische in innovativen Kreationen serviert. Hervorragend ist auch die Weinauswahl.

St. Gilgen, Schmalnau 1; Tel. 0 62 27/23 56; www.batzenhäusl.at

593 Stille-Nacht-Museum Arnsdorf

Im diesem ältesten Schulhaus Österreichs wird heute noch unterrichtet. Hier komponierte der Lehrer Franz Xaver Gruber das Weihnachtslied »Stille Nacht, heilige Nacht«. Seine Wohnung im 1. Stock mit altem Hausrat, Mobiliar und Originalhandschriften ist heute ein Museum.

Lamprechtshausen/Arnsdorf, Stille Nacht Platz 1; Tel. 06 64/1 58 94 00; www.stillenachtarnsdorf.at

Lungau

594

Der Lungau ist ein mehr als 1000 qm großes Plateau, das von den Hohen Tauern im Westen, den Niederen Tauern im Norden und Osten sowie von den Gurktaler Alpen im Süden umgeben ist. Zwischen Radstädter Tauern und Katschberg ist alles ein bisschen anders als im restlichen Salzburger Land. Ins sonnenreiche Hochtal fuhr schon seine Majestät der Kaiser »auf Sommerfrische«. Aufgrund seiner Höhenlage und des Beckencharakters herrscht hier »Höhenklima«. Das Becken ist windgeschützt, hat dadurch wenig Niederschläge und eine hohe Sonnenscheindauer. Die südöstlichen Nachbarländer Steiermark und Kärnten haben den Lungau kulturell beeinflusst und seine Sonderstellung mitgeprägt. Beim Fronleichnamszug und während des Sommers marschiert noch der Riese Samson in Begleitung seiner beiden großköpfigen Zwerge durch die Straßen von zehn Lungauer Orten. Hier trägt man wie einst Prangstangen als Wachstumssymbole (in Zedernhaus am 24. Juni, in Muhr am 29. Juni) und entfacht Osterfeuer in der Dunkelheit der Täler und Höhen. Am letzten Wochenende im August wird das Preberschießen veranstaltet: ein merkwürdiges Wasserscheibenschießen, bei dem auf das Spiegelbild der Scheibe im Wasser gezielt wird.

Rotkreuzgasse 100, 5582 St. Michael; Tel. 0 64 77/89 88; www.lungau.at

595 Tamsweg

Tamsweg ist Bezirkshauptstadt und wirtschaftliches Zentrum des Lungaus. Den fast quadratischen Marktplatz säumen zwei- bis dreistöckige Bürgerhäuser aus dem 16. Jh. Herzstück ist das Rathaus, das mit seinen kleinen Ecktürmchen einem Schloss gleicht. Das ehemalige Schloss Kuenburg steht in der Kirchengasse. Ob beim stets beliebten »Z'sammsitz'n« oder bei einem der zahlreichen Konzerte: Tamsweg hat viel zu bieten.

Marktplatz 4; Tel. 0 64 74/21 45; www.tamsweg.info

596 St. Michael im Lungau

Gleich zwei der fünf bedeutendsten Sakralbauwerke des Lungaus stehen in St. Michael im Lungau: die gleichnamige Pfarrkiche und die Filialkirche St. Martin im Ortsteil St. Martin. Beide Kirchen sind wegen ihrer spätgotischen Fresken bekannt.

Raikaplatz 242; Tel. 0 64 77/89 13; www.sanktmichael.at

597 Mariapfarr

Zwischen Mauterndorf und Tamsweg liegt der heilklimatische Kurort Mariapfarr, der angeblich sonnenreichste Ort in ganz Österreich. Die Geschichte des kleinen Dorfes mit 2400 Einwohnern ist eng verbunden mit der der Wallfahrtskirche Mariapfarr, die als »Mutterkirche« des Lungaus bezeichnet wird und bedeutende Kunstschätze birgt; u. a. Fresken aus dem 13. Jh.

Pfarrstr. 7; Tel. 0 64 73/82 12; www.sonnengarantie.at

598 Schloss Moosham

6 km südlich von Mauterndorf und 4 km westlich von Unternberg wacht eine weitere Bilderbuchburg über das Murtal: das Schloss Moosham bei St. Margarethen. So schön es von außen anzusehen ist, so schreckliche Dinge passierten hinter seinem dicken Gemäuer, als Moosham noch Verwaltungszentrum des Lungaus und Sitz des Landpflegers war, der auch die landesfürstliche Blutsgerichtsbarkeit ausübte. Vom Jahr 1534 bis 1762 fanden hier 66 Hinrichtungen statt, davon entfielen 44 auf der Zauberei und Hexerei beschuldigte Personen.

Besichtigung nur mit Führung möglich. Unternberg, Moosham 13; Tel. 0 64 76/3 05; www.schlossmoosham.at

599

Murtalbahn

Eine Reminiszenz an die Anfänge der Eisenbahn ist die Schmalspurbahn, die nach Fahrplan von Tamsweg über Ramingstein und Murau nach Unzmarkt in der Steiermark verkehrt. 1894 ging die Murtalbahn erstmals auf große Fahrt und schloss den Lungau an das Verkehrsnetz der Habsburger an. In den Sechzigerjahren drohte der Fahrbetrieb infolge des umfangreichen Ausbaus des Straßennetzes und der zunehmenden Motorisierung der Bevölkerung eingestellt zu werden; man entschied sich dann aber doch für die Weiterführung. Heute verkehren auf dieser Strecke moderne Schmalspurtriebwagen, die alten Dampflokomotiven stehen im Zeichen des Tourismus. Sie bummeln in den Sommermonaten zwischen Murau und Tamsweg (Di, Do – Streckenlänge 35 km, auch Amateurlokfahrten möglich!) sowie auf der 11 km langen Taurachbahn zwischen St. Andrä und Mauterndorf (Fr, Sa, So).

www.club760.at; www.stlb.at, s. Nostalgie/Freizeit: Dampfzugfahrten; Mitte Juni–Mitte Sept.

600

Mauterndorf

Das Wahrzeichen des Ortes ist die Burg Mauterndorf über dem Eingang zum Taurachtal, heute eine Begegnungsstätte für alle Kulturströmungen, die von Bund, Land und der Gemeinde unterstützt wird. Einst war die Anlage, die einem Märchenbuch entsprungen zu sein scheint, Lieblingsaufenthaltsort von Erzbischof Leonhard von Keutschach. Sie wurde 1253 zum Schutze des Tales und des Ortes gebaut, im 14. und 15. Jh. um eine Kapelle mit Fresken sowie um einen Flügelaltar erweitert. Mauterndorf war früher Zollstätte an der Handelsroute nach Italien. Vom damaligen Wohlstand zeugen am Marktplatz noch einige Treppengiebelhäuser aus dem 16. und 17. Jh.

Markt 52; Tel. 0 64 72/79 49; www.mauterndorf.at

601 Nationalpark Hohe Tauern

Die Idee wurde schon zu Beginn unseres Jahrhunderts geboren: Die Berg- und Gebirgswelt der Hohen Tauern, die sich über die Bundesländer Kärnten, Salzburg und Osttirol erstreckt, sollte unter besonderen Schutz gestellt werden. Denn immerhin zählt sie zu einer der letzten großflächigen Naturlandschaften Österreichs. Jahrzehntelange harte Auseinandersetzungen brachten zu Beginn der Achtzigerjahre den gewünschten Erfolg. Das Land Kärnten machte 1983 den Anfang, Salzburg folgte 1984, und 1992 ließ sich auch Tirol erweichen. Die bizarre Welt aus Fels und Stein, Geröllfeldern, saftigen Almwiesen und sprudelnden Bächen umfasst heute eine Fläche von über 1800 Quadratkilometern. Der Anteil des Salzburger Landes von genau 804 qkm liegt nördlich des Alpenhauptkammes. Insgesamt 19 Gemeinden von Krimml im Westen bis Muhr im Osten sind Ausgangspunkt für Wanderungen auf über 1000 Kilometer markierten Wanderwegen. Speziell angelegte Lehr- und Erlebnispfade führen zu landschaftlich und kulturell reizvollen Orten und vermitteln dabei Wissenswertes über Natur und Umwelt im Nationalpark Hohe Tauern. So war die Kernzone des Nationalparks ein alpines Urland, das vor vielen Jahrmillionen geprägt wurde. Daraus entstand eine Welt mit alpinen Pflanzen und Tieren, Eis und Felsen, die nun unter strengen Schutz gestellt ist. Die Kulturlandschaft, die Bergbauern über Jahrhunderte hinweg in harter Arbeit geschaffen haben, wird als Außenzone bezeichnet. Sie bildet mit ihrem Blumenreichtum und ihren wild lebenden Tieren von der Gämse bis zum Zaunkönig einen reizvollen Gegensatz zur Naturlandschaft der Kernzone. Beachtlich ist das Sportangebot: Reiten und Paragliden, Golfen und Radfahren, Tennis, Angeln, Schwimmen, Segeln und Surfen. Auch moderne Sportarten wie River-Raftingund Canyoning lassen sich vor dieser gewaltigen Naturkulisse erleben.

Nationalparkwelten; Gerlosstr. 18, Mittersill; Tel. 0 65 62/4 09 39; www.nationalparkzentrum.at

Bramberg

602

Ein wenig abseits der Bundesstraße 165 und daher angenehm still liegt Bramberg. Dass der Ort einen geschichtsträchtigen Boden hat, beweist das Heimatmuseum. Aber auch seine Kirche birgt zwei Kunstschätze: die Pietà von Bramberg, ein Steinguss von 1420, und die Bramberger Madonna aus Holz von 1500. Andere Preziosen kann man vielleicht bei einer Exkursion in das Habachtal finden, denn hier ist die einzige Smaragd-Fundstelle Europas. In diesem Tal steht auch die Moaralm, eine Hütte, in der sich das Leben noch wie vor 200 Jahren abspielt: Ein schöner Blick zurück.

Dorfstr. 100;
Tel. 0 65 66/73 38;
www.bramberg.salzburg.at

603 Großglockner Hochalpenstraße

1935 wurde die höchste und eindrucksvollste Passstraße Österreichs nach 28-monatiger Bauzeit eröffnet. Sie windet sich von Bruck (757 m) in zahlreichen Kehren hinauf zum Hochtor (2506 m) und dann wieder hinunter nach Heiligenblut (1301 m) in das benachbarte Bundesland Kärnten. Die 47,8 km lange Strecke ist mautpflichtig. Abhängig vom Schneefall ist die Straße von Ende Okt.–Anf. Mai gesperrt sowie nachts geschlossen. Genaue Auskunft erteilt die Informationsstelle Ferleiten.

Informationsstelle Ferleiten;
Tel. 0 65 46/6 50;
www.grossglockner.at

604 Embach

Embach, reizvoll auf einem Hochplateau gelegen, hat sich seinen ländlichen Charme bewahrt. 20 Fußmin. von Embach entfernt, befindet sich die Wallfahrtskirche Maria Elend, die 1552 errichtet, 1783 zerstört und 1842 wieder aufgebaut wurde. Einer Legende zufolge hatte sich ein geistesschwaches und blindes Mädchen hier verlaufen. Die Mutter gelobte, an der Stelle, wo sie ihre Tochter wieder finden würde, eine Kapelle bauen zu lassen. Sie fand ihr Kind heil wieder. In den folgenden 200 Jahren hatte die Wallfahrtskapelle Maria Elend einen enormen Zulauf.

Dorf 12; Tel. 0 65 43/72 15;
www.embach.at

605 Krimml

Ganz im Westen des Salzburger Landes versteckt sich Krimml, ein kleines Dorf, das durch seine Wasserfälle schon im vergangenen Jahrhundert über die Staatsgrenzen hinaus bekannt war. Gespeist von zwölf Gletschern stürzt die Krimmler Ache über drei gewaltige Felsstufen 380 m in die Tiefe. Vom Parkplatz aus gelangt man in etwa 15 Minuten zur Aussichtskanzel am unteren Fall und in einer knappen Stunde Fußmarsch zur höchsten Fallstufe hinauf. Wenn Sie mehr Zeit haben, empfiehlt sich eine ausgiebige Wanderung zum Krimmler Tauernhaus. Von Krimml aus führt der gut ausgeschilderte Weg entlang der Wasserfälle zum Schönangerl, einem flachen Talstück. In der Nähe des Gasthofes Schönangerl beim mittleren Fall zeugen schöne Gletscherschliffe von der Eiszeit. Nach der letzten Wasserfallstufe ist das Tal noch relativ eng, weitet sich aber schließlich und gibt den Weg frei in eine Almlandschaft. An der Hölzlahner Alm vorbei, über die Hofer Alm, die Humbach Alm und die Schachenalm erreicht man schließlich nach drei- bis vierstündiger Wanderung das Krimmler Tauernhaus (1631 m).

Oberkrimml 37; Tel. 0 65 64/ 7 23 90; www.krimml.at

Hollersbach

606

Der Schaugarten mit über 500 verschiedenen Kräutern mitten im Ort erklärt den Beinamen »das blühende Dorf«. In seinem Zentrum steht das Klausnerhaus. Dieser Bauernhof aus dem 16. Jh. wurde 1986 renoviert und dient seitdem als Informations- und Seminarhaus sowie als Ausstellungsort. Empfehlenswert ist der Hollersbacher Bachlehrweg. Entlang dieser Route beschreiben zehn Tafeln die Natur des Baches und die umliegende Landschaft mit ihrer Pflanzen- und Tierwelt. Am Ziel der drei- bis vierstündigen Wanderung liegen die Wirtsalm und die Senninger-Bräualm (Mai–Mitte Okt.).

Hollersbach 12; Tel. 0 65 62/ 81 13; www.hollersbach.at

607 Kaprun

Kaprun war in erster Linie ein Bergbauerndorf, dessen Bewohner weitgehend von der Viehzucht lebten. Um die Jahrhundertwende machte es sich einen Namen als Bergführerdorf. Einen enormen Aufschwung erlebte der Ort mit einer auf den ersten Blick nicht gerade Tourismus fördernden Einrichtung, dem Bau der Tauernkraftwerke 1955. Der Bau der Gletscherbahn auf das Kitzsteinhorn (3202 m) 1964 machte Kaprun

zum Ganzjahresskigebiet und signalisierte einen neuerlichen Wandel. Der Run auf das Gebiet machte 1974 den Bau einer weiteren Bahn notwendig. Ein verheerender Brand mit 155 Toten im Tunnel im November 2000 zerstörte diese 3900 m lange Standseilbahn. Nach dem Unglück wurde beschlossen, diese Bahn nicht mehr aufzubauen. Dafür wurde eine neue Seilbahn in Angriff genommen, deren erste Sektion rechtzeitig zur Wintersaison zwischen 2001 und 2002 in Betrieb ging.

Das Kapruner Tal ist umrahmt von mehreren Dreitausendern: Großes Wiesbachhorn (3564 m), Hohe Tenn (3368 m), Hocheiser (3206 m), Hoher Riffel (3338 m), Mittlerer (3356 m) und Großer Bärenkopf (3401 m). Die Fläche der 13 Gletscher umfasst 14 qkm. Große Teile des Kapruner Tales zählen allerdings nicht mehr zum Nationalpark Hohe Tauern, da sie zu sehr industrialisiert sind. An die Anfänge des Ortes, der 931 erstmals urkundlich erwähnt wurde, erinnert die Burg Kaprun, die größte Ruine des Pinzgaus. Sie wurde vermutlich im 12. Jh. erbaut. 1526 wurde die Burg von aufständischen Bauern niedergebrannt. Um 1600 baute sie Josef Hundt von Ainetperg in ihrem heutigen Grundriss auf. Seit 1984 kümmern sich Mitglieder des Burgvereins um die Renovierung der alten Gemäuer, die nur von außen zu besichtigen sind. Nachdem im Bereich der Burg Kaprun Heilwasser gefunden wurde, ist hier 2010 ein Wellness- und Erlebnisbad Tauern Spa World mit insgesamt 2100 qm Wasserfläche errichtet worden.

Salzburger Platz 6;
Tel. 0 65 42/77 00; www.
zellamsee-kaprun.com

608 Mittersill und Umland

Im Oberpinzgau und seinem Hauptort Mittersill kreuzen sich die Wege von Mensch und Natur. Während das Wasser der Salzach von Westen nach Osten fließt, quert die wichtige Alpenverbindung der Felbertauernstraße das Tal von Norden nach Süden.

Arm dran sind diejenigen, die sich hier nur auf der Durchreise befinden. Denn die Region Mittersill-Hollersbach-Stuhlfelden ist ein günstiger Ausgangspunkt für Bergwanderungen und hochalpine Touren – sowohl auf die Dreitausender des Nationalparks Hohe Tauern als auch auf die sanften Grasberge der Kitzbüheler Alpen. Das Felbertal und das Hollersbachtal stecken voller Naturimpressionen: Larmkogel, Kratzenberg, Tauernkogel, Hörndl und Hochgasser sind die Riesen an den Talschlüssen – und selbst Großglockner und Großvenediger sind zum Greifen nah. Als Basislager empfehlen sich die 15 zertifizierten Nationalpark Wanderhotels, die mit dem österreichischen Wandergütesiegel ausgezeichnet wurden. Sie sind auf Freizeitaktivitäten ausgerichtet, haben Kartenmaterial und Wanderinfos, Stöcke, Rucksäcke, Trinkflaschen sowie Wasch- und Trockenräume zu bieten. Die Nationalpark-Ranger und Bergführer freuen sich, bei sechs geführten Wanderungen pro Woche im Sommer und bei drei geführten Wanderungen pro Woche im Frühling und Herbst, Naturinteressierten die Besonderheiten der Region zu zeigen. Der kostenlose Wandershuttle bringt die Gäste zum Ausgangspunkt der Touren und zurück in die Unterkunft. Ein sportlicher Höhepunkt findet alljährlich Ende August statt. Beim »Hohe Tauern Wandermarathon«, der zum Glück »nur« über 26 km führt, kommen die Teilnehmer ins Schwitzen. Wer noch Energie übrig hat, kann diese auf der Slackline, am Kletterturm oder in der Hüpfburg im Start- und Zielbereich an den Nationalparkwelten loswerden.

Stadtplatz 1, Tel. 0 65 62/42 92;
www.mittersill.info;
www.wandermarathon.info

609 Rauris

Der Goldbergbau bestimmt die Geschichte des Ortes, der in einem 30 km langen Hochtal zwischen dem Gasteiner Tal im Osten und dem Fuschertal im Westen liegt. Daran erinnern Gewerkenhäuser aus dem 15. sowie dem 16. Jh. Der Tauerngold-Rundwanderweg (3 Std.) ab Naturfreundehaus Neubau, das wiederum 1,5 Std. von Kolm-Saigurn entfernt ist, führt entlang historischer Stätten des Goldbergbaus im Talschluss Kolm-Saigurn. Goldwaschen kann der Besucher in Rauris übrigens an manchen Stellen heute noch. Aktuell macht der Ort überregional mit seinen Literaturtagen von sich reden, die hier seit 1971 alljährlich im Frühjahr stattfinden.

Sportstr. 2; Tel. 0 65 44/2 00 22; www.raurisertal.at

Tauern Spa Kaprun

Sieht von außen aus wie ein modernes Fußballstadion und bietet innen alles, was sich Sport- und Wellnessfreunde wünschen: Saunawelt, Ruheräume, Hallen- und Außenbecken – und dies mit Blick auf die Kulissen der Hohen Tauern.

Kaprun, Tauern Spa Platz 1; Tel. 0 65 47/20 40 20 12; www.tauernspakaprun.com

610

Zell am See

611

Die kleine Klostersiedlung aus dem Jahr 740 hat sich im Laufe der Zeit zu einem exklusiven Fremdenverkehrsort gemausert, der einen Teil der Europa-Sportregion Kaprun-Zell am See ausmacht. Nicht nur die geografische Lage – direkt am Zeller See, die Schmittenhöhe (1965 m), Österreichs schönsten Aussichtsberg, im Rücken –, sondern auch der Anschluss an das Eisenbahnnetz am 3. Juli 1875 verhalfen dem Ort zu seinem wirtschaftlichen Aufschwung. Vom alten Ortskern sind noch erhalten: das Schloss Rosenberg aus dem Jahr 1583 (jetzt Rathaus), der Vogt- oder Kastnerturm aus dem 13. Jh. (beherbergt das Heimatmuseum) und die Pfarrkiche St. Hippolyth, eine romanische Anlage des 11. Jh. Sehenswert ist auch das Hotel Lebzelter direkt neben dem Kastnerturm. Diese traditionsreiche Zeller Gaststätte besitzt seit 1484 die Gewerbeberechtigung für den Alkoholausschank. Gleich gegenüber liegt das ehemalige Pflegegerichtsgebäude, das Erzbischof Wolf Dietrich von Raitenau im Jahre 1600 erworben hat.

Brucker Bundesstr. 1a; Tel. 0 65 42/7 70; www.zellamsee-kaprun.com

Lamprechtsofenhöhle

612

Ein Naturdenkmal mit Superlativ: Es handelt sich um die tiefste wasserführende Höhle Österreichs. Sie ist auf einer Länge von 51 km in den Berg erforscht; erschlossen sind ca. 700 m für die Besucher. Der Sage nach ist in diesem Höhlenlabyrinth der Schatz des Ritters Lamprecht verborgen. Vielen der Abenteurer, die das Tauerngold gesucht haben, wurde der gefährliche Bach zum Verhängnis: 146 Skelette hat man hier gefunden. Schwarze Kreuze markieren die Stellen. Der zugängliche Teil ist heute freilich gesichert. Man kann ihn in ca. 2 Std. auf eigene Faust erkunden.

Weißbach bei Lofer, Obsthurn 28; Tel. 0 65 82/83 43; Mai bis Okt. tgl., Nov.–April nur Sa, So; www.lamprechtshoehle.at

613 Pinzgauer Saalachtal

Wie ein Keil schiebt sich das Pinzgauer Saalachtal nach Bayern hinein. Über den Steinpass oder über den Pass Strub führen die Wege nach Unken und Lofer. Das Steinerne Meer, die Loferer Steinberge und die Leoganger Steinberge werden auf dem Weg nach Saalfelden passiert, im Süden liegen dann die sanften Kuppen der Pinzgauer Grasberge. Wer also von Norden her durch das enge Saalachtal anreist, wird von der Vielfalt der Pinzgauer Bergwelt überrascht sein. Saalfelden ist ein idealer Ausgangspunkt für Radtouren. Der Pinzgauer Tauernradweg verbindet auf einer Länge von mehr als 200 Kilometern Saalfelden mit seinen Nachbarorten. Gipfelstürmer auf zwei Rädern finden rund um Leogang und in den Kitzbüheler Alpen Mountainbike-Touren unterschiedlichster Schwierigkeitsgrade. Der Ritzensee bei Saalfelden ist ein beliebter Platz zum Entspannen. Insgesamt sind die Wanderwege aller Schwierigkeitsgrade im Pinzgauer Saalachtal rund 1000 Kilometer lang. Da reicht ein Urlaub kaum aus!

Tourismusverband Salzburger Saalachtal, Lofer, Nr. 310; Tel. 0 65 88/8 32 10; www.lofer.com

614 Lofer

Die alten Lofer Bürgerhäuser aus dem 16. und 17. Jh. blieben vom Verkehr verschont, denn die Gemeinde hat sich rechtzeitig für eine Umgehungsstraße eingesetzt. Im Zentrum steht die älteste Pestsäule des Landes, die auf das Jahr 1648 datiert ist. Lofer ist seit dem späten 19. Jh. im Winter wie im Sommer ein beliebtes Urlaubsdomizil für Wanderer und Radfahrer.

Lofer, Nr. 310; Tel. 0 65 88/ 8 32 10; www.lofer.com

615 Saalbach-Hinterglemm

Saalbach ist der Hauptort des Glemmtales, das sich nordwestlich des Zeller Sees in Ost-West-Richtung erstreckt.

Hier ist auch am Abend was los, in einigen Bars und Diskotheken bis nach Mitternacht. Das Hauptgeschäft ist der Wintersport, obwohl die Landschaft im Glemmtal ein gutes Wandergebiet darstellt. Die Bergbahnen, etwa die Schattbergbahn, sind auch im Sommer in Betrieb. Vom Schattberg, vom Zwölferkogel und vom Reiterkogel aus lassen sich gemütliche Wanderungen unternehmen. Der Wander- und Pflanzenlehrweg ab der Lindlingalm ist für die ganze Familie informativ.

Glemmtaler Landstr. 550; Tel. 0 65 41/68 00 68; www.saalbach.com

616 Maria Alm am Steinernen Meer

Maria Alm ist ein wahres Bilderbuchdorf, beherrscht von der Marienwallfahrtskirche mit ihrem 84 m hohen Turm. Das Gnadenbild der Muttergottes aus dem Jahre 1480 zog früher in Scharen die Wallfahrer an, die Schutz vor der Bärenplage erbaten.

Am Gemeindeplatz 7; Tel. 0 65 84/2 03 88; www.maria-alm.at

617 Saalfelden

Der größte Ort des Saalachtales ist nicht nur wegen seiner Lage zu Füßen des Steinernen Meeres einen Besuch wert, sondern auch wegen seines Heimatmuseums im Schloss Ritzen.

Mittergasse 21 a; Tel. 0 65 82/7 06 60; www.saalfelden-leogang.com

Einsiedelei am Palfen

618 Einer der letzten Einsiedler Österreichs hat seine Klause unterhalb des Palfens über Saalfelden: seit dem 17. Jahrhundert ein Ziel für Wallfahrer und für Wanderer, die den Blick über das Saalachtal und die Hohen Tauern genießen.

Saalfelden; www.pfarre-saalfelden.at

Sommerrodelbahn Biberg

619 Mit 63 Kurven, drei Jumps und zwei Tunnel auf einer Strecke von 1632 m ist die Sommerrodelbahn die längste Europas. Zum Startpunkt gelangt man mit dem Sessellift vom Saalfeldener Ortsteil Kehlbach.

Tel. 0 65 84/2 03 88; www.hochkoenig.at; Mai–Anf. Okt.

620 Vorderkaserklamm

Ein Ausflug zur Vorderkaserklamm zwischen St. Martin bei Lofer und Weißenbach kann mit Grillen und Baden im Naherholungsgebiet kombiniert werden. In jahrtausendelanger Arbeit hat der Ödenbach eine 400 m lange, 80 m tiefe und an der engsten Stelle gerade mal 80 cm breite Klamm gegraben.

Tel. 0 65 88/85 10; Mai–Okt. tgl.; www.vorderkaserklamm.at

621 Wallfahrtskirche Maria Kirchental

Die Kirche wurde nach Plänen von Fischer von Erlach zwischen 1693 und 1701 erbaut. Auftraggeber war Erzbischof Max Gandolf Kuenberg. Mit dem imposanten Altaraufbau schuf von Erlach einen würdigen Rahmen für das Gnadenbild. Die Kirche liegt westlich von St. Martin und wird entweder über die Bergstraße (Maut!) oder zu Fuß nach einstündiger Wanderung von St. Martin aus erreicht.

St. Martin bei Lofer, Maria Kirchental 1; Tel. 0 65 88/85 28; www.maria-kirchental.at

622 Seisenbergklamm

Seit 1831 ist diese Klamm in Weißbach bei Lofer begehbar. Damals errichteten Holzknechte einen Weg durch die steilwandige Gebirgsschlucht, um Holz transportieren zu können. Kenner halten die etwa 600 m lange Klamm für die schönste in Österreich.

Naturdenkmal Seisenbergklamm; Tel. 0 65 82/8 24 24; www.seisenbergklamm.com; Anf. Mai–Okt. tgl.

623 Pongau

Der Pongau erstreckt sich zwischen Werfen im Norden, dem Mandlingpass im Osten, dem Tauernkamm im Süden und den Dientener Bergen im Westen. Durch das Gasteiner Tal führte schon früh eine der Hauptrouten zur Überquerung des Alpenhauptkamms. Kupfervorkommen und Goldfunde machten den Pongau recht bald zum Siedlungsgebiet. Daneben wurden Silber, Blei, Nickel und Eisenerz gefunden. Die allerletzten Kupferbergwerke wurden erst 1977 stillgelegt. Im Mittelalter kam es im Gasteiner Tal zu einem regelrechten Goldrausch. Zu dieser Zeit nutzte man auch bereits die Heilquellen, die besonders seit Mitte des 19. Jh. internationale Prominenz ins Land lockten.

www.salzburgerland.com – Suchbegriff Pongau

624 Bad Gastein

Viele hochherrschaftliche Villen, Hotels und Restaurants im Stil der Jahrhundertwende machen den Charme des weltbekannten Kurorts aus. Bereits im 14. Jh. hatte man die heilende Wirkung des Wassers erkannt.

Kaiser-Franz-Josef-Str. 27; Tel. 0 64 32/3 39 35 60; www.gasteinertal.com

625 Bad Hofgastein

Der Hauptort des Gasteiner Tales ist ein traditionsreiches Heilbad, das ein breites Spektrum in Sachen Gesundheit bietet. Die Tallandschaft um den Ort weist kaum Höhenunterschiede auf und ist bei Wanderern beliebt.

Tauernplatz 1; Tel. 0 64 32/3 39 32 60; www.gasteinertal.com

626 Liechtensteinklamm

Als der Teufel vergeblich versuchte, die Gasteiner Quellen nach Großarl zu bringen, schleuderte er seine Last in die Schlucht. So entstand diese Klamm, die über Brücken, Stiege und durch Tunnels zum 50 m hohen Wasserfall führt.

St. Johann im Pongau, Liechtensteinklammstr. 123; Tel. 0 64 12/60 36; www.liechtensteinklamm.at; Mai–Okt.

Entrische Kirche

627

Die größte Höhle der Salzburger Zentralalpen liegt am Eingang zum Gasteinertal, die Besichtigung ist nur mit Führung möglich. Achtung: Der Weg (ca. 45 Min.) ist naturbelassen, teilweise steil und nicht kinderwagengerecht. Während der Gegenreformation diente die Kirche den Protestanten als geheimer und somit geschützter Versammlungsort. Die Geschichtsschreiber sprechen heute angesichts der Vertreibung der Protestanten im Jahr 1732/1733 vom »schwärzesten Kapitel« der Landesgeschichte. Im Fledermaus-Dom ist eine Gedenkstätte eingerichtet.

Dorfgastein, Unterberg 32; Tel. 0 64 33/76 95; www.dorfgastein.net/de-hoehle.php; Apr.–Sept.

628 St. Johann im Pongau

Die Pfarrkirche St. Johann beherrscht den Hauptort des Pongaus. Das mächtige neugotische Gotteshaus, nach einem verheerenden Brand 1855 bis 1873 neu erbaut, wird auch als »Pongauer Dom« bezeichnet. St. Johann im Pongau bietet sich als Sommererholungsort wie auch als Ausgangspunkt für Wintersportler an.

Tourismusverband, Stadtzentrum, Raiba-Gebäude; Tel. 0 64 12/60 36; www.sanktjohann.com

629 Eisriesenwelt

Ein unterirdischer Fluss schuf die Eisriesenwelt im Tertiär. 1879 wurde sie entdeckt, 1912 erschlossen. Bisher sind 47 km erforscht. Rund 800 m führt der touristische Weg in das Berginnere, in eine Märchenwelt aus Eis. Figuren aus der nordischen Mythologie standen Pate für die bizarren Eispaläste. Ein Fußweg führt von Werfen aus in ca. 3,5 Std. zur Höhle. Die Zufahrt erfolgt über eine 6 km lange Bergstraße. Von dort sind es noch 15 Fußminuten zur Talstation der Seilbahn Eisriesenwelt. Warme Kleidung und feste Schuhe sind ratsam. Aufgrund der extremen Gebirgslage kann die Höhle nur im Sommer besucht werden.

Werfen, Eishöhlenstr. 30; Tel. 0 64 68/52 48; www.eisriesenwelt.at; Mai–Okt.

630 Werfen

Der alte Salzburger Markt mit seinem stimmungsvollen Ortskern um einen lang gestreckten Hauptplatz ist gleichermaßen als Sommerfrische wie als Wintersportort beliebt. Sehenswert: der barocke Hochaltar in der Pfarrkirche (1652–1657) und die Arkadengänge im Innenhof des Brennhofs Werfen am Hauptplatz, wo gelegentlich gemeinsame Sonderausstellungen mit der Burg Hohenwerfen (1077) stattfinden, die Werfen überragt. Sie wurde zur Zeit des Investiturstreits zum Schutz gegen die Truppen Heinrich IV. erbaut. Heute dient die Burg als extravaganter Tagungs- und Veranstaltungsort. Mehrere Erweiterungen aus dem 12. und 16. Jh. verliehen ihr das heutige Gesicht. Die idyllisch gelegene Burgruine kann im Rahmen einer Führung von Mai–Okt. besichtigt werden.

Tourismusverband, Markt 24; Tel. 0 64 68/53 88; www.werfen.at; Burg Hohenwerfen, Burgstr. 2; Tel. 0 64 68/76 03; www.salzburg-burgen.at

Salzburger Landesskimuseum

631

Rund 45 km südlich von Salzburg liegt in einem Hochtal Werfenweng, umgeben von der schroffen Gebirgsgruppe des Tennengebirges. Keine 1000 Einwohner zählt das idyllische Örtchen, in dem sich einige zu einem Verein zusammengeschlossen haben, der mit der Unterstützung des internationalen Ski-Verbandes FIS eine Ausstellung über die Geschichte des Skilaufens bietet. 2000 Exponate werden gezeigt, darunter skiähnliche Bretter aus vorchristlicher Zeit, aber auch die Skihaube von Toni Sailer oder den Pokal für den Weltcupgesamtsieg von Petra Kronberger 1992.

Werfenweng, Weng 138; Tel. 06 64/5 00 00 96; www.skimuseum.at

Abtenau

Abtenau ist der meistbesuchte Ort im Tennengau und verzeichnet dementsprechend viele Übernachtungsmöglichkeiten. Sport wird hier ganz groß geschrieben. Extremkletterer Georg Bachler führt seinen Club Alpin, Abfahrtsweltmeister David Zwilling seinen Club Zwilling. In diesen Sportschulen wird Drachen- und Gleitschirmfliegen, Kajakfahren und Klettern gelehrt. Riverraften auf der Lammer und abenteuerliche Schlauchboottouren nicht zu vergessen. Und natürlich besticht auch die Natur. Über eine Mautstraße gelangt man zur Postalm, dem zweitgrößten Hochplateau Europas. Es ist ein Landschaftsschutzgebiet.

632

Markt 165; Tel. 0 62 43/40 40; www.abtenau-info.at

633 Tennengau

Eigentlich müsste der Tennengau Salzgau heißen. Denn das Salz, das der Salzach, dem »Hausfluss« des Gaues, seinen Namen gab, kommt seit nunviereinhalb Jahrtausenden aus dem Tennengau. Präziser: aus Hallein. Nomen est omen. Denn die Griechen sagten zum Salz »Hal«. Die Salzburger Fürstbischöfe nannten diesen Bezirk Tennengau, nachdem er 1896 selbstständig geworden war. Pate stand das Tennengebirge, das die Gegend mit seinen über 2300 m hohen Bergen nach Süden hin vom Pongau abriegelt. Heute ist der Tennengau eine Wanderlandschaft, die von der langjährigen Arbeit des Wassers immer noch zehrt, genau genommen profitiert: Da gibt es die Salzach- und Lammeröfen, das Salzbergwerk in Bad Dürrnberg bei Hallein sowie den Dachstein-Gletscher und den Gollinger Wasserfall. Wassermühlen gehörten zum Tennengau ebenso wie die unzähligen Bäche, an denen sie einst zu Hunderten gestanden haben. Heute klappert leider kaum noch eine Mühle am rauschenden Bach.

www.salzburgerland.com – Suchwort Region Tennengau

634 Hallein

Die historische Altstadt der Salinenstadt steht unter Denkmalschutz. Wie schon vor 400 Jahren zieren sie schmucke Bürgerhäuser in bunten Farben, liebevoll restauriert mit barocken Motiven und Sinnsprüchen, Torbögen, kleine Gassen und eine Fußgängerzone mit Pflastersteinen. Auf dem Weg durch die krummen Gässchen kommt man unweigerlich auch an der Stadtpfarrkirche vorbei, wo ein einziges Grab auf dem Platz neben der Kirche steht. Hier wurde 1863 der Stadtpfarrer und Organist Franz Xaver Gruber bestattet, der Komponist des Weihnachtsliedes »Stille Nacht, heilige Nacht«. Den Ruhm der Bezirkshauptstadt des Tennengaus und der zweitgrößten Stadt des Salzburger Landes macht aber zweifelsohne das Schaubergwerk im Ortsteil Bad Dürrnberg aus. Hier wird die mehr als 2500 Jahre alte Wirtschaftstradition der Salien dokumentiert.

Mauttorpromenade 8;
Tel. 0 62 45/8 53 94;
www.hallein.com

635 Salzwelten Hallein

1989 wurde das Salzbergwerk stillgelegt, was dem Schaubergwerk Halleins allerdings keinen Abbruch tat: Jenes blieb offen und nimmt jährlich mehr als 200 000 Besucher auf. Fein säuberlich in eine weiße Überbekleidung eingepackt, fahren sie mit der Grubenbahn ein, überschreiten unterirdisch die Grenze zu Deutschland und gleiten auf zwei langen Holzrutschen in in die Tiefe, um den beleuchteten Salzsee zu bewundern. Besucher ab 4 Jahren dürfen sich hier auf Schatzsuche begeben und folgen den uralten Stollen der Bergmänner kilometerweit in den Berg hinein.

Bad Dürrnberg, Ramsaustr. 3;
Tel. 0 61 32/2 00 85 11;
www.salzwelten.at

636 Hotel Moisl

Gutes und komfortables Hotel in Abtenau mit eigenen Tennisplätzen und einer 800 qm großen Wellness-Landschaft, in der man mit Blick auf das Tennengebirge sauniert.

Abtenau, Markt 26; Tel. 0 62 43/22 32; www.hotelmoisl.at

637 Adnet

Ein Teil der Bürgersteige und Straßen ist mit dem rötlichen Stein gepflastert, der auf dem Guggenhügel mit einer Seilsäge aus den Hängen geschnitten wird. Schon die Römer haben den Marmor aus Adnet für Fußböden verwendet. Mehr zu sehen gibt es im Museum und auf dem Marmorlehrpfad.

Adnet 18; Tel. 0 62 45/8 40 41;
Führung nach Absprache,
www.adnet.at

638 Lammeröfen

Von Golling Richtung Osten nach Scheffau gelangt man durch das Lammertal zu einem Naturdenkmal, das es in sich hat: die Lammeröfen oder Lammerklamm. Durch die 2 km lange und 60 m tiefe Klamm führen Stege entlang der Felswände, die teilweise abenteuerlich überhängen. Seit 1932 ist der Durchbruch der Lammer erschlossen und lockt jährlich 38 000 Besucher an. Wer Glück hat, kann Kajakfahrer und Rafter beobachten, die sich gerne den Herausforderungen des Lammertals stellen, oder sich geruhsam im Harrbergsee treiben lassen.

Tourismusverband Scheffau, Scheffau a. Tgb. 50; Tel. 0 62 44/84 42 20; www.lammerklamm.at; Mai–Okt.

639 Golling

Wahrzeichen ist die Burg, deren schöner Innenhof jeden Sommer den passenden Rahmen für die Kleinen Festspiele bietet. Golling war schon früher ein wichtiger Ort an der Straße nach Süden über den Pass Lueg. Daran erinnert noch die breite Marktstraße, die von stattlichen Gasthäusern gesäumt ist.

Markt 51; Tel. 0 62 44/43 56; www.golling.info

640 Döllerers Genussrestaurant

Andreas Döllerer, vom Gault Millau zum Koch des Jahres 2010 gekürt, gilt nicht zu Unrecht als einer der besten Köche Österreichs: Seine vielfach ausgezeichnete »Cuisine Alpine« ist im Restaurant oder im Wirtshaus zu verkosten, im Hotel wird komfortabel übernachtet.

Golling, Am Marktplatz 56; Tel. 0 62 44/42 20-0; www.doellerer.at

641 Salzburger Dolomitenstraße

Knapp 30 km ist die Dolomitenstraße lang, die sich von Abtenau über Annaberg und Lungötz bis nach St. Martin durch das Lammertal ihren Weg bahnt. Der Name rührt von den weißlichen Felszacken des wuchtigen Gosaukammes im Osten, einem Teil der Region Dachstein-West. Winters tummeln sich die Gäste im Schnee, im Sommer zum Klettern und Wandern. Dennoch sind die Orte nie überlaufen.

www.abtenau-info.at, www.annaberg-lungoetz.com, www.stmartin.info

642

Obertauern

Was machen die denn da? Schlüssel suchen? Stimmt genau. Jahr für Jahr im April begeben sich beim »Gamsleiten-Kriterium« 1000 Teilnehmer, die am Abend zuvor ausgelost wurden, auf Schatzsuche. Das Buddeln im Schnee lohnt sich: In den 30 versteckten Kisten befinden sich Gutscheine für Urlaube, Bikes und der Schlüssel für ein Automobil. Wer nicht ausgelost wurde, hat zumindest eine Gewissheit: Die Gegend ist von November bis Anfang Mai schneesicher. Das System der 26 Seilbahn- und Liftanlagen ist so ausgeklügelt, dass man vom Hotel aus direkt in das Ski-Geschehen einsteigen kann und immer an den Ausgangspunkt zurückkehrt – so macht das Auto auch Urlaub. Die Ski-Runde »Super Seven« führt Anspruchsvolle auf die höchsten sieben Gipfel um Obertauern. Legendär: die Tauernrunde, die mit oder gegen den Uhrzeigersinn gefahren werden kann. Obertauern ist auch Vorreiter, was Snowkiten, Freeriden und Freestylen angeht.

Wem das alles zu turbulent ist, der lässt sich dick eingepackt auf dem Bänkchen einer Kutsche durch den Schnee ziehen. Die Stimmung ist friedlich, das einzige Geräusch ist das Knirschen des Schnees. Eine Wohltat für Kind und Kegel. Auch die Unterkunft ist familiengerecht: Dafür stehen zahlreiche kinderfreundliche Hotels und Pensionen zur Verfügung. Dort bietet das professionell geschulte Personal an, den Nachwuchs in der Skivorschule (das geht schon ab drei Jahren) auf (Ski-)kurs zu bringen.

Obertauern,;
www.obertauern.com

Bergsteigen und Wandern

643

7200 km markierte Wanderwege ziehen sich durch die sanften Hügel vom Alpenvorland bis hin zu den Dreitausendern in den Hohen Tauern. Vom gemütlichen Spaziergang bis zur Klettertour, vom Halbtagesausflug bis zum mehrtägigen Trecking gibt es zahlreiche Möglichkeiten mit und ohne Führer.

www.salzburgerland.com – Sommer – Wandern & Trekking

Rad fahren

644

Das Großarltal bietet Touren für ambitionierte Radler, aber auch für Familien oder Senioren, die mehr die Landschaft genießen wollen. So führt eine Route über die Landesstraße bis nach Hüttschlag und von dort in den Talschluss nach Stockham. Für Mountainbiker stehen 120 km beschilderte Wege zur Verfügung.

www.grossarltal.info – Sommer, – Sport & Freizeit, – Mountainbike & Rad

Golf

645

Rund 22 Golfplätze laden derzeit zum Abschlag ein. Zu einem der schönsten zählen die zwei 18-Loch-Anlagen in Zell am See vor der Kulisse von Kitzsteinhorn und Schmittenhöhe. Wer will, kann sich hier auch einem gemischten Doppel stellen: morgens Skifahren, nachmittags golfen.

GC Zell am See; Tel. 065 42/561 61-0; www.golf-zellamsee.at; Ski & Golf Package

646 Hangar-7

Kunstraum, Gourmetrestaurant, Lounge Bar und Garage für historische Flugzeuge und ausgediente Formel-1-Boliden: In einer ehemaligen Wartungshalle auf dem Salzburger Flughafen erfüllt der Red-Bull-Konzern ein experimentierfreudiges Konzept mit Leben. Schwindelfreie nehmen einen Drink in der Threesixty Bar unter der Hangardecke und blicken durch den Glasboden aus Vogelperspektive auf die Flugzeuge. Da viele Maschinen auf Flugshows eingesetzt werden, sind nicht immer alle Modelle vor Ort. Auch Kunstausstellungen verdrängen die motorisierten Exponate ab und an. Auf Nummer sicher geht, wer vorher anruft.

Salzburg Airport, Wilhelm-Spazier-Str. 7A; Tel. 06 62/2197; www.hangar-7.com

647 Riverrafting und Canyoning

Die abenteuerlichste und längste Wildwasserfahrt im Salzburger Land führt in Begleitung eines geprüften Bootsführers in etwa zwei Stunden 15 km lang durch die wildromantische Naturlandschaft zwischen der Kitzlochklamm und Schwarzach.

www.oberoesterreich.at – Wassersport – Kajak, Kanu, Rafting

648 Reiten

Reithalle, Reitplatz, Galoppbahn und jede Menge Pferde: Familie Schwarzenbacher bietet in Abtenau alles, was Menschen am Reitsport fasziniert. Hier werden Novizen in den Umgang mit den edlen Tieren eingeführt und Kenner nutzen das 130 km lange Reitwegenetz am Tennengebirge für Ausflüge.

Tel. 06 64/940 32 02; www.reitgut-lammertal.at

649 Segeln und Surfen

Am größten Gewässer, dem Wolfgangsee, verleiht Wassersport Engel in St. Gilgen Surfbretter und Segelboote, und wer erst seinen Schein machen möchte, ist dort auch gut aufgehoben.

Tel. 06 64/585 08 91; www.wassersport-engel.at; Mai–Sept.

650 Tauernradweg

Der Begriff »Radwandern« passt gut in die Bergwelt des Salzburger Lands, über dem mit den Hohen Tauern die höchsten Gipfel Österreichs thronen. Am Fuße der Dreitausender beginnt eine der beliebtesten mehrtägigen Radtouren Europas, der Tauernradweg. Die im Jahr 2012 vom Allgemeinen Deutschen Fahrradclub ausgezeichnete »4-Sterne-Qualitätsradroute«, die fast immer auf Radwegen oder Nebenstraßen verläuft, kann in zwei Varianten befahren werden. Ein Rundweg führt auf 270 km von Krimml über Bruck und Bischofshofen entlang der Salzach nach Salzburg und zurück am Ufer der Saalach über Bad Reichenhall und Lofer nach Zell am See. Von dort bringt die Pinzgauer Lokalbahn, eine der wenigen Schmalspurbahnen Österreichs, die Radler wieder zurück an den Ausgangspunkt. Die andere Möglichkeit ist, ab Salzburg weiter dem Wasser der Salzach und später des Inns nach Passau zu folgen. Von Krimml bis in die Drei-

Flüsse-Stadt in Niederbayern zählt der Tacho 310 km. Doch die blanken Zahlen sind nicht die Helden des Tauernradwegs – das sind zweifelsohne die Seen, Naturschauspiele und Sehenswürdigkeiten, die auf dem Weg liegen.

Los geht der stets deutlich mit grünen Schildern gekennzeichnete Radweg nicht mit einer sanften Ouvertüre, sondern mit einem wahren Paukenschlag, den donnernden Krimmler Wasserfällen. Am Rand des gleichnamigen Ortes stürzt die Krimmler Ache insgesamt 380 m in die Tiefe, sodass die Fälle zu den höchsten in Europa gehören. Wer sich in der Gischt die erste Abkühlung geholt hat, steigt wieder auf seinen Drahtesel und rollt am Rande des Nationalparks Hohe Tauern entlang der Salzach nach Mittersill, wo Besucher in den neuen »Nationalparkwelten« die außergewöhnliche Vielfalt des größten Schutzgebietes der Alpen kennenlernen. Die Liechtensteinklamm, die Eisriesenwelt Werfen, die Burg Hohenwerfen mit ihren Falknereivorführungen sowie das Salzbergwerk in Hallein sind weitere Höhepunkte auf dem Weg nach Salzburg. Dort überragt die Festung Hohensalzburg die Mozartstadt mit ihren prächtigen Plätzen und verwinkelten Gassen. Spätestens hier muss man sich entscheiden: geht's weiter in die Ebene bis Passau, oder zurück ins Gebirge? Wer sich für letztere Variante entscheidet, fährt entlang der Saalach flussaufwärts mit geringen Steigungen nach Lofer und erreicht beim Zeller See wieder den Tauernradweg entlang der Salzach. Dort können Genießer die Beine hochlegen und das Bergpanorama bestaunen, denn die Pinzgauer Lokalbahn übernimmt die letzten 66 km zurück nach Krimml.

Am Tauernradweg befinden sich mehr als 50 Gasthöfe, Hotels, Pensionen und Campingplätze, die ihr Angebot auf Radfahrer abgestimmt haben und mit einer grün-roten Fahne gekennzeichnet sind.

Wer sportlich unterwegs ist, kann auf für Rennradfahrer besser geeignete, asphaltierte Straßen ausweichen. Der grobe Routenverlauf dieses neuen »Tauern-Rennradwegs« ist derselbe wie der für Genießer und Familien – nur der Tacho und die Muskeln müssen schneller arbeiten.

Tel. 06 62/66 88 44;
www.tauernradweg.com;
www.pinzgauerlokalbahn.at;
www.salzburgerland.com

Freilichtmuseum Großgmain

651

Vom Heustadel über Mühlen und Sägen bis hin zu stattlichen Höfen und Wohnhäusern sind die stummen Zeitzeugen aus dem 16. bis 19. Jh. hier auf 50 ha Fläche vereint. Zum Toben gibt es den Abenteuerspielplatz.

Großgmain; Tel. 06 62/85 00 11; www.freilichtmuseum.com; April–Okt. und 26. Dez.–6. Jan.

Goldwaschen in Rauris

652

Auch wenn die aufregende Zeit des Goldabbaus längst vorbei ist, so kann man im Sommer in Rauris – 100 km südlich von Salzburg – immer noch das edle Metall waschen. Goldwaschpfanne und Schaufel werden gestellt.

Rauris; www.goldsuchen.at

653 Haus der Natur in Salzburg

Dieses Haus wurde nach didaktischen Gesichtspunkten aufgebaut. Den Besucher erwarten u. a. ein Aquarium, lebende Insektenstaaten, eine Reise durch den menschlichen Körper und ein Reptilienzoo. Eine Tonbildschau gibt Einblick in die Phänomene der Natur. Spannend für Kinder ist sicherlich die Saurierhalle, die Rekonstruktionen und Originalskelette der ausgestorbenen Großechsen zeigt. In der Weltraumhalle finden die geheimen Kinderwünsche Nahrung, vielleicht doch einmal Astronaut zu werden …

Salzburg, Museumsplatz 5; Tel. 06 62/84 26 53; www.hausdernatur.at

654 Kindererlebnispark Straßwalchen

Bei der Reise durch das Land der Feen, Zwerge und Feuer speienden Drachen stoßen die Besucher auch auf ein Piratenschiff, auf eine Westerneisenbahn, auf ein Indianerlager und auf andere merkwürdige Dinge.

Straßwalchen, Märchenpark 1; Mitte April–Ende Okt; www.erlebnispark.at

655 Wildpark Ferleiten

Hier sind über 200 Tiere, darunter Steinböcke, Bisons, Murmeltiere, Wölfe und auch ein paar Bären zu Hause. Greifvögelvorführungen, außerdem ein großer Erlebnisspielpark mit Pferdereitbahn, Autoscooter, Kinder-Eisbahn und Ufos.

Fusch-Ferleiten; Tel. 0 65 46/2 20; www.wildpark-ferleiten.at; Mai–Nov.

656 Zoo Salzburg

Hier werden die Tiere weitgehend in naturbelassenen Gehegen und weitläufigen Anlagen gehalten. Ursprünglich diente der Tiergarten als Hirschgarten, der bereits 1424 erwähnt wird. 1961 wurde der Park auf Privatinitiative ausgebaut. Sehenswert sind die frei fliegenden Gänsegeier, die lediglich zur Fütterung im Zoogelände einfliegen, das Tropenhaus, der Afrikabereich mit dem Vogelpark und die großzügig angelegten Großkatzen-Freianlagen. Spaß für den Nachwuchs bietet der Streichelzoo.

Anif, Hellbrunner Str. 60;
Tel. 06 62/8 20 17 60;
www.salzburg-zoo.at

657 Spielzeugmuseum Salzburg

Auf drei Etagen zeigen tausende Exponate, womit kleine und große Kinder in den letzten 300 Jahren spielten. Holzspielzeug, Puppen, Puppenstuben, Eisenbahnen und Papierspielzeug sind hier ebenso zu sehen wie optische und physikalische Spielsachen, Zinnfiguren und Spielzeug aus Übersee. Die Kunstgewerbe- und Musikinstrumentensammlung im Bürgerspital präsentiert nicht nur Werke von höchster Kunstfertigkeit und langer handwerklicher Tradition, sie ist auch Spiegel gehobener Lebenshaltung vergangener Zeiten.

Salzburg, Bürgerspitalgasse 2;
Tel. 0662/62 08 08-300;
www.salzburgmuseum.at

Osterfestspiele Salzburg

658 Herbert von Karajan rief 1967 die Osterfestspiele ins Leben, die aus zwei Aufführungszyklen mit je einer Oper, einem Oratorium und zwei Orchesterkonzerten bestehen. Seit einigen Jahren eröffnet Christian Thielemann mit der Sächsischen Staatskapelle Dresden die Festspiele.

www.osterfestspiele-salzburg.at; März/April

Palmeselritt in Hintersee

659 Das Brauchtum wird in Hintersee hochgehalten. 30 km südöstlich von Salzburg reitet am Palmsonntag der dienstälteste Ministrant auf dem Palmesel durch den Ort.

www.hintersee-salzburg.at; März/April

660 Mozartwoche Salzburg

»Mozart immer wieder neu erlebbar machen« lautet das Motto: Internationale Künstler und renommierte Orchester präsentieren seit 1956 gegen Ende des Monats (10–12 Tage lang) Werke des Meisters.

www.mozarteum.at; Jan./Feb.

661 Pfingstkonzerte Salzburg

Auch die Pfingstkonzerte gehen auf das Konto von Herbert von Karajan. 1973 organisierte er erstmals die Festspiele an diesen Feiertagen. Ideengeber war freilich der Dramatiker Hugo von Hofmannsthal, der schon 1920 vorschlug, die Salzburger Festspiele »alljährlich im Sommer, dann und wann aber auch zu anderen Zeiten, etwa um ... Pfingsten« stattfinden zu lasse. Bestritten werden sie jedes Jahr von einem anderen Orchester internationalen Rangs.

www.salzburgerfestspiele.at; Mai/Juni

662 Salzburger Festspiele

Seit Jahrzehnten ziehen sie von Mitte Juli bis Ende August wie ein Magnet zahlreiche Besucher aus aller Welt und unterschiedlichster Couleur in die Stadt: die Salzburger Festspiele. Dann steht auch die ganze Stadt Kopf: Die Geschäfte sind länger geöffnet, die Preise steigen, es ist schwieriger, eine Bleibe zu finden. Das Festival ist seit 1920, als Max Reinhardt »Jedermann« von Hugo von Hofmannsthal erstmals auf dem Domplatz in Szene setzte, facettenreicher geworden. Das Stück ist auch heute noch der Hit der Festspiele. Zu ihm gesellten sich aber im Laufe der Zeit wechselnde Theaterproduktionen und zahlreiche Konzerte sowie Opernaufführungen. Mit jährlich 200 Aufführungen und einer außerordentlichen Medienpräsenz hat Salzburg Weltruhm erlangt.

www.salzburgerfestspiele.at; Juli/Aug.

Chorfestival Salzburg

663

Seit 1995 ist Salzburg Bühne für eine der größten Chorveranstaltungen Österreichs. Hunderte von Chören wetteifern bei einem Wertungssingen im Kongresshaus, dem ein Gemeinschaftssingen auf dem Domplatz folgt.

www.messiah-salzburg.at; Juni

Jakobi-Ranggeln

664

Auf dem 2117 m hohen Hundstein huldigen immer am ersten Sonntag nach Jakobi starke Ranggler einem urtümlichen alpinen Kampfsport. Der Sieger im »Jakobi-Ranggeln« darf ein Jahr lang den Titel »Hagmoar« tragen.

Hoher Hundstoa (Auffahrt mit der Seilbahn von Maria Alm); www.hochkoenig.at; Juli

Diabelli-Sommer Mattsee

Die Festspiele vor den Toren Salzburgs stehen im Zeichen von Anton Diabelli (1781–1858), der von Beethoven geschätzt und von Joseph Haydn gefördert wurde.

665 Der in Mattsee geborene und in Wien lebende Künstler wurde durch seinen Walzer berühmt, den er an viele Komponisten verschickte, mit der Bitte, darüber eine Variation zu schreiben. Beethovens Variation ist die populärste. In diesem Festival verbinden sich Hochkultur und Volkskultur ohne Widerspruch. Komponisten wie Benjamin Britten wurden ebenso schon als Thema gewählt wie abstrakte Themen (z. B. 2015 Bunte Steine).

www.diabellisommer.at; Juni–Sept.

666 Internationales Jazzfestival Saalfelden

Seit 1978 treffen sich alle Jahre wieder im späten Sommer Musiker aus aller Herren Länder, um die neuesten Entwicklungen des zeitgenössischen Jazz vorzustellen.

www.jazzfelden.at; Aug.

667 Schifferstechen in Oberndorf

Ein Geschicklichkeitsspiel nach dem Vorbild mittelalterlicher Ritterturniere liefert sich jeweils am Samstag und Sonntag vor dem 15. August die Schiffergarde Oberndorf auf der Salzach beim Schifferstechen. Alle vier Jahre wird es von der aufwändig inszenierten Piratenschlacht ersetzt.

www.oberndorf.salzburg.at; Aug.

Bauernherbst

668 In 72 Gemeinden im Salzburger Land wird Ende August der Bauernherbst eingeleitet. Rund um die Trumer Seen etwa gibt es einen motorfreien Familientag.

www.bauernherbst.com; Ende Aug.–Anf. Nov.

Salzburger Kulturtage

669 Opern-, Musik- und Ballettfreunde kommen bei diesem Herbstfestival auf ihre Kosten, das seit 1972 während der letzten beiden Oktoberwochen als günstige Alternative zu den Festspielen angeboten wird. Die günstige Preispolitik, so das erklärte Ziel, soll den Konzertsaal auch für Jugendliche attraktiv machen und »einem möglichst breiten Publikum aller Altersstufen und unterschiedlicher sozialer und kultureller Herkunft zugänglich machen.«

www.kulturvereinigung.com – Kulturvereinigung – Salzburger Kulturtage; Sept.

Almabtrieb in Krimml

Bunte Bänder, Alpenrosen, Kuhglockengeläute: Der Almabtrieb an den Wochenenden im September oder Oktober ist ein sehenswertes Spektakel mit großen Festen. Eines der größten ist das Krimmler Almabtriebsfest im Oberpinzgau.

krimml-wasserfalldorf.at; Sept.

670

Kärnten

200 meist wohltemperierte Seen, 8000 Flusskilometer, 60 Thermalquellen, außerdem eine Menge Dreitausender, wie den berühmten Großglockner in den Hohen Tauern. Und das Beste: Das Bundesland zählt mehr Sonnentage als der Rest der Republik. »Kärnten gibt's eben nur einmal« – jubeln die Kärntner und sehen sich darin von immer wiederkehrenden Urlaubern bestätigt.

Wer hoch hinauf fährt, sieht weit. Große Kulisse ist der Lohn bei einer Bike-Tour in den Gurktaler Alpen bei Arriach.

671 Klagenfurt am Wörthersee

Diese Stadt hat eine wechselvolle Vergangenheit, einen berühmten Lindwurm als Wahrzeichen und das größte Theater Kärntens. Ihr Aufstieg begann, als Kaiser Maximilian sie 1518 den Kärntner Landständen schenkte. Zuvor war Klagenfurt ein unbedeutender, mehrfach von Bränden verheerter Marktflecken, der sich im Schatten seiner Nachbarorte Villach, St. Veit und Friesach duckte. Diesem Dornröschenschlaf folgte nach der Ernennung zur Landeshauptstadt ein Aufschwung, mit dem ein beispielloser Bauboom einherging – vor allem italienische Baumeister verhalfen der Stadt damals zu einem zeitgemäßen Aussehen. Durchstreift man

heute die Altstadt, so ist der steingewordene Hauch Italianità, selbst 400 Jahre danach, unverkennbar. Schmucke Fassaden einstiger repräsentativer Paläste und Arkadenhöfe vermitteln südliches Lebensgefühl, was nicht zuletzt auch an der Tatsache liegen mag, dass man es verstanden hat, die historisch wertvollen Gebäude nicht nur zu renovieren, sondern auch sinnvoll zu nutzen. Als Landeshauptstadt ist Klagenfurt Sitz zahlreicher Verwaltungseinrichtungen und Kulturinstitutionen. Dank seiner Lage fungiert es als Tor zum Süden: Italien ebenso wie Slowenien sind in etwa 45 Autominuten zu erreichen, in zwei Stunden ist man an der Adria.

Die Region hat viele Künstler und literarische Größen hervorgebracht: Robert Musil, Ingeborg Bachmann, Peter Handke oder den Büchner-Preisträger Josef Winkler – um nur einige zu nennen. Freunde der bildenden Künste erfreuen sich an zahlreichen Galerien. Beachtenswerte Ausstellungen stehen im Museum Moderner Kunst Kärnten und in der Stadtgalerie auf der Tagesordnung. Wer sich mehr fürs Theater interessiert, findet im Drei-Sparten-Haus des Klagenfurter Stadttheaters mutige Inszenierungen renommierter Regisseure.

Als Sport- und Eventhauptstadt macht Klagenfurt besonders im Sommer eine gute Figur: Die Saison eröffnet das Alpen-Adria-Hafenfest. Hier steht der kulinarische Genuss im Mittelpunkt. Es folgen im Juni der Ironman Austria – ein außergewöhnliches Sportspektakel für Hartgesottene –, das Beach Volleyball Grand Slam und die Veranstaltung »Kärnten läuft«. Zahlreiche Wettbewerbe machen hier Lust auf Bewegung und sind auch für weniger Geübte und Kinder genau das richtige.

Und wenn Anfang August der traditionelle »Altstadtzauber« eröffnet wird, gerät die ganze Stadt zur Partymeile. Feuerwerke, Konzerte, ein Flohmarkt und kulinarische Verlockungen ziehen Gäste und Einheimische gleichermaßen an. Wem das zu trubelig ist, der geht radeln – es steht ein bestens ausgebautes, rund 120 km reichendes Radwandernetz zur Verfügung. Oder golfen: Der Golfplatz Seltenheim zählt zu den schönsten Plätzen im Land. Oder man nutzt die Nähe des Wörthersees. Dort fehlt es an nichts: Dafür sorgen Liegewiesen und drei öffentliche Bäder. Und sogar einen richtigen Sandstrand findet man hier!

Neuer Platz 1;
Tel. 04 63/ 5 37 22 23;
www.klagenfurt-tourismus.at

672 Kramergasse

Die Kramergasse ist eine belebte Einkaufstraße in der Klagenfurter Innenstadt. Sie verbindet den Neuen Platz mit dem Alten Platz vom Süden nach Norden. Alter Platz, Wiener Gasse und Kramergasse umreißen zudem den alten Siedlungskern, um den sich das heutige Klagenfurt entwickelt hat. In Österreichs ältester Fußgängerzone verführen Boutiquen, Geschäfte, Cafés und Restaurants zu Vergnügungen der Gegenwart. An Vergangenes erinnern das originelle »Wörtherseemandl« des Bildhauers Heinz Goll (Ecke Kramergasse/Renngasse), Arkadengänge sowie zahlreiche Jugendstil-Fassaden.

www.klagenfurt.at

673 Alter Platz

Der lang gestreckte Platz mit der Dreifaltigkeitssäule von 1689 bildet eines der schönsten städtebaulichen Ensembles in Kärnten. Unter den prächtigen Barockbauten, die ihn säumen, ragt das Haus zur Goldenen Gans (Nr. 31) hervor, in dem einst der Kaiser logierte. Ein Schmuckstück ist auch das ehemalige Palais Welzer mit einem Justitia-Fresko am Portal. Bis 1918 war hier das Rathaus untergebracht.

www.klagenfurt.at

674 Landhaus

Der prunkvolle Renaissancebau wurde 1574 anstelle der niedergebrannten Burg der Landstände errichtet. Bei Führungen durch die Innenräume bildet der prächtige Wappensaal einen Höhepunkt, den 665 Wappen der Kärntner Landstände zieren. Ein Deckengemälde von Joseph Fromiller stellt die Huldigung der Landstände an Karl VI. dar. Heute ist das Gebäude Sitz des Kärntner Landtags in Klagenfurt, das Erdgeschoss beherbergt ein Restaurant mit Gastgarten im Hof.

Ursulinengasse 2; Tel. 04 63/57 75 70; Führungen April–Okt.

675 Europapark Klagenfurt

Bei 30 °C im Schatten kennt der Klagenfurter nur ein Ziel: das Strandbad im Europapark. Mit seiner 40 000 qm großen Liegewiese ist es eines der größten in ganz Österreich. Man findet dort alles, was Groß und Klein unterhält: einen Bootsverleih, eine Wasserskischule, einen Campingplatz, Ententeiche, Vogelgehege, geologische Lehrpfade, Springbrunnen und Anlagen mit botanischen Raritäten, eine historische Pferdebahn, eine Großschachanlage und Steinskulpturen, die von internationalen Symposien für Bildhauerei in den Jahren 1968, 1969 und 1995 stammen.

www.klagenfurt.at

676 Robert-Musil-Museum

Im Geburtshaus des Romanciers lassen persönliche Dinge, Fotos, Manuskripte und Erstausgaben seiner Werke die Literaturgeschichte lebendig werden. Dokumentiert wird auch das Leben und Werk der Lyrikerinnen Ingeborg Bachmann und Christine Lavant. Regelmäßig gibt es Lesungen.

Bahnhofstr. 50, Klagenfurt;
Tel. 04 63/50 14 29;
www.musilmuseum.at

677 Stadtpfarrkirche St. Egid

St. Egid ist die älteste Kirche der Stadt Klagenfurt. Urkundlich 1255 als Vikariat von Maria Saal genannt, wird sie 1303 mit pfarrlichen Rechten ausgestattet. Die Baugestalt der alten Kirche ist aus den alten Stadtplänen ersichtlich. Sie hatte ein gotisches Hochchor, sieben Altäre, ein vorspringendes Querschiff und zwei Türme. Nach dem Erdbeben vom 4. Dezember 1690 war ein Abbruch der Kirche nötig geworden. Die Grundsteinlegung des heutigen Baues fand 1692 statt. Der heutige Turm ist begehbar, der Aufstieg wegen der Aussicht lohnenswert.

Pfarrhofgasse 4; Tel. 04 63/51 13 08; www.st-egid-klagenfurt.at

Neuer Platz

Auf dem ehemaligen Exerzierplatz der Kärntner Feudalherren steht der Lindwurmbrunnen, Klagenfurts Wahrzeichen. Als Vorbild für seinen Kopf diente der Schädel eines Wollnashorns, den man fälschlicherweise für das Haupt eines Drachens hielt. Er kann noch heute im Landesmuseum bewundert werden. Reglos steht das Monster da und speit unaufhörlich Wasser – in Richtung eines keulenschwingenden Herkules, der darüber wacht, dass sich das Ungetüm auch ja nicht von der Stelle rührt. Unter den historischen Bauten am Platz ragt das Rathaus hervor, 1650 als Palast für die Fürstenfamilie Rosenberg errichtet. Hochgestellte Persönlichkeiten waren hier zu Gast, u.a. Karl VI. und Maria Theresia. Letztere ziert vis-à-vis vom Rathaus als Bronzestandbild die Ostseite des Neuen Platzes.

678

www.klagenfurt.at

Maria Saal

Römersteine, die in die Fassade eingemauert wurden, erinnern an die lange Siedlungsgeschichte in diesem Gebiet Kärntens. Das Innere der urspünglich um 750 entstandenen Marienkirche ist wegen seiner Fresken und der beiden gotischen Flügelaltäre in den Seitenschiffen einen Besuch wert. Das spätgotische Gnadenbild am Hochaltar ist bis heute Wallfahrtsziel. Auf dem nahen Zollfeld steht der Herzogstuhl, auf dem die Herzöge Kärntens ab dem 12. Jh. eingesetzt wurden und zu Gericht saßen. Für die Herstellung des Doppelsitzes wurde ein Grabstein der altrömischen Siedlung Virunum verwendet. In Maria Saal liegt auch das Kärntner Freilichtmuseum, in dem Bauernhöfe, Mühlen und ein Öfen aus ganz Kärnten wieder aufgebaut wurden.

679

Maria Saal; der Herzogstuhl liegt an der Autobahn Klagenfurt–St. Veit und ist frei zugänglich; Freilichtmuseum: Domplatz 3; Tel. 0 42 23/28 12; www.freilichtmuseum-mariasaal.at

680 Karnburg

Am Fuße des Ulrichsberges, rund 5 km nördlich von Klagenfurt, liegt die kleine Ortschaft Karnburg bei Maria Saal. Sie entwickelte sich aus der karolingischen Pfalzanlage Carantana heraus, die dem Land Kärnten angeblich den Namen gab. Auf den Berg führen eine Forststraße sowie mehrere Wanderwege. Nach einem knapp eine Stunde dauernden Anstieg erreicht man den Gipfel des 1022 m hohen Berges, der inmitten des Klagenfurter Beckens liegt. Er ist auch Ziel beim »Vierbergelauf«, eine um 1500 erstmals beschriebene Wallfahrt über den Magdalensberg, Ulrichsberg, Veitsberg und Lorenziberg. Sie findet am zweiten Freitag nach Ostern statt.

Am Platzl 7, Karnburg; Tel. 0 42 23/22 14; www.mariasaal.at

681 Archäologischer Park Magdalensberg

Im Jahre 1502 fand man hier die Bronzestatue eines Jünglings, in den folgenden Jahrhunderten wurde eine der bedeutendsten keltisch-römischen Siedlungen freigelegt. Heute umfasst der Park 4 ha und zeigt mit seinen Ruinen wesentliche Bereiche der einstigen Stadt: eine Marktbasilika, in der Amts- und Handelsgeschäfte abgewickelt wurden, einen Tempel des Kaisers Augustus und der Stadtgöttin Roma, Handwerkerviertel, Badeanlagen und eine Werkstätte zur Fertigung von Goldbarren. Eindrucksvoll wird auch die Produktion von Werkzeugen aus norischem Stahl dargestellt, der in der römischen Welt berühmt war. Im angeschlossenen Museum ist auch besagter »Jüngling vom Magdalensberg« zu sehen – als Abguss. Das Original ging in der napoleonischen Zeit verloren.

Magdalensberg 15, Pischeldorf; Tel. 050/53 63 05 99; April–Okt.; www.landesmuseum.ktn.gv.at

Maria Rain

682

Die barocke Pfarrkirche von Maria Rain ist Kärntens drittgrößtes Gotteshaus. Ihre Türme sind bis ins Rosental, dem Drauabschnitt östlich von Villach, sichtbar. Auf dem Gemeindegebiet liegt auch die Guntschacher Au, die 2005 zum Naturschutzgebiet erklärt wurde. Das 53 ha große Feuchtgebiet zählt zu den artenreichsten Biotopen Österreichs. und ist ein wichtiges Laichgebiet für Fische. Seltene Vogelarten wie Eisvogel oder Gänsesäger brüten hier. Ein eindrucksvolles Naturdenkmal ist auch der »Ewige Regen«, eine Rieselflur, die durch das Austreten zahlreicher Sickerquellen entsteht.

Kirchenstraße 1; Tel. 0 42 27/84 22 00; www.maria-rain.at

Café-Bar Sandwirth

683 Das noble Café in der Klagenfurter Altstadt serviert – an schönen Tagen auch auf der Terrasse – eine große Auswahl an Kaffeespezialitäten, hausgemachte Mehlspeisen und süße Sünden wie Kardinalschnitten oder Lindwurmtatzen.

Pernhartgasse 9; Tel. 04 63/5 62 09; www.sandwirth.at

Dolce Vita

684 Küchenchef Stefan Vadnjal setzt auf gehobene österreichische Küche mit mediterranem Touch, Kreativität und marktfrische Produkte. Die Weinkarte lässt keine Wünsche offen, Gleiches lässt sich vom freundlichen Service behaupten.

Heuplatz 2, Klagenfurt; Tel. 04 63/5 54 99, www.dolce-vita.at

685 Arcotel Moser Verdino

Seit eh und je gehört dieses renommierte, im Jugendstil erbaute Haus zu den besten Adressen Klagenfurts, bietet es doch alles auf einen Streich: beste Lage nahe der Fußgängerzone, gediegenen Komfort, gepflegtes Ambiente. Zwölf Themenzimmer wurden Künstlern mit Bezug zu Kärnten gewidmet.

Domgasse 2; Tel. 04 63/57 87 80; www.arcotelhotels.com

686 Gasthof Pisl

Frigga (Speck-Käse-Omlett), Ritschert (Graupen-Bohnen-Eintopf) oder einen frischen Reindling (Napfkuchen) – all diese Kärntner Köstlichkeiten verkostet man am besten in einem urigen Bauernwirtshaus. Und genau das ist der Pisl in Krumpendorf am Wörthersee: holzgetäfelte Stuben und eine Küche, in der nur das Beste aus eigener Landwirtschaft verarbeitet wird.

Görtschach 5, Krumpendorf; Tel. 0 42 29/27 94; www.pisl.at

687 Stift Viktring

Das im 12. Jh. gegründete Zisterzienserstift ist ein Juwel unter Kärntens Kirchenbauten. 1786 wurde das Kloster aufgelassen, 1788 hielt eine Tuchfabrik Einzug. Heute ist hier ein musisches Gymnasium. Von großer kunsthistorischer Bedeutung sind die kostbaren Glasfenster (darstellend die Passion des Herrn, das Marienleben und die Apostel), der 16 m hohe barocke Hauptaltar (1622), der Marmoraltar der Bernhardkapelle (neben den Altären im Klagenfurter Dom ein Sonderfall in Kärnten), die neu entdeckten Deckenfresken in der Bernhardkapelle und die reich geschmückte Orgel (1719).

Viktring-Straße 25;
www.stiftviktring.at

688 Spittal an der Drau

Auf der Route von und nach Italien führt kein Weg an der Kleinstadt vorbei. Ein Hauch südländischer Gelassenheit verspürt der Gast, wenn er durch die Altstadt und den Stadtpark, vorbei am Schloss Porcia schlendert. Mit seinem einzigartigen, dreigeschossigen Arkadenhof zählt das Schloss zu den schönsten Renaissancebauten nördlich der Alpen. Erbaut von Gabriel von Salamanca (1533) diente das Schloss über Jahrhunderte hinweg den Fürsten von Porcia als repräsentative Residenz. Heute ist es das Wahrzeichen der Stadt und der Innenhof Schauplatz für zahlreiche internationale Kulturveranstaltungen. Ebenfalls im Schloss Porcia untergebracht ist das Museum für Volkskultur. Die Region in und um Spittal und dem Millstätter See hat sich mit seinen vielen Sport- und Freizeitmöglichkeiten zu einem beliebten Urlaubszentrum in Kärnten entwickelt.

Burgplatz 1; Tel. 0 47 62/5 65 02 20; www.spittal-drau.at

689 Pyramidenkogel

Der Pyramidenkogel ist mit seinen 851 m Höhe ein beliebter Aussichtsberg zwischen dem Keutschacher Vier-Seen-Tal und dem Wörthersee. Anstelle des alten, 54 m hohen Aussichtsturms aus den Sechzigerjahren steht dort seit 2013 der höchste Holzaussichtsturm der Welt: Inmitten der gewundenen 100 m hohen Konstruktion in 850 m Seehöhe findet man die höchste überdachte Rutsche Europas, drei frei begehbare Aussichtsplattformen und eine wettergeschützte Skybox. Die höchste Aussichtsplattform liegt 70,6 m über dem Boden.

Linden 62, Keutschach am See;
Tel. 0 42 73/24 43;
www.pyramidenkogel.info

690

Wörthersee

Wenn das klare Wasser im August auf Höchsttemperaturen steigt, herrscht rund um den Wörthersee Hochbetrieb. Dann treffen Wassersportler, Urlauber, Stars und Prominenz aufeinander. Wer von Klagenfurt aus anreist, erreicht zunächst Krumpendorf – ein Ort zum Wandern oder Schlösser anschauen. Im elegant-elitären Nachbarort Pörtschach laden schattige Buchten zum Baden ein, abends lässt man sich im Trubel des Amüsierviertels treiben. Vorbei an Ruine und Schloss Leonstein, in dessen Arkadenhof ein Denkmal an Johannes Brahms erinnert, erreicht man Velden, das mit seinem Kasino und dem neu eröffneten Schlosshotel Schickeria und Pauschalurlauber auf den Plan ruft. Gemütlich empfängt das Südufer seine Gäste. Hier ist Maria Wörth »der Star«. Der malerischen Lage am Wasser sowie kunsthistorischen Prunkstücken, wie der spätgotischen Madonna und den barocken Schnitzaltären, verdankt der beliebte Wallfahrtsort seinen Ruf.

www.woerthersee.com

MARIA WÖRTH
MARIA WÖRTH

Museum für Volkskultur

691

Das Prädikat »besonders sehenswert« kann man nicht nur Schloss Porcia, sondern auch dem im 2. Stock des Schlosses untergebrachten Museum verleihen. Es zählt zu den bedeutendsten volkskundlichen Sammlungen Österreichs. Liebevoll zusammengestellt, liefern die einzelnen Räume ein ausdrucksstarkes Bild des einstigen bäuerlichen und gewerblichen Lebens in den Alpen. Zu sehen sind u. a. historische Arbeitsgeräte, Wirtshauseinrichtungen, ein Marktstand, Rauchkuchl und Almhütten, aber auch Puppen, Masken und Spielzeug.

Burgplatz 1, Spittal an der Drau; Tel. 0 47 62/28 90; www.museum-spittal.com

692 Schloss Porcia

Eigentlich müsste dieses Juwel der Baukunst einen anderen Namen tragen. Denn schließlich verdankt Spittal dem Spanier Gabriel von Salamanca eines der imposantesten Renaissanceschlösser – nicht nur Österreichs, sondern ganz Mitteleuropas. Dieser Günstling Kaiser Karls V., Generalschatzmeister des Erzherzogs Ferdinand, gab 1527 den Bau in Auftrag – wer der Baumeister war, der dem Schloss seinen unvergleichlichen, dem Vorbild toskanischer Paläste nachempfundenen Reiz verlieh, blieb bisher im Dunkeln. Fest steht, dass der Prunkbau 1652 an die friulische Adelsfamilie Porcia fiel, deren Name an ihm haften blieb. Zu den meistbeachteten Details des Schlosses zählen das Portal mit seinem filigranen Relief und den frei stehenden Marmorsäulen sowie der herrliche Innenhof mit seinen Arkaden und Treppenaufgängen.

Man könnte sich kaum eine wirkungsvollere Kulisse für Veranstaltungen vorstellen. So finden auch zahlreiche Festivals wie die Komödienspiele (Juli, August), der internationale Chorwettbewerb, Ballettabende und Burgfeste auf Schloss Porcia statt.

Burgplatz 1, Spittal an der Drau; Tel. 0 47 62/28 90; www.schloss-porcia.at

693 Gmünd

Wer Kärntens einzige Stadt besuchen will, die sich noch hinter intakten Stadtmauern verbirgt, meide bei der Anfahrt die Autobahn! Er ließe sich nämlich die prachtvolle Landschaft des Liesertals entgehen. In Gmünd erwartet einen außerdem ein entzückendes mittelalterliches Stadtbild, vorbildlich renovierte Bürgerhäuser, eine erstaunliche Vielzahl an Kunstgalerien sowie das Porsche Automuseum. Außerdem findet dort jedes Jahr Anfang August ein Kunsthandwerksmarkt statt.

Hauptplatz 20; Tel. 0 47 32/22 15 14; www.stadtgmuend.at

694 Porsche Automuseum

Als Stuttgart 1944 bombardiert wurde, verlegte Ferdinand Porsche sein Konstruktionsbüro nach Gmünd. Anfangs wurden vorwiegend landwirtschaftliche Maschinen gebaut, später entwickelte Porsche hier seinen ersten Rennwagen mit Kompressor und schließlich auch den ersten Wagen mit dem Namen Porsche, den legendären 356. Als Teststrecke nutzte er den nahen Katschberg. 1951 gab Porsche die Montage in Gmünd auf und kehrte wieder nach Stuttgart-Zuffenhausen zurück. 1976 kaufte Porsche-Fan Helmut Pfeifhofer die ehemaligen Hofstallungen der Grafen von Lodron. Der »Marhof« wurde mit enormem persönlichem und finanziellem Einsatz renoviert. Auf Pfeifhofers Initiative hin entstand 1982 das private Museum, das neben einer Kollektion an Sportwagen auch eine Ausstellung zur Porsche-Geschichte zeigt. Seit dem zehnjährigen Jubiläum gibt es eine Vereinbarung zwischen Stuttgart und Gmünd: Es wurde eine sogenannte »Museumsstraße« eingerichtet.

Riesertratte 4a; Tel. 0 47 32/24 71, www.auto-museum.at

695 Kleinsaßerhof

Die Nockberge, das mittlere Drautal und das zu Füßen liegende Spittal: Dieses Panorama bietet der hoch gelegene Gasthof mit eigener Landwirtschaft. Besonders zu empfehlen für Reisende mit Vierbeinern: Am Hof gibt es »Hundeduschen«.

Kleinsaß 3; Tel. 0 47 62/22 92; www.kleinsasserhof.at

696 Lendorf

Der Ort am Holzer Berg ist vor allem Botanikern ein Begriff: Hier wächst die »Wunderblume von Lendorf«, eine gelb blühende Rhododendron-Art, die sonst nur im Kaukasus vorkommt (blüht Ende Mai bis Anfang Juni).

Feicht 2a; Tel. 0 47 62/22 64; www.lendorf.at

Bad Kleinkirchheim

697

Eingebettet in die Nockberge, hat sich dieser Kurort zu einem Ganzjahres-Urlaubsort entwickelt. Während im Sommer vor allem solche Besucher kommen, die die Vorzüge sanfter, nicht allzu strapaziöser Gipfel schätzen, wird man in der weißen Jahreszeit auf begeisterte Skifahrer treffen. Von der Piste direkt ins warme Wasser – die Therme St. Kathrein und die renovierte Römertherme machen es möglich. Nicht versäumen sollte man es, dem nahen verträumten Bergbauerndorf St. Oswald mit seiner sehenswerten spätgotischen Pfarrkirche einen Besuch abzustatten.

Dorfstraße 30; Tel. 0 42 40/82 12;
www.badkleinkirchheim.at

698 Gailtal

Das reizvolle Tal ist mit Wanderwegen gut erschlossen, blieb bisher aber vom Massentourismus verschont. Besonders ursprünglich und naturbelassen ist das Lesachtal, der obere Teil des Gailtals von der Grenze bis Kötschach-Mauthen, mit sympathischen Urlaubsorten wie Maria Luggau, Birnbaum, Liesing und Sankt Lorenzen, die nicht jedem neuen Tourismustrend nachhecheln. Ab Kötschach wird das Gailtal Obergailtal und ab Hermagor Untergailtal genannt. Hier wird in Feistritz mit dem Kufenstechen altes Brauchtum gepflegt. Ein Naturjuwel des Unteren Gailtals ist der 5 km östlich von Hermagor gelegene Pressegger See, der sich im Sommer auf bis zu 28 °C erwärmt. Vom Hermagorer Ortsteil Möderndorf führt eine landschaftlich reizvolle Straße zum Poludnig hinauf, einem Fast-Zweitausender an der Grenze zwischen Kärnten und Italien mit sensationellem Fernblick. An der Egger Alm kann man das Auto abstellen und zum Gipfel wandern – der Weg bleibt bequem und führt über Almwiesen und durch lichten Forst.

www.naturarena.com

699 Freskenkirche Gerlamoos

Versteckt am Waldrand oberhalb des Dorfs gelegen, birgt die kleine Kirche St. Georg einen kunsthistorischen Schatz: Die gesamte äußere Südfront der Kirchenwand bedeckt ein Freskenzyklus von Thomas von Villach. Dargestellt sind Szenen aus der Georgslegende und die Geschichte Christi von der Verkündigung bis zur Herabkunft des Heiligen Geistes. Ein Meisterwerk!

Gerlamoos, Steinfeld; www.steinfeld.gv.at; Schlüssel bei Familie Hopfgartner, Gerlamoos 10, Tel. 06 76/50 84 164

700 Hotel Alpenrose

Österreichs erstes Bio-Hotel lockt nicht nur Sportbewusste an. In ausschließlich gesunder Umgebung (auch im Hotel kein Kunststoff) genießt man Fitness-Programme, Kneippwege, Schwimmbad und eine ausgewogene Kost.

Obermillstatt 84, Millstatt; Tel. 0 47 66/25 00; www.biohotel-alpenrose.at

701 kap4613

Je nach Jahreszeit werden Drinks auf der schwimmenden Plattform im See entweder auf Sand oder zwischen wärmenden Schwedenfeuern serviert. Auch der Sonntagsbrunch muss keine Vergleiche scheuen.

Kaiser-Franz-Josef-Straße 330, Millstatt; Tel. 06 64/38 88 318; www.kap4613.at

Millstätter See

Das sollte man sich nicht entgehen lassen: Ein Abstecher zu Kärntens zweitgrößtem See, der den Wörthersee an Tiefe und Wassermenge noch übertrifft, lohnt sich allein schon wegen seines Hauptortes Millstatt. Ihn schmücken im Uferbereich herrschaftliche Villen. Der See selbst bietet beste Bademöglichkeiten, z. B. in Döbriach am Ostufer, einem bevorzugten Urlaubsziel von Familien mit Kindern, die den feinen Sandstrand besonders schätzen. Wasserratten, die es turbulenter mögen, quartieren sich in Seeboden am westlichen Zipfel ein. Kulturbeflissene werden den Weg von dort nach Treffling nicht scheuen: Burg Sommeregg wartet mit Foltermusuem und Restaurant auf.

www.millstaettersee.com

702

Mölltal

703

Abenteuerlich kann es bei einem Ausflug ins Mölltal zugehen, insbesondere dann, wenn man von Obervellach, der ehemaligen Goldgräber- und heutigen Kurstadt, in die wilde Raggaklamm oder in die Groppensteinschlucht vordringt. Nicht weniger faszinierend ist eine Fahrt nach Reißeck. Die Gemeinde befindet sich am Fuße des Danielsbergs. Mit der Mölltaler Gletscher- und der Kreuzeckbahn erreicht man bequem die Alm- und Bergwelt der Umgebung. Hauptort des Mölltals ist Großkirchheim (bis 1983 Döllach, wie es noch in vielen Landkarten steht). Bereits zur Zeit der Kelten und bis ins 17. Jh. wurde hier Gold abgebaut.

www.oberkaernten.info/moelltal

704 Hermagor

Die Gemeinde im unteren Gailtal wird im Süden von den Karnischen Alpen und im Norden von den Gailtaler Alpen begrenzt. Mit dem etwa 5 km östlich gelegenen Pressegger See befindet sich dort ein beliebtes Ziel von Badeurlaubern. Die spätgotische Pfarrkirche von Hermagor wurde nach einem Türkeneinfall neu erbaut und birgt im Chor Wandmalereien aus dem 14. Jh. Südlich von Hermagor beherbergt Schloss Möderndorf das Gailtaler Heimatmuseum mit einer abwechslungsreichen, volkskundlichen und kulturhistorischen Sammlung.

Wulfeniaplatz 1; Tel. 0 42 82/23 33-0; www.hermagor.at; www.gailtaler-heimatmuseum.at

705 Molzbichl (bei Spittal)

Möglicherweise läuft Molzbichl dem wenige Kilometer drauaufwärts gelegenen St. Peter in Holz bald den Rang ab, wurden doch hier in den letzten Jahren immer mehr Reste eines frühmittelalterlichen Klosters entdeckt, des vermutlich ältesten Kärntens. Der Ort Molzbichl gehört somit zu den historisch bedeutsamsten des Drautals. Einige Ausgrabungsfunde, darunter karolingische Flechtwerksteine und Grabbeigaben, sind im Frühmittelaltermuseum Carantana zu sehen. Der Museumsbesuch lässt sich gut mit einem Ausflug zum nahen Egelsee verbinden. Das unter Naturschutz stehende Gewässer verdankt seinen Namen nicht etwa den nicht vorhandenen Blutegeln, sondern leitet sich vom ursprünglichen Namen »Ecksee« ab. Der Moorsee mit einer Fläche von 9,35 ha ist vollständig von am Wasser schaukelndem Schwingrasen umsäumt.

Burgplatz 1; Tel. 0 47 67/6 66; www.carantana.at

Nockberge

Eine Vielzahl von Gipfeln und Almen direkt vor den Toren Spittals laden zu ausgedehnten Wanderungen und Touren ein, die sich auch für weniger Geübte oder für Familien mit Kindern eignen. Die Nockberge sind die westlichste und höchste Gebirgsgruppe der Gurktaler Alpen und seit 1987 als Nationalpark bzw. »geschützte Landschaft« eingestuft. Ihr Erscheinungsbild ist durch zahlreiche kuppenartige und grasbewachsene Berggipfel geprägt. Zufahrtsmöglichkeiten über Seeboden, Radenthein, Bad Kleinkirchheim und Ebene Reichenau. Die lohnendsten Ziele: Tschiernock, Grünleitennock, Wöllauernock und Mirnock.

706

www.nockberge.at

707 Afritzer See

Was würden wir ohne Sagen machen? Der Afritzer See soll einst von einem zornigen Riesen durch einen gewaltigen Felsblock vom Brennsee getrennt worden sein. So oder so ist das idyllische Gewässer für alle Arten des Wassersports geeignet. Von Afritz am See führen Mountainbikerouten in die umliegenden Nockberge, zu Fuß erobern kann man den Verditz, den aussichtsreichen Hausberg. Ein kurzer Spaziergang führt zum Afritzer Wasserfall. In Afritz selbst ist die Pfarrkirche mit barockem Zwiebelturm und Hochaltar sehenswert. Kleine Urlaubsgäste werden Jutta's Kleintierhof (Waldrand 9) lieben.

Schulstraße 2; Tel. 0 42 47/25 40; www.afritz.gv.at

708 Metzgerwirt Radenthein

In den gemütlichen, bürgerlichen Stuben des Gasthofs sind bodenständige Gerichte Trumpf; Schinkenspeck, Hauswürstel und Obstler können aber auch zum Mitnehmen erstanden werden.

Hauptstr. 22; Tel. 0 42 46/20 52; www.metzgerwirt.co.at

709 Radenthein

Manche Bergsteiger werden noch heute in den Bergen bei Radenthein auf der Suche nach Granaten fündig, die hier früher abgebaut wurden. Dem rubinroten Edelstein widmet sich auch die Erlebniswelt »Granatium« mit der einzigen, begehbaren Granatader Europas. Im Schürfgelände am Bergbach kann man eigenhändig Granate aus dem Gestein hauen.

Hauptstraße 65; Tel. 0 42 46/22 88-0 www.radenthein.gv.at

710 Pressegger See

Der Badesee zählt wegen seiner sanft abfallenden Ufer zu den kinderfreundlichen Gewässern der Region und besitzt extrem warme Wassertemperaturen. Durch die geringe Größe des Sees hält sich die Wellenentwicklung in Grenzen, weswegen Einsteiger in den Surf- und Segelsport hier ideale Bedingungen vorfinden. Wer mehr als nur ein gesundes Bad im Naturwasser sucht, wird im ersten Kärntner Erlebnispark mit Luna-Loop, Nautic-Jet und Sky Dive seinen Spaß finden (www.erlebnispark.cc).

www.naturarena.com

711

Brennsee

Das auch Feldsee genannte Gewässer am Fuße der Nockberge ist wegen seiner warmen Wassertemperatur und der idealen Wandermöglichkeiten ein beliebtes Ausflugsziel. Mittelpunkt des Hauptorts Feld am See ist die evangelische Pfarrkirche, zum Wahrzeichen avancierte der steinerne Mirnockriese. Im 11 ha großen Alpenwildpark kann man heimische Wildtiere aus nächster Nähe erleben, Erlebniswelt Afrika und Grizzly-Welt zeigen Tierpräparate, das Fischmuseum auch ein Aquarium mit seltenen Arten, wie dem Stör. Für kleine Besucher wurde ein Streichelzoo eingerichtet (www.alpen-wildpark.com; Mai–Okt.).

Tel. 0 42 40/82 12; www.badkleinkirchheim.at/feld-am-see/

712

St. Peter in Holz

Knapp 4 km außerhalb von Spittal (in Richtung Lendorf) wandelt man auf Spuren, die bis in die Eisenzeit zurückgehen. Funde am Holzer Berg im Ortsteil St. Peter in Holz belegen das eindrucksvoll. Auf dem Gebiet rund um das Dorf befand sich einst die erst keltische, später dann römische Stadt Teurnia. Teurnia wurde im Jahr 591 letztmals als Bischofssitz genannt, danach ging es im Zuge der Slaweneinwanderung unter. Ausgrabungen förderten Reste von Befestigungsmauern und Wohnhausfundamente zutage, ebenso das römische Forum mit Thermenanlage. Glanzstücke sind die frühchristliche Friedhofsbasilika mit einem prachtvollen Bodenmosaik und die Bischofskirche aus dem 5. Jh., die byzantinische Einflüsse zeigt. Ausgrabungsfunde sind im Römermuseum im Ortszentrum von St. Peter in Holz zu sehen.

St. Peter in Holz 1, Lendorf; Tel. 0 47 62/3 38 07; www.landesmuseumkaernten.gv.at

E-Biken am Weißensee

713

Die E-Bike-Tour zur Naggler Alm gilt als eine der schönsten am Weißensee. Nicht nur wegen der Almhütten dort oben, die mit herzhaften Schmankerln und sonnigen Terrassen locken. Unterwegs präsentiert sich der See aus immer neuen Perspektiven. Startpunkt ist das Bio-Vitalhotel Weissenseerhof am südlichen Seeufer, das E-Bikes aus seinem stattlichen Fuhrpark verleiht. In Techendorf geht es über die Brücke zur Nordseite des Sees und leicht ansteigend in wenigen Minuten zur Bergbahn, die auch Räder transportiert. Sportliche wählen den Forstweg hinauf zur Almhütte.

www.e-bike-urlaub.info, www.weissensee.naturarena.com

714 Weißensee

»Kärntner Fjord« nennen viele den Weißensee – wegen der lang gestreckten Form, mit der er sich in das umliegende Naturschutzgebiet vorschiebt. Er liegt fast 1000 m hoch – umso überraschender, dass er Temperaturen bis 26 Grad erreicht. Wiesen, Schilf und Fichten säumen den Badesee, der bei Sonnenschein türkisfarben leuchtet. Ruderboote dümpeln an den Stegen, hölzerne Badehäuser verbreiten nostalgisches Flair. Ruhe garantiert: Das Ufer ist zu zwei Dritteln unverbaut, es gibt keinen Durchzugsverkehr und es ist kein Motorenlärm zu hören. Nur knapp 800 Menschen leben in den sieben Seeorten – einer davon ist Techendorf, Ausgangspunkt für Biketouren und Wanderungen auf rund 140 km markierten Wegen. Ein beliebtes Gipfelziel ist der Latschur (2236 m). Nicht ganz so Bergbegeisterte werden vielleicht eine Schiffrundfahrt bevorzugen (ca. 2 Std.). Man kann am Weißensee auch segeln, surfen, Kanu fahren oder tauchen. Mutige üben sich an der Kleinen Steinwand im Klippenspringen. Und im Winter verwandelt sich die Seeoberfläche in ein riesiges Feld für Genusseisläufer, Eisschnellläufer, Eisgolfer und Eisstockschießer sowie Winterwanderer und Langläufer.

www.weissensee.com

715 Restaurant Liebstöckel

»Glücklich ist, wer genießt!« Davon ist Küchenchef Florian Klinger überzeugt. Er verschafft seinen Gästen im Bio-Restaurant des Vitalhotels Weissenseerhof vielfältige Genusserlebnisse – Glücksgefühle inklusive. Zwei Hauben von Gault Millau und eine Gabel des Gourmetführers Falstaff unterstreichen das hohe Niveau. Alles, was auf den Teller kommt, gedeiht vorwiegend im eigenen Hotelgarten, in der Bio-Gärtnerei im Tal oder stammt von benachbarten Bio-Höfen oder aus dem Weißensee.

Neusach 18, Weissensee;
Tel. 0 47 13/22 19;
www.weissenseerhof.at

716 Großglockner Hochalpenstraße

Mit 3798 m Höhe ist der Großglockner der höchste Berg Österreichs. Als dem Kärntner Fürstbischof Franz Xaver Graf von Salm-Reifferscheid 1800 die Erstbesteigung gelang, hätte er sich wohl nicht träumen lassen, dass ihm 135 Jahre später jeder in beträchtliche Höhen folgen konnte, der ein Auto besaß. Seit 1935 windet sich die Panoramastraße entlang von Almwiesen und verwittertem Kalkgestein bis hinauf in die Gletscherregionen und zählt heute zu den drei beliebtesten Ausflugszielen Österreichs. Auf rund 48 km hat man dabei 36 Kehren, einen Höhenanstieg auf 2054 m und Steigungen bis 12 % zu bewältigen, was geübten Fahrern keine großen Schwierigkeiten bereiten dürfte.

ab Heiligenblut;
www.grossglockner.at

717 Nationalpark Hohe Tauern

Den Nationalpark Hohe Tauern teilt sich Kärnten mit den Bundesländern Salzburg und Tirol. Im größten Schutzgebiet der Alpen ragen mit dem Großglockner (3798 m), Östereichs höchstem Berg, noch mehr als 300 weitere Gipfel über 3000 m in den Himmel. Obwohl die Gletscher sich im Rückzug befinden, bedecken sie noch immer eine Gesamtfläche von 130 qkm – größter Einzelgletscher ist die Pasterze im oberen Talboden des Mölltals. Der Nationalpark beheimatet rund 10 000 Tierarten, zu den größten gehören Steinbock, Gämse, Steinadler sowie Bart- und Gänsegeier. Er kann im Sommer bei Wanderungen, im Winter bei Ski- und Schneeschuhtouren und, besonders fundiert, auf geführten Ausflügen mit Nationalpark-Rangern erlebt werden.

www.hohetauern.at;
www.nationalpark-hohetauern.at

Edelweiß-straße

718

Auf zur Gipfelparade: Von der Hauptroute der Glocknerstraße zweigt kurz nach dem Hochtortunnel beim Fuscher Törl die Edelweißstraße ab, eine rund 2 km lange Seitenstrecke. Sie endet am Parkplatz der Aussichtsplattform Edelweißspitze. Hier blickt man aus einer Höhe von 2571 m auf 37 Dreitausender-Gipfel und 19 Gletscher herab.

www.grossglockner.at

Thörl-Maglern

719

In der Pfarrkirche St. Andreas im Arnoldsteiner Ortsteil Thörl-Maglern sind Fresken aus dem 15./16. Jh. zu bewundern, die selbst in einem an Kunstschätzen so reichen Land wie Kärnten noch überraschen. Sie stammen von Thomas von Villach, Österreichs berühmtestem Wand- und Tafelmaler.

Gemeindeplatz 4; Tel. 0 42 55/22 60-0; www.arnoldstein.gv.at

720

Heiligenblut

Das hoch gelegene Alpendorf ist ein beliebter Wintersportort und Ausgangspunkt für Besteigungen des Großglockners. Zugleich beginnt hier die Großglockner Hochalpenstraße, die in nördlicher Richtung durch den Nationalpark Hohe Tauern führt. Eines der beliebtesten Fotomotive entlang der Panoramastraße ist die Pfarrkirche St. Vinzenz vor der Kulisse von Österreichs höchstem Gipfel. Das spätgotische Gotteshaus birgt einen 10 m hohen Flügelaltar im Stil Michael Pachers, im Sakramentshäuschen soll das Fläschchen mit dem Blut Christi aufbewahrt sein, das den Ruf Heiligenbluts als Wallfahrtsort begründete. Interessant ist auch der an die Kirche angrenzende Bergsteigerfriedhof.

Hof 4; Tel. 0 48 24/27 00 20; www.heiligenblut.at

721

Gletscherstraße

Bei Guttal zweigt von der Großglockner Hochalpenstraße die knapp 9 km lange Gletscherstraße zur Franz-Josephs-Höhe ab. Über den letzten Lärchen vor der Baumgrenze erhascht man einen ersten Blick auf die Pasterzenzunge, den längsten Gletscher der Ostalpen. Über 9 km fließt das Gletschereis vom Bergkamm den Hang herunter. Dahinter erhebt sich der etwas niedrigere Kleinglockner (3770 m). Bei der Franz-Josephs-Höhe angelangt, ist es der Ausblick auf die unverkennbare Pyramidenform des Großglockners, der einen in Bann hält. Doch auch Technik fasziniert: Beeindruckend ist die von hier ausgehende Gletscherbahn, ein Schrägaufzug zum Pasterzenboden (Fahrzeit ca. 2 Min.). All das umrahmt eine üppige Fauna und Flora. Mit etwas Glück kann man Murmeltiere, Schneehühner oder Steinböcke beobachten.

www.grossglockner.at

GLOCKNERBESUCH
KAISER FRANZ
JOSEPH'S I.
14.9.1856.

Hauptplatz St. Veit

Glanzlicht des Hauptplatzes von St. Veit ist das spätgotische Rathaus mit einer prachtvollen Stuckfassade. Sgraffitomalereien zieren den dreigeschossigen Renaissance-Arkadenhof, üppiges Stuckdekor den Rathaussaal. Den Mittelpunkt des Platzes bildet die aus St. Veiter Marmor geschaffene Pestsäule von 1715.

722

Das Museum für Stadt- und Verkehrsgeschichte präsentiert über 3000 Exponate, auch aus dem Post- und Fernmeldewesen. Weil sich in St. Veit früher eine Münzprägeanstalt befand, sind auch wertvolle Münzen aus dem altdeutschen Raum ausgestellt.

Hauptplatz 29; Tel. 0 42 12/55 55 64; www.museum-st.veit.at

723 St. Veit an der Glan

400 Jahre diente St. Veit an der Glan den Kärntner Herzögen als Residenz. Als Landeshauptstadt zählte es zu den reichsten Zentren des mittelalterlichen Kärntens. Man wusste opulente Feste zu feiern, Turniere zu veranstalten und den Liedern eines Walther von der Vogelweide zu lauschen. Erst mit dem 16. Jh. musste die Handelsstadt ihre Vormachtstellung an Klagenfurt abgeben. Mag sein, dass die St. Veiter ihre Stadt noch manchmal als heimliche Hauptstadt bezeichnen, mag auch sein, dass sie froh sind, nicht mehr im Rampenlicht zu stehen. So oder so sollte man den Ort mit seinen 10 m hohen Mauern mal besucht haben. Zu Fuß ist der großzügig angelegte Hauptplatz mit den Bürgerhäusern und Brunnen am besten zu erreichen.

Hauptplatz 23;
Tel. 0 42 12/4 56 08;
www.stveit.carinthia.at

724 Friesach

Friesach, die nördlich von St. Veit gelegene, älteste Stadt Kärntens, kann nicht nur mit einer lebhaften Geschichte aufwarten, sondern ist auch die an mittelalterlichen Sehenswürdigkeiten reichste Stadt Kärntens. Nicht umsonst wird sie auch das »Rothenburg von Österreich« genannt. Die 1130 bis 1167 errichtete Stadtpfarrkirche St. Bartholomäus weist im Inneren wertvolle gotische Glasfenster auf. Die Dominikanerkirche des St.-Josephs-Klosters außerhalb der Stadtmauern (1251–1300) besitzt das längste Kirchenschiff Kärntens. Die Deutschordenskirche St. Blasius birgt viele mittelalterliche Kunstschätze. Auf dem Petersberg gilt es die Kirche und Burgruine Lavant zu besichtigen, die 1673 ausbrannte.

Fürstenhofplatz 1; Tel. 0 42 68/22 13 40; www.friesach.at

725 Burg Hochosterwitz

Die Festung thront auf einem hohen Kreidefelsen östlich von St. Veit. Um 1571 geriet sie in den Besitz der Khevenhüller. Georg Khevenhüller, Landeshauptmann von Kärnten, ließ die Burg zum Schutz vor den Türken zu einer uneinnehmbaren Festung ausbauen. Selbst Walt Disney soll sie zur Vorlage für die Burg in Snow White genommen haben.

www.stveit.carinthia.at, www.burg-hochosterwitz.com

726 Dom zu Gurk

Der Gurker Dom ist einen Umweg wert. Er zählt zu den bedeutendsten Kirchenbauten des Landes. Die spätromanischen Fresken in der Bischofskapelle und die berühmte 100-säulige Krypta sollte man gesehen haben. Liebhaber historischer Züge können den Besuch mit einer einstündigen Fahrt mit der romantisch-nostalgischen Gurktaler Museumsbahn verbinden. Oder man besucht noch die Kraiger Schlösser, eine in Österreich wohl einzigartigen Burgengruppe, an der man kurz nach St. Veit vorbeikommt. Erreichbar über einen Waldweg an Fischteichen entlang.

Dr. Schnerich Str. 12; Tel. 0 42 66/81 25 27; www.gurk.at, www.burgenseite.com

727 Hüttenberg-Knappenberg

Über den Wallfahrtsort Mariahilf bei Guttaring gelangt man in die ehemalige Bergbauregion Hüttenberg. In dem über 2000 Jahre alten Eisenabbaugebiet sind heute ein Grubenhaus mit Schaubergwerk, ein Bergbaumuseum sowie ein Freilichtmuseum mit Hochöfen aus dem 19. Jh. zu besichtigen. Ihrem berühmtesten Sohn, dem Bergsteiger und Forschungsreisenden Heinrich Harrer, hat die Gemeinde im Ortsteil Knappenberg ein Museum gewidmet (www.harrermuseum.at). Es zeigt vorwiegend völkerkundliche Exponate, die er von seinen Reisen nach Tibet und in andere Länder mitbrachte.

Reiftanzplatz 18; Tel. 0 42 63/81 08; www.huettenberg.at

Hauptplatz Villach

728 Hübsch renovierte Patrizierhäuser säumen den Villacher Hauptplatz, etwa der Paracelsus-Hof (Nr. 18), in dem der berühmte Mediziner etliche Jahre seines Lebens verbrachte. Arkadenhöfe und viele kleine Läden laden zum gemütlichen Einkaufsbummel ein.

www.villach.at

Stadtpfarrkirche St. Jakob

729 Den Hauptplatz überragt die 95 m hohe, gotische Hallenkirche St.-Jakob-Kirche mit ihrem frei stehenden Turm, den man von Mai bis Oktober besteigen kann. Das riesige Christophorus-Fresko im Chor wird Thomas von Villach zugeschrieben.

Oberer Kirchplatz 8;
Tel. 0 42 42 / 2 40 66

730 Villach

Villach wollte stets Landeshauptstadt werden, doch die Geschichte bestimmte es anders. Dabei kann man den Villachern ihren Ehrgeiz nicht verübeln, leben sie doch in einer Stadt mit einer für eine Metropole geradezu prädestinierten Lage. Zudem strahlt die nahe Grenze zu den südlichen Nachbarn eine mediterrane Atmosphäre ab. Eingebettet zwischen Seenplateaus und Villacher Alpe, am Kreuzungspunkt von Gail- und Drautal gelegen, könnte die zweitgrößte Stadt Kärntens wirklich ein »Florenz des Nordens« sein. Immerhin wurde es dann 1997 im Rahmen der Alpenkonvention zur ersten Alpenstadt des Jahres gekürt. Möglicherweise war es gerade jenes Verlangen nach politischer Bedeutung, das Villach mehr und mehr anwachsen und über seine natürlichen Grenzen hinaustreten ließ. Heute zeigt sich die Stadt als moderne Ansiedlung mit hochgeschossigen Neubauten. Immerhin hat die Altstadt trotz Bombenhagel im Zweiten Weltkrieg, der das Zentrum stark in Mitleidenschaft gezogen hatte, noch einiges an alter Substanz zu bieten.

Töbringer Str. 1; Tel. 0 42 42/
4 20 00; www.region-villach.at

731 Widmanngasse in Villach

Als Fortsetzung des Hauptplatzes in Villach führt die Widmanngasse, von schmalen Bögen überschattete Gässchen kreuzend, hinunter in Richtung Drau. Attraktive Bürgerhäuser, etwa Nr. 10 und Nr. 30, sowie eine Mariensäule von 1740 machen die Gasse interessant. Haus Nr. 38 beherbergt das Stadtmuseum mit einer umfangreichen Kunstsammlung sowie Exponaten zur Ur- und Frühgeschichte.

Museum: Widmanngasse 38; Tel. 0 42 42/2 05 35 00; www.villach.at/museum; Mai–Okt.

732 Wallfahrtskirche Hl. Kreuz in Villach

Als ein barockes Juwel, das seinesgleichen in Kärnten sucht, schätzen Kunstkenner das in Rosa und Weiß gehaltene Gotteshaus in der ehemaligen Villacher Vorstadt Perau. Dass die Pfarrkirche seit dem 18. Jh. ein viel besuchtes Pilgerziel ist, hat seine eigene Geschichte: Der Legende nach fanden Gläubige hier ein Kruzifix, das aus einer Mauer herauswuchs.

Ossiacherzeile 41; Tel. 0 42 42/2 48 44

Hotel Warmbaderhof

733 Das exklusive Kurhotel bietet neben der umfangreichen Kurabteilung mit Thermal-, Frei- und Hallenbad auch kulinarische Genüsse: Der Bogen reicht von österreichisch bis zu mediterran.

Kadischenallee 22–24;
Tel. 0 42 42/30 01 13 01;
www.warmbad.com

Restaurant Kellerwand

734 Kulinarischer Fixpunkt in Kötschach-Mauthen: Im Oberen Gailtal befindet sich ein Restaurant, das mit einer Mischung aus Kärntner Bodenständigkeit und gehobener österreichischer Küchenkunst punktet.

Mauthen 24; Tel. 0 47 15/2 69;
www.sissy-sonnleitner.at

735 Warmbad Villach

Wie gern die 30 °C warmen Thermalquellen bereits früher besucht wurden, zeigen tiefe Spurrillen römischer Wagen sowie in Stein gehauene Stufen auf der Napoleonwiese. Die Feldherren zeigten sich von den Heilquellen so begeistert, dass sie einen großräumigen Kurpark anlegen ließen. Heute erstreckt sich der Naturpark über 20 ha. Einen Abstecher lohnt auch das sogenannte Maibachl, jene mitten im Wald entspringende Quelle, der man wundersame Heilung nachsagt. Mit oder ohne Wunder, auf jeden Fall »heilkräftig«, ist eine Wanderung entlang dem Römerweg bis zu der Ruine Federaun.

www.warmbad.com

736 Hotel & Spa Bleibergerhof

Im Grünen auf 920 m Höhe logiert man in diesem Kurhotel, das mit allem erdenklichen Komfort ausgestattet ist. In dem Alpenthermalschwimmbecken, das dem Hotel angeschlossen ist, können sich die Gäste von früh bis spät tummeln. Die vier hauseigenen Restaurants sind nicht ohne Grund sehr beliebt.

Drei Lärchen 150, Bad Bleiberg ob Villach; Tel. 0 42 44/22 05;
www.bleibergerhof.at

737 Kötschach-Mauthen

Der zwischen Gailtaler und Karnische Alpen eingebettete Luftkurort liegt nicht gerade in unmittelbarer Nähe von Villach, doch die Anfahrt durch das idyllische Gailtal lohnt die Mühe, die Straße trägt schließlich den Beinamen »Karnische Dolomitenstraße«. Auf der Fahrt passiert man Thörl, berühmt wegen seiner Thomas-von-Villach-Fresken in der Pfarrkirche St. Andrä, Arnoldstein, bekannt als Ausgangspunkt für eine Fahrt ins Dreiländereck, sowie Hermagor mit seiner spätgotischen Hallenkirche. Dellach sowie das Ferienzentrum rund um den Pressegger See gelten als beliebte Urlaubsgebiete entlang dieser Route. Einmal in Kötschach-Mauthen angekommen, sollte man nicht versäumen, dem Gailtaler Dom in Kötschach einen Besuch abzustatten. Das Gewölbe der Eingangshalle schmückt ein ungewöhnliches Netzgewölbe aus Schlingrippensternen. Sehenswert ist auch das Museum 1915–1918, das den Gebirgskrieg an der unweit von Kötschach verlaufenden Front dokumentiert. Es umfasst die von den Dolomitenfreunden angelegten »Friedenswege«, auf denen Interessierte ehemalige Gefechtsstellungen am Plöckenpass erwandern können.

Kötschach 390; Tel. 0 47 15/ 85 16; www.koemau.com

738 Der Tschebull

Dass die Grenze zu den südlichen Nachbarländern Slowenien und Italien sozusagen vor der Haustüre liegt, vermitteln in Egg nicht nur die hier schroff aufragenden Karawanken, sondern zeigt auch die Speisekarte, die mit alpen-adriatischen Köstlichkeiten gespickt ist.

Egger-Seeuferstraße 26, Egg; Tel. 0 42 54/21 91; www.tschebull.cc

739 Schiffsausflug auf der Drau

Das nächtliche Villach einmal aus einer anderen Perspektive zu betrachten, ist jenen Gästen vergönnt, die sich für eine Nachtschifffahrt auf der Drau entschlossen haben. Abgesehen von den täglich stattfindenden Rundfahrten werden Themenfahrten (Jazzbrunch, Birdwatching) und zusätzlich zweimal wöchentlich ein »Abend auf der Drau« angeboten. Sanft auf den Wellen dahinschaukelnd, genießen die Teilnehmer bei einem gemütlichen Dinner die vorbeiziehende Skyline der Stadt, während eine Drei-Mann-Kapelle für die musikalische Untermalung sorgt.

Moritschstr. 2; Tel. 06 99/15 07 70 77; www.schifffahrt.at/drau

740 Nassfeld

Im Winter sind es die Skifans, die bergwärts ziehen, im Sommer die Bergfexe, gilt doch das zu den Karnischen Alpen zählende Nassfeld als Ski-Eldorado und als günstiger Ausgangspunkt für Bergwanderungen. Eines der lohnendsten Ziele, da am leichtesten erreichbar, ist der Gartnerkofel (2195 m). Seine Almwiesen sind der einzige natürliche Standort der viel besungenen Wulfenia, Kärntens Wunderblume. Weniger beschaulich, dafür umso actionreicher geht es auf Kärntens längster Sommerrodelbahn Pendolino zu – 400 Höhenmeter geht es in rasanten Kurven bergab.

Sonnenalpe Nassfeld 8; Tel. 0 42 85/82 41; www.nassfeld.at

741 Faaker See

5 km östlich von Villach liegt eines der reizvollsten Urlaubsgebiete Kärntens: der Faaker See mit den Ortschaften Faak, Egg und Drobollach. Der See ist 2,3 km lang und bis zu 1,7 km breit. Seine türkisblaue Farbe hat er dem Hauptzufluss zu verdanken, dem Fluss Wourounitza, der feine Kalkpartikel mitbringt, die im Wasser schweben und das Licht reflektieren. Bei Egg ist das »Marterl«, ein romanischer Bildstock, vor allem wegen des Ausblicks auf die Karawanken ein beliebtes Fotomotiv. In Drobollach, der größten Ortschaft am See, findet im September die European Bike Week statt. Nahezu alle Wassersportarten können hier ausgeübt werden, aber auch Wanderer und Radfahrer kommen auf ihre Kosten: Der 12 km lange Faaker-See-Radweg ist auch mit Kindern gut zu bewältigen. Angeln kann man in der ruhigeren Nebensaison.

Dietrichsteinerstr. 2, Faak am See; Tel. 0 42 54/21 10; www.faakersee.at

742 Maria Gail

Nur wenige Kilometer außerhalb Villachs (in Richtung Faak) birgt die Wallfahrtskirche Maria Gail eines der bedeutendsten Werke gotischer Schnitzkunst im Alpenraum. In dem ursprünglich romanischen, später gotisch umgebauten Gotteshaus erstrahlt der spätgotische Flügelaltar (um 1510) in fast unverändertem Glanz. Der Schrein stellt die kniende Maria dar, die von Gottvater und Christus gekrönt wird. Die Taube (Symbol der Hl. Dreifaltigkeit) fliegt über ihr. Eine Rarität stellt die Weltgerichtsdarstellung (13. Jh.) an der südlichen Außenmauer dar.

www.kath-kirche-kaernten.at/mariagail

743 Ossiacher See

Vom Volksmund geheimnisvoll als »See des Schweigens« beschrieben, zählt der drittgrößte See Kärntens zum bevorzugten Urlaubsgebiet all jener, die unbeschwerte Ferienatmosphäre schätzen. Das Dorf Annenheim ist Ausgangspunkt der auf die Kanzelhöhe führenden Seilbahn. Von dort gelangen Touristen per Sessellift auf die Gerlitzen. Die dortige Aussichtswarte bietet einen unvergleichlichen Blick auf den von Plankton smaragdgrün gefärbten See. Auf die Gerlitzen führt auch eine mautpflichtige Höhenstraße.

Ossiach 8; Tel. 0 42 43/2 24 60; www.ossiachersee.info

744 Stift Ossiach

Am Ossiacher See liegt das älteste Männerkloster Kärntens, dessen Ursprung auf das Jahr 1028 zurückgeht. 1782 wurde es auf kaiserlichen Befehl aufgehoben. Sehenswert ist die ursprünglich romanische, später barockisierte Stiftskirche mit Wessebrunner Stuckaturen und Deckenmalereien von J. F. Fromiller, in der Konzerte des Carinthischen Sommers stattfinden.

Tel. 0 42 43/22 80; www.pfarre-ossiach.at

745 Rosental

Kunsthistorisch und landschaftlich lohnend ist eine Fahrt durch das Rosental. Nach der Fundstätte hallstattzeitlicher Kultfiguren in Frög erreicht man Maria Elend, eine gotische Wallfahrtskirche. Etwas weiter grüßt die Hollenburg. Kurz vor Ferlach führt eine Abzweigung Richtung Unterloibl zu einem wildromantischen Ausflugsgebiet. Auf schmalen Wegen durchwandert man die Tscheppa-Schlucht. Die Quadiaalm, fast 1000 m hoch gelegen, wartet im Juni mit einer botanischen Attraktion auf – der Narzissenblüte. Naturbegeisterte Wanderer nehmen dafür gern den dreistündigen Fußmarsch von St. Jakob auf sich.

www.carnica-rosental.at

Hauptplatz Völkermarkt

Der Platz besticht durch sein geschlossenes Ensemble historischer Bürgerhäuser, die im Kern dem 16. Jh. entstammen. Viele der Fassaden wurden jedoch in der Biedermeierzeit verändert.

746 Hübsch anzusehen sind die Häuser Nr. 3 bis 6 und 17–21. In der Mitte des Platzes erinnert die Pestsäule von 1715 an überstandene Not. Die ehemalige Herzogsburg, ein schöner Arkadenbau, der 1499 fertiggestellt wurde, beherbergt heute das Bezirksheimatmuseum. Hier ist neben Kunst und Brauchtum der Region auch die Volksabstimmung des Jahres 1920 Thema.

Bezirksheimatmuseum: Faschinggasse 1; Tel. 0 42 32/25 71 39; www.kulturdreieck-suedkaernten.at

747 Völkermarkt

Idyllisch schmiegt sich die Bezirkshauptstadt an den Rand der zum Völkermarkter Stausee steil abfallenden Schotterterrasse. Gemächlich pulsiert das Leben in den engen Gassen rund um den biedermeierlich anmutenden Hauptplatz mit seinen Bürgerhäusern. Alles eitel Sonnenschein, ist der Reisende versucht zu denken, wären da nicht der wuchtige Stadtturm und die zum Teil noch erhaltene Festungsmauer. Sie lassen erahnen, dass hier nicht immer alles so friedlich verlief, wie es heute den Anschein hat. Nahe der Grenze gelegen, war Völkermarkt wiederholt heftig umkämpft, erst die Volksabstimmung von 1920 änderte dies. Damals entschied sich die Mehrheit der Kärntner Slowenen für den Verbleib bei Österreich. Die damaligen Ereignisse beleuchtet eine Sonderausstellung im Bezirksheimatmuseum.

Hauptplatz 1; Tel. 0 42 32/25 71 47; www.voelkermarkt.gv.at

748 Stadtpfarrkirche

Östlich des Hauptplatzes ragt die Pfarrkirche St. Magdalena auf. Im Kern romanisch, wurde sie später im Stil der Gotik umgebaut. Erhalten blieb das Westwerk mit kunstvollem Stufenportal. Das Innere birgt gotische Wandmalereien, von denen einige Thomas von Villach zugeschrieben werden. Sehenswert sind weiterhin die spätgotische Ölberg-Gruppe links vom Hauptportal und die Lichtsäule vor der Westfassade. Ihr pittoreskes Aussehen verdankt die Kirche einem Erdbeben, das einen der beiden Türme einstürzen ließ. Man errichtete den Turm zwar wieder neu, ersetzte den Zwiebelhelm aber durch ein schlichtes Dach.

Kirchgasse 8, Völkermarkt; Tel. 0 42 32/24 29; www.kath-kirche-kaernten.at

Eisenkappel

In früheren Jahrhunderten war Eisenkappel ein Umschlagplatz für Eisen, Blei und Meersalz. Heute suchen Urlauber hier vor allem Heilung von Herz- und Kreislauferkrankungen. Die Bergwelt rund um Eisenkappel lädt zum Wandern ein, wobei Petzen und Hochobir zu den beliebtesten Gipfeln zählen. Die 1870 von Bergleuten entdeckten Obir-Tropfsteinhöhlen gehören zu den eindrucksvollsten Naturwundern Kärntens. Sie sind auf einer Länge von 800 m begehbar (www.hoehlen.at). Angler schätzen die Reviere im Vellach-, Ebriach- und Trögernerbach mit einer Gesamtlänge von 28 km. Lohnend ist die Anfahrt durch das Vellach-Tal, auch der Wallfahrtskirche Maria Dorn wegen, deren Außenwand-Fresken weithin berühmt sind. Mit St. Leonhard besitzt Eisenkappel die höchstgelegene Kirche Kärntens.

749

Hauptplatz 7; Tel. 0 42 38/86 86; www.bad-eisenkappel.info

750

Bleiburg

Ein Ausflug in den größten Ort des Jaunfeldes mutet fast wie eine Reise in ein fremdes Land an. Denn nur wenige Kilometer trennen Bleiburg von der slowenischen Grenze. Gänzlich verschwommen sind hingegen die Grenzen in Bezug auf die Bevölkerungsstruktur. Der Großteil der Bewohner ist slowenisch, was wegen der zweisprachigen Ortstafeln nicht zu übersehen ist. Beachtenswert in Bleiburg sind die Renaissance-Schlossanlage, die spätgotische Pfarrkirche sowie die Bürgerspitalkapelle mit Fresken aus dem 18. Jh.

10. Oktober Platz 1; Tel. 0 42 35/21 10 15; www.bleiburg.gv.at

Archäologisches Pilgermuseum Hemmaberg

751

Im Süden Völkermarkts ragt der Hemmaberg auf, eine der ältesten Pilgerstätten Europas. Archäologische Ausgrabungen auf diesem Bergkegel förderten Reste frühchristlicher Kirchen und Fragmente prächtiger Mosaikböden zutage. Die Mosaike und kleinere Funde sind im Archäologischen Pilgermuseum in Globasnitz ausgestellt. Einen nach wie vor starken Zustrom von Gläubigen verzeichnet die »Rosaliengrotte« mit einer Quelle, der man Wunderheilkraft zuspricht, und die Wallfahrtskirche der Hl. Hemma und Dorothea.

Globasnitz 13; Tel. 0 42 30/2 00 46; www.museum-globasnitz.at

752 Diex

Schier uneinnehmbar wirken die wuchtigen Mauern, die die Wehrkirche von Diex umschließen. Während der Türkenkriege bot sie der ländlichen Bevölkerung oft Schutz vor der drohenden Gefahr aus dem Osten. Heute beeindruckt das Gotteshaus durch sein barockes Inneres, die Rokokoaltäre sowie eine spätgotische Sakramentsnische aus dem 15. Jh.

Diex 25; Tel. 0 42 31/81 11; www.diex.gv.at

753 Griffen

Ein kurzer Ortsname, vielerlei Assoziationen: Literarisch Interessierte denken an den hier geborenen Schriftsteller Peter Handke, Kunstfreunde an das Prämonstratenserstift mit seiner aufwendig stuckierten Stiftskirche und der romanischen Pfarrkirche. Für Naturliebhaber hingegen ist die Tropfsteinhöhle, in der bereits vor 30 000 Jahren steinzeitliche Jäger lagerten, am wichtigsten. Die Höhle ist bekannt für ihre Farbenpracht, die spezielle Mineralien hervorrufen.

Griffen 53; Tel. 0 42 33/20 29; www.tropfsteinhoehle.at

754

Klopeiner See

Mit Kleinsee, Gösselsdorfer und Turner See bildet der Klopeiner See eine attraktive Urlaubsregion. Vielfältige Sportmöglichkeiten, adriatisches Klima und kilometerlange Wanderwege sind nur einige der Vorzüge dieser Gegend. Anfang Juli wird am Klopeiner See Österreichs größtes Feuerwerk veranstaltet. Das als »See in Flammen« beworbene Event zieht bis zu 50 000 Besucher an.

Schulstraße 10; Tel. 0 42 39/22 22; www.klopeinersee.at

755 Stift St. Paul

»Schatzhaus Kärntens« – so wird das Benediktinerkloster im Lavanttal genannt. Sein größter Reichtum besteht in der Bibliothek mit einer kostbaren Sammlung von Handschriften und Inkunabeln, im Stiftsmuseum sind liturgische Geräte, Messgewänder und Gemälde flämischer Meister zu sehen. Zu den Kleinodien der Stiftskirche gehören Fresken von Thomas von Villach und Michael und Friedrich Pacher. Lange bevor das Kloster gebaut wurde, befand sich auf dem Hügel eine keltische Siedlung, danach ein römisches Kastell und im Mittelalter eine Burg. Im 11. Jh. wurde das Stift gegründet, von dem nur die romanische Basilika erhalten blieb. Die Klosteranlage fiel mehrfach Krieg und Bränden zum Opfer, in ihrer heutigen Form entstand sie im 16. Jh. unter Abt Hieronymus Marstaller.

Hauptstr. 1; www.stift-stpaul.at

Floß fahren auf der Drau

756

Die Drau war früher ein wichtiger Verkehrsweg, auf dem Holz und Kohle transportiert wurden. Heute steht das Flößen auf Österreichs größtem Fluss ganz im Zeichen der Unterhaltung. Im Oberen Drautal verkehren auf der alten Handelsroute Floße und sogenannte Plätten (flache, kastenförmige Kähne), deren gemächliches Tempo die reizvolle Landschaft in aller Muße genießen lässt. Los geht's in Oberdrauburg, insgesamt werden auf der drei- bis vierstündigen Fahrt 40 km zurückgelegt. Für Getränke ist während der Fahrt gesorgt, bei einem Stopp wird gemeinsam am Lagerfeuer gegrillt.

www.drauplaette.at; Mai–Okt.

757 Wandern in den Nockbergen

Ob Genusswandern im Nockgebiet oder extremere Touren, etwa in den Hohen Tauern oder Karawanken – die Möglichkeiten für Wanderer sind in Kärnten schier unbegrenzt. Eine reizvolle Wanderung führt von der Glockenhütte (direkte Anfahrt auf der Nockbergestraße) zum Klomnock. Unterwegs wird man mit einem wunderbaren Blick auf den Windebensee belohnt. Am Klomnock angekommen, wechselt man auf den Wanderweg 161 und folgt einem Höhengrat zum Mallnock. Hier bietet sich ein beeindruckender Blick zum Großen Rosennock, dem höchsten Berg des Nationalparks Nockberge. Auf dem Wanderweg 1614 geht es weiter zur »Roten Burg«, einem Dolomitstein mit Eisenanteil, der in der Sonne rot leuchtet. Über den Hohen Steig kehrt man zurück zur Glockenhütte.

www.nockberge.at

758 Golfen am Millstätter See

Dank des milden Klimas beginnt die Golfsaison in Kärnten früher und dauert länger als anderswo in Österreich. Mit der Kärnten Golf Card, aufladbar mit drei, vier oder fünf Greenfees, kann man auf zehn der schönsten Plätze des Landes vergünstigt abschlagen. Zu den Partnern gehört auch die Golfanlage Millstätter See, die durch ihre Lage auf einem sonnigen Hochplateau atemberaubende Ausblicke auf den lang gestreckten See und die Nockberge im Norden bietet. Zum turnierbewährten 18-Loch-Golfplatz gehört ein Terrassenrestaurant, das auch Nicht-Golfern offensteht – ideal für ein unverbindliches Kennenlernen. Die ersten neun Spielbahnen des insgesamt als leicht geltenden Platzes sind übrigens recht hügelig und trickreich, die zweiten neun sind ebener gestaltet.

www.golflust.at/golfanlagen

Radtour auf dem Drau-Radweg

759

Kärntens Bergwelt bietet Mountainbikern und Rennradfahrern ein ebenso großes Betätigungsfeld wie Genussradlern. Wer's sportlich mag, entscheidet sich für die Nockalmstraße (www.nockalmstrasse.at) oder den Glockner-Radweg (www.glockner-radweg.at). Gemütlicher angehen lassen kann man es z. B. auf Etappen des 366 km langen Drau-Radwegs. Er führt von Toblach in Südtirol nach Maribor in Slowenien. Abwechslungsreich ist die großteils am Flussufer verlaufende, auch für Familien geeignete Etappe von Villach nach Völkermarkt, vorbei am Faaker See, Ossiacher See und Wörthersee.

www.drauradweg.com

Gleitschirmfliegen vom Gerlitzen

760

Ideale Bedingungen zum Drachen- und Gleitschirmfliegen bietet die Gerlitzen, einer der südlichsten Nockberge: Die Thermik ist gervorragend und die Startplätze befinden sich in unmittelbarer Nähe der Gerlitzen-Gipfelbahn. Am Landeplatz bei Annenheim am Ossiacher See gibt es eine Flugschule, die neben Kursen auch Tandemflüge anbietet.

www.kaerntner-flugschulen.at

761 Alpinreiten in den Hohen Tauern

Das Glück der Erde liegt hier auf dem Rücken trittsicherer Haflinger. Mit ihnen geht es auf alten Saumpfaden in lichte Höhen. Das Programm reicht von eintägigen Touren im Nationalpark Hohe Tauern bis zu mehrtägigen Ausritten in der Gletscherregion mit Hüttenübernachtungen. Empfehlenswerte Betriebe für Pferdetrekking sind u. a. der Moserhof (www.moserhof.net), der Herkuleshof (www.herkuleshof.com) und Alpinreiten Sauper (www.toni-sauper.com).

www.reit-eldorado.at

762 Paddeln auf dem Faaker See

Während Kärntens ungestüme Gebirgsflüsse, Möll, Lieser, Gail und Drau, streckenweise Abenteuergeist erfordern, hält sich der Adrenalinausstoß bei Paddeltouren auf den Kärtner Seen in Grenzen – nicht aber der Spaß. Das Kajakcenter Faakersee bietet Kajakkurse für alle Könnensstufen, weiterhin geführte Kanutouren, bei denen die Grundtechniken des Sports erlent werden können. Gepaddelt wird auf dem Faaker See oder auf vom Wildwassercharakter her leichten Passagen der Drau. Für Stärkung unterwegs sorgt eine echte Kärntner Jause.

www.kajak-faak.com

Segeln auf dem Pressegger See

Ideale Segel- und Surfreviere sind die Kärtner Seen alle – hier gibt es zahlreiche Schulen und Ausrüstungsverleihe.

763 Ideal für Einsteiger ist jedoch der Pressegger See: Nur 800 m lang und ohne Bootsverkehr von Fähren, bietet er ein Maximum an Sicherheit; bei dieser Gewässergröße gibt es auch so gut wie keine Wellen. Der See erreicht schon Anfang Mai Badetemperaturen und die Windwahrscheinlichkeit liegt bei 97 %. Die Surf- und Segelschule Max Edlinger veranstaltet Sportwochen am Pressegger See, bei denen geschultes Personal großen und kleinen Schülern das Segeln beibringt.

www.max-edlinger.net

764 Baden am Klopeiner See

Angenehme Wassertemperaturen und eine ausgedehnte Badesaison, die unter Umständen von Mitte Mai bis in den September währen kann, machen die Wahl des bevorzugten Sees in Südkärnten nicht gerade leicht. Wörther, Ossiacher und Millstätter See gehören zu den meistbesuchten Bade-Eldorados. Urlauber, die Ruhe und Erholung suchen, nehmen meist Zuflucht zu einem der kleineren Seen. Ein Geheimtipp ist der Klopeiner See, mit 28 °C einer der wärmsten Badeseen Europas. Hier hat man die Wahl zwischen zwölf Strandbädern, die eine bunte Palette von Aktivitäten rund ums Wasser anbieten: Klassiker wie Kanu und Kajak fahren, aber auch Stand-Up-Paddling und Bungee-Jumping von einem Baukran. Wer es ruhiger mag, flaniert auf Österreichs einziger durchgehender Seepromenade.

www.klopeinersee.at

765 Minimundus Klagenfurt

Die Miniaturwelt am Wörther See ist ein absolutes Muss für Jung und Alt. 150 originalgetreu nachgebaute Modelle berühmter Bauten, Schiffe und Züge, säumen die Wege des 26 000 qm großen Parks. Es gibt einen Kinderspielplatz mit Spielschiff und Rutschen. Wenn das Wetter nicht mitspielt, gibt es einen Indoor-Bereich mit 30 Stationen.

Villacher Straße 241; Tel. 04 63/2 11 94-0; www.minimundus.at; April–Okt.

766 Affenberg Burg Landskron

Auf Burg Landskron kann man Japanmakaken nicht nur hinter Gittern, sondern während einer Führung auch in freier Wildbahn beobachten. Makaken zählen zu den seltenen Affenarten, die gern schwimmen und sogar tauchen – in zwei Teichen auf dem Areal finden sie dazu Gelegenheit. Neben dem Affenberg lohnt auf Burg Landskron auch die Greifvogelwarte einen Besuch. Im Greifvogelzoo bietet eine riesige Voliere 27 Raubvogelarten Heimat (www.adlerarena.com).

Tel. 0 42 42/43 03 75; www.affenberg.com; April–Okt.

Pilz-Wald-Erlebniswelt Einöde

767

Das Pilzmuseum bietet eine großartige Einführung in die Welt der Pilze, Groß und Klein lernen hier auf sehr anschauliche Art, essbare von ungenießbaren Arten zu unterscheiden. Es können auch Pilze mitgebracht werden, die die Experten vor Ort dann bestimmen. Auf dem Pilz-Wald-Erlebnisweg erlebt man den Zauberwald mit seinen phosphoreszierenden Algen, die Welt der Kristalle wird mit eindrucksvollen Licht- und Klangeffekten präsentiert. Und schließlich lernt man auch die Tiere des Waldes kennen und bekommt einen Einblick in die Urzeit.

Winklerner Straße 26, Einöde; Tel. 0 42 48/26 66; www.pilzmuseum.at; Mai–Okt.

Skilaufen in den Karnischen Alpen

768

Grenzüberschreitend Skifahren kann man am Nassfeld in Kärntens Süden: Ein kleiner Teil der 110 Pistenkilometer liegt in Italien. Auch sonst bietet das Skigebiet Abfahrten für jedes Können und einen Fun Park bei der Tressdorfer Alm. Highlight ist allerdings die Carnia, die 7,6 Kilometer lange Talabfahrt nach Tröpolach, deren unteres Drittel sich samstags in eine Flutlichtpiste verwandelt. Das Aushängeschild unter den mehr als 30 Liften ist der Milleniumexpress, die Verbindung zum Gailtal und die längste Seilbahn Österreichs.

www.nassfeld.at

769 Tage der deutschsprachigen Literatur Klagenfurt

In Rahmen dieses seit 1977 stattfindenden Literaturfestivals wird der begehrte Ingeborg-Bachmann-Preis vergeben. Die nominierten Autoren müssen sich mit einer öffentlichen Lesung der Jury stellen. Bei der gleichzeitig stattfindenden Veranstaltung Translatio werden literarische Übersetzer prämiert.

http://bachmannpreis.eu;
Ende Juni

770 Wörtherseefestspiele

Auf der Seebühne in der Klagenfurter Ostbucht werden jedes Jahr im Sommer Musicalhits aufgeführt – bislang u. a. »Evita«, »Die Schöne und das Biest« oder die Lucio Dallas Pop-Oper »Tosca«. Ein Kindermusical rundet das Programm ab. Ein transparentes Dach erlaubt den Besuchern den Blick auf die romantische Kulisse des abendlichen Sees.

www.woerthersee.com;
Juli/Aug.

771 Carinthischer Sommer

Mehrere Orte in Kärnten fungieren als Spielstätten dieses hochkarätigen Musikfestivals, dessen Markenzeichen die Uraufführung einer Kirchenoper ist. Musikalische Größen wie Leonard Bernstein, Claudio Abbado, Arvo Pärt und Gidon Kremer waren hier schon zu Gast. Das Programm schlägt den Bogen vom Kammerkonzert zum Tango-Abend.

www.carinthischersommer.at;
Juli/Aug.

Vierbergelauf St. Veit

772

Bei der Prozession über den Magdalens-, Ulrichs-, Veits- und Lorenziberg legen Tausende Pilger in 16 Std. 50 km zurück. Unterwegs werden Messen gelesen, Kreuzträger und Vorbeter schreiten dem Zug voran.

www.vierbergelauf.info;
zweiter Freitag nach Ostern

Kufenstechen in Feistritz/Gail

773

Berittene Burschen in Tracht versuchen mit einer Eisenkeule im Galopp ein aufgehängtes Holzfass zu zertrümmern. Der Sieger wird mit dem »Kranzl« geehrt und darf anschließend den Lindentanz eröffnen.

www.feistritz-gail.gv.at;
Pfingstmontag

Zwergenpark Gurktal

774 In unmittelbarer Nachbarschaft des Gurker Doms tummeln sich in einer Gartenlandschaft Hunderte von Wichteln und Gartenzwergen. Der Zwergenbrunnen dokumentiert die Geburt eines Zwergs, die Ahnengalerie mit Büsten aus Sandstein erläutert die Entstehung des Zwergenmythos. Weitere Stationen sind ein Gemüse- und Rosengarten mit klassischen Gartenzwergen sowie die Miniaturburg, in der Gnome, Trolle, Wichte und Kobolde hausen. Skurril sind die Politikerzwerge – da gibt es u. a. Kohl, Waigel und Möllemann –, nicht minder ein Zwergen-Batman und -Tarzan.

Tel. 0 42 66/80 77; www.zwergenpark.com; Mai–Okt.

775 Sommerrodelbahn Klippitztörl

Erst geht es mit dem Hochegger-Sessellift auf eine Höhe von 1800 m, wo man einen herrlichen Blick auf das Lavanttal genießt. Dann saust man auf einer der spektakulärsten Sommerrodelbahnen des Landes zu Tal – die 1400 m lange Strecke überwindet dabei 260 Höhenmeter und führt durch 18 Hochgeschwindigkeitskurven. Kinder ab sieben Jahren dürfen alleine fahren, kleinere Kinder fahren im Tandem mit ihren Eltern. Rasante Sommerrodelbahnen gibt es auch am Nassfeld und am Ossiacher See (www.sommerrodelbahnen-ossiach.at).

www.klippitz.at; Mai–Sept.

776 Elli-Riehl-Puppenwelt Winklern

In einem kleinen Bauernhaus bei Villach sind rund 700 von Elli Riehl (1902–1977) gefertigte Puppen zu bewundern. Die Porträtpuppen spiegeln das bäuerliche Alltagsleben wider, stellen aber auch Märchenszenen dar.

Buchholzer Straße 4, Winklern; Tel. 0 42 48/23 95; www.elli-riehl-puppenwelt.at; April–Okt.

777 Schaubergwerk Terra Mystica in Bad Bleiberg

In die geheimnisvolle Welt unter Tage entführt dieses »Aktiv-Museum«. In Knappenmontur gewandet, saust man auf einer Bergmannsrutsche in die Tiefe, wo man mittels einer eindrucksvollen Multimedia-Show Zeuge des Urknalls wird. Besinnlicher stimmen danach die Schönheit der gezeigten Bergschätze sowie ein mystischer Bergsee. Über Österreichs einzigen für Besucher befahrbaren Schachtaufzug gelangt man ins angeschlossene Bergbaumuseum mit 700 Jahre Bergbaugeschichte und ins Karikaturenmuseum Terra Humoristika. Kinder können gegen Aufpreis in einem Stollenlabyrinth auf Schatzsuche gehen.

Tel. 0 42 44/2 25 50; www.terra-mystica.at; Mai–Okt.

Wildpark Rosegg

778

Auf dem großzügig angelegten, mitunter recht steilen Areal sind Bisons, Steinböcke, Luchse und seltene Hirscharten, aber auch Adler und Störche anzutreffen. Beliebt bei kleineren Kindern ist der Streichelzoo. Auf dem Tierparkgelände befindet sich auch die Ruine Altrosegg, die vom Geschlecht der »Raser« im 13. Jh. auf einem Felsen zur Überwachung der Drau errichtet wurde. In der Nähe sorgen ein großes Gartenlabyrinth und ein Labyrinth im Maisfeld für Spannung. Nebenan steht das Schloss Rosegg aus dem 18. Jh. mit einem »Figurencabinett«. Im Sommer werden hier Konzerte und Theaterstücke aufgeführt.

Tel. 0 42 74/5 23 57; www.rosegg.at; Mai–Okt.

Kirchleintragen in Eisenkappel

779 Am Abend vor Maria Lichtmess tragen Kinder papierne Kirchlein, die von innen beleuchtet sind, in einer Prozession durch den Ort und setzen sie als Schifflein auf die Vellach. Der Brauch erinnert an das Hochwasser von 1180.

www.bad-eisenkappel.info; 1. Feb.

Tresdorfer Kreuzziachn

780 Die Bewohner des Dorfes stellen, in uralte Kostüme und Masken gehüllt, die Leidensgeschichte Christi nach – besonders eindringlich, weil bis auf einige wenige Worte beim Judaskuss kein Wort gesprochen wird.

www.tresdorf.at; Gründonnerstag und Karfreitag

781 Villacher Fasching

Besonders ausgelassen und überschwänglich wird das Ende der kalten Jahreszeit in Villach gefeiert. Ihren Höhepunkt erreichen die Festivitäten am Samstag beim großen Faschingsumzug in der Innenstadt. Eine Jury stimmt über die besten Masken ab, die Gewinner erhalten eine Trophäe zur Erinnerung.

www.villacher-fasching.at; Faschingssamstag bis -dienstag

782 Komödienspiele Porcia in Spittal an der Drau

Der Innenhof von Schloss Porcia, das oft als schönster Renaissancebau nördlich der Alpen bezeichnet wird, dient im Sommer als bezaubernde Kulisse für Komödienaufführungen, wobei Klassiker mit zeitgenössischen Stücken um die Gunst des Publikums konkurrieren. Ein Kinderstück rundet das Programm ab. Das Festival ist bekannt für sein hohes künstlerisches Niveau.

www.komoedienspiele-porcia.at; Juli/Aug.

783 Villacher Kirchtag

Österreichs größtes Brauchtumsfest zieht jährlich Hunderttausende Besucher in die festlich geschmückte Villacher Altstadt. Bei über 100 Veranstaltungen in einer Woche wird heimisches und fremdes Brauchtum gezeigt, es gibt die berühmte Kirchtagssuppe und Villacher Bier. Auf fünf Bühnen treten die besten Volksmusikgruppen des Landes auf – natürlich »unplugged«. Die Festivitäten gipfeln im großen Trachtenfestzug.

www.villacherkirchtag.at; 1. Sa im Aug.

784 Marienschiffsprozession auf dem Wörthersee

Mitte August wird die Marienstatue der Klagenfurter St.-Josefkirche in einer wunderschönen nächtlichen Schiffsprozession um den Wörthersee geführt. Sie beginnt an der Schiffsanlegestelle Klagenfurt, führt dann über Krumpendorf, Pörtschach und Velden nach Maria Wörth und von dort zurück nach Klagenfurt, wo die Schiffe kurz vor Mitternacht anlegen. An den Anlagestellen gibt es Musikaufführungen. Die Prozession geht auf das Jahr 1954 zurück, als man die damals neue Marienstatue mit diesem festlichen Rahmen in Empfang nahm.

www.kath-kirche-kaernten.at; 15. August

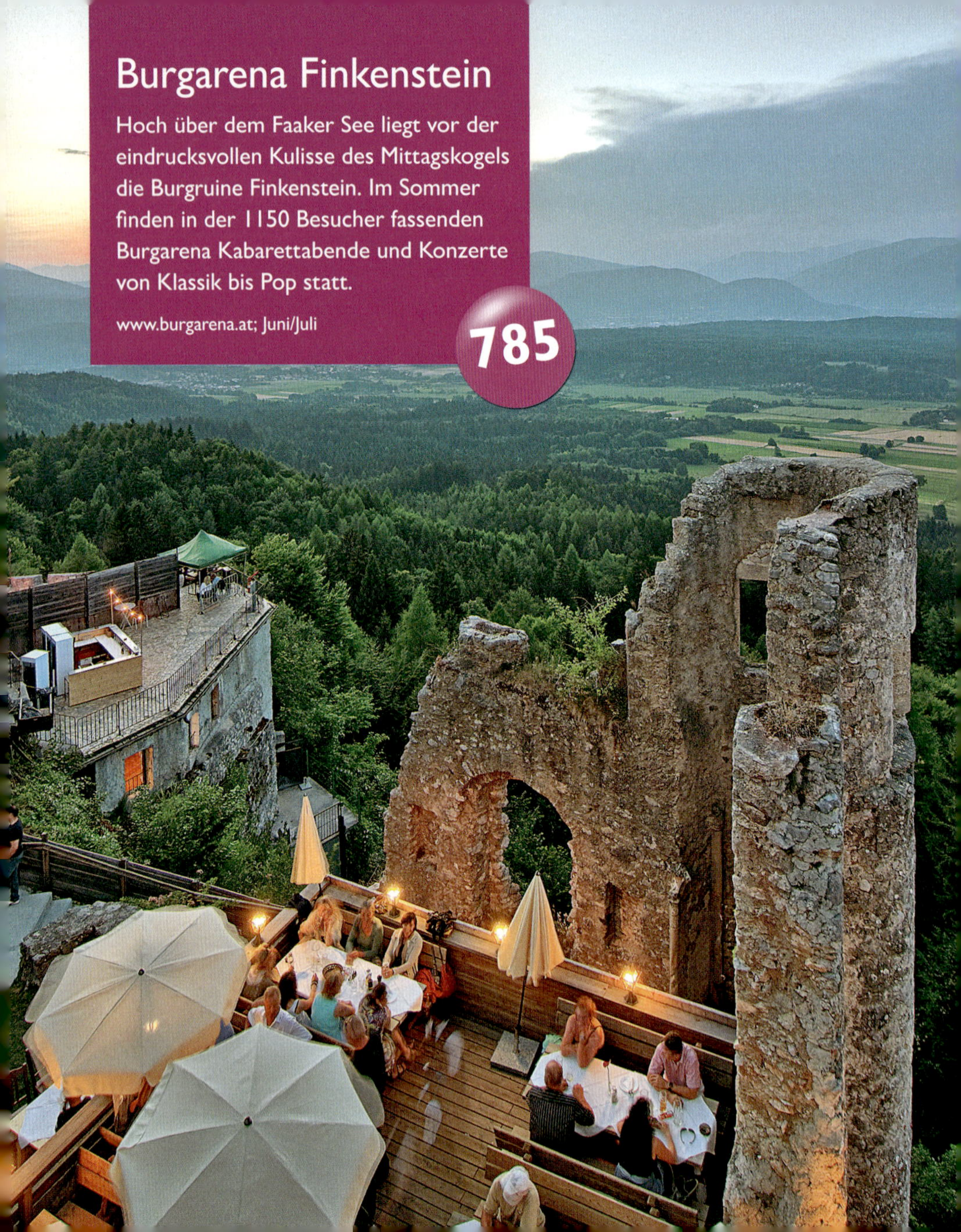

Burgarena Finkenstein

Hoch über dem Faaker See liegt vor der eindrucksvollen Kulisse des Mittagskogels die Burgruine Finkenstein. Im Sommer finden in der 1150 Besucher fassenden Burgarena Kabarettabende und Konzerte von Klassik bis Pop statt.

www.burgarena.at; Juni/Juli

785

786 European Bike Week Drobollach

Aus ganz Europa kommen Motorradenthusiasten jedes Jahr nach Drobollach am Faaker See, um an der großen Harley-Parade und dem ausgelassenen Fest der Zweiradfreunde teilzunehmen. Die Parade führt nach Finkenstein, durch das Zentrum von Villach nach Ossiach, einmal um den Ossiacher See nach Rosegg und über St. Niklas wieder zurück zum Faaker See. Zum Begleitprogramm gehören verschiedene Gastro-Angebote, Konzerte und Partynächte mit GoGo-Tänzerinnen. Auf der Händlermeile kann alles erstanden werden, was der Biker für sich und sein Gefährt braucht. Und bevor man überhitzt, springt man zur Abkühlung in den See.

www.hogeuropegallery.com; Sept.

787 Klagenfurter Christkindlmarkt

Ab Ende November bringt der Christkindlmarkt Weihnachtsstimmung in die Klagenfurter Altstadt. Vor dem Rathaus am Neuen Markt wird einem bei Glühwein und Plätzchen warm ums Herz. Besinnliche Konzerte auf der Brauchtumsbühne stimmen auf den Heiligen Abend ein.

www.klagenfurt.at; Advent

788 St. Veiter Wiesenmarkt

Die früher als Michaelimarkt bekannte Veiter »Wiesn« hat sich zu einem der größten Volksfeste Österreichs entwickelt. Traditionell wird sie mit einem Umzug und dem Fassanstich eröffnet. Obwohl der Anteil der Fahrgeschäfte zunimmt, wird an zahlreichen Ständen und in Zelten noch immer gehandelt und gekauft. Eine nostalgische Reminiszenz sind die Sandkegelbahnen. Ob es die vor über 650 Jahren auch schon gab? Auf so viele Jahrhunderte blickt der St. Veiter Wiesenmarkt nämlich schon zurück. Übrigens: In einem Festzelt des Michaelimarkts feierte der Sänger Udo Jürgens erste Erfolge.

www.wiesenmarkt.at; Ende Sept.–Anfang Okt.

Tirol

»Bisch a Tiroler, bisch a Mensch.« In diesem Selbstverständnis drückt sich das äußerst gesunde Selbstbewusstsein der Tiroler aus, ebenso ihre Liebe zur Heimat. Doch auch Nicht-Tiroler sind in dem Land mit den atemberaubenden Berggipfeln, weiten Skipisten und vielfältigen Wandermöglichkeiten zu allen Jahreszeiten herzlich willkommen!

Das ist der Gipfel!
Wandern in luftiger Höhe
auf der Talleitspitze in den
Ötztaler Alpen (3406 m)

789 Innsbruck

Historischer Charme, unermessliche Kunstschätze, gotische Bausubstanz in engen Gassen und Laubengängen und eine überwältigende Bergkulisse – dies macht die Tiroler Landeshauptstadt (580 m) unvergleichlich! Als Schnittpunkt wichtiger Nord-Süd- und Ost-West-Verbindungen wird das von den Grafen von Andechs gegründete »Innsprucke« erstmals 1187 urkundlich erwähnt. Als die Habsburger 1363 Tirol zugesprochen bekamen und 1420 ihre Residenz von Meran nach Innsbruck verlegten, stand der weiteren Entwicklung der Stadt nichts mehr entgegen. Maximilian I. residierte sogar als deutscher Kaiser in der Stadt und gab ihr wichtige städtebauliche Impulse, wie später auch Maria Theresia, die die Hofburg ausbauen und die Triumphpforte errichten ließ. Bedeutende Baumeister unterschiedlichster Kulturepochen haben das Erscheinungsbild der Stadt geprägt. Zu den wichtigsten zählt die Baumeisterfamilie Türing, deren Mitglieder in der Übergangsphase von der Gotik zur Renaissance tätig waren – so stammt beispielsweise das Goldene Dachl, das Wahrzeichen der Stadt, von Niklas Türing, dem Hofbaumeister Maximilians I. In den folgenden beiden Jahrhunderten waren es vor allem die drei Generationen der Baumeisterfamilie Gumpp, die maßgeblich den eigenständigen »Tiroler Barock« mitgestalteten. Reizvolle Beispiele sind das Alte Regierungsgebäude und die Hofburg. Die Bischofsstadt Innsbruck ist heute Universitätsstadt mit über 120 000 Einwohnern, Sitz des Landestheaters, Standort vieler Museen und Galerien, modischer Geschäfte und hat als zweimaliger Austragungsort der Olympischen Winterspiele (1964 und 1976) internationale Bedeutung erlangt.

Burggraben 3; Tel. 05 12/5 98 50;
www.innsbruck.at

790 Innsbrucker Nordkette

Der Stadtteil Hungerburg liegt im Norden Innsbrucks auf einer 900 m hohen Mittelgebirgsterrasse. Man erreicht ihn vom Zentrum aus mit einer modernen, von Zaha Hadid entworfenen Standseilbahn. Mit einer der Panorama-Gondeln der Nordkettenbahnen geht es weiter hinauf zur Seegrube (1905 m) und zum Hafelekar (2256 m), wo sich ein grandioser Blick auf Innsbruck und den Karwendel bietet.

www.nordkette.com

791 Goldenes Dachl

Das Stadtwahrzeichen wurde um 1500 für Maximilian I. erbaut, der von hier aus Turniere beobachten konnte. 2657 vergoldete Kupferschindeln zieren den spätgotischen Prunkerker; in der Mitte der Balustrade ist Maximilian mit seinen Frauen Maria von Burgund und Bianca Maria Sforza dargestellt. In sechs Schauräumen spürt das Museum Goldenes Dachl dem Zeitalter Maximilians nach.

Herzog Friedrich Str. 15;
Tel. 05 12/53 60 14 41;
www.goldenes-dachl.at

792 Dom St. Jakob

Die mächtige Doppelturmfassade des barocken Kuppelbaus überragt die Innsbrucker Altstadt. Im Inneren beeindrucken die Deckenfresken von Kosmos Damian Asam, die Stuckaturen von Egid Quirin Asam und das prunkvolle Grabmal von Erzherzog Maximilian III. (gest. 1618). Das kostbare Gnadenbild Mariahilf am Hochaltar schuf Lucas Cranach d. Ä. (um 1537). Nachdem es 1650 in die Kirche gelangt war, entwickelte sich der Innsbrucker Dom rasch zu einem Marienwallfahrtsort. Jeden Tag um 12.15 Uhr erklingt vom Nordturm das 48 Glocken umfassende Innsbrucker Friedensglockenspiel.

Domplatz; Tel. 05 12/58 39 02;
www.dibk.at

Hofburg

793

Der im 15./16. Jh. errichtete Sitz der Tiroler Landesfürsten wurde auf Veranlassung Maria Theresias im Stil des Rokoko umgebaut. Zu besichtigen sind die Prunkräume mit aufwendigen Stuckaturen, wertvollen Tapisserien und Historiengemälden. Im zweigeschossigen Riesensaal, der als prächtigster Fest- und Zeremoniensaal der Alpenregion gilt, verherrlichen Deckenfresken von Franz Anton Maulpertsch das Haus Habsburg-Lothringen, Portraits zeigen Maria Theresias Kinder. Im Erdgeschoss unterhält das Wiener Café Sacher eine Filiale mit Gastgarten im Burginnenhof.

Rennweg 1; Tel. 05 12/58 71 86; www.hofburg-innsbruck.at

794 Bergisel

Der von der Brenner-Autobahn untertunnelte Berg ist historischer Boden: 1809 stellten sich hier die Tiroler Bauern unter Führung von Andreas Hofer den Truppen Napoleons entgegen. Ab 1817 wurde der Bergisel von den Kaiserjägern als Schießstätte genutzt. Heute ragt hier Innsbrucks modernes Wahrzeichen empor: die von Zaha Hadid entworfene Sprungschanze mit Panoramarestaurant und Aussichtsturm. Unterhalb des Stadions dokumentiert das Regimentsmuseum die Freiheitskämpfe und die Geschichte der Kaiserjäger. Für das berühmte Bergisel-Panorama wurde 2011 ein Museum erbaut, ein 1000 qm großes Riesenrundgemälde aus dem 19. Jh., das die Schlacht am Bergisel von 1809 darstellt.

Bergiselweg 3; Tel. 05 12/58 92 59; www.bergisel.info; www.tiroler-landesmuseen.at

795 Hofkirche

In der Hofkirche, auch »Schwarzmanderkirche« genannt, ist das Grabmal Kaiser Maximilians I. zu bewundern. Maximilian selbst gab 1502 das Monument in Auftrag, zu dem berühmte Künstler wie Albrecht Dürer Entwürfe lieferten. 28 überlebensgroße Bronzefiguren – die »schwarzen Mander« – umstehen den leeren Sarg – Maximilian wurde letztlich in der Wiener Neustadt begraben. Im Gegensatz zum Kaiser fand Volksheld Andreas Hofer tatsächlich in der Hofkirche seine letzte Ruhestätte, gemeinsam mit seinen Kampfgenossen Josef Speckbacher und Joachim Haspinger. Gegenüber befindet sich der Aufgang zur Silbernen Kapelle, die Erzherzog Ferdinand II. 1578–1587 als Grabstätte für sich und seine bürgerliche Frau Philippine Welser errichten ließ.

Universitätsstr. 2; Tel. 05 12/ 59 48 95 10; www.hofkirche.at

796 Maria-Theresien-Straße

An der Ausfallstraße zum Vorort Wilten errichteten Adelige ab dem 17. Jh. ihre Paläste, z. B. das Stockerhaus (Nr. 1), das Palais Lodron (7) sowie im unteren Bereich die Palais Trapp-Wolkenstein (38), Fugger-Taxis (45) und Sarntheim (59). Auf halber Strecke ragt die Annasäule vor der prächtigen Kulisse des Karwendels auf, den krönenden Abschluss bildet die Triumphpforte, die Maria Theresia 1765 anlässlich der Hochzeit ihres Sohnes Leopold errichten ließ. Seit 2009 verkehrsberuhigt, lädt die Prachtstraße heute zum Bummeln, Verweilen, Schauen und natürlich Shoppen ein.

www.innsbruck.info

Wilten

Eine der schönsten Rokokokirchen Nordtirols steht im Stadtteil Wilten. Die zweitürmige Pfarrkirche wurde von Franz de Paula Penz nach Plänen von Josef Stapf erbaut. Gegenüber bewachen Kolossalstatuen der Riesen Haymon und Thyrsus den Eingang zur Stiftskirche; sie erinnern an eine Sage, die mit der Gründung des Prämonstratenserklosters (1138) verbunden ist. Bei Führungen durch die Stiftsgebäude (nur nach telef. Voranmeldung) sind die barocken Prunkräume, Bibliothek und Kreuzgang sowie das Stiftsmuseum mit Kostbarkeiten aus fünf Jahrhunderten zu sehen.

797

Stift Wilten: Klostergasse 7; Tel. 05 12/58 30 48; www.stift-wilten.at

798 Universitätsviertel

An der Universitätsstraße sind die als Jesuitenkolleg errichtete Alte Universität und die 1722 umgestaltete Alte Universitätsbibliothek sehenswert. Dazwischen steht die Jesuitenkirche (erbaut 1627–1646), ein Frühbarockbau von Christoph Gumpp mit Doppelturmfassade und mächtiger Kuppel.

Jesuitenkirche: Karl-Rahner-Platz 1; Tel. 05 12/5 34 60 (Jesuitenkolleg); www.jesuitenkirche-innsbruck.at

799 Tiroler Landesmuseum Ferdinandeum

Das Sammlungsspektrum des modern gestalteten Museums reicht von frühgeschichtlichen Exponaten bis zu zeitgenössischer Kunst. Zu den Glanzstücken zählen die Originalskulpturen des Goldenen Dachls, die exquisite Sammlung flämischer und niederländischer Malerei sowie die Musikinstrumentenkollektion von Jakob Stainer.

Museumstraße 15; Tel. 0512/5 94 89; www.tiroler-landesmuseum.at

800

Schloss Ambras

Im 16. Jh. ließ Erzherzog Ferdinand II. die hoch über dem Inntal gelegene mittelalterliche Burg der Grafen von Andechs in eine Sommerresidenz für sich und seine Gemahlin Philippine Welser umbauen. Das Unterschloss beherbergt die Waffensäle sowie die Kunst- und Wunderkammer, im Hochschloss kann man die Habsburger Porträtgalerie (rund 200 Gemälde) bewundern. Den Renaissancebau umgibt eine herrliche Parkanlage mit altem Baumbestand, Wildgehegen und Fischteichen.

Schlossstr. 20; Tel. 01/5 25 24 48 02;
www.schlossambras-innsbruck.at

Tiroler Volkskunstmuseum

801

Im Gebäude des ehemaligen Franziskanerklosters ist Volkskunst aus fünf Jahrhunderten zu sehen: rekonstruierte Stuben aus bäuerlichem und adeligem Umfeld, Krippen, Fastnachtsfiguren, Trachten, Möbel und historische Arbeitsgeräte.

Universitätsstraße 2;
Tel. 05 12/59 48 95 10;
www.tiroler-landesmuseen.at

Goldener Adler

802

In dem traditionsreichen Gasthof in der Altstadt logierten schon Goethe und Andreas Hofer; zwei der Zimmer im Tiroler Stil sind nach ihnen benannt. Im Restaurant wird eine große Auswahl an Tiroler Spezialitäten serviert, auch die Weinkarte lässt keine Wünsche offen.

Herzog-Friedrich-Str. 6;
Tel. 05 12/57 11 11;
www.goldeneradler.com

803 Grand Hotel Europa

Die Ausstattung der großzügigen Suiten im einstigen Stammhaus der Hocharistokratie variiert zwischen Tiroler Gemütlichkeit und modernem italienischem Design. Mit dem haubengekrönten »Europa-Stüberl« besitzt das Hotel auch ein Restaurant der Spitzenklasse.

Südtiroler Platz 2, Innsbruck; Tel. 05 12/59 31; www.grandhoteleuropa.at

804 Dengg

Aus dem ehemaligen Altstadtstüberl ist ein trendiges Café und Restaurant geworden. Die Speisekarte bietet feine kreative Tiroler Küche mit regionalen und saisonalen Produkten.

Riesengasse 11–13; Tel. 05 12/58 23 47; www.dengg.co.at

806 Innsbrucker Mittelgebirge

Von der Sonne verwöhnt liegt die Geländeschwelle beiderseits des Wipptals oberhalb der Nebelgrenze des tiefer gelegenen Inntals. Der Lanser Moorsee und der Natterer See sind viel besuchte Badeplätze, der Golfplatz in Igls zählt zu den ältesten in Österreich, und der Patscherkofel zieht im Winter nicht nur die Innsbrucker Skifahrer an. Hauptorte der Mittelgebirgsterrasse sind von Westen nach Osten Axams, Götzens, Natters und Mutters sowie jenseits des Wipptals Igls, Lans, Sistrans und Tulfes.

www.innsbruck.info/feriendoerfer, s. Südliche Feriendörfer und Westliche Feriendörfer

805 Hall

Hall verdankt seinen früheren Reichtum dem Salzabbau, der Schifffahrt und der Münzprägung, wovon nicht nur die gut erhaltene Altstadt zeugt: Das Museum auf Burg Hasegg informiert über ein halbes Jahrtausend europäischer Münzgeschichte und ein nachgebauter Stollen in der Fürstengasse zeigt die Technik der Salzgewinnung. Landschaftlich reizvoll ist die Innterrasse mit Einzelgehöften oberhalb von Hall.

Unterer Stadtplatz 19; Tel. 0 52 23/45 54 40; www.hall-wattens.at

807 Axams

Axams schrieb bereits zweimal Olympiageschichte – 1964 und 1976 wurden in der Axamer Lizum alpine Winterspiele ausgetragen. Das schneesichere Skigebiet punktet mit bestens präparierten Pisten und einem Snow & Fun Park (www.axamer-lizum.at). Im Sommer lädt die Bergwelt rund um die Kalkkögel zu Wanderungen und Mountainbiketouren ein. Wasserratten und Boulderern sei das Axamer Freizeitzentrum ans Herz gelegt (www.axams-freizeitzentrum.com).

Sylvester-Jordan-Str. 12; Tel. 0 52 34/6 71 78; www.innsbruck.info/axams

808 Igls

Der Luftkurort liegt am Fuß des Patscherkofels. Der von einer modernen Großkabinenbahn erschlossene Gipfel ist im Winter ein gutes Skigelände, im Sommer ein beliebtes Wanderrevier. Besonders reizvoll ist der 7 km lange Zirbenweg. Wer den Nervenkitzel und die Geschwindigkeit liebt, kann im Gästebob mit rund 100 km/h die Olympia-Bobbahn hinunterdüsen. Sogar die Buchung eines Woks ist möglich!

Hilberstraße 15; Tel. 05 12/37 71 01; www.innsbruck.info/igls

809 Götzens

7 km von Innsbruck entfernt liegt Götzens. Von hier führt ein reizvoller Almenweg u. a. zur Muttereralm, wo der Erlebnisberg Spaß und Action für Kinder bietet. Im Winter erschließt eine moderne Gondelbahn das Skigebiet Pfriemesköpfl; im überdachten Eislaufzentrum kann man selbst bei ungünstiger Witterung seine Bahnen ziehen. Auch auf Kunstfreunde wartet in Götzens ein Juwel: Die Pfarrkirche Hl. Peter und Paul zählt zu den schönsten Rokoko-Sakralbauten im süddeutschen Sprachraum. Gewölbefresken von Matthäus Günther stellen Szenen aus dem Leben der Apostel dar, das Altarbild stammt von Franz Anton Maulbertsch.

Burgstr. 7; 0 52 34/3 22 36; www.innsbruck.info/goetzens

Swarovski Kristallwelten Wattens

810

Österreichs nach Schloss Schönbrunn meistbesuchte Touristenattraktion entstand 1995 zum 100-jährigen Firmenjubiläum des in Wattens ansässigen Unternehmens. Durch den Schlund eines grasbewachsenen, Wasser speienden Riesens gelangt man ins Innere der von André Heller erdachten Fantasiewelt. In 14 Wunderkammern inszenierte der Wiener Multimediakünstler auf überraschende, alle Sinne ansprechende Weise das Thema Kristall. Im kreativ gestalteten Park bieten ein Labyrinth in Form einer Hand sowie ein Alpengarten verblüffende Ein- und Ausblicke.

Kristallweltenstr. 1; Tel. 0 52 24/5 10 80; http://kristallwelten.swarovski.com

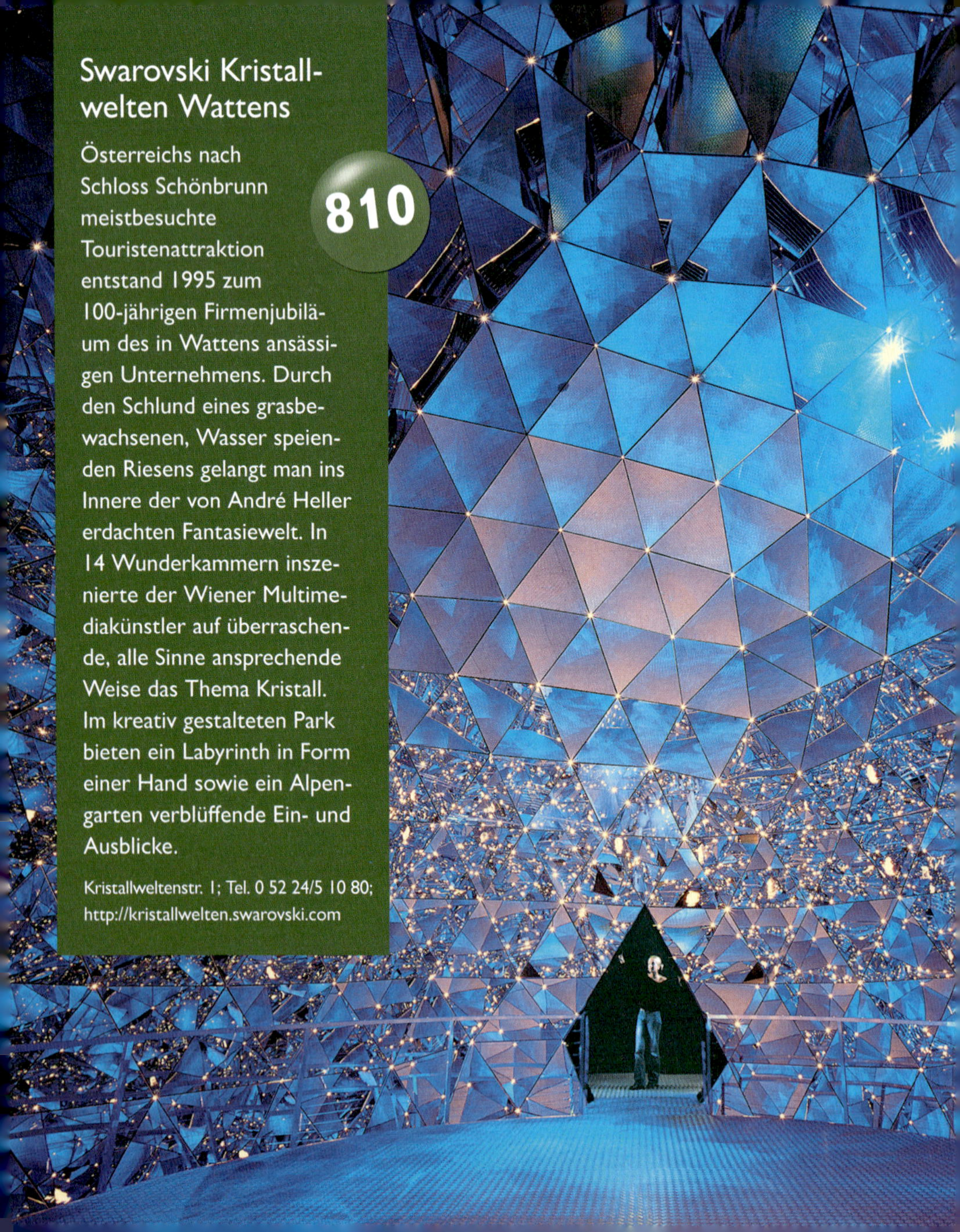

811 Seefelder Plateau

Zwischen Leutaschtal und Karwendel erstreckt sich eine kleine Hochebene: das Seefelder Plateau. Sein Hauptort ist Seefeld, Austragungsort der nordischen Disziplinen bei den Olympischen Spielen 1964 und 1976 und heute einer der beliebtesten Urlaubsorte Österreichs. Vom touristischen Boom haben auch die anderen Ortschaften des Seefelder Plateaus profitiert, z. B. Leutasch, ein Dorado für Liebhaber ausgedehnter Loipenstrecken (www.seefeld-langlauf.at). Hier wird am 1. Sonntag im März der Ganghofer-Marathon ausgetragen, ein Volkslanglauf mit Wertungen im klassischen Stil und im Skaten. In Mösern läutet täglich um 17 Uhr die größte frei hängende Glocke des Alpenraums, bei Reith wurde ein Bienenlehrpfad angelegt, und von Scharnitz aus kann man zur Isarquelle wandern.

Klosterstr. 43; www.seefeld.com

812 Seefeld in Tirol

Der vor allem als Wintersportzentrum bekannte Ort Seefeld (1200 m) hat auch im Sommer seine Reize: Lohnende Wanderungen führen in die umliegende Bergwelt, etwa zur Gaistalalm oder zur Rosshütte. Gelegenheit zu sportlicher Betätigung geben zudem die Nordic Walking Arena und zwei Golfanlagen. Anschließend kann man sich im hübschen Strandbad am Wildsee erfrischen. Wahrzeichen von Seefeld ist das herrlich gelegene Seekirchl, ein barocker Zentralbau mit als wundertätig geltendem Kruzifix. Die Pfarrkirche St. Oswald wurde durch das Seefelder Hostienwunder zum Wallfahrtsort, das über dem spätgotischen Südportal dargestellt ist.

Klosterstr. 43; Tel. 05 08/80 50; www.seefeld.com, s. Olympiaregion Seefeld: Orte

813 Leutasch

In der dramatischen Gebirgskulisse des Leutaschtals ließ der Heimatschriftsteller und Jäger Ludwig Ganghofer (1855–1920) seine Geschichten von Schuld und Sühne spielen. Alljährlich im Oktober wird ihm zu Ehren die Ganghofer Hubertuswoche mit einem bunten Programm rund um die Jagd veranstaltet; auch ein Museum ist ihm gewidmet. Im Winter laden endlose Langlaufloipen, im Sommer reizvolle Wanderwege zur Erkundung der Landschaft ein. Beliebt bei Familien ist der Steig durch die Leutaschklamm, der an einem 23 m hohen Wasserfall endet.

Weidach 320; Tel. 05 08/80 10; www.seefeld.com, s. Olympiaregion Seefeld: Orte

814

Stubaital

Einen wunderbaren Einblick in das Stubaital bis zum gletscherumrahmten Talschluss hat man schon von der Europabrücke der Brennerautobahn. Die touristische Erschließung begann 1904 mit dem Bau der Straßenbahnlinie nach Fulpmes. Im Hauptort des Tals informiert ein Museum über die lokale Schmiedetradition, die Sammlung des modernen Krippenmuseums zählt zu den größten des Landes. Weitere Orte sind Mieders mit einer spektakulären Sommerrodelbahn von 2,6 km Länge und Telfes mit einem Greifvogelpark. Touristisches Zentrum des Tals ist Neustift. Der Bau der Gletscherbahn machte die Region zu einem Ganzjahresskigebiet. Im Sommer erschließen u. a. der Wilde-Wasser-Weg und der Stubaier Höhenweg die Hochgebirgslandschaft.

Dorf 3, Neustift im Stubaital; Tel. 05 01/88 10; www.stubai.at

Sellraintal

815 Trotz seiner zentralen Lage ist das Sellraintal touristisch noch nicht übermäßig erschlossen – hier kann man Tirol noch ursprünglich erleben. Gries im Sellrain, nur 25 km von Innsbruck entfernt, ist ein idealer Ausgangspunkt für sommerliche und herbstliche Wanderungen in allen Schwierigkeitsgraden. Weiter westwärts führt das Sellraintal über St. Sigmund nach Kühtai, Österreichs höchstgelegenem Skiort abseits der Gletscher. Ein grandioses Bergpanorama erschließt sich dem Wanderer auf dem Sellrainer Höhenwanderweg, der durchgehend auf 2000 m von Kühtai zur Rosskogelhütte oberhalb von Oberperfuss führt.

Gries 17, Gries im Sellrain; Tel. 0 52 36/2 24; www.sellraintal.at

816 Neustift im Stubaital

Die Nähe zu Österreichs größtem Gletscherskigebiet macht Neustift zum viel besuchten Urlaubsort. Die im Zuckerhütl (3505 m) gipfelnde Bergwelt ist aber auch im Sommer atemberaubend. Beherrscht wird Neustift vom 52 m hohen Turm der Pfarrkirche St. Georg. Auf dem angrenzenden Friedhof liegt Franz Senn begraben, bekannt geworden als »Gletscherpfarrer« und Mitbegründer des Alpenvereins; nach ihm ist ein Rundwanderweg benannt. Ein beliebter Ausflug führt von Neustift zum imposanten Grawa-Wasserfall, an dessen erstarrten Kaskaden im Winter Eiskletterer ihr Können erproben.

Stubaitalhaus, Dorf 3; Tel. 05 01/ 88 10; www.stubai.at

817 Wipptal

Als Wipptal wird sowohl die Südtiroler Talfurche des oberen Eisacks als auch die Talfurche der Nordtiroler Sill bezeichnet – den Scheitelpunkt bildet der Brenner (1374 m). Heute erschließt die Brenner-Autobahn den Pass, der schon seit der Römerzeit eine wichtige Transitstrecke zwischen Süd- und Nordeuropa darstellt. Der Durchgangsverkehr brachte dem Tal Wohlstand. Prachtvolle Häuser und reich ausgeschmückte Pfarrkirchen in Matrei und Steinach am Brenner zeugen noch von dieser Zeit. Westlich von Matrei liegt – zu Füßen der 2718 m hohen Serles – Maria Waldrast, Tirols höchstgelegene Wallfahrtsstätte (1636 m) mit beliebtem Klostergasthof. Das Wipptal und seine landschaftlich vielgestaltigen Nebentäler ziehen immer mehr Sommer- und Winterurlauber an. So konnten sich auch Patsch, Ellbögen und Gries zu aufstrebenden Ferienorten entwickeln.

Brennerstr. 67, Steinach; Tel. 0 52 72/62 70; www.wipptal.at

818 Kitzbühel

Kitzbühel (760 m) ist umgeben von drei großen Gebirgsmassiven – dem Kaisergebirge, den Loferer Steinbergen und den Kitzbüheler Alpen. Schon in der Vergangenheit bestimmten die Berge sein Schicksal: Kupfer- und Silberfunde ließen den Ort, der heute 8000 Einwohner zählt, im 16. Jh. zu Wohlstand gelangen. Schmucke Bürgerhäuser mit breiten Giebelfronten und vorgezogenen Dächern zeugen von dieser reichen Vergangenheit, ebenso das prächtige Grabdenkmal der Familie Kupferschmid (um 1500) in der Stadtpfarrkirche St. Andreas und die riesige Glocke der Liebfrauenkirche, für die 1566 ein neuer, größerer Turm errichtet werden musste. Das Heimatmuseum im alten Getreidekasten informiert über die Wirtschaftsgeschichte, zeigt aber auch volkskundliche Exponate und Werke des Kitzbüheler Malers Alfons Walde (Hinterstadt 32, www.museum-kitzbuehel.at, www.kitzbuehel.at). Auch seinen heutigen Wohlstand verdankt Kitzbühel den Bergen: Im Winter wird das Städtchen zum Treff des Jetset und all derer, die sich in seinem Umfeld tummeln. Im Sommer locken in der Umgebung herrliche Wanderreviere; vor allem der Wilde Kaiser ermöglicht die aufregendsten Klettertouren, die Tirol zu bieten hat.

Hinterstadt 18; Tel. 0 53 56/ 6 66 60; www.kitzbuehel.com

Hahnenkamm

819 Sein internationales Renommee als herausragender Wintersportort verdankt Kitzbühel dem Hahnenkamm-Rennen, das seit den Dreißigerjahren auf seinem »Hausberg« ausgetragen wird. Bei der Bergstation der Hahnenkammbahn informiert ein Museum über die Entwicklung des Skisports, ein Skisimulator lässt die berüchtigte Abfahrtsstrecke »Streif« aus der Warte eines Rennsportprofis hautnah nacherleben. Außerhalb der Rennen kann die Streif auch real befahren werden – auf der Könnern vorbehaltenen Originalstrecke oder auf der »entschärften« Familienstreif unter Auslassung der schwierigsten Passagen.

Tel. 0 53 56/6 66 60;
www.hahnenkamm.com

820 Restaurant Neuwirt

In drei gemütlichen Holzstuben mit Kachelofen – im Sommer auch auf der Terrasse unter Arkaden – wird in dem Zwei-Hauben-Lokal Gourmetküche mit alpenländischem Touch zu hervorragenden Weinen serviert.

Florianigasse 15, Kitzbühel;
Tel. 0 53 56/ 69 11 58;
www.restaurant-neuwirt.at

821 Rosengarten

Simon Taxacher gilt mit seinem Restaurant im Relais & Châteaux Rosengarten zu den besten Köchen Österreichs: Gekonnt verbindet er regionale Tradition mit ausgefallenen Zutaten und viel Kreativität bis hin ins kleinste Detail. Die Weinauswahl ist hervorragend.

Aschauer Straße 46, Kirchberg in Tirol; Tel. 0 53 57/42 01;
www.rosengarten-taxacher.com

822 Brixental

Das Brixental verbindet Wörgl am Inn und Kitzbühel. Als Zugang zu den Kitzbüheler Alpen ist es sommers wie winters ein beliebtes Feriengebiet. Während des KitzAlpBike-Festivals steht alles im Zeichen des Radsports (www.kitzalpbike.at). Hauptorte sind Hopfgarten mit der Pfarrkirche St. Jakob und St. Leonhard, Westendorf, Brixen im Thale und Kirchberg in Tirol, wo alljährlich zu Fronleichnam der traditionelle Brixentaler Antlassritt durchgeführt wird.

Kitzbüheler Alpen Tourist Information; Tel. 05 75/07 20 00;
www.kitzbueheler-alpen.com

823 Alpbach

Auf 975 m Höhe liegt abgeschieden im Alpbachtal, das bei Brixlegg in das Inntal mündet, das wahrscheinlich schönste Dorf Tirols. Es konnte sein traditionelles Erscheinungsbild bewahren und ist geprägt von typischen Alpbacher Bauernhäusern in Vollholzbauweise. Ein besonders ansehnliches Exemplar beherbergt das Heimatmuseum (Unterberg 34). Seit dem Jahr 1945 findet in Alpbach alljährlich das »Europäische Forum Alpbach« statt, ein Kongress der Wissenschaftler, Politiker und Wirtschaftsbosse, der sich eine bessere internationale Verständigung zur Aufgabe gemacht hat.

Dorf 404; Tel. 0 53 37/ 2 12 00 30; www.alpbach.at

Jochberg

824

Das idyllische Bergdorf ermöglicht einen direkten Einstieg ins Kitzbüheler Skigebiet, ebenso ins Wanderwegenetz der Kitzbüheler Alpen. Auch Mountainbiker und Nordic Walker finden hier vielfältige Routen zur Ausübung ihres Sports vor. Im Schaubergwerk Kupferplatte wird die lokale Bergbautradition lebendig (http://bergbau.kupferplatte.at). Das Museum Vorderkünstler gibt Einblick in den bäuerlichen Alltag vergangener Zeiten (www.museum-jochberg.at). Die barocke Pfarrkirche St. Wolfgang wurde vom Kitzbüheler Maler Simon Faistenberger mit farbenprächtigen Deckenfresken versehen.

Tel. 0 53 56/6 66 60; www.kitzbuehel.com/jochberg

825 St. Johann in Tirol

Der vom Kitzbüheler Horn überragte Ort ist sommers wie winters gut besucht. Das Skigebiet am Harzbichel bietet überwiegend leichte bis mittelschwere Pisten, ein weitverzweigtes Loipennetz führt nach Kössen und Ellmau. Beliebte Wanderziele sind die Griesbachklamm und der Eifersbacher Wasserfall. St. Johann selbst prunkt mit schön bemalten, alten Häusern und der barocken Pfarrkirche Mariä Himmelfahrt.

Poststr. 2; Tel. 0 53 52/63 33 50; www.st.johann.tirol.at

826 Schloss Tratzberg

Der majestätische, von Spätgotik und Renaissance geprägte Bau ist das einzige Tiroler Schloss mit original erhaltener Innenausstattung. Sie stammt großteils aus der Zeit, in der sich das Schloss im Besitz der Fugger befand (ab 1590). Höhepunkte einer Führung sind der Arkadenhof mit prachtvoller Renaissancemalerei sowie das reich mit Schnitzwerk und kostbaren Tapisserien geschmückte Königinnenzimmer. Im Habsburgersaal stellt ein einzigartiges, 46 m langes Wandgemälde mit 148 Figuren den Stammbaum der Habsburger dar.

Tratzberg 1, Jenbach; Tel. 0 52 42/6 35 66; www.schloss-tratzberg.com; April–Okt.

827 Rattenberg

Die mit rund 400 Einwohnern kleinste Stadt Österreichs hat sich ihr mittelalterliches Stadtbild bis heute bewahrt. Der gut erhaltene Ortskern lädt als Fußgängerzone zum Bummeln ein. Im einstigen Augustinerkloster ist sakrale Kunst zu sehen, größter Schatz der Pfarrkirche St. Virgil ist der Knappenaltar des Mondseer Künstlers Meinrad Guggenbichler. Über dem Ort thront die Ruine der Burg Rattenberg, im Sommer romantische Kulisse für Theateraufführungen. Rattenberg ist ein Zentrum der Glasbläserei – in vielen kleinen Läden kann man nicht nur Kunsthandwerk aus Glas erstehen, sondern auch den Glasbläsern, -schleifern und -graveuren bei der Arbeit über die Schulter sehen.

Südtiroler Str. 34 a; Tel. 0 53 37/ 2 12 00 50; www.rattenberg.at

828 Schwaz

Die historische Bergwerksstadt besitzt einen hervorragend erhaltenen mittelalterlichen Ortskern mit Häusern aus dem 15. und 16. Jh. Überragt wird sie vom steilen Kupferdach der Stadtpfarrkirche (1460–1476), der größten gotischen Hallenkirche Tirols. Vom prächtigen Fuggerhaus aus leitete Ulrich Fugger zeitweise sein weltumspannendes Unternehmen. Südöstlich thront auf steilem Hügel Schloss Freundsberg; der mächtige Bergfried beherbergt heute das Stadtmuseum. Etwa 1 km östlich von Schwaz wurden Teile des alten Silberbergwerks als Schaustollen eingerichtet, eine Multimediashow macht deutlich, welchen Gefahren die Knappen bei ihrer Arbeit tagtäglich ausgeliefert waren.

Münchnerstr. 11; Tel. 0 52 42/ 6 32 40; www.silberregion-karwendel.at, s. Urlaubsorte: Schwaz

829 Söllandl

Das Söllandl bezeichnet im lokalen Sprachgebrauch die Talschaft zwischen Wörgl und St. Johann in Tirol. Hausberg der namengebenden Ortschaft Söll ist die Hohe Salve (1827 m) mit dem Hexenwasser Hochsöll, einer von sechs Bergerlebniswelten der Region. Bei Scheffau lädt der schöne Hintersteiner See zum Baden ein. Ellmau und Going sind so märchenhaft gelegen, dass sie zum Schauplatz zahlreicher Film- und TV-Produktionen wurden. Die Talorte gehören zur weltweit größten E-Bike-Region »Kitzbüheler Alpen-Kaisergebirge«. Gästen stehen hier an 80 Verleihstationen über 300 Elektrofahrräder zur Verfügung.

Dorf 35, Ellmau; Tel. 05/05 09; www.wilderkaiser.info

Kufstein

Weithin sichtbar thront die Festung Kufstein über der Innstadt. 1205 erstmals urkundlich erwähnt, entriss Kaiser Maximilian sie 1504 den bayerischen Herzögen und baute sie zur stärksten Festung Österreichs aus. Der gewaltige Kaiserturm kam 1522 hinzu. Heute beherbergt sie in 13 Räumen das neu gestaltete Festungs- und Heimatmuseum. Täglich um 12 Uhr wird zum Gedenken an die Opfer der beiden Weltkriege im Bürgerturm die Heldenorgel gespielt, mit 4300 Pfeifen und 46 Registern die größte Freiorgel der Welt. Schönster Teil der Altstadt ist die Römerhofgasse mit mehreren Gasthöfen und Weinlokalen. Am belebten Unteren Stadtplatz stehen das Rathaus und die spätgotische Pfarrkirche St. Vitus. Ein kurzer Spaziergang führt vom Oberen Stadtplatz zum Heldenhügel mit dem Denkmal für Andreas Hofer. In der Umgebung von Kufstein garantieren Hechtsee, Längsee und Pfrillsee ungetrübtes Badevergnügen.

Unterer Stadtplatz 8; Tel. 0 53 72/6 22 07; www.kufstein.com

830

Zillertaler Höhenstraße

Bergerlebnisse ohne Anstrengung ermöglicht diese 48 km lange Panoramastraße von Hippach nach Ried. Beim Melchboden unterhalb des Arbiskopfes erreicht sie ihren höchsten Punkt auf 2020 m. Unterwegs laden zahlreiche Jausenstationen und Berggasthöfe zur Einkehr, bei denen kurze Wanderungen starten. In der Nähe des Almgasthofs Zirmstadel bei Kaltenbach zeigt der einzige Alpengarten Tirols die botanische Vielfalt der Region. Er kann von der Kaltenbacher Skihütte aus auf dem Alpenblumenweg erwandert werden. Hirschbichlalm und Zellberg Stüberl warten mit Hausmusik auf.

831

Tel. 0 52 82/23 00; www.zillertaler-hoehenstrasse.com; Mai–Okt.

832 Zillertal

Verkehrsgünstig gelegen, stellt das Zillertal heute die am meisten frequentierte Tiroler Urlaubsregion dar. Früher wurde es nur durch eine dampfgetriebene Schmalspurbahn erschlossen, heute führt eine Schnellstraße zum Hauptort Mayrhofen mit dem Wintersportgebiet Ski Zillertal 3000. Von Zell am Ziller, das zum größten Skigebiet Tirols – der Zillertal Arena – gehört, zweigt das Gerlostal zum östlich gelegenen Gerlospass (1507 m) ab. Nahe der Passstraße steht in herrlicher Lage die barocke Wallfahrtskirche Maria Rast. Im Ortsbereich von Mayrhofen treffen die fünf »Gründe«, wie hier die hochalpinen Seitentäler genannt werden, aufeinander. Am dichtesten besiedelt ist das Tuxertal, das oberhalb von Lanersbach noch über eine Reihe schöner historischer Holzbauernhäuser verfügt. Im Ziller-, Stillup-, Floite- und Zemmgrund wird überwiegend Almwirtschaft betrieben.

Bundesstr. 27 d, Schlitters; Tel. 0 52 88/8 71 87; www.zillertal.at

833 Alpenhotel Kramerwirt

Der Kramerwirt – ursprünglich ein Krämerladen, später ein gern besuchtes Dorfgasthaus – wuchs im Lauf der Zeit zu einem stattlichen Alpenhotel. In der Ortsmitte von Mayrhofen gelegen, verfügt das Haus über gemütliche Zimmer, exklusive Suiten und eine Saunalandschaft im vierten Stock. Die hervorragende Küche verwendet Zutaten aus eigener Landwirtschaft, Jagd und Fischerei.

Am Marienbrunnen 346, Mayrhofen; Tel. 0 52 85/67 00; www.kramerwirt.at

834 Stock Resort

Das Fünf-Sterne-Hotel in Finkenberg, vormals Sporthotel Stock, lässt keine Wünsche offen. Auch nach der Umbenennung ist das Haus ein Dorado für den Sportsfreund. Daneben wird aber vor allem Wellness groß geschrieben – hierfür sorgt die 5000 qm große Spawelt mit Saunalandschaft, Ruheräumen und vielem mehr.

Dorf 142, Finkenberg; Tel. 0 52 85/67 75; www.sporthotel-stock.com

835 Fügen

Der beliebte Wintersportort war Ausgangspunkt des Weihnachtsliedes »Stille Nacht, Heilige Nacht«. Dessen Entstehung und Verbreitung dokumentiert neben anderen Themen das sehenswerte Heimatmuseum. In der Schaukäserei kann man sich über die Herstellung lokaler Käsesorten informieren und diese anschließend selbst probieren (www.kaeserei-fuegen.at). Wellenbecken, Strömungskanal und zwei Rutschen mit je 130 m Länge halten in der Erlebnistherme Zillertal den Nachwuchs bei Laune, während die Eltern im Sauna- und Wellnessbereich relaxen.

Hauptstr. 58, Fügen; Tel. 0 52 88/6 22 62; www.zillertal.at, s. Fügen-Kaltenbach

Stadtpfarrkirche St. Andrä

Die Wurzeln der ältesten Kirche in Lienz reichen in frühchristliche Zeit zurück, wovon Mauerreste in der Krypta zeugen. Die heutige gotische Basilika ersetzte im 15. Jh. einen romanischen Vorgängerbau. Im Inneren beeindrucken ein spätgotisches Holzkruzifix sowie die Hochgräber der Grafen von Görz und Wolkenstein. Mit Wandbildern verzierte Arkaden umschließen den Kirchhof; in der 1925 erbauten Krieger-Gedächtniskapelle sorgt der Freskenzyklus von Albin Egger-Lienz bis heute für kontroverse Diskussionen. Der in Lienz geborene Künstler wurde in der Kapelle bestattet.

836

Pfarrgasse 4; Tel. 0 48 52/6 21 60; www.pfarre-st-andrae.at

837 Lienz

Die Bezirkshauptstadt Osttirols liegt am Zusammenfluss von Isel und Drau. Vermutlich schon eine Siedlung der Illyrer, wurde Lienz um 1100 als Luenza erstmals urkundlich erwähnt, erhielt 1252 Stadtrechte und erlebte im 14. und 15. Jh. eine Blüte als Residenz der Grafen von Görz, später derer von Wolkenstein. Die Bausubstanz seiner zauberhaften Altstadt stammt im Wesentlichen aus dieser Zeit. Das lebendige Zentrum der Stadt ist der Hauptplatz mit dem Florianibrunnen, auf dem im Sommer viele Cafés ihre Tische aufstellen. Es war vor allem die Geistlichkeit, die das Leben und die Bautätigkeit in Lienz beeinflusste – so prägen die sieben Kirchen und zwei Klöster das Stadtbild bis zur Gegenwart ganz entscheidend.

Albin Egger Str. 17; Tel. 0 50/21 22 12; www.lienzerdolomiten.info, s. Orte: Stadt Lienz

838 Schloss Bruck

Im 13. Jh. auf römischen Fundamenten erbaut und im 16. Jh. erweitert, thront der Stammsitz der Görzer Grafen auf einem Felsvorsprung oberhalb der Iselmündung. Die zinnenbewehrte Burg besitzt einen mächtigen Bergfried und schön getäfelte Innenräume. Wertvolle gotische Fresken zieren die doppelgeschossige Burgkapelle. Seit 1943 beherbergt Schloss Bruck das größte Heimatmuseum Osttirols mit römischen Funden aus Aguntum und einer Gemäldegemälde mit Werken von Albin Egger-Lienz (1868–1926). Das malerische Wäldchen rund um das Schloss ist ein beliebtes Gebiet für Spaziergänge und Ausgangspunkt vieler Wanderwege.

Schlossberg 1; Tel. 0 48 52/6 25 80; www.museum-schlossbruck.at; Mitte Mai–Okt.

839 Hotel Ansitz Haidenhof

Nahe der Talstation der Zettelfeldbahn liegt dieses Wirtshaus, das im Gewölbekeller Traditionelles wie Kaspressknödel oder Edles wie Saltimbocca vom Seeteufel serviert. Dazu gibt's hausgebrautes Bier aus der ältesten Wirtshausbrauerei Osttirols. Im Sommer genießt man von der Terrasse schöne Ausblicke auf Lienz.

Grafendorfer Str. 12; Tel. 0 48 52/6 24 40; www.haidenhof.at

840 Romantikhotel Traube

Das behagliche Hotel mit geräumigen Zimmern im Landhausstil liegt direkt am Lienzer Hauptplatz. Im angeschlossenen hervorragenden Restaurant werden Teichfische aus eigener Zucht zubereitet. Eigentlicher Trumpf des Hauses ist jedoch das Panoramahallenbad im obersten Stockwerk mit herrlichem Blick über die Stadt sowie auf die Berge der Dolomiten.

Hauptplatz 14; Tel. 0 48 52/ 6 44 44; www.hoteltraube.at

Liebburg

Die ehemalige Residenz der Grafen von Wolkenstein, 1605 errichtet, ist mit ihrer von Zwiebelhauben gekrönten Doppelturmfassade das Wahrzeichen von Lienz und dient seit 1988 als Rathaus. 841

Hauptplatz 7, Lienz; Tel. 0 48 52/6 00; www.stadt-lienz.at

Aguntum

Im 1. Jh. n. Chr. gründeten die Römer 5 km von Lienz die Siedlung Aguntum, die sich schnell zu einem wichtigen Handelsplatz entwickelte. Ausgrabungen brachten Teile der Stadtmauer, ein Atriumhaus und eine Therme zu Tage. Im Museum erfährt man viel über die Kultur der Römerzeit in den Alpen. 842

Dölsach; Tel. 0 48 52/6 15 50; www.aguntum.info; Mai–Okt.

Pustertal

843

Das Pustertal stellt die Verbindung zwischen dem Brixner Kessel in Südtirol und dem Lienzer Becken in Osttirol her. Zentrum des Hochpustertales ist Sillian mit der 1431 erbauten Pfarrkirche Mariä Himmelfahrt, Bestattungskirche der Görzer Grafen, und dem angeschlossenen mittelalterlichen Widum (Pfarrhof). Aktivurlaubern ist Sillian als Ausgangspunkt des Karnischen Höhenwegs bekannt. Vielfältige Wandermöglichkeiten bietet auch Abfaltersbach, wo man nach der Tour im Aigner Badl entspannen kann – einem historischen Bauernbad mit Lärchenwanne, dessen Wasser als heilkräftig gilt. Die Ortschaft Assling besitzt einen schönen Wildpark; die Filialkirche des Hl. Korbinian birgt einen Flügelaltar von Friedrich Pacher.

www.pustertal.org

844 Lavanter Kirchbichl

Auf dem 810 m hohen Lavanter Kirchbichl, 8 km südöstlich von Lienz, wurden von Archäologen spätantike und frühchristliche Siedlungsreste freigelegt. Er gilt in Tirol als heiliger Berg. Auf den Resten einer frühchristlichen Kirche entstand im Mittelalter die Pfarrkirche St. Ulrich. Auch die Kirche St. Peter und Paul (1485) nahm die Stelle einer frühchristlichen Kultstätte ein. Am Fuß des Kirchbichls stellt ein kleines Museum Ausgrabungsfunde aus, deren Großteil sich allerdings im Schloss Bruck in Lienz befindet.

Lavant 61; Tel. 0 48 52/6 81 75;
www.gemeindelavant.at

845 Villgraten- und Lesachtal

Das landschaftlich sehr reizvolle Villgratental hat mit Massentourismus gar nichts am Hut. Vielmehr ist es noch heute primär von der Rinder- und Schafhaltung geprägt – die Almen ziehen sich weit an den Hängen des Defereggengebirges hinauf. Hauptorte sind Außervillgraten und Innervillgraten. Auf der Höhe am Taleingang liegt eindrucksvoll Burg Heinfels, der einstige Sitz der Grafen von Görz. Unterhalb der Burg führt die Punbrücke über den Villgratenbach, eine 66 m lange, vollständig überdachte Holzbrücke von 1781, eine technische Meisterleistung schwäbischer Zimmerleute. Das Lesachtal teilt die Lienzer Dolomiten im Norden von den Karnischen Alpen im Süden. Am Talanfang liegt das Bergdorf Kartitsch. Im weiteren Verlauf wird es jenseits der Wasserscheide von der Gail entwässert. Im Talboden liegt Obertilliach; weiter unterhalb, hinter Untertilliach, verläuft die Grenze zu Kärnten.

www.villgratental.com;
www.obertilliach.at

846 Pustertaler Höhenstraße

Die ganzjährig befahrbare 35 km lange Panoramastraße verläuft am Südhang des Defereggengebirges (»Pustertaler Sonnenterrasse«) auf einer Höhe bis 1800 m. Sie führt von Sillian über Tessenberg, Abfaltersbach, Anras, Assling und Bannberg bis nach Leisach kurz vor Lienz; von Bannberg führt eine Stichstraße auf den knapp über 2000 m hohen Aussichtsberg Hochstein. Unterwegs bieten sich immer wieder herrliche Ausblicke auf das Hochpustertal und die Lienzer Dolomiten. Sehenswürdigkeiten wie Schloss Anras bieten sich für einen Abstecher an.

Albin Egger Str. 17, Lienz;
Tel. 0 50/21 22 12;
www.hochpustertal.com

Kals

In dem urigen kleinen Dorf am Fuß des Großglockners bildet die romanische Georgskirche einen Blickfang. Wanderungen nehmen ihren Anfang am Luckner-Haus, zu dem eine mautpflichtige Straße führt, oder an der Bergstation Blauspitz auf 2300 m Höhe. Hier genießt man auch den schönsten Blick auf den Glockner und die ihn umgebende Gipfelwelt. Im Kalser Glocknerhaus informiert die Ausstellung »Im Bann des Großglockners« über den Berg, der die Menschen von jeher fasziniert hat. Die Exponate im Kalser Heimatmuseum zeugen vom einfachen, kargen Leben im Hochgebirgstal.

847

Ködnitz 7, Kals am Großglockner; Tel. 0 50/21 25 40; www.kals.at

848 Isel- und Virgental

Unterhalb der Felber Tauern entspringt der Tauernbach, der sich tief in die Gebirgswelt der Hohen Tauern eingegraben hat; westwärts erstreckt sich die Venedigergruppe, ostwärts die Großglocknergruppe. In Matrei mündet der Tauernbach in die Isel. Bis zur Eröffnung des Felbertauerntunnels war Matrei ein abgelegenes Bergdorf; seither ist es ein attraktiver Ausgangspunkt für Gletscherwanderungen in die Großvenedigergruppe sowie für Wanderungen im Virgental. Hauptorte dieses Tals sind Virgen mit der spätgotischen Wallfahrtskirche Maria Schnee, Prägraten am Großvenediger und Hinterbichl am Eingang zum Umbaltal. Knapp 10 km flussabwärts von Matrei liegt Huben. Hier stößt linksseitig das Kalser Tal hinzu. Von Kals aus erfolgt der Anstieg zum Großglockner (3798 m), dem höchsten Gipfel Österreichs.

www.virgental.at

849 Matrei in Osttirol

Der als Tourenstützpunkt beliebte Ort liegt zwischen den beiden höchsten Bergen Österreichs, dem Großvenediger (3666 m) und dem Großglockner (3798 m). Sein Wahrzeichen ist das erhöht auf einem Felsen gelegene Schloss Weißenstein. Etwa 3 km Richtung Virgen steht am Hang die St. Nikolaus-Kirche, ein romanischer Bau mit Fresken aus dem 13. Jh. und mittelalterlichen Holzfiguren. Matrei liegt im Nationalpark Hohe Tauern, der im Ort ein Infozentrum unterhält (Kirchplatz 2). Von der Bergstation der Goldriedbahn führt ein Panoramaweg nach Kals – unterwegs hat man 63 Dreitausender samt Großglockner im Blick.

Rauterplatz 1; Tel. 0 50/21 25 00; www.matreiosttirol.at

Arlberg

850

Über den im Winter tief verschneiten und im Sommer in ein Meer blühender Alpenrosen gebetteten Arlberg-Pass, die Grenze zwischen Tirol und Vorarlberg, führte im Mittelalter ein Saumweg, der in erster Linie dem Salztransport diente. Im 20. Jh. machten Skipionier Hannes Schneider und das erstmals 1928 ausgetragene Arlberg-Kandahar-Rennen das Gebiet als Mekka des Wintersports berühmt. Bedeutendster Skiort ist St. Anton. Im Stanzer Tal unterhalb des Arlbergs liegen die Ortschaften Pettneu, Flirsch und Strengen.

www.skiarlberg.at

St. Anton

851

St. Anton am Arlberg ist ein Nobelskiort mit internationalem Flair – auch die britische Königsfamilie war hier schon zu Gast. Seine bäuerliche Vergangenheit und den Aufstieg zum winterlichen Jetset-Treff dokumentiert das Ski- und Heimatmuseum. Der ruhigere Ortsteil St. Christoph am Arlberg erlangte Bekanntheit durch sein 600 Jahre altes Hospiz, eine Einrichtung zum Schutz der Reisenden, die den gefahrvollen Weg über den Pass antreten wollten. Heute ist es ein luxuriöses Fünf-Sterne-Hotel mit hervorragendem Restaurant und eigener Kunsthalle.

Dorfstraße 8; Tel. 0 54 46/2 26 90; www.stantonamarlberg.com

852 Brunnenhof

Das in einem 300-jährigen Bauernhaus eingerichtete Hotel bietet in der original Arlberger Stube bodenständige Gastlichkeit und Gourmetküche. Zu kreativen Abendmenüs auf Basis frischer regionaler Zutaten werden beste österreichische Weine serviert.

St. Jakober Dorfstr. 53, St. Anton am Arlberg; Tel. 0 54 46/ 22 93; www.brunnenhof.net

853 Schwarzer Adler

Seit mehr als 400 Jahren gewachsen, verbinden sich im Wellnesshotel am Arlberg Tradition und Moderne. Auch für das hohe kulinarische Niveau und die Weinauswahl wird der Adler geschätzt.

Dorfstr. 35, St. Anton am Arlberg; Tel. 0 54 46/2 24 40; http://schwarzeradler.com

854 Außerfern und Lechtal

Die als Außerfern bezeichneten, jenseits des Fernpasses gelegenen Tiroler Landesteile bilden im engeren Sinne den heutigen Verwaltungsbezirk Reutte, im weiteren Sinne umfassen sie auch das Obere Lechtal mit seinen Seitentälern. Profitiert das eigentliche Außerfern in starkem Maße vom Fremdenverkehr, so litt der Tiroler Teil des Lechtales schon immer unter seiner Abgeschiedenheit. Dieser ist umgekehrt die relative Unverfälschtheit der alpinen Flusslandschaft zu verdanken, die heute als Naturpark unter Schutz steht.

Die Orte des Lechtals verfügen teils über reich geschmückte Häuser, wie z.B. Holzgau und Elbigenalp. Letzteres ist für seine Holzschnitzereien bekannt, befindet sich hier doch die einzige Schnitzschule Österreichs. Oberhalb von Holzgau wurde 2012 die mit 200 m längste und mit 100 m höchste Seilhängebrücke in der Alpenrepublik eröffnet. Ihre Überquerung stellt einen besonderen Nervenkitzel dar – wer nicht schwindelfrei ist, sollte sie jedoch besser umgehen. Der nahe gelegene Simms-Wasserfall ist ein beliebter Ausgangspunkt für Bergtouren.

Talabwärts folgen Steeg und Häselgehr, Elmen – hier zweigt das weitgehend unberührte Bschlaber Tal mit seiner Passverbindung nach Imst ab –, Stanzach mit dem Namloser Tal und einer Passverbindung in das Außerfern und schließlich Weißenbach am Lech; hier mündet das Tannheimer Tal ein.

Hauptort des eigentlichen Außerfern ist Reutte. Im Einzugsbereich der Strecke zum Fernpass, einer der landschaftlich schönsten Routen Tirols, liegen eine Reihe beliebter Sommer- und Wintersportorte, so Berwang, Biberwier, Bichlbach, Lermoos und nicht zuletzt Ehrwald am Fuße der Zugspitze (www.zugspitz-arena.com). Von hier führt die Tiroler Zugspitzbahn auf den Westgipfel des höchsten Bergs Deutschlands.

Untergiblen 23, Elbigenalp; Tel. 0 56 34/53 15; www.lechtal.at

Reutte

Stattliche Bürgerhäuser mit reichem Fassadenschmuck prägen das Erscheinungsbild dieses am spätmittelalterlichen Salztransport reich gewordenen Ortes. Das Grüne Haus am Untermarkt beherbergt das Heimatmuseum – es zeigt u. a. Werke der als »Geierwally« bekannt gewordenen Künstlerin Anna Stainer-Knittel (www.museum-reutte.at). Auf Reuttes Hausberg, dem Hahnenkamm, blühen im Alpengarten hochalpine Pflanzen wie Enzian. Beliebte Ausflugsziele sind der Plansee und die Burgruine Ehrenberg mit Erlebnismuseum an der Straße zum Fernpass (www.ehrenberg.at).

855

Untermarkt 34;
Tel. 0 56 72/6 23 36;
www.reutte.com

Almdorf Fallerschein

856

Mit rund 40 Blockhütten, die auch gemietet werden können, ist Fallerschein das größte Almdorf in Tirol. Zwei Jausenstationen versorgen die Wanderer mit echter Lechtaler Hausmannskost.

Stanzach; Tel. 0 56 32/2 82 30; www.stanzach.at, s. Tourismus: Almhütten

Tannheimer Tal

857

Bei Weißenbach zweigt vom Lechtal das Tannheimer Tal ab, ein Wanderparadies mit den Bilderbuchdörfern Tannheim, Schattwald und Nesselwängle. Der Haldensee bei Grän ist ein schön gelegener Badesee; im oberen Vilstal liegt am Fuße des Gaishorns der Vilsalpsee mit Bootsverleih und Restaurant.

Vilsalpseestr. 1, Tannheim; Tel. 0 56 75/6 22 00; www.tannheimertal.com

858

Ehrwald

Ehrwald liegt am Fuß des Wettersteingebirges. Von hier führt die Tiroler Zugspitzbahn zur Zugspitzklamm (2805 m) und weiter zur Westspitze (2963 m; www.zugspitze.at). Durch eine Tunnelverbindung besteht Zugang zum Frühlingsskigebiet am Zugspitzplatt mit zehn Liften. Mit der Ehrwalder Almbahn gelangt man bequem zum Ausgangspunkt zahlreicher Wanderungen; eine der schönsten führt zum traumhaft gelegenen Seebensee (1657 m) und weiter zur Coburger Hütte (www.ehrwalderalmbahn.at).

Am Rettensee 1; Tel. 0 56 73/2 00 00; www.ehrwald.com

859 Inntal zwischen Landeck und Zirl

Im Westen wird der 65 km lange Flussabschnitt durch den Verkehrsknotenpunkt Landeck begrenzt. Der Ort wurde im Jahre 1900 aus den Gemeinden Angedair, Perfuchs, Bruggen und Perjen gebildet. Vor allem die ersten beiden Ortsteile verfügen noch über sehenswerte historische Häuser. Landeck, im Mittelalter ein militärisch wichtiger Standort, wird von drei weithin sichtbaren Befestigungsanlagen überragt – von der Burg Landeck oberhalb Angedair, der Ruine Schrofenstein über Perjen und der Kronburg auf steilem Felskegel oberhalb Zams (www.tirolwest.at/landeck). In Imst, 20 km flussabwärts, zeugen prächtige Bürgerhäuser vom einstigen Bergbaureichtum. Weitere 20 km flussabwärts liegt Stams, berühmt durch sein Zisterzienserstift, eine der großartigsten Klosteranlagen Österreichs. Ein weiteres Zentrum des Oberinntals ist Telfs – sein Ortskern weist eine Reihe schöner Giebelhäuser auf. Zirl, schon im Einzugsbereich von Innsbruck gelegen, ist einer der berühmtesten Tiroler Krippenorte. Einzig Nassereith liegt als einer der größeren Orte der Region nicht im Inntal selbst, sondern 300 m oberhalb auf halber Strecke zum Fernpass.

www.imst.at

860 Interalpen Hotel Tyrol

Auf 1300 m am Seefelder Plateau: In sechs gemütlichen Stuben und im Wintergarten werden Tiroler Köstlichkeiten kredenzt, im großen Wellnessbereich mit Tiroler Saunadorf und einem Pool mit Panoramablick kann man sich anschließend erholen.

Doktor-Hans-Liebherr-Alpenstr. 1, Telfs-Buchen; Tel. 0 50/ 8 09 30; www.interalpen.com

861 Imst

Von jeher ein wichtiger Verkehrsknotenpunkt, hat sich Imst zur Metropole des Oberlandes gemausert. Auffällig im Stadtbild sind die historischen Brunnen. Das alte Widum, ein sorgsam restaurierter Barockbau, beherbergt heute das Haus der Fasnacht. Hier wird der Brauch des Schemenlaufens erklärt, für den Imst berühmt ist. Der Stadtgeschichte widmet sich das Museum im Ballhaus, einem ehemaligen Lager für Stoffballen. Nur wenige Gehminuten vom Zentrum liegt die Rosengartenschlucht, wo sich der Schindelbach durch die Imster Mittelgebirgsterrassen gräbt. Das Naturjuwel kann auf Holzstegen durchwandert werden (Mai–Okt.).

Johannesplatz 4, Imst; Tel. 0 54 12/6 91 00; www.imst.at

862 Fließ

Herrlich im Naturpark Kaunergrat gelegen, hat der zauberhafte Bergort auch Kunstinteressierten einige Schätze zu bieten: In der Krypta der gotischen Pfarrkirche wurden Reste einer frühchristlichen Kapelle freigelegt, die besichtigt werden können. Fließ liegt an der Via Claudia Augusta; Funde von der 2000 Jahre alten Römerstraße werden im Dokumentationszentrum Via Claudia Augusta und im Archäologischen Museum des Ortes gezeigt. Hier ist u. a. der Kathreinfund dokumentiert, ein Schatzfund, der auf die Hallstattzeit zurückgeht.

Hauptplatz 6, Zams;
Tel. 0 54 42/6 56 00;
www.tirolwest.at/fliess;
www.kaunergrat.at

863 Stift Stams

Das Zisterzienserstift zählt zu den schönsten barocken Baudenkmälern Österreichs. Es wurde 1273 von Graf Meinhard II. von Görz-Tirol und Elisabeth von Bayern zum Gedächtnis an ihren Sohn Konradin, den letzten Staufer, gegründet. Die zwischen 1692 und 1732 barock umgestaltete Stiftskirche ist die Grablege der Tiroler Fürsten; lebensgroße Holzstatuen der hier Bestatteten schmücken die Gruft. Führungen durch die Bibliothek, den barocken Bernhardi-Saal und die Heilig-Blut-Kapelle sind ganzjährig möglich.

Stiftshof 1; Tel. 0 52 63/62 42;
www.stiftstams.at

864 Oberes Gericht

Zur Römerzeit war der Reschenpass die wichtigste Nord-Süd-Verbindung über die Alpen; der Aufstieg führte durch den Vinschgau auf die Passhöhe, von hier ging es über das heutige Finstermünz nach Landeck und den Fernpass. Im Mittelalter war die Burg Laudeck bei Ladis Gerichts- und damit auch Verwaltungssitz für das Oberinntal von Landeck bis Finstermünz – daher der Name der Region. Neben dem Durchgangsverkehr trug auch der Bergbau zum Wohlstand der Bevölkerung bei. Prächtige Ortskerne erinnern noch heute an diese Zeit, so in Nauders, in der Doppelsiedlung Pfunds mit den Ortsteilen Dorf und Stuben, in Ried sowie in Ladis und Fiss.

Das Oberinntal ist klimatisch begünstigt, die Südhänge des Tals zwischen Tösens und Prutz werden nicht umsonst »Sonnenterrasse« genannt. Serfaus, Fiss und Ladis konnten sich daher zu beliebten Ferienorten entwickeln.

Kirchplatz 48, Ried im Oberinntal; Tel. 050/22 51 00;
www.tiroler-oberland.com

865 Ötztal

Das 65 km lange Tal in den Ötztaler Alpen hat, umgeben von zahlreichen Dreitausendern, die ganze Vielfalt alpiner Landschaftsformen zu bieten. Hauptort des unteren Ötztals ist Ötz mit gut erhaltenem historischem Ortskern und dem netten Turmmuseum. Von der erhöht gelegenen Pfarrkirche bietet sich ein grandioser Blick. 3 km südwestlich liegt der warme Piburger See mit Bootsverleih und Terrassenrestaurant (www.piburgersee.com). Bei Umhausen bekommt man im Ötzi-Dorf einen Eindruck davon, wie der berühmte Steinzeitmann lebte. Ganz in der Nähe beginnt der Weg zum 160 m hohen Stuiben-Wasserfall. In Längenfeld gibt das Ötztaler Heimat- und Freilichtmuseum einen Eindruck vom harten Arbeitsalltag der Bauern. Der Aqua Dome, eine moderne Bade- und Wellnesslandschaft, wurde nach Feng-Shui-Prinzipien angelegt. Sölden und seine Hotelsiedlung Hochsölden zählen zu den angesagtesten Skiorten des Landes und verwandeln sich im Winter in eine Partyzone.
Vom oberen Ötztal führen Hochgebirgsstraßen zum Fuß des Rettenbachferners auf 2800 m Höhe, in das Bergsteigerdorf Vent und zu den Rofenhöfen, Österreichs höchste ganzjährig bewohnte Siedlung. Über Obergurgl geht es weiter zum Timmelsjoch, dem nur im Sommer befahrbaren Übergang nach Italien.

Gemeindestraße 4, Sölden;
Tel. 05/72 00; www.oetztal.com

866 Serfaus

Der alte Marienwallfahrtsort ist heute das touristische Zentrum des Oberen Gerichts. Die einzige Dorf-U-Bahn befreit den Ortskern vom Verkehr, sodass man ungestört an alten Holzhäusern und der sehenswerten Pfarrkirche vorüberbummeln kann. Die 212 Pistenkilometer des Skigebiets Serfaus-Fiss-Ladis werden mit 70 Beförderungsanlagen erschlossen, es gibt zwei Funparks und ein großes Freeride-Gelände. Im Sommer sind mit den Bergbahnen auch die Ausgangspunkte anspruchsvollerer Höhenwanderungen zu erreichen. Sehr reizvoll ist z. B. der Panoramaweg von der Mittelstation der Komperdell-Bahn zur Möseralm bei Fiss. Auf die Bedürfnisse kleiner Gäste reagiert Serfaus mit dem Abenteuerweg »Murmlitrail« und dem Wassererlebnispark »Murmliwasser«. Nervenkitzel und Geschwindigkeitsrausch versprechen der Waldseilpark X-Trees und die Zipline Serfauser Sauser.

Gänsackerweg 2;
Tel. 0 54 76/62 39;
www.serfaus-fiss-ladis.at

CRYSTAL CUBE.

Fiss

867

Fiss ist bekannt für den Fasnachtsbrauch des Blochziehens, der zum immateriellen Kulturerbe der Unesco zählt. Der Ort ist Teil der Skiregion Serfaus-Fiss-Ladis und bietet im Sommer Anschluss an ein ausgedehntes Wanderwegenetz. Für Adrenalinschübe sorgt der Sommer-Funpark mit Skyswing, Fisser Flitzer und Fisser Flieger. Der Naturbadesee Überwasser ist vor allem bei Familien mit Kindern beliebt. Hochgenuss im wahrsten Wortsinn verspricht der Crystal Cube neben der Aussichtsplattform Z1 – ein kleines Gourmetrestaurant in Form eines Glaskubus auf 2600 m Höhe (Vorreservierung nötig).

Gänsackerweg 2, Serfaus; Tel. 0 54 76/62 39; www.serfaus-fiss-ladis.at

868 Sölden

Die nach Fläche größte Gemeinde Österreichs ist als Gletscherskigebiet und Weltcup-Ort international bekannt; im Sommer geht es indes wesentlich ruhiger zu. Zur Gemeinde gehören die Ortschaften Sölden, Hochsölden, Zwieselstein, Gurgl, Heiligkreuz und Vent. Drei durch Seilbahnen erschlossene Dreitausender rahmen Sölden: Gaislachkogel (3056 m), Tiefenbachkogel (3309 m) und Innere Schwarze Schneid (3367 m). Auf jedem Berg wurde eine eigene Aussichtsplattform errichtet. Die Freizeit-Arena umfasst ein Erlebnisbad mit Sauna, Sporthallen und eine Kegelbahn (www.freizeit-soelden.com). Von der Mittelstation der Gaislachkogelbahn starten Gleitschirm-Tandemflüge, im Winter hebt man von der Bergstation der Giggijochbahn ab. Einen Kontrast zu Sölden bilden das beschauliche Zwieselstein sowie das Bergsteigerdorf Vent. Die in der Initiative Bergsteigerdörfer des Alpenvereins vereinten Orte setzen auf nachhaltigen Alpintourismus, eine vorbildhafte regionale Entwicklung und exzellente Landschafts- und Umweltqualität (www.bergsteigerdoerfer.at).

Gemeindestr. 4; Tel. 05/7 20 02 00; www.soelden.com

869 Pitztal

Das Pitztal hat sich viel von seiner Ursprünglichkeit erhalten können, hier findet der Urlauber noch gewachsene dörfliche Strukturen vor. Bei Imst mündet die Pitze durch einen engen Taleinschnitt in den Inn – hoch über der Pitzeschlucht liegt auf einem terrassierten Hang der reizvolle Ort Arzl. Etwas oberhalb zwischen Wenns und Jerzens weitet sich das Tal, und die Besiedlung wird hier an den weniger steilen Hängen dichter. Etwa im Zentrum des Pitztals liegt sein Hauptort St. Leonhard. Von hier gelangt man mit der Panoramabahn auf den Brunnenkogel, den höchsten per Seilbahn erreichbaren Ort Österreichs (3440 m). Weiter aufwärts muss sich der Fluss schluchtartig zwischen dem westwärts eingrenzenden Kaunergrat und dem östlichen Geigenkamm hindurchwinden. Im oberen Talabschnitt steigt die Straße nun nach Mittelberg steil an, und es präsentiert sich der vergletscherte Talschluss mit der 3786 m emporragenden Wildspitze, dem höchsten Berg Tirols.

Unterdorf 18, Wenns;
Tel. 0 54 14/8 69 99;
www.pitztal.com

Paznaun 870

Paznaun nennen die Tiroler ihr westlichstes Hochalpental. Durch die Totermannbach-Schlucht wird das 35 km lange Tal in das vorwiegend landwirtschaftlich genutzte Untere Paznaun und das eher touristisch geprägte Obere Paznaun mit den Wintersportzentren Ischgl und Galtür geteilt. Von Ischgl aus erschließen die Silvretta- und Pardatschgratbahn die Samnaungruppe im Süden, bei Galtür beginnt die Silvretta-Hochalpenstraße ins Montafon, wo an der Bieler Höhe der Silvretta-Stausee liegt. Hauptort des Unteren Paznaun ist Kappl; hier finden sich schöne Häuser mit Fassadenmalereien aus dem 18. Jh.

Dorfstraße 43, Ischgl;
Tel. 0 50/99 01 00;
www.paznaun-ischgl.com

Tauchen am Achensee

Bergseewochenenden am Achensee und anderen Tiroler Bergseen veranstaltet die Tauchschule »Tauchen in Tirol«. Nach einer professionellen Einführung in die Anforderungen des Bergseetauchens wird das Gelernte auf geführten Tauchgängen erprobt. Die

871 Tauchreviere liegen auf einer Seehöhe zwischen 1100 und 2600 m in reizvoller Bergkulisse. Die meisten Bergseen sind nur zu Fuß erreichbar, weswegen der Tauchausflug mit einer drei- bis vierstündigen Wanderung verbunden ist. Um größtmögliche Sicherheit zu gewährleisten, werden die Teilnehmer von einem Bergwanderführer begleitet.

Tel. 05 12/39 34 84;
www.tauchen-in-tirol.at

872 Golfen auf dem Mieminger Plateau

Direkt vor der Haustür des Alpenresort Schwarz (www.schwarz.at) erstreckt sich der 27-Loch-Golfpark Mieminger Plateau. Mit der imposanten Mieminger Bergkette im Norden und Panoramablick gen Südwesten bietet die Anlage traumhaftes Golfvergnügen. Nach einer Runde auf dem 9-Loch-Parkcourse oder dem 18-Loch-Championcourse zieht der Spa des Resorts mit sieben Pools, Naturbadesee und Saunawelt alle Register.

Tel. 0 52 64/53 36;
www.golfmieming.at

873 Drachenfliegen im Kaiserwinkel

Mit seinem Gebirgsrelief bietet Tirol für Paragleiter und Drachenflieger beste Voraussetzungen. Kössen im Kaiserwinkel kann sogar für sich in Anspruch nehmen, Pionierarbeit für das Drachenfliegen geleistet zu haben. Die Flugschule Kössen bietet Kurse für alle Könnensstufen – Anfänger üben am Balsberg, Fortgeschritte am Untersberg. Dort starten auch Tandemflüge.

Tel. 06 64/3 55 01 18;
www.fly-koessen.at

Rafting in der Imster Schlucht

Von erfahrenen Guides geführte Raftingtouren für unterschiedliche Könnensstufen veranstaltet Fankhauser-Rafting in Haiming. Wer abenteuerlustig, jedoch noch raftingunerfahren ist, für den ist die Imster Schlucht das Richtige; hier wechseln sich hohe Wellen und wuchtige Schwälle mit ruhigen Abschnitten ab. Wildwasser extrem erlebt man auf der Ötztaler Ache beim Profirafting. Eher gemächliche, auch für Familien geeignete Touren führen auf der Tiroler Ache durch die wildromantische Klobensteinschlucht hinüber nach Schleching in Bayern mit anschließender Besichtigung des Klobenstein. Egal, ob wild oder gemütlich, ein unvergessliches Erlebnis ist Rafting auf jeden Fall!

Tel. 0 52 52/67 21; www.rafting-oetztal.at

874

Bungee Jumping

Wer sich einfach mal fallen lassen möchte, hat in Tirol die Wahl zwischen zwei Brücken: Die Benni-Raich-Brücke über der Pitzenklamm – benannt nach dem aus Arzl im Pitztal stammenden Skirennläufer – ist 94 m hoch und wird seit 1997 als Bungee-Brücke genutzt. Verschiedene Sprungvarianten sind möglich: normaler Sprung, Sprung mit Sitzgurt oder auch Tandemsprung (Mai–Aug. am Wochenende, ab 5 Personen individuelle Terminvereinbarung möglich). Bei der Europabrücke südlich von Innsbruck liegt die Absprungplattform sogar auf 189 m Höhe; sie stellt somit eine der spektakulärsten Bungee-Stationen der Welt dar. Man erreicht eine Geschwindigkeit von 120 km/h, die Fallzeit beträgt rund sechs Sekunden. Wer es schon einmal ausprobiert hat, weiß: Der Adrenalinstoß ist unbeschreiblich.

875

Tel. 03 16/68 87 77; www.europabruecke.at; Mai–Okt.

Wandern auf dem Adlerweg

876 Tirol ist ein Paradies für Wanderer – nur 13 % der Landesfläche sind Tallagen zuzurechnen, sodass sich die meisten Urlauber dem Bergwandern und -steigen widmen. Entlang der Fluss- und Bachbettläufe gibt es jedoch auch besonders reizvolle Spazier- und Wanderwege, geeignet für Leute mit weniger Kondition oder diejenigen, die es langsam angehen lassen. Tirols bekanntester Weitwanderweg ist der Adlerweg – auf 126 Etappen führt er durch das ganze Land, wobei leichte mit hochalpinen Streckenabschnitten wechseln. Die 280 km lange Hauptroute verläuft von St. Johann im Tiroler Unterland nach St. Anton am Arlberg.

Tel. 05 12/7 27 20; www.tirol.at/de/unterwegs-am-adlerweg

877 Mountainbiken in den Kitzbüheler Alpen

Österreichs erste Mountainbike-Schule bietet Fahrtechnikkurse und geführte Mountainbike-Touren an – von leichten Strecken in den großen Talkesseln über Ausfahrten in mittlere Höhen bis hin zu extremen Touren auf die höchsten Gipfel und Übergänge. Ob Genuss-Biker, Marathonfahrer oder Freerider, das Wochenprogramm berücksichtigt alle Könnensstufen.

Tel. 06 64/88 51 30 97; www.bikeacademy.at

878 Snowboarden und Freeriden in Kühtai

Tirol bietet 86 Skigebiete mit insgesamt 4000 Pistenkilometern. Für winterliche Temperaturen und verschneite Pisten fast das ganze Jahr über sorgen die fünf Gletschergebiete Kaunertal, Pitztal, Sölden, Stubaital und Hintertux. Einen der spannendsten Funparks besitzt Kühtai. Das Areal ist in drei Sektionen unterteilt und mit den unterschiedlichsten Obstacles ausgestattet – Rails, Kicker, Boxen, auch eine Superpipe steht bereit. Der Park wird täglich geshaped, um beste Bedingungen zu schaffen.

www.k-park.at

879 Alpenzoo Innsbruck

Europas höchstgelegener Zoo widmet sich ganz der Alpenfauna: In naturnahen Gehegen leben etwa 2000 Alpentiere aus 150 Arten. Im Kaltwasser-Aquarium sind in 17 Schaubecken alpine Fische zu sehen. Zum Zoo gehört ein Schaubauernhof mit alten Tiroler Nutztierarten. Eine interessante Anfahrtsmöglichkeit ist die Hungerburgbahn, eine Standseilbahn, deren Talstation am Ende des Rennweges am Riesenrundgemälde liegt und die man bis zur Station »Alpenzoo« benutzt. Den Zoo erreicht man von hier aus in einem kurzen Spaziergang.

Weiherburgstr. 37; Tel. 05 12/29 23 23; www.alpenzoo.at

Wildpark Assling

880

In dem Wildgehege auf der Pustertaler Sonnenterrasse in Osttirol leben auf einer Fläche von 80 000 qm mehr als 100 Tiere des Alpenraums, darunter auch bedrohte Arten. Insbesondere die sonst sehr scheuen Murmeltiere sind hier gut zu beobachten, außerdem Gämsen, Hirsche, Wildschweine, Luchse, Raubvögel und viele mehr. Durch den Tierpark führt ein Waldlehrpfad, für den Spaßfaktor sorgen ein Abenteuerspielplatz und eine Sommerrodelbahn, auf der man an grasenden Rehen vorbeisaust. Eltern sehen sich gern im Bauernladen um, der Erzeugnisse aus der Region bereithält.

Tel. 0 48 55/2 04 74; www.wildpark-assling.at; April–Okt.

Hexenwasser Hochsöll

An den 60 zum Teil betreuten Stationen der Erlebniswelt lernen Kinder, die Wunder der Natur zu sehen und zu begreifen. Stau- und Matschbecken, Wasserrinnen und Teiche mit Klettersteinen machen mit dem nassen Element vertraut.

881 Hexen führen vor, wie man Steine zum Klingen bringt, durch Funkenschlagen Feuer entzündet und mit Regentropfen ein Trommelkonzert veranstaltet. Ein Barfußpfad lässt erfahren, wie sich verschiedene Untergründe mit nackten Sohlen anfühlen. Spektakulären Endpunkt des Parcours bildet die Panoramaterrasse auf der Hohen Salve mit Windharfe und neun Sonnenuhrstationen.

Stampfanger 21, Söll; www.hexenwasser.at; Mitte Mai–Okt.

882 Ötztaler Funpark Längenfeld

Auf 4600 qm Fläche warten viele Spielgeräte darauf, ausprobiert zu werden, u. a. Trampolin, Air Bubble, Riesenschaukel und Kletterwand. Wasser sorgt an warmen Tagen für Spaß auf den Riesenrutschen, auf der Tubingbahn gleitet man in großen Reifen den Hang hinab und auf dem Barfußweg hat man wieder festen Boden unter den Füßen.

Mühl 257; Tel. 0 52 53/51 88 80; www.oetztalerfunpark.at; April–Sept.

883 Moosalm bei Lienz

Beim 1000 m hoch gelegenen Berggasthof Moosalm gehen Kinder auf Kuschelkurs im Streichelzoo: Lämmer, Zwergziegen, Kaninchen und Meerschweinchen wollen geherzt sein, danach kann man auf dem Waldspielplatz toben. Direkt hinter dem Hotel startet der 2,7 km lange Alpine Coaster »Osttirodler«.

Tel. 0 48 52/6 38 37; www.moosalm.info

884 Alpine Coaster Imst

Mit der Imster Bergbahn gelangt man zum Startpunkt von Tirols spektakulärster Kunst-Rodelbahn. Im Sommer und im Winter, allein oder im Doppelsitzer saust man 3,5 km auf Schienen bergab – über Wellen und durch Steilkurven, teilweise 6 m über dem Boden, erreicht man Spitzengeschwindigkeiten von 40 km/h. Besonders die Jumps haben es in sich.

Tel. 0 54 12/6 63 22; www.imster-bergbahnen.at

Sommer-Funpark Fiss

Wer im Urlaub abheben möchte, wird an der neuesten Attraktion im Funpark, dem »Fisser Flieger«, sicherlich Gefallen finden: Gut gesichert, gleitet man wie an einem Flugdrachen in 8 bis 47 m Höhe und mit bis zu 80 km/h über die Möseralm. Viel Fahrspaß garantiert die Rodelbahn »Fisser Flitzer«. Auf der 2,2 km langen Strecke mit bis zu 19 % Gefälle warten zudem einige Überraschungen auf die Fahrer. Fantastische Augenblicke der Schwerelosigkeit gefolgt von 12 m freiem Fall lässt die Riesenschaukel »Skyswing« erleben; das rasante Auf und Ab erzeugt ein lustvolles Kribbeln im Bauch. Wer dann noch nicht genug hat, rutscht die Tubingbahn hinab oder testet seinen Gleichgewichtssinn im Slackline-Park.

Tel. 0 54 76/62 39; www.serfaus-fiss-ladis.at; Juni–Okt.

885

Ötzi-Dorf Umhausen

886

Der Name des Ötztals ist untrennbar mit der aus dem 4. Jt. v. Chr. stammenden Gletschermumie verbunden, die hier 1991 entdeckt wurde. Wie Ötzi und seine Zeitgenossen lebten, wird im archäologischen Freilichtpark Ötzi-Dorf in der Gemeinde Umhausen nachvollziehbar. Verschiedene Stationen widmen sich der Werkzeugherstellung, der Jagd, schamanischen Ritualen und den Begräbnissitten. Jeden Mittwoch im Juli und August können Kinder selbst Fladenbrot backen, Steinzeitschmuck basteln oder sich im Bogenschießen üben. Anmeldung erforderlich.

Tel. 0 52 55/5 00 22; www.oetzi-dorf.at; Mai–Okt.

887 Hahnenkammrennen Kitzbühel

Im Januar kommen Skiathleten aus der ganzen Welt nach Kitzbühel, um sich im Abfahrtslauf auf der legendären »Streif« – ihr Höchstgefälle beträgt 85 % – und am Ganslernhang im Slalom zu messen. Während der Dauer des Rennens finden zahlreiche Partys und Side-Events statt.

www.hahnenkamm.com; Jan.

888 Museum Tiroler Bauernhöfe Kramsach

Auf dem weitläufigen Bergplateau bei Kramsach wurden historische Bauten aus allen Talschaften Tirols zusammengetragen – neben Bauernhöfen auch Dreschtennen, Sägen, Schmieden und Mühlen. An Wochenenden gibt es Handwerksvorführungen, bei denen Besucher beim Korbflechten, Spinnen, Goldsticken oder Gamsbartbinden selbst Hand anlegen können. Ebenfalls sehenswert ist der Museumsfriedhof mit skurrilen Grabinschriften aus dem Alpenraum (www.sagzahnschmiede.com).

Tel. 0 53 37/6 26 36; www.museum-tb.at; Palmsonntag–Okt.

889 Fisser Blochziehen

In Fiss ziehen Fasnachtsfiguren einen 35 m langen geschmückten Zirbenstamm (»Bloch«) durch den Ort. Er symbolisiert einen Pflug, der die Felder für die Aussaat bereit macht und damit den Frühlingsanfang einläutet. Doch der »Schwoaftuifl« (Schweifteufel) versucht's zu verhindern …

www.blochziehen.at; Faschingssonntag alle 4 Jahre, nächster Termin 2018

890 Nassereither Schellerlaufen

Bunte Kostüme und ausdrucksvolle Holzmasken machen diese Fasnacht – seit 2012 immaterielles Kulturerbe der Unesco – zu einer der farbenprächtigsten im Alpenraum. Wichtigste Figuren sind der Bär und der Bärentreiber, die den Sieg des Frühlings über den Winter verkörpern.

www.fasnacht-nassereith.at; Faschingssonntag alle 3 Jahre, nächste Veranstaltung 2019

891 Achensee-Dampf-Zahnradbahn

Seit 1889 dampft die nostalgische Bahn von Jenbach nach Seespitz am Achensee und bewältigt Steigungen bis 16 %. Unterwegs gibt man sich genüsslich dem Reisegefühl vergangener Zeiten hin und bewundert die eindrucksvolle Bergwelt. Wer möchte, kann eine Bootsfahrt auf dem Achensee anschließen.

Tel. 0 52 44/6 22 43; www.achenseebahn.at; Mai–Okt.

892 Koasalauf St. Johann

Ca. 2000 Teilnehmer aus über 20 Nationen bringt der Volkslanglauf vor der majestätischen Kulisse des Wilden Kaisers alljährlich im Februar an den Start.

www.koasalauf.at; Feb.

Thaurer Palmesel-prozession

Ein Palmesel mit lebensgroßer Christusfigur wird von Kirche zu Kirche
893 gezogen, anschließend in den Nachbarort Rum und wieder zurück nach Thaur. Kinder tragen kunstvoll geschmückte Palmbuschen und kleine holzgeschnitzte Esel.

www.hall-wattens.at;
Palmsonntag

Gauderfest in Zell am Ziller

Im Mittelpunkt dieses alten Volksfestes steht der Ausschank des vor Ort gebrauten Bockbiers.
894 Höhepunkte bilden der Festumzug mit Musikkapellen und Trachtengruppen sowie das Ranggeln, eine alpine Art des Ringkampfs.

www.gauderfest.at;
1. Maiwochenende

895 FIS Skiweltcup Opening Sölden

Mit dem Weltcup-Opening im Oktober fällt jedes Jahr der Startschuss zum FIS Skiweltcup. Die ersten Rennen der Damen und Herren finden traditionell am Rettenbachgletscher statt. Mit Ausnahme der abgesperrten Rennstrecke sind dennoch alle Gletscherpisten für den Publikumsskilauf geöffnet. Rundherum, am Berg und im Tal, gibt es Partys, Konzerte und mehr.

www.skiweltcup.soelden.com;
Okt.

896 Tiroler Festspiele Erl

Seit 400 Jahren werden in dem kleinen Dorf Passionsspiele ausgetragen, damit es von Kriegen verschont bleibe; so kam Erl zu seiner Theatertradition (www.passionsspiele.at; alle sechs Jahre, nächste Veranstaltung 2019). Dass sich hier seit 1998 auch ein Musikfestival mit internationalem Anspruch etabliert hat, ist dem Festspielgründer, Intendanten und »Dirigentenrebell« Gustav Kuhn zu verdanken. An verschiedenen Orten werden Opern und Konzerte aufgeführt; Hauptspielstätte seit 2012 ist das wintertaugliche Festspielhaus, in dem auch während des Jahres Veranstaltungen stattfinden.

www.tiroler-festspiele.at; Juli und Weihnachten

897 Bergfilmfest St. Anton

Mit grandiosen Berg-, Ski-, Expeditions- und Abenteuerfilmen begeistert das Festival seit 1995 sein Publikum. Bergsteiger und Kletterer, Snowboarder und Freerider, Ballonfahrer und Slackliner berichten von packenden Erlebnissen und Momenten.

www.filmfest-stanton.at; Ende Aug.

898 Finkenberg Open Air der »Schürzenjäger«

Die erfolgreiche Tiroler Volksmusikgruppe feiert alljährlich im August mit Tausenden von Fans in Finkenberg ein großes Open Air. Musikalische Gäste aus der Region helfen dabei, die Tuxer Berge zu beschallen.

www.schuerzenjaeger.com; Anfang Aug.

899 Innsbrucker Festwochen der Alten Musik

Innsbruck ist ein Zentrum der Alten Musik – daran knüpft diese seit 1976 stattfindendende Konzertreihe an. Im Zentrum stehen Barockopern, Konzerte an historischen Stätten sowie ein internationaler Gesangswettbewerb.

http://altemusik.at; Aug.

900 Olala – Internationales Straßentheaterfestival Lienz

Rund 40 Straßentheatergruppen aus 13 verschiedenen Ländern stellen Lienz alljährlich auf den Kopf – mit Akrobatik, Artistik, Musik, Tanz und Performances.

www.olala.at; Juli

Tiroler Volksschauspiele Telfs

901

Neben klassischem Theater von Shakespeare bis Brecht und modernem Volkstheater werden auch Gegenwartsdramatik und Uraufführungen gezeigt – an teils ungewöhnlichen Orten wie dem Telfser Hallenbad.

www.volksschauspiele.at; Juli–Aug.

Europäisches Forum Alpbach

902

Der seit 1945 stattfindende Kongress von namhaften Künstlern, Politikern, Wissenschaftlern und Managern aus allen Teilen der Welt soll die interdisziplinäre Zusammenarbeit fördern und zur Lösung drängender Zeitfragen beitragen.

www.alpbach.org; Aug.

903 Tanzsommer Innsbruck

Die Tiroler lassen sich auch von Bewegungskultur jenseits des Bergsteigens begeistern: Beim Tanzsommer Innsbruck bieten Companien aus aller Welt ein abwechslungsreiches Programm, das den Tanz in allen seinen Facetten und mit immer wieder neuen, überraschenden Choreografien zeigt.

www.tanzsommer.at; Juni–Juli

904 Brixentaler Antlassritt

Alljährlich an Fronleichnam versammeln sich in Brixen im Thale rund 100 Bauern mit geschmückten Pferden vor der Kirche und reiten, begleitet von Marschmusik und Glockengeläut, über Westendorf nach Kirchberg. Ziel ist die Schwedenkapelle am Ortsrand von Kirchberg. Hier wird die Vertreibung der Schweden gefeiert, die im Dreißigjährigen Krieg das Tal bedrohten.

www.kirchberg.org; Fronleichnam

905 Stefani-Pferdeschlittenrennen St. Johann

Am Zweiten Weihnachtsfeiertag, dem Stefanitag, findet auf der Rennbahn Lafferhof das traditionsreiche Rennen statt, dessen Siegerpreis aus einer Fahne und der begehrten Stefani-Decke besteht. Zum Programm gehören Trabrennen mit internationaler Besetzung, Ponyreiten, Haflingerreiten und Galoppreiten mit Vollblutpferden.

www.trabrennbahn.at; 26. Dez.

906 Operettensommer Kufstein

Die imposante Festung Kufstein ist Schauplatz dieser Veranstaltung, in deren Zentrum ein jährlich wechselnder Operettenklassiker steht. Mit einem ausfahrbaren Schutzdach, vergleichbar einem riesigen Regenschirm, wird ein großer Teil des Festungshofs wettersicher gemacht und zugleich die Akustik verbessert.

www.operettensommer.com; Aug.

907 Leonhardiritt in Kundl

Zu Ehren des hl. Leonhard findet in Kundl Anfang November ein prächtiger Umzug zu Pferde statt. Dieser führt vom Ortszentrum zur Kirche St. Leonhard, wo eine große Feldmesse mit anschließender Pferdesegnung gefeiert wird.

www.alpbachtal.at; 1. Sonntag im Nov.

908 Christkindlmarkt Innsbruck

Alpenländisches Flair mitten in der Altstadt verbreitet dieser stimmungsvolle Christkindlmarkt. Neben Kunsthandwerk und allerlei Kuriositäten werden auch täglich Märchenaufführungen geboten.

www.christkindlmarkt.cc; 15. Nov.–23. Dez.

Vorarlberg

Ob mediterranes Flair am Bodensee oder Skiparadiese im Montafon und am Arlberg, ob traditionelle Walserdörfer und moderne Architektur auf Weltniveau, ob gelebtes Brauchtum oder Kulturhighlights wie die Bregenzer Festspiele: Vorarlberg hat es. Im Übrigen ist »Alles Käse« – auch der Name eines Festivals, das dem Exportschlager der Region huldigt.

Wasser ist der einzige »Bodenschatz« Vorarlbergs. In riesigen Speicherseen wie dem Lünersee wird es aufgestaut.

909 Bregenz

Bregenz größter Trumpf ist seine Lage: Vom 1064 m hohen Pfänder überragt, schmiegt es sich in die weite Ostbucht des Bodensees. Ein Muss auf dem Terminplan vieler Musikfreunde sind die Bregenzer Festspiele mit ihren spektakulären Inszenierungen auf der Seebühne. Für Aktivurlauber ist interessant, dass die Stadt das Tor zur wildromantischen Berglandschaft des Bregenzer Waldes bildet. Ursprünglich eine keltische Gründung, eroberten die Römer 15 v. Chr. die Siedlung Brigantium, die sich schnell zu einem wichtigen Handelsplatz entwickelte. Ende des 5. Jh. wurden sie von den Alemannen vertrieben – eine Tatsache, die sich noch heute in der dialektalen Prägung der Region spiegelt. Im Mittelalter herrschten erst die Bayern, dann die Habsburger über die Grafschaft, in dieser Zeit entstand die auf einer Terrasse erbaute historische Oberstadt mit dem Martinsturm und hübschen Fachwerkhäuschen. Nach einer wechselvollen Geschichte erlebte Bregenz im 19. Jh. als bedeutender Verkehrsknotenpunkt eine starke Industrialisierung, 1923 avancierte es zur Landeshauptstadt. Die Gründung der Festspiele 1946 gab dem Tourismus wichtige Impulse. In jüngerer Zeit ist Bregenz durch Bauten namhafter Architekten wie Hans Hollein, Jean Nouvel, Peter Zumthor und Baumschlager/Eberle sowie des Kreises der »Vorarlberger Baukünstler« zum Mekka für Architekturinteressierte geworden.

Rathausstr. 35a; Tel. 0 55 74/ 4 95 90; www.bregenz.travel

910 Martinsturm

Der 1602 vollendete Martinsturm, ein ehemaliger Getreidespeicher, ist das älteste Barockbauwerk am Bodensee und besitzt die größte Turmzwiebel Mitteleuropas. Früher versah hier der Turmwächter seinen Dienst, um die Stadt vor herannahenden Feinden oder Feuersbrünsten zu warnen. Heute genießt man von der Fenstergalerie einen herrlichen Panoramablick über Bregenz und den Bodensee. Im oberen Turmgeschoss ist ein militärhistorisches Museum untergebracht. Im Untergeschoss birgt der Chor der Martinskapelle künstlerisch wertvolle Freskenzyklen aus dem 14. und 15. Jh. Nach der Besichtigung lädt der ehemalige Gefängnisgarten zu einer Rast im Grünen ein.

Martinsgasse 3b; Tel. 0 55 74/ 4 10 15 61; www.martinsturmbregenz.at; Mai–Okt.

911 Abtei Mehrerau

Das 1094 gegründete, mehrfach zerstörte und wieder aufgebaute Kloster liegt westlich von Bregenz nahe am See. 1806 aufgehoben, wurde es 1854 von Zisterziensern neu besiedelt, die hier eine philosophisch-theologische Lehranstalt, ein Sanatorium sowie ein Privatgymnasium unterhalten. Bei Führungen besichtigt man die prächtigen Räume und Kunstschätze der Abtei und erfährt Wissenswertes über die Klostergeschichte sowie das heutige Leben und Wirken der Mönche. Bei der Wiese vor dem Privatgymnasium des Klosters beginnt ein Obstlehrpfad, der an 20 Stationen alte Vorarlberger Streuobstsorten präsentiert. Stärkung bietet anschließend der Klosterkeller mit großen Tischen unter historischen Gewölben, an warmen Tagen auch im Gastgarten.

Mehrerauerstr. 66; Tel. 0 55 74/ 7 14 61; www.mehrerau.at

912 Vorarlberg Museum

2013 wurde das Museum im neuen Gebäude wiedereröffnet. Schwerpunkte der umfangreichen Sammlung bilden Archäologie, Volkskunde und Kunstgeschichte Vorarlbergs. Besonders interessant sind die Ausgrabungsfunde aus dem römischen Brigantium und ein Steinrelief der keltischen Pferdegöttin Epona. Gezeigt wird zudem die weltweit größte Angelika-Kauffmann-Sammlung – die als weibliche Malerin zu ihrer Zeit eine Ausnahme darstellende Künstlerin (1741–1807) verbrachte ihre Jugend in Schwarzenberg im Bregenzerwald.

Kornmarktplatz 1; Tel. 0 55 74/ 4 60 50; aktuelle Besucherinformationen unter www.vorarlbergmuseum.at

913 Biohotel Schwanen

Ein Restaurant heisst »Esszimmer« und ist hell, luftig und leicht gehalten. Dem steht die traditionelle Wälderstube gegenüber, mit Tischen aus dunklen Bizauer Kirschenholz, Birne und Ahorn. Diesen Kontrast führt die Küche weiter: Einerserseits traditionell, andererseits modern und leicht. Geschöpft wird aus einer breiten Auswahl an biologisch produzierten Zutaten.

Kirchdorf 77, Bizau;
Tel. 0 55 14/21 33;
www.biohotel-schwanen.com

914

Pfänder

Der Hausberg der Bregenzer ist 1064 m hoch und bietet einzigartige Ausblicke über die Stadt, den See, das Rheintal und mehr als 200 Alpengipfel – darunter Arlberg und Silvretta. Die 1995 modernisierte Pfänderbahn bringt in der Hauptsaison täglich mehr als 2000 Besucher auf den Berg. Dort erwarten sie neben der Aussicht ein Wildpark mit Adlerwarte, ein Kinderspielplatz und ein weitverzweigtes Wegenetz für Wanderer und Moutainbiker.

Tel. 0 55 74/42 16 00; www.pfaender.at; www.pfaenderbahn.at

915 Kunsthaus

Das vom Schweizer Architekten Peter Zumthor in der Form eines gläsernen Kubus entworfene Museum präsentiert Wechselausstellungen zeitgenössischer Kunst an der Schnittstelle zwischen Architektur, Design und Kunst. Entsprechend nehmen Rauminstallationen und audiovisuelle Exponate einen bevorzugten Platz ein.

Karl-Tizian-Platz; Tel. 0 55 74/ 4 85 94-0; www.kunsthaus-bregenz.at

916 Stadtpfarrkirche St. Gallus

Die erhöht gelegene gotische Kirche wurde mehrfach umgebaut und präsentiert sich heute im Stil des Barock. Im Inneren sind prächtige Stuckverzierungen, ein kostbarer Silberaltar sowie ein barockes Chorgestühl aus dem Kloster Mehrerau zu bewundern. Unter dem Chor wurden spätrömische Mauerreste entdeckt.

Kirchplatz 3; Tel. 0 55 74/ 9 01 80; www.sanktgallus.at

917 Hotel Schwärzler

Das Viersternehaus im Stadtteil Weidach ist von Natur umgeben und entsprechend ruhig. Regionale Küche mit Pfiff serviert das Gourmetrestaurant Babenwohl, im Sommer speist man im schönen Gastgarten.

Landstr. 9; Tel. 0 55 74/49 90; schwaerzler.s-hotels.com

918 Restaurant Neubeck

Das im Bistrostil eingerichtete Restaurant ist am Bodensee inzwischen eine kulinarische Institution. Die Küche kombiniert österreichische und mediterrane Gerichte mit asiatischen Aromen. Erlesene Weine gibt es auch glasweise.

A.-Schneider-Str. 5; Tel. 0 55 74/ 4 36 09; www.neubeck.at

919

Quelltuffweg und Negrelli-Brücke

Rund um Lingenau wurden mehrere Themenwanderwege angelegt, darunter der Quelltuffweg. Er erschließt das größte Tuffgebiet Vorarlbergs, eine der wenigen Kalksinterbildungen nördlich der Alpen. In kleinen Quellgerinnen fließt das Wasser hier zur Subersach hinab, Baldachine und Sintervorhänge bildend. Der Quelltuffweg führt als etwa einstündiger Naturlehrpfad über gut befestige Stege und Treppen durch die zauberhafte Welt der Kalkformationen. Infotafeln entlang der Strecke erläutern Vegetation und Geologie. Am Ende des Lehrwegs zweigt der Aufstieg zur Negrelli-Brücke ab, einem Meisterwerk der Ingenieursbaukunst von 1835, das auf diesem Bild seinen Schatten vorauswirft. Von oben hat man einen tollen Ausblick auf die Subersach.

www.lingenau.at; www.bregenzerwald.at

920 Juppenwerkstatt Riefensberg

Die traditionelle Bregenzerwälder Tracht, die plissierte und reich bestickte Juppe, kann nicht im Geschäft erworben werden, sie wird nach einem speziellen Verfahren handgefertigt. Welche Schritte dazu nötig sind, erfahren Interessierte in der Riefensberger Juppenwerkstatt von einer Näherin oder Stickerin (es werden auch Kurse angeboten). Die im ehemaligen Gasthof Krone eingerichtete Manufaktur ist schon der Architektur wegen sehenswert: Um genug Licht einzulassen, wurde die Giebelwand komplett verglast. Die Juppenwerkstatt ist zugleich Museum: In Vitrinen kann man prachtvolle Juppen bestaunen und auch das Zubehör: Bändel für das Mieder, Gürtel und Kopfbedeckungen wie das Schappele, das kunstvolle Krönchen aus Goldplättchen und -fäden für unverheiratete Mädchen.

Dorf 52; Tel. 0 55 13/83 56 15; www.juppenwerkstatt.at;

Lingenau

Lingenau besitzt gleich drei spektakuläre Brückenbauten; die neue Gschwendtobelbrücke ist zugleich Plattform für Bungee-Sprünge. Kurze Spaziergänge führen zum Dörnlesee und zur aus Quelltuff errichteten Barockkapelle St. Anna. 921

Hof 258; Tel. 0 55 13/63 21; www.lingenau.at

Vitalhotel Quellengarten

Größter Trumpf des Wellnesshotels in Lingenau ist das Quellenbad, das auch Tagesgästen offen steht. Es besitzt einen Innenpool mit Sauna und einen beheizten Gartenpool mit wunderbarer Aussicht. 922

Am Holz 93; Tel. 0 55 13/64 61 0; www.quellengarten.at

Käsestraße Bregenzerwald

Wie Käse hergestellt wird, wie verschieden er schmecken und zu was man ihn weiterverarbeiten kann – all das erfährt man auf der Käsestraße. Keine Straße im eigentlichen Sinne, sondern ein Netzwerk von Erzeugern und Vermarktern.

923 Eine Station ist z. B. der moderne Käsekeller in Lingenau, wo 32 000 Laibe Bergkäse lagern und von Robotern mit Salzlake gebürstet und gewendet werden. Im Rehmer Sennhaus in Au geschieht dies noch »händisch«. Die ganze Bandbreite an Bregenzerwälder Käsen kann man im Andelsbucher Käsehaus probieren, ein Senner erläutert den Entstehungsprozess.

Tel. 0 55 13/4 28 70 41; www.kaesestrasse.at

924 Hittisau

In dem von 125 Alpen umgebenen Ort informiert das Alpsennereimuseum in einer noch voll funktionstüchtigen historischen Sennerei über die Käseherstellung im Bregenzerwald. Führungen mit einem Käsemeister beinhalten auch eine Käseverkostung. Ein preisgekrönter moderner Holzbau beherbergt Österreichs einziges Frauenmuseum; es beleuchtet in wechselnden Ausstellungen Geschichte und Gegenwart der Frauen im Bregenzerwald. Großer Wert wird dabei auf persönliche Vermittlung gelegt: Nach Wunsch begleiten Frauen unterschiedlichen Alters aus dem Ort Besucher beim Rundgang durch das Museum.

Platz 501; Tel. 0 55 13/62 09 30; www.frauenmuseum.at

925 Damüls

Damüls bildet zusammen mit dem ehemaligen Weltcup-Ort Mellau ein Skigebiet für Genießer mit vornehmlich leichten Pisten. Fast noch ein Geheimtipp ist das Nachtrodeln: Die Damülser Naturrodelbahn wird immer mittwochs und freitags nach Einbruch der Dunkelheit für zwei Stunden mit Flutlicht beleuchtet. Im Sommer kann man das beschauliche Walserdorf auf dem Damülser Rundkurs umwandern – der gut beschilderte Weg führt vom Hochblanken (Sesselliftstation des UGA-Express) über den Ragazer Blanken zum Sünser Joch und über die bewirtschaftete Oberdamülser Alpe zurück. Auch für Nordic Walker gibt es ein abwechslungsreiches Streckennetz. Adrenalinjunkies finden im Waldseilgarten Damüls Parcours aller Schwierigkeitsgrade mit Flying-Fox-Strecken.

Kirchdorf 138a; Tel. 0 55 10/62 00; www.damuels.at

926 Warth-Schröcken

Weiß, weißer, Warth: Schnee gibt es in Warth-Schröcken ohne Ende. Jeden Winter fallen im Skigebiet im Schnitt 11 m Neuschnee und sorgen rund um den Saloberkopf für beste Bedingungen. Vom weißen Kleid befreit, präsentiert sich die Passlandschaft am Talschluss des Bregenzerwalds als traumhaftes Bergrevier mit zahlreichen Tourenmöglichkeiten vom Themenweg »Auf den Spuren der Walser« bis zur »Seven Summits Tour«, bei der man in 22 Stunden 5000 Höhenmeter und sieben Gipfel bewältigt. Der Steffisalp-Express bringt Wanderer zum Ausgangspunkt zahlreicher leichterer Wanderungen u. a. zur urigen Hochalphütte oder zur alten Walsersiedlung Bürstegg; auch der Einstieg zum Karhorn-Klettersteig ist so schnell erreicht. Erste Versuche am Fels können im Klettergarten Schrofenwies unternommen werden. Die örtlichen Alpinschulen bieten neben Kletterkursen auch Rafting-, Canyoning- und Wildwasser-Touren an. Ein Naturerlebnis mit Adrenalinversprechen ist das Wildwasserschwimmen von Lech nach Warth in einem der letzten Wildflüsse Europas. Der Abenteuerpark Schröcken mit 30 Seilparcours befindet sich über dem Wildwasser und am Felsen, der natürlichen Kulisse. Grenzen im wahrsten Sinne des Wortes überschreitet, wer mit der Flying-Fox-Bahn in Warth an einer über 200 m langen Seilrutsche nach Tirol hinübersaust.

Warth-Schröcken Tourismus;
Tel. 0 55 83/35 15-0;
www.warth-schroecken.com

927

Karren

Mit dem Stadtbus gelangt man vom Bahnhof zum Karren, dem 975 m hohen Dornbirner Hausberg. Eine Kabinenseilbahn verkehrt zum Gipfel hinauf, wo mehrere lohnende Wanderungen beginnen, etwa zur wildromantischen, von der Dornbirner Ache durchströmten Rappenlochschlucht, zum Staufensee oder zum Alploch mit 120 m hohem Wasserfall. Über den Kühberg und die Schönemannalpe gelangt man ins malerische Bergdörfchen Ebnit. Die Karrenrunde hat die im Sommer bewirtschaftete Staufenalpe zum Ziel. Unvergessliche Eindrücke beschert ein Abendessen im gläsernen Panoramarestaurant mit Blick auf das Alpenglühen der umliegenden Gipfel. Natürlich kann man hier auch tagsüber auf der Terrasse sitzen und sich bei herrlicher Aussicht und einer Tasse Kaffee die Sonne ins Gesicht scheinen lassen.

Tel. 0 55 72/2 21 40;
www.karren.at

928

Dornbirn

Dornbirn ist die größte Stadt Vorarlbergs und zugleich ein bedeutender Messestandort. Das Stadtzentrum rund um den Marktplatz wurde als Fußgängerzone ausgewiesen; hier findet mittwochs und samstags ein bunter Wochenmarkt statt. Dominiert wird der Marktplatz von der klassizistischen Stadtpfarrkirche St. Martin mit ihrem frei stehenden Glockenturm. Im Roten Haus, einem typischen Rheintaler Fachwerkbau von 1639, befindet sich heute ein Restaurant.

Rathausplatz 1a; Tel. 0 55 72/2 21 88; www.dornbirn.at

929 Berghof Fetz

Gemütliches Hotel in wunderschöner Umgebung vor den Toren der Stadt. Alle zehn Zimmer besitzen einen großen Balkon mit Ausblick auf den Bregenzerwald. Ein kleiner Wellnessbereich mit Panorama-Sauna lädt zum Entspannen ein. Das Restaurant serviert regionale Küche; die große Sonnenterrasse ist ganzjährig geöffnet.

Bödele 574, Schwarzenberg; Tel. 0 55 72/7 74 00; www.berghoffetz.at

930 Naturschau Inatura

Ein Naturmuseum, aber kein gewöhnliches, denn durch den Einsatz moderner Technologien gerät der Museumsbesuch zu einem besonderen Erlebnis. Spiele und Experimente machen mit der Tier- und Pflanzenwelt sowie der Geologie Vorarlbergs vertraut, neben lebenden Kleintieren und Tierpräparaten zum Anfassen finden Besucher in den Science Zones 40 interaktive Stationen, die sich auf unterhaltsame Weise technischen und physikalischen Phänomenen widmen.

Jahngasse 9, Dornbirn; Tel. 0 55 72/23 23 50; www.inatura.at

931 Feldkirch

In der gut erhaltenen Altstadt prägen enge kopfsteingepflasterte Gassen, Laubengänge und Fachwerkbauten das Bild. Der spätgotische Dom St. Nikolaus, von außen unscheinbar, birgt im Inneren kunsthistorische Schätze. Über der Stadt wacht die Schattenburg, Stammsitz der Grafen von Montfort. Der mit einer Aussichtsplattform versehene Bergfried beherbergt heute ein Museum, das neben sakralen und profanen Kunstwerken eine Waffensammlung zeigt. Ausflüge in die Umgebung führen zum Wildpark Feldkirch und ins Laternser Tal mit vielfältigen Wander- und Skisportmöglichkeiten.

Montfortplatz 1; Tel. 0 55 22/ 7 34 67; www.feldkirch.at

Rankweil

Die kleine Stadt am Anfang des Laternser Tals nennt eine Rarität ihr eigen: Mitten im Ort thront auf dem Liebfrauenberg die Burgkirche Mariä Heimsuchung – halb Gotteshaus, halb Befestigungsanlage. Vom Wehrgang bietet sich ein herrlicher Blick über das obere Rheintal.

932

Das Innere der im Kern über 1000 Jahre alten Wallfahrtskirche birgt Schätze wie ein romanisches Holzkruzifix und eine spätgotische Madonnenstatue. Noch älter als die Basilika ist der römische Gutshof samt Badehaus, der in Brederis ausgegraben wurde. Das Gelände ist jederzeit öffentlich zugänglich.

Am Marktplatz 1; Tel. 0 55 22/ 40 50; www.rankweil.at

933 Rolls Royce Museum Dornbirn

In einer ehemaligen Baumwollspinnerei von 1862 haben Fans der berühmten Automarke Gelegenheit, die Prachtkarossen von Königen und Multimillionären aus nächster Nähe zu bewundern. Im Erdgeschoss wurde die Werkstatt von Sir F. H. Royce rekonstruiert, in einer Schauwerkstatt kann man dabei zusehen, wie automobile Raritäten restauriert werden. Anschließend stärkt man sich stilecht im English Tea Room.

Gütle 11 a; Tel. 0 55 72/5 26 52; www.rolls-royce-museum.at

934 Lustenau

Lustenau entwickelte sich um 1900 zu einem Zentrum der Vorarlberger Stickereiindustrie – das Stickereimuseum zeigt die Entwicklung dieser textilen Technik von der Handarbeit bis zur Maschinenstickerei. Im kleinen Museumsshop verkaufen auch junge Nachwuchs-Designer ihre Kreationen. Das Museum Rhein Schauen dokumentiert die Geschichte der Rheinregulierung und Auswirkung dieser Maßnahme auf die Landschaft. Zum Museumsprogramm gehören auch Fahrten mit dem Rheinbähnle, der ehemaligen Baubahn der Rheinregulierung (www.rheinschauen.at).

Rathausstr. 1; Tel. 0 55 77/ 8 18 10; www.lustenau.at

935 Hohenems

Der geschichtsträchtige Ort wird von der Ruine Alt-Ems (12. Jh.) und dem als Zweitburg erbauten Schloss Glopper (14. Jh.) überragt. Der Bau befindet sich in Privatbesitz und kann nicht von innen besichtigt werden, vom Schlossberg genießt man aber eine herrliche Aussicht. Am Fuß des Schlossbergs steht der Renaissancepalast Hohenems, einer der schönsten seiner Art in Österreich. In seiner Bibliothek wurden im 18. Jh. die berühmten Handschriften A und C des Nibelungenlieds entdeckt. Der Palast wird von der Grafenfamilie Waldburg-Zeil bewohnt, im Innenhof und im Rittersaal finden aber regelmäßig Veranstaltungen statt. In der Stadt selbst lohnt die Pfarrkirche St. Karl Borromäus wegen ihres prächtigen Hochaltars einen Besuch. Vom 17. Jh. bis 1938 gab es in Hohenems eine jüdische Gemeinde. Ihr ehemaliges Wohnviertel ist in Teilen noch erhalten und wird nach und nach saniert. Auf dem Friedhof findet man Grabsteine ab ca. 1750. In der Villa Heymann-Rosenthal ist das Jüdische Museum untergebracht, das die Geschichte der Juden in Hohenems, die regionale NS-Geschichte und die jüdische Gegenwart thematisiert.

Kaiser-Franz-Josef-Str. 4;
Tel. 0 55 76/7 10 10;
www.hohenems.at

936 Schlosshotel Dörflinger

Gemütlich eingerichtetes Haus in großartiger Aussichtslage oberhalb der Altstadt von Bludenz, guter Ausgangspunkt für Wanderungen und Radtouren. Gästen stehen kostenfrei Räder und Mountainbikes zur Verfügung. Im Restaurant wird gute regionale Küche serviert.

Schloss-Gayenhof-Platz 5,
Bludenz; Tel. 0 55 52/6 30 16;
www.schlosshotel.cc

937 Bludenz

Von jeher ein wichtiger Verkehrsknotenpunkt, ist die Stadt heute wirtschaftliches Zentrum des Vorarlberger Oberlandes. Brände zerstörten Bludenz mehrfach, erhalten blieb die mittelalterliche Stadtbefestigung. Das heutige, sehr reizvolle Stadtbild mit kopfsteingepflasterten Gassen und südländisch anmutenden Laubengängen entstand nach 1682. Wahrzeichen von Bludenz ist die Pfarrkirche St. Laurentius mit ihrem 50 m hohen Zwiebelturm. Eine Gondelbahn führt auf den Muttersberg, den Sonnenbalkon der Stadt, wo mehrere Rundwanderwege beginnen.

Werdenbergerstr. 42;
Tel. 0 55 52/63 62 12 60;
www.bludenz.at

938

Brand

Der 1050 m hoch gelegene Ort im Brandnertal ist das touristische Zentrum der Region. Insbesondere Wintersportler lassen die Zahl der 700 Einwohner zeitweilig erheblich in die Höhe schnellen. Aber auch im Sommer bieten sich vielfältige Möglichkeiten für Unternehmungen. Eine beliebte Wanderung führt zum Lünersee, einem herrlich gelegenen Bergsee, den man auch mit der Lünerseebahn erreichen und auf einem zweistündigen Spaziergang umrunden kann. Unterwegs bietet eine bewirtschaftete Alpe frische Sennereiprodukte. Ausdauernde Wanderer nehmen die Schesaplana (2965 m) in Angriff, den höchsten Gipfel des Rätikon. Der Weg führt über die Mannheimer Hütte.

Mühledörfle 40; Tel. 0 55 59/5 55; www.gemeinde-brand.at

939 Bürs

Bürs ist ein lebhaftes Touristenstädtchen, dessen größte Sehenswürdigkeit die Martinskirche darstellt. Ursprünglich gotisch, wurde sie nach einem Brand 1843 neu erbaut. Eigentliche Hauptattraktion ist die Bürser Schlucht, eine von eiszeitlichen Gletschern geschürfte und von Bergsturzblöcken gerahmte Mulde, durch die heute der Alviersbach fließt. Sie kann auf eigene Faust oder im Rahmen geführter Touren erkundet werden, unterwegs sorgen aufreißende Gesteinsspalten und das Kuhloch, eine enge Klamm, für Staunen. Nach der Wanderung bietet der Naturbadesee im Alvier-Bad Erfrischung.

Dorfplatz 5; Tel. 0 55 52/ 6 26 17; www.buers.at

940 Nüziders

Seit 1473 wacht das einstige Schloss Sonnenberg nur noch als Ruine über den Ort zu Füßen des 1402 m hohen Muttersberges. Das romanische St.-Vinerius-Kirchlein, ein tonnengewölbter Rechteckbau, zählt zu den ältesten Gotteshäusern im Walgau. Empfehlenswert ist der Aufstieg auf den 1976 m hohen Hohen Frassen. Selten nur bekommt man einen so schönen Ausblick über die Vorarlberger Bergwelt. Auf 1740 m kann man in der Frassenhütte pausieren.

Sonnenbergstr. 14; Tel. 0 55 52/ 62 24 10; www.nueziders.at

941 Walliserhof in Brand

Nettes Designhotel in beeindruckender Berglandschaft mit umfangreichem Wellnessangebot und großer Wasserwelt mit Saunen, Aromagrotte und Whirlwannen. Die Küche überrascht durch Vielfalt, regionale Küche wird ebenso angeboten wie mediterrane Gerichte. Das Fleisch kommt aus der eigenen Viehzucht.

Brand 139; Tel. 0 55 59/2 91; www.walliserhof.at

942 Raggal

Der 1015 m hoch gelegene Ort wurde von Rätoromanen besiedelt, um 1300 gesellten sich Walser hinzu. Sehenswert ist die Lassangabrücke – wer früher ins Hintere Walsertal wollte, musste diese gedeckte Holzbrücke passieren. Heute steht sie unter Denkmalschutz. Rund um Raggal bieten sich vielfältige Wandermöglichkeiten, eine reizvolle Tour hat den 715 m hoch gelegenen Lutzstausee zum Ziel. Von dort führt ein 4,5 km langer Stollen durch den Hang zum Wasserschloss am Ludescherberg. Einen Abstecher wert ist das benachbarte Bergdorf Marul mit der hübschen Kirche St. Katharina. Hier beginnt ein Walderlebnispfad am Marulbach entlang, dessen spannende Stationen auch kleine Wandermuffel bei Laune halten.

Raggal 220; Tel. 0 55 53/3 45; www.raggal.at

943

Sonntag

Sonntag ist ein beliebter Wintersportort. Wer mehr über die Kultur des Großen Walsertals erfahren möchte, sollte unbedingt das in einem historischen Walserhaus eingerichtete Heimatmuseum besuchen. Es zeigt Einrichtungen, Arbeitsgeräte und Trachten von dereinst. Im benachbarten Buchboden geht es dank des fehlenden Durchgangsverkehrs etwas ruhiger zu. In der Umgebung liegen viele Alpen, dorthin lassen sich reizvolle Wanderungen unternehmen.

Boden 57; Tel. 0 55 52/3 02 27; www.sonntag.info

St. Gerold

In diesem Ort begann die Besiedelung des Großen Walsertals. Mittelpunkt der Gemeinde ist ohne Zweifel die Propstei St. Gerold. Das Kloster ist über 1000 Jahre alt, seine Kirche wurde über dem Grab des Hl. Gerold erbaut, der als Eremit in der damals noch verlassenen Gegend lebte. Heute ist das Kloster eine Stätte der Begegnung. Es organisiert Konzerte, Theateraufführungen,
944 Kunstausstellungen und Seminare. Wer länger bleiben möchte, findet im Gästehaus Quartier. Man kann es sich aber auch im Klosterkeller einfach nur bei regionalen Schmankerln gut gehen lassen.

Tel. 0 55 50/21 21; www.propstei-stgerold.at

945 Thüringen

Wie in anderen Orten der Region spielte auch in Thüringen im 19. Jh. die Textilindustrie eine wichtige Rolle. Für den Betrieb der Textilfabrik konnte die Wasserkraft des Montjola-Falls genutzt werden, noch heute ist dort die alte Druckrohrleitung zu sehen. Die vom Fabrikgründer John Douglass erbaute Villa Falkenhorst wird für Kulturveranstaltungen genutzt.

Dorfstr. 21; Tel. 0 55 50/ 22 11; www.thueringen.at

946 Thüringerberg

Am Eingang des Walsertals liegt diese 700-Seelen-Gemeinde, die gute Wandermöglichkeiten bietet. Der historische Walserweg führt über St. Gerold nach Sonntag und von dort entweder nach Buchboden oder nach Fontanella und Faschina am Talende. Am Wegesrand informieren Tafeln über Geschichte und Brauchtum der Walser.

Jagdbergstr. 272; Tel. 0 55 54/ 51 50; www.thueringerberg.at

947 Hirschegg

Im Zentrum fällt das Walserhaus auf, manchem ist es in dieser beschaulichen Umgebung vielleicht zu futuristisch. Eine kleine Ausstellung informiert über die Entwicklung des alpinen Skilaufs von 1895 bis 1940. Ein Sessellift erschließt das Wandergebiet Heuberg, von wo Wege weiter ins Schwarzwassertal führen. Interessant für Kinder ist der Burmi-Weg entlang der Breitach nach Riezlern mit Spiel- und Aktivstationen.

Tel. 0 55 17/5 11 40; www.kleinwalsertal.com

Naturhotel Chesa Valisa

948 Ökologisch orientiertes Wellnesshotel. Außenpool, Sauna und Naturkosmetik sind im Angebot, man kann Kurse in Yoga oder Qigong belegen. Die Küche bietet Vollwert-, Trenn- und ayurvedische Kost an.

Gerbeweg 18, Hirschegg; Tel. 0 55 17/5 41 40; www.naturhotel.at

Kilian Stuba

949 Gourmetrestaurant im Ifen-Hotel mit herrlichem Bergblick, Kamin und Kachelofen. Küchenchef Sascha Kemmerer erkochte sich mit modern interpretierten Walser-Gerichten schon einen Michelin-Stern.

Oberseitestr. 6, Hirschegg; Tel. 0 55 17/60 85 41; www.travelcharme.com

950 Mittelberg

Mittelberg besitzt viele historische Walserhäuser. Der Ort ist der älteste im Tal, davon zeugt ein Stein in der Pfarrkirche St. Jodok, der die Jahreszahl 1302 trägt. Die ursprünglich gotische, Ende des 17. Jh. barockisierte Kirche birgt wertvolle Fresken von 1470/71. Vom Ortsteil Schwendle führen Wanderwege ins Wildental, von Bodmen gelangt man ins Gemsteltal. Mit der Walmendingerhornbahn erreicht man schnell den Gipfel des gleichnamigen Aussichtsbergs, von dem viele Wege zurück ins Tal führen. Bei der Bergstation der Zaferna-Sesselbahn beginnt der aussichtsreiche Höhenrundweg über die Ochsenhoferscharte.

Tel. 0 55 17/5 11 40; www.kleinwalsertal.com

951 Bergkräuterhof Steinbock Mittelberg

Hier kommt das Fleisch aus artgerechter Haltung, das Wild aus den heimischen Wäldern und die Kräuter stammen aus eigenem Anbau. Serviert werden beispielsweise Cremesuppe von Ringelblumen und in Bierteig gebackener Spitzwegerich.

Bödmerstr. 46; Tel. 0 55 17/2 03 11; www.hotel-steinbock.at

952

Riezlern

Wer im Kleinwalsertal einkaufen will, der fährt nach Riezlern. Der Ort ist recht mondän, sogar ein Spielcasino wartet hier auf risikofreudige Gäste. Mitte des 15. Jh. stand hier bereits eine Kirche, die heutige Pfarrkirche Maria Opferung ersetzte 1889 eine baufällig gewordene Vorgängerin. Wer sich für die Historie des Tals, für Brauchtum und Trachten, Arbeitsweisen und Wohnformen interessiert, ist im Walsermuseum richtig. Ab und an gibt es Vorführungen zur Herstellung des »Chranz«, des Kopfschmucks der Walser Mädchen. Ausgangspunkt für zahlreiche Bergtouren ist die Kanzelwandbahn; nahe der Talstation liegt auch das Freibad mit Wasserpilz, Sprungtürmen und zwei Rutschen. Beim Casino in Riezlern beginnt der Schwarzwasserbachweg, der nur leicht ansteigend immer am Wasser entlangführt. Beim Alpengasthof Hörnlepass wurde ein Alpenkräuterweg angelegt.

Tel. 0 55 17/5 11 40;
www.kleinwalsertal.com

953

Breitachklamm

Gut 100 000 Besucher lockt dieses eindrucksvolle Naturdenkmal alljährlich. Seit 1905 zieht sich ein spektakulärer Wanderweg durch die Schlucht, oberhalb der tosenden Wassermassen der Breitach. Die Klammdurchquerung lässt sich mit einer Rundwanderung über die Alpe Dornach und die Sesselalpe verbinden. Man erreicht die Klamm per Walserbus bis zur Haltestelle Walserschanz, dann ist es noch ein Stück zu Fuß.

Walzerschanz 2; Tel. 0 83 22/48 87;
www.breitachklamm.com

Klösterle

954

Klösterle präsentiert sich als Familienziel: Mit der Sonnenkopfbahn erreicht man das Bärenland, eine Erlebniswelt mit 36 Spielstationen. In der Umgebung lassen sich Wanderungen sämtlicher Schwierigkeitsgrade unternehmen, etwa in die Verwallgruppe, ins Isatäle (Eisental) oder zum Spullersee. Klösterle ist Endpunkt des Klostertalradwegs, der in Bludenz beginnt und am Talboden verläuft, größtenteils entlang der Alfenz. Badespaß verspricht das beheizte Freibad, das direkt an einer Minigolfanlage liegt.

Bundesstr. 59; Tel. 0 55 82/7 77; www.kloesterle.com

Braz

955

Braz ist ein hübscher Erholungsort mit zwei Haubenlokalen (Traube Braz und Gasthof Rössle), einer herrlich gelegenen 18-Loch-Golfanlage, schönem Alpenfreibad und zahlreichen Wander- und Mountainbikerouten direkt vor der Haustür. Beliebt ist der rund zweistündige Aufstieg zum Masonwasserfall, der über eine Felswand 80 m in die Tiefe stürzt. Er wird von einer Quelle gespeist, die nur 300 m entfernt auf der Masonalpe entspringt. Auf dem knapp 6 km langen Lehrwanderweg Braz informieren 40 Tafeln über Fauna und Flora, Geschichte, Klima und Wasserversorgung.

Tel. 0 55 85/72 44 ; www.klostertal.info

956 Dalaas

Der zu Füßen des Verwallgebirges gelegene Urlaubsort entwickelte sich aus einer schon um 1300 existierenden Bergwerksiedlung. Im interessanten Klostertalmuseum erfährt man, wie die Menschen im Tal lebten und arbeiteten, wie Religion und Tourismus sie beeinflussten. Hausberg von Dalaas ist der Sonnenkopf, im Winter ein schneesicheres Skigebiet, im Sommer ein Dorado insbesondere für Mountainbiker mit Strecken aller Schwierigkeitsgrade. Eine schöne Wanderung führt von Dalaas über die Parzelle Mürß zum Fallbach, dem mit 420 m höchsten Wasserfall Vorarlbergs. Im Winter ist die Fallbachwand eine beliebte Route für Eiskletterer.

Klostertalerstr. 70; Tel. 0 55 85/ 72 44; www.dalaas-wald.at

957 Gasthof Post in Lech

In einem gepflegten Walserhaus betreut Familie Moosburger ihre Gäste mit sehr viel Herz und Verstand. Morgens wird ein Top-Frühstück serviert, nachmittags Kuchen im hübschen Salon und abends eine erstklassige Pensionsküche. Reinste Erholung sind die gemütlichen, stilvoll mit alpenländischem Mobiliar eingerichteten Zimmer, ansprechend ist der Wellnessbereich mit großem Pool. Im Felsgestein hinter dem Gasthof wurde die größte künstliche Salzgrotte Vorarlbergs angelegt, sie ist auch für Nicht-Hotelgäste zugänglich. Bei einer konstanten Raumtemperatur von 23 Grad wird hier durch das Einblasen von Meersoledampf ein angenehmes Meeresklima erzeugt. Es entfaltet bei Atemwegserkrankungen und rheumatischen Beschwerden eine lindernde Wirkung.

Dorf 11; Tel. 0 55 83/2 20 60; www.postlech.com

958 Lech am Arlberg

Lech gehört zu den populärsten Ferienorten Vorarlbergs und ist als Wintersportort weltberühmt. Was seinen besonderen Reiz ausmacht, ist das Setzen auf Qualität. »Klasse statt Masse« lautet das Motto, und so gibt es zahlreiche Restaurants, Boutiquen und Kulturveranstaltungen, aber eben alles ein wenig exklusiver. Klassische Sehenswürdigkeiten bietet Lech kaum. Das Wang-Hus stammt im Kern von 1495 und konnte als Baudenkmal bewahrt werden. Das Lecher Heimatmuseum zeigt die Historie der Region anhand von Trachten, Handwerksgeräten und Möbeln. Interessant ist die Schau zur Entwicklung des Skisports.

Wanderer finden in Lech Wege aller Schwierigkeitsgrade. Grüner Ring nennt sich eine dreitägige Wanderung rund um Lech-Zürs, bei der Vorarlberger Sagengestalten durch die Bergwelt führen. Mit nur 2,5 Stunden Gehzeit auch für Familien interessant ist der Geoweg Rüfikopf, auf dem das Buch der Erdgeschichte aufgeblättert wird. Sollte es draußen regnen, ist der Sportpark Lech eine gute Anlaufstelle. Hier reicht das Angebot von Aerobic und Indoor-Cycling über Tennis zur eigenen Kletterhalle. Auch Bowling, Billard und Dart fehlen nicht.

Dorf 2; Tel. 0 55 83/2 16 10;
www.lech-zuers.at

959 Skihütte Schneggarei

Nicht irgendeine Skihütte, sondern die modernste Österreich, ausgezeichnet mit dem Vorarlberger Holzbaupreis. »Aus puren unverfäschten Materialien, mit einer gehörigen Portion Augenzwinkern zeitgemäß gestaltet«, urteilten die Juroren. Die Schneggarei liegt im Ortszentrum von Lech und ist zum Après-Ski ebenso geeignet wie für ein Abendessen am knisternden Kaminfeuer. Serviert werden österreichische Schmankerln, internationale Gerichte und knusprige Holzofenpizzen.

Tannberg 629, Lech;
Tel. 0 55 83/3 98 88;
www.schneggarei.at;
Dez. bis Ende April

Hotel Goldener Berg

Neben den hübschen, sehr geschmackvollen Zimmern trägt der wunderbare »Alpin Spa« mit Saunen und Außenwhirlpool zum hohen Wohlfühlfaktor bei. Sehr gutes Frühstück, Kinder-Club und eine Sonnenterrasse mit traumhaftem Blick auf die Berge. Das haubengekrönte Restaurant »Johannesstübli« bietet kreative Degustationsmenüs mit den passenden Weinen glasweise.

OT Oberlech 117;
Tel. 0 55 83/2 20 50;
www.goldenerberg.at

960

961 Zürs

Wie Lech setzt auch Zürs auf Qualität. Dank dieser Strategie hat sich das auf 1720 m gelegene Dorf zu einem bedeutenden Wintersportzentrum entwickelt. Schon 1906 wurden hier Skirennen veranstaltet, der große Besucher-Boom folgte in den 1920er-Jahren, Österreichs erste Skilifte wurden hier gebaut. Wer sich einen Überblick über die Region verschaffen möchte, kann mit der Seilbahn auf den 2423 m hohen Trittkopf fahren.

Tel. 0 55 83/22 45; www.lech-zuers.at

962 Stuben

1407 m hoch liegt dieser beschauliche Ort. Seinen Namen verdankt er einer Wärmestube, die die Johanniter hier einst für Arlberg-Reisende einrichteten. Hier am Arlberg wurde nach 1900 der Skiunterricht in den Alpen ins Leben gerufen. Stubens berühmtester Sohn ist der Skilehrer Hannes Schneider (1890–1955), der die Technik des Stemmbogens entwickelte.

Bundesstr. 49, Klösterle; Tel. 0 55 82/3 99; www.stuben.com

963 Lorüns

Über dem beliebten Ferienort thront auf einem Felssporn das Lorünser Schlössle. Die 2010 neu erbaute Brücke über die Alfenz heimste internationale Architekturpreise ein. Eine schöne Wanderung führt über die Gavalinaalpe aufs Steinwandeck (1996 m).

Lorüns 1; Tel. 0 55 52/6 23 39; www.loruens.at

964 Vandans

Eine ansprechende Mischung aus moderner Architektur und traditionellen Montafonerhäusern prägt das Bild des reich mit Blumen geschmückten Bergdorfs. Die Golmerbahn erschließt das Skigebiet am Bewegungsberg Golm, der auch im Sommer mit Alpine Coaster, Waldseilpark und Flying Fox viel Action bietet und zudem Ausgangspunkt zahlreicher Wanderungen ist. Für Familien gut geeignet ist die vierstündige Tour über den Latschätzer Weg zur Lindauer Hütte und weiter zur Ortschaft Latschau. Etwas höhere Ansprüche stellt die Wanderung über die Geisspitze zur Lindauer Hütte.

Dorfstr. 26; Tel. 0 55 56/7 27 20; www.vandans.at

965

Tschagguns

Bei Tschagguns treffen sich das Gampadels- und das Gauertal mit einem der schönsten Talabschlüsse der Alpen. Zwischen zwei Wildbächen gelegen, ist Tschagguns mit Wasser reich gesegnet. Ganz im Zeichen dieses für das Montafon bestimmenden Elements steht der Aqua-Wanderweg. An Quellen und Fischteichen, einem Staubecken und einer Sägemühle vorbeiführend, demonstriert er den großen Nutzen des Wassers für den Menschen, aber auch seine zerstörerische Kraft. Eine etwas anspruchsvollere Tour führt durch das Gauertal zur Lindauer Hütte. Im Winter hat Tschagguns per Skibus Anschluss an das Skigebiet Golm, im Talboden werden Loipen und Winterwanderwege gespurt. Auch geführte Schneeschuhwanderungen sind eine Option.

Montafon Tourismus: Tel. 050/66 86; www.tschagguns.at

966 Innerberg

Bei Innerberg erschließt die Kristbergbahn ein abwechslungsreiches Wanderrevier. Nach einer Tour zum Muttjöchle oder zum Aussichtspunkt Ganzaläta kann man sich im Panoramagasthof Kristberg mit regionalen Schmankerln stärken.

Tel. 0 55 56/7 41 19;
www.kristbergbahn.at

967 Bartholomäberg

Rund um die als »Wiege des Montafon« bezeichnete alte Bergbausiedlung erheben sich die Berge bis fast 3000 m. Im Ort lohnt ein Blick in die barocke Bartholomäuskirche mit ihrer prachtvollen Ausstattung. Auf der Orgel von 1792 werden in den Sommermonaten Konzerte gegeben. Im historischen Bergwerk Bartholomäberg mit dem St.-Anna-Stollen gewinnt man bei Führungen Einblicke in die Siedlungs- und Bergbaugeschichte des Ortes.

Montafon Tourismus:
Tel. 050/66 86;
www.bartholomaeberg.at

Schruns

Schruns ist vor allem als Wintersportort beliebt; den gut erhaltenen Ortskern dominiert die St.-Jodoks-Kirche mit der größten Orgel Vorarlbergs. Das Heimatmuseum am Dorfplatz widmet sich der Regionalgeschichte. Dabei darf natürlich der Hinweis auf Ernest Hemingway nicht fehlen. Der amerikanische Schriftsteller verbrachte 1925/26 zwei Winter in Schruns und verfasste dabei den Roman »Fiesta«. Schruns bietet aber auch Wanderern hervorragende Möglichkeiten, so gelangt man mit der Hochjoch- und Sennigratbahn zum Beginn eines Panoramaweges zur Zamangspitze.

968

Montafon Tourismus:
Tel. 050/66 86; www.schruns.at

Gaschurn

Die weitläufige Skischaukel Silvretta Montafon verbindet Gaschurn über das Novatal mit St. Gallenkirch. Vom Ortsteil Partenen aus gelangt man mit der Vermuntbahn und Kleinbussen auf die Bielerhöhe, ein fantastisches Gebiet für Langläufer, Skitourengeher, Schneeschuh- und Winterwanderer. Am Fuß der Vermunthbahn beginnt die Europatreppe, einst als Versorgungsstrecke für den Stauseebau angelegt, heute das »größte Fitnessgerät der Welt« mit 4000 Stufen, 700 Höhenmetern und einer Steigung bis 86 Prozent. Am Start und Ziel ist eine Stechuhr installiert. Fitness steht auch im Mountain Beach Park im Mittelpunkt, einem Erlebnispark mit zwei Schwimmteichen, Luftmatratzen-Rafting-Strecke und Air-Bubble-Hüpfpolster.

969

Montafon Tourismus: Tel. 050/66 86; www.gaschurn-partenen.at

Edelweiß

Wer in Schruns Lust auf ein erstklassiges Essen hat, kommt am »Edelweiß« im »Löwen«-Hotel nicht vorbei.

970 Ob Flusskrebse mit Pfirsich und Zucchini oder Taubenbrust mit Polenta auf Artischocken – alles ist hier vom Feinsten.

Silvrettastr. 8; Tel. 0 55 56/ 71 41; www.loewen-hotel.com

St. Gallenkirch

In dem beliebten Wintersportort mit schöner Barockkirche wird sportliche Erholung großgeschrieben. Im Sommer führen Höhenwanderungen zu den

971 typischen Montafoner Maisäßen (Almdörfern) oder zum nahen Balbier-Wasserfall.

Montafon Tourismus: Tel. 050/ 66 86; www.montafon.at

972 Silbertal

Im fast 20 km langen, von einem romantischen Gebirgsbach durchflossenen Silbertal wurde seit 1319 Silber- und Kupferbergbau betrieben. Im gleichnamigen Ort erfährt man im Montafoner Bergbaumuseum, wie die Menschen damals arbeiteten und unter welchen Bedingungen sie lebten; auf dem Silberpfad kann man sich auf die Spuren der Bergknappen begeben. Auch die Kirche zur Hl. Agatha auf dem Kristberg verdankt ihre Entstehung dem Bergbau. Der Überlieferung nach befand sich hier ein Bergwerksstollen, der während der Arbeit einstürzte und viele Bergknappen lebendig begrub. Die Verschütteten gelobten, im Falle ihrer Errettung der hl. Agatha eine Kirche zu weihen. Von Silbertal aus erschließt eine Bergbahn das Ski- und Wandergebiet Kristberg mit mehreren bewirtschafteten Almhütten. Eine etwas andere Art von Wanderung sind Lama-Trekkings: Der Lamazüchter Horst Kuster führt im Gemeindegebiet von Silbertal und Bartholomäberg Touren durch, bei denen ein Hauch von Anden-Feeling aufkommt.

Montafon Tourismus: Tel. 050/66 86; 256; www.silbertal.eu

973 Golfclub Brand Vorarlberg

In Vorarlberg gibt es sechs Golfanlagen: Bludenz-Braz, Rankweil, Gaschurn-Partenen, Riefensberg-Sulzberg und Schruns-Tschagunns. Eine herrliche Gebirgsszenerie zeichnet den Golfclub Brand aus, der auf 1000 m Höhe im Brandnertal liegt. Almhütten, alte Lesesteinmauern und ein rauschender Gebirgsbach begleiten den Golfer bei seiner Runde über den 18-Loch-Platz. Aufgrund der Höhe sind die Temperaturen auch im Hochsommer angenehm.

Tel. 0 55 59/4 50; www.gcbrand.at

974 Bodensee-Radweg

Über 300 km lang ist das Radwegenetz in Vorarlberg – die interaktive Karte von Vorarlberg Tourismus bietet Tourentipps mit vielen Zusatz-Infos. Besonders beliebt ist der Bodensee-Radweg, eine 270 km lange Tour (ohne Unter- und Überlinger See 126 km), bei der man fast durchweg ufernah den ganzen See umrundet. Auch kleinere Touren sind möglich, Abkürzungsmöglichkeiten bestehen mit den Bodenseefähren und -schiffen. Räder, auch E-Bikes, können u.a. in Bregenz an der Seepromenade geliehen werden (www.fahrradverleih-bregenz.at).

www.bodensee-radweg.com

Sennen lernen in Egg

975

Der Bergbauernhof der Familie Metzler, wunderschön im Bregenzerwald gelegen, verarbeitet seit über 20 Jahren täglich Milch zu feinen Käsedelikatessen. Er beherbergt auch die Vorarlberger Sennschule, wo man in einem Kurzkurs lernt, seinen eigenen Frischkäse herzustellen. Während die Masse ruht, erfährt man bei einer Käse-Jause, welche Rolle die beim Käsen anfallende Molke spielt. Das fertige Produkt kann mitgenommen werden, man erhält Rezeptvorschläge für die Zubereitung zu Hause. Ein Sennerzertifikat bestätigt die erfolgreiche Teilnahme.

Tel. 0 55 12/30 44; www.molkeprodukte.com/besucherangebote/sennschule

Rafting auf der Bregenzer Ache

976

Wem Wandern zu langweilig ist, der kann die Bergwelt auch beim Canyoning oder Rafting erkunden. Ein ideales Revier ist die Bregenzer Ache, die für Schlauchboote je nach Wasserstand 12 bis 14 km Wildwasser bietet. Mit dem sportlichen Schlauchkanadier für zwei bis drei Personen sind Wildwasser-Abenteuer bis 30 km möglich. Rafting-Schnuppertouren für Anfänger führen auf der oberen Bregenzer Ache von Au nach Mellau, vorbei an der faszinierenden Felslandschaft der Kanisfluh.

Merbodgasse 9; Tel. 0 55 74/5 40 24; www.canyoning-team.com

Wandern im Nenzinger Himmel

977

Zwischen Brand und Liechtenstein liegt der Nenzinger Himmel, ein traumhaftes Stück Berglandschaft, das allerdings nur zu Fuß oder mit dem Wanderbus erreichbar ist. Von der Haltestelle »Im Himmel« führt eine etwa dreistündige Rundwanderung an mehreren Alpen vorbei, wie sie für den Nenzinger Himmel typisch sind. Erste Station ist die Setschalpe, von dort wandert man unter dem gewaltigen Massiv des Panüeler Kopfs am Hirschsee vorbei in Richtung Panüelalpe. Zurück im kleinen Alpdorf, lädt die nahe Gamperdona-Alpe zur Einkehr, die größte Sennalpe Vorarlbergs.

Tel. 0 55 72/3 77 03 30; www.vorarlberg.travel; www.nenzinger-himmel.at

978 Husky-Workshop im Brandnertal

Einmal im Hundeschlitten durch verschneite Weiten gleiten: Diesen Outdoor-Traum kann man sich nicht nur in Kanada oder Lappland erfüllen, sondern auch im Brandnertal – im Rahmen eines Husky-Workshops. Den Auftakt bildet eine Schneeschuhwanderung, bei der jeder Teilnehmer einen Husky zum gegenseitigen Beschnuppern an die Hand bekommt. Eventuell vorhandene Berührungsängste schwinden so schnell. Mittags nimmt man am Lagerfeuer eine kleine Jause ein. Anschließend wird der Umgang mit den Hunden und dem Schlitten erklärt und kurz eingeübt, dann wird es ernst: Jeder Gast darf selbst die Zügel in die Hand nehmen und mit Gespann eine Runde durch die winterliche Bergwelt des Rätikon drehen.

Quadres 19, Bludesch; Tel. 0 55 50/45 04; www.husky-toni.at

979 Silvretta-Skisafari im Montafon

Mit einem Hauch von Abenteuer verbunden ist eine Skisafari in der winterlichen Bergwelt des Montafon, allein schon wegen des nicht alltäglichen Transports nach oben. Die Rundtour startet frühmorgens in Partenen: Mit der Vermuntbahn geht es recht zügig zur Bergstation Trominier (1700 m), dann mit dem Tunnelbus weiter zur Bielerhöhe mit dem zugefrorenen Silvrettasee. Nächste Station ist Galtür, wo genügend Zeit bleibt, um das Skigebiet ausgiebig zu testen. Im Schlepptau der Pistenraupe geht es dann hinaus aufs Zeinisjoch, wo die Talabfahrt nach Partenen beginnt – krönender Abschluss der Unternehmung. Wer sich nicht alleine auf die Skisafari begeben möchte, kann die Rundtour auch bei einer der Skischulen im Montafon buchen und sich mit einer Gruppe auf den Weg machen. Eine der Skisafari vergleichbare Tour, allerdings mit Bus und Bahn, ist die grenzüberschreitende Madrisa-Runde ab/bis Gargellen. Hier sind das St. Antönierjoch und Klosters in der Schweiz Stationen.

Tel. 0 55 56/70 18 31 67;
www.silvretta-bielerhoehe.at

Paragleiten im Montafon 980

Paragleiten wird auch in anderen Regionen Vorarlbergs angeboten, das traumhafte Alpenpanorama der Silvretta-Region sucht jedoch seinesgleichen. Zwei Unternehmen bieten rund um Schruns, St. Gallenkirch und Gaschurn Tandemflüge an, die zwischen 15 und 30 Minuten dauern. Vorkenntnisse sind nicht erforderlich, sehr wohl aber etwas Abenteuergeist – und feste Wanderschuhe. Während man talwärts gleitet, wird die Technik des Gleitschirms erklärt und natürlich auch ein Erinnerungsfoto geschossen, das man anschließend zu Hause voller Stolz präsentieren kann.

www.tandemkurt.at;
www.tandemgliding.at

Bärenland am Sonnenkopf

Einst streiften Bären durch die Wälder Vorarlbergs – ganz im Zeichen des Königs der Wälder steht einer der attraktivsten und zugleich naturnahesten Freizeitparks der Region. Ein erstes Highlight ist die Auffahrt mit der Bärengondel, dann können Kinder auf einem Abenteuerparcours mit 30 Stationen ihr Geschick und ihren Gleichgewichtssinn erproben – sei es auf der Bärenwippe, auf dem Bärenkletterstamm oder bei einer Floßfahrt auf dem Bärensee. Familien, die wandern und dabei Interessantes über die Region erfahren möchten, finden auf dem Alpenblumenlehrpfad oder dem Wildererpfad dazu Gelegenheit. Hier sind heimische Wildtiere als Holzschnitzereien in Originalgröße zu bestaunen. Während der Nachwuchs spielt, können Eltern auf der Terrasse des Panoramarestaurants relaxen.

981

Klösterle; Tel. 0 55 82/29 20; www.sonnenkopf.com/baerenland

982

Erlebnisberg Pfänder bei Bregenz

Auf dem Pfänder, dem Bregenzer Hausberg, lässt sich leicht ein ganzer Tag verbringen. Etwa 10 Gehminuten von der Bergstation der Pfänderbahn entfernt kann ein kleiner Alpen-Tierpark erkundet werden. Ein Spaziergang durch den Alpenwildpark dauert mindestens eine halbe Stunde und beginnt beim Berghaus Pfänder mit Zwergziegen, Hasen und Hängebauchschweinen, aber auch Steinböcke, Wildschweine und Rotwild sind hautnah zu erleben. Am Pfänder beginnen auch mehrere Wanderwege, darunter ein Käselehrpfad. Auf dem 8 km langen Höhenweg vermitteln Schautafeln allerlei Wissenswertes zum Thema Käse, nach Voranmeldung kann auch eine Käserei besichtigt werden.

Anmeldung Käserei Tel. 0 55 74/4 95 90; Pfänderbahn Tel. 0 55 74/4 21 60; www.pfaender.at/erlebnis

983 Wälderbähnle Bregenzerwald

Das Wälderbähnle ist eine sorgsam gepflegte Nostalgiebahn, die von Mai bis Oktober zwischen Bezau und Schwarzenberg verkehrt. Von Dampflokomotiven gezogen, auf Holzbänken sitzend, zuckelt man gemächlich durch die schöne Landschaft, vorbei am blumengeschmückten gründerzeitlichen Haltestellenhäuschen in Reutte, an der wildromantischen Bregenzerache entlang und über die 68 m lange Sporeneggbrücke. Unterwegs sorgt ein Buffetwagen für die richtige Stärkung. In der Adventszeit werden auch Nikolausfahrten durchgeführt.

Tel. 06 64/4 66 23 30; www.waelderbaehnle.at; Mitte Mai–Anfang Okt Sa/So

984 Aktivpark Montafon Tschagguns

Auf mehr als 80 000 qm bietet der Aktivpark Montafon Freizeitspaß für alle Altersklassen und bei jedem Wetter. Im Außenbereich warten der Erlebniswald mit Hängebrücke, Seilbahn, Rutschen und Schaukeln auf kleine Entdecker, größeren Kindern stehen eine Halfpipe und ein Skaterpark zur Verfügung (Skater können geliehen werden). Im Bereich Aquaszene wartet das Alpenbad Montafon mit einem Naturbadeteich samt Sprungfelsen sowie einem Erlebnisbecken mit Strömungskanal und 70-m-Röhrenrutsche auf. Im zeltüberdachten Erlebnisreich sind ein 100 qm großer Bootsteich, ein Bungee-Trampolin, eine Riesenrutsche und Junior Carts die Highlights. Biken ist ein weiteres Standbein des Aktivparks. In der größten Bike-Basis Vorarlbergs stehen Mountainbikes und E-Bikes zum Verleih. Man bekommt Tourentipps oder kann an geführten Touren teilnehmen.

Tel. 0 55 56/72 43 52 01; www.aktivpark-montafon.at

985 Schmugglerland Gargellen

Von Gargellen führt ein Saumpfad in den Schweizer Kanton Graubünden, der früher von Schmugglern genutzt wurde.
Das Schmugglerland am Schafberg verbindet eine gut zu bewältigende Familienwanderung mit den Abenteuern verwegener Männer von früher. Stationen sind der »Schleichpfad«, die »Gäßscherm«, ein Unterstand, in dem Ziegen gefüttert werden können, der »Fernblick« mit Gelegenheit zur Wildbeobachtung und der Hindernisparcours »Auf der Flucht«. Bevor es zurück ins Tal geht, bietet der Spielplatz am Schafberg-Hüsli noch einmal Gelegenheit zum Austoben.

Tel. 0 50/6 68 63 10; www.gargellen.at/summeringargellen

Bewegungsberg Golm

Der Bewegungsberg Golm garantiert nicht nur im Winter Ski- und Rodelspaß, sondern sorgt auch im Sommer für Action und Adrenalin. Mit dem Alpine Coaster, einer Sommer- und Winterrodelbahn, saust man von der Mittelstation am Stausee nach Vandans hinab – für Nervenkitzel sorgen Kreisel, Kehren und Jumps. Im Waldseilpark gibt es neben Parcours in Baumkronenhöhe auch Stationen für Kinder. Einen Flug über den Stausee mit bis zu 70 km/h ermöglicht der Flying Fox, ein 565 m langes Stahlseil. Für alle drei Attraktionen gibt es ein Kombiticket.

986

Tel. 055 56/70 18 31 67; www.montafon.at/bewegungsberg-golm

987 Bauernhof Naturhautnah / Metzler Molke Egg

»Naturhautnah« nennt sich ein Projekt der Familie Metzler, die ihren Bauernhof im Bregenzerwälder Ort Egg für Besucher geöffnet hat und Interessierte an allen landwirtschaftlichen Prozessen hautnah teilhaben lässt. Vom Kuh-Laufstall und dem turbulenten Ziegen-Tollhaus mit Besuchergalerie über den Kleintier-Kuschel-Bereich und den Kräutergarten bis zur Käseherstellung – hier wird nachhaltige Landwirtschaft im wahrsten Sinne des Wortes be-greifbar gemacht.

Tel. 0 55 12/30 44; www.molkeprodukte.com

988 Vorarlberger Künstler im Rohnerhaus

Das private Museum beherbergt eine ständige Sammlung von Werken Vorarlberger Künstler seit dem 17. Jh., vor allem von Künstlern des vergangenen Jahrhunderts, aber auch von Angelika Kauffmann. Die Werke sollen – so der Wunsch der Familie Rohner – über die Zeiten hinweg miteinander in Beziehung treten. Auch Sonderausstellungen zur Kunstgeschichte Vorarlbergs werden organisiert.

Kirchstrasse 14, Lauterach; Tel. 0 55 74/7 29 23; www.rohnerhaus.at

989 Tanzfestival Bregenzer Frühling

Spitzen-Ensembles aus der ganzen Welt zeigen im Festspielhaus Bregenz ihre neuesten Produktionen und geben mit wegweisenden Choreografien einen Eindruck davon, welche Ausdrucksformen im modernen Tanz aktuell möglich sind.

www.bregenzerfruehling.at; März–Mai

990 Jazz Festival Bregenz

Anfang Juni findet im Herzen der Stadt am Kornmarktplatz das Bregenzer Jazz Festival statt, das die lange Tradition eines New-Orleans-Jazzfestivals in Bregenz fortführt. Neben Jazz- spielen auch Pop- und Weltmusikformationen vor der Kulisse von Berg und See, selbst modern interpretierte Mundart ist Teil des weit gefassten Konzepts. Heimische und internationale Formationen spielen vor bis zu 10 000 Gästen unter freiem Himmel.

www.bregenz.travel; Anf. Juni

St. Gerolder Konzerte 991

Die Propstei St. Gerold stellt jedes Jahr ein abwechslungsreiches Programm mit Konzerten, Lesungen, Kleintheateraufführungen, Ausstellungen und Seminaren zusammen. Bei letzteren reicht das Spektrum von Meditation über Fasten bis Qigong und Yoga.

www.propstei-stgerold.at; April–Okt.

Poolbar Festival 992

Das fast siebenwöchige Festival für Musik und Kultur von Nischen bis Pop lockt insgesamt rund 20 000 BesucherInnen ins jährlich neu gestaltete Ambiente des Alten Hallenbades in Feldkirch.

www.poolbar.at; Juli/Aug.

Feldkircher Gauklerfestival

993 Straßenkunst vom Feinsten in Feldkirch: Beim Gauklerfestival gibt es keine Bühnen, sondern zwölf fixe Auftrittsorte, die von morgens bis abends von den verschiedensten Künstlern bespielt werden.

www.feldkirch.at; Ende Juli

Montafoner Sommer

994 Ob Jazz oder Klassik, Filmmusik oder Volkstanz – im Mittelpunkt des Kulturfestivals steht das Bergtal Montafon, für dessen Einzigartigkeit ein Bewusstsein geschaffen werden soll. Auch die Künstler kommen überwiegend aus der Region.

www.montafon.at/montafoner-sommer; Aug–Sept

995 Palastbelagerung Hohenems

Tag der offenen Tür im Renaissancepalast Hohenems: Großes Mittelalterspektakel mit Gauklern und Zauberern, Musikern und Märchenerzählern, Schwertkampf, Ritteressen und Feuershow. Gräfin Stephanie Waldburg-Zeil führt höchstpersönlich durch die Gemächer.

www.palast.at; Ende Juli

996 Schubertiade Schwarzenberg

Solisten und Kammerorchester aus der ganzen Welt interpretieren Werke Schuberts; zudem werden Meisterkurse für Liedgesang und Streichquartett abgehalten, die ebenfalls für das Publikum zugänglich sind. Auch in Hohenems, dem Gründungsort der Schubertiade, finden seit 2005 wieder über das ganze Jahr verteilt Konzerte statt.

www.schubertiade.at; Aug./Sept.

997 Stadtfest Bregenz

Großes Volksfest mit Livemusik, Molo-Lounge, Beach Bar und einem vielfältigen gastronomischen Angebot an der Seepromenade. Auf einem schwimmenden Laufsteg wird eine Modeschau präsentiert, wer möchte, kann auf Gratis-Leihbrettern die neue Trendsportart Standup Paddling ausprobieren. Den krönenden Abschluss bildet ein Klangfeuerwerk, das den nächtlichen Himmel über dem Bodensee in ein Meer aus Farben und Lichteffekten taucht.

www.bregenz.travel, s. Events; Mitte Juli

Bregenzer Festspiele

Ein unbedingtes Highlight im Vorarlberger Festivalkalender. Auf der Seebühne werden Opern und Operetten aufgeführt, im Festspielhaus Symphonien gespielt, im Theater am Kornmarkt Schauspiele dargeboten.

www.bregenzerfestspiele.com; Juli/August

998

ArtDesign Feldkirch

999

Messe für Design, Kunst und Mode, die Kreativen aus Österreich, Deutschland, der Schweiz und Liechtenstein ein Forum bietet. Vorträge, Workshops und Performances unter freiem Himmel ergänzen den Einblick in zeitgenössisches Kunstschaffen.

www.feldkirch.travel, siehe Veranstaltungen; Okt./Nov.

Orgeltage Hohenems

1000

Drei Tage geistliche Musik verschiedener Stilrichtungen; Veranstaltungsort ist die Pfarrkirche St. Karl. Das Programm stellt die klanglich herausragende Gollini-Orgel in den Mittelpunkt. Dabei steht avantgardistische Orgelmusik neben Barockem.

www.orgeltage.at; Anfang Oktober

Register

Bildnachweis

Cover: Tom Lamm/LOOK-foto, Kinder spielen am glasklaren Gosausee im Salzkammergut in Oberösterreich; Klappe vorne: Melanie Dreysse/laif, siehe auch Tipp 589 Rückseite (v.l.) travelstock44.de/Glowlmages, Pierre Adenis/laif, OÖ Tourismus/Hellinger; Frank/Fotolia; 2 (v.o.) age fotostock/ LOOK-foto, Niederösterreich Werbung/Manfred Horvath, TomasSereda/iStockphoto; 3 (v.o.) Stefan Körber/Fotolia, OÖ Tourismus/Erber, Tourismus Salzburg; 4 (v.o.) ViFaOs/Adrian Hipp, Ötztal Tourismus/Bernd Ritschel, Foto Montafon Tourismus; 5 Andreas Strauss/Getty Images; 7 age fotostock/ LOOK-foto; 8 Jahreszeiten Verlag/GourmetPictureGuide; 10 Burgtheater/Georg Soulek; 11 Jahreszeiten Verlag/ GourmetPictureGuide; 12-13 Detlef/Fotolia; 14 jozef sedmak/ iStockphoto; 15 Blende-8/Fotolia; 16-17 Tupungato/ iStockphoto; 18 Tomas Sereda/Fotolia; 19 sassyphotos/Fotolia; 21 WienTourismus/Lois Lammerhuber; 22 Ljiljana Pavkov/ iStockphoto; 23 A.L./Fotolia; 24 travelstock44.de/Glowlmages; 25 Ian Ehm; 26-27 S.Borisov/Shutterstock; 29 Ludovic Maisant/ hemis.fr/laif; 30 Museumsquartier Wien/Lisi Specht; 32 WienTourismus/Lois Lammerhuber; 33 Jahreszeiten Verlag/ GourmetPictureGuide; 34 Jahreszeiten Verlag/ GourmetPictureGuide; 35 Jahreszeiten Verlag/ GourmetPictureGuide; 36 Jahreszeiten Verlag/ GourmetPictureGuide; 37 Jürgen Hammerschmid; 38 Jahreszeiten Verlag/GourmetPictureGuide; 39 Martin/ Le Figaro Magazine/laif; 40 Jahreszeiten Verlag/ GourmetPictureGuide; 42-43 Isabella Abel; 45 COSPV/Fotolia; 46-47 Berthold Steinhilber/laif; 48 WienTourismus/ Peter Rigaud; 49 Heuer/laif; 51 WienTourismus/Peter Rigaud; 53 PhilipCacka/iStockphoto; 55 Ingolf Pompe/LOOK-foto; 56 Burgtheater/Reinhard Werner; 57 WienTourismus/Peter Rigaud; 59 Muellek Josef/Shutterstock; 60 Thomas Lindner/ iStockphoto; 61 Life Ball/Nadine Poncioni; 62 Viennale/ Alexander Tuma; 63 Ben Burger/Fotolia; 65 Niederösterreich Werbung/Manfred Horvath; 66 Foto @weinfranz.com; 67 weinfranz.at; 68 Niederösterreich Werbung/Lois Lammerhuber; 69 Niederösterreich Werbung/Kurt Michael Westermann; 71 hofi7777/Fotolia; 72-73 Tomas Serada/ iStockphoto; 75 Schloss Hof; 77 Peter Rigaud; 78-79 imagebroker/Glowlmages; 81 Niederösterreich Werbung/Lois Lammerhuber; 82 Niederösterreich Werbung/ Robert Herbst; 83 Günter Prinesdom; 84-85 Niederösterreich Werbung/Lois Lammerhuber; 86 Gregor Semrad; 88 Niederösterreich Werbung/Kurt Michael Westermann; 89 Niederösterreich Werbung/Lois Lammerhuber; 90 Goldfinger/Fotolia; 92-93 Michael Himml; 94 Therme LAA/ Wöckinger; 95 Niederösterreich Werbung/Kurt Michael Westermann; 97 Ernst Wrba; 98 Wikipedia (gemeinfrei); 100 anekoho/Fotolia; 101 ARochau/Fotolia; 102-103 Hans-Peter Huber/Bildagentur Huber; 104 Manfred Horvath; 105 Niederösterreich Werbung/Rita Newman; 106-107 Ernst Wrba/LOOK-foto; 109 www.photo-graphic-art.at; 110-111 Donaufestival.at/Steven Miller Photography; 113 Philipp Horak; 115 TomasSereda/iStockphoto; 116-117 Westend61/mauritius images; 118 Dom- und Stadtpfarre zum Hl. Martin - Eisenstadt; 119 Tourismusverband Eisenstadt; 120-21 Esterházy; 122 Roland Schuler/Haydn-Haus Eisenstadt; 123 joools/Fotolia; 125 Restaurant Rusterhof; 126 Tourismusverband Rust; 128 Tourismusverband Donnerskirchen; 129 Burgenland Tourismus/Lois Lammerhuber; 130-131 Pierre Adenis/laif; 132 Tourismusverband Purbach; 133 Martin Siepmann/imagebroker/Glowlmages; 134-135 ARGE Naturparke; 137 Burgenland Tourismus/Stefano Lunardi; 138-139 Peter Rozsenich/Kloster Marienberg; 141 Christian Handl/imagebroker/Glowlmages; 143 Bruckner Andi/Tourismusverband Stadtschlaining; 144 Gemeindeamt Rechnitz; 145 Clemens PFEIFFER, Wien/CC BY 3.0; 146 mauritius images/imagebroker; 148 Landhaus Römerstein; 149 Herbert Lehmann/picturedesk.com/dpa picture Alliance; 150 Stegersbach Tourismus; 151 Sonnentherme Lutzmannsburg; 152 NTG/steve.haider.com; 154 Kurt Tutschek/Fotolia; 156 Familypark Neusiedlersee; 157 Vincent Garnier, Mirare; 158 Surf Worldcup; 159 Giuditta 2003 © Seefestspiele Mörbisch; 160 Schloss Halbturn; 161 Burgenland Tourismus/ Peter Burgstaller; 163 Stefan Körber/Fotolia; 164 bonline/ Fotolia; 166-67 Daniel Loretto/Shutterstock; 168 Michael Piec/ Shutterstock; 169 Deymos/Shutterstock; 170 Günther Gumbold/Pixelio; 171 Palais-Hotel Erzherzog Johann; 173 DeepGreen/Shutterstock; 175 4FR/iStockphoto; 176-77 STMG/Ch. Parzer; 178 TVB Ausseerland; 179 Karl-Heinz Liebisch/Pixelio; 180 bettina sampl/Fotolia; 181 Andreas Hollinger; 182-183 Foto Dachstein; 184 JK Photo/Shutterstock; 186 Hotel Schloss Gabelhofen; 187 awfoto/Fotolia; 188 Archiv Naturpark Zirbitzkogel-Grebenzen www.naturpark-grebenzen. at; 190 Martin Siepmann/Corbis; 192-93 Bertl123/Shutterstock; 195 Schloss Seggau; 196 Günther Gumbold/Pixelio; 198-99 vario press; 200 bonline/Fotolia; 201 Hans Meerbeek/ Shutterstock; 202 Tourismusverband Ramsau am Dachstein; 203 Planai Bahnen/Erich Hagspiel; 204 Tourismusverein und Bergbahnen Turracher Höhe; 205 Günther Gumbold/Pixelio; 206 Springfestival; 207 TVB Ausseerland-Salzkammergut; 209 steirischer herbst/E. Klamminger; 211 OÖ Tourismus/ Erber; 212 TV Linz/SPS; 213 TV Linz; 215 Evelyn Rois & Bruno Stubenrauch/laif; 216 Kutzler/Wimmer; 217 Jahreszeiten Verlag/Gourmet Picture Guide; 218-19 OÖ Tourismus/ Weissenbrunner; 220 Textile Kultur Haslach; 221 OÖ

Tourismus/Röbl; 223 OÖ Tourismus/Röbl; 224-25 OÖ Tourismus/Erber; 226 Gräfenhain/Bildagentur Huber; 227 OÖ Tourismus Marketing/EOS-Witzany; 229 OÖ Tourismus/Erber; 230 Atterseeschifffahrt; 232-233 TV Traunsee; 234 Lehner/iStockphoto; 237 TV Bad Ischl; 238-239 Mauritius images/Alamy; 240 TV Bad Ischl; 241 OÖ Tourismus Marketing/Stankiewicz; 243 TVB MondseeLand/Weinhäupl; 245 TV Braunau/Photo Ernesto; 246 Donau OÖ/Weissenbrunner; 249 OÖ Tourismus/Röbl (o.) Stadtmarketing Ried/tricksiebzehn (m.) WGD Donau Oberösterreich Tourismus GmbH/Hochhauser (u.); 250 OÖ Tourismus/Hellinger; 251 OÖ Tourismus/Weissenbrunner; 252 EurothermenResorts; 253 Dachstein Presse/Schoepf; 255 Zoo Schmiding; 256 Sarah Marchant/Shutterstock; 257 OÖ Tourismus Marketing/Himsl; 258-59 TV Linz/Röbl; 261 TV Linz/Röbl; 263 Tourismus Salzburg; 264-65 Tourismus Salzburg; 266 Tourismus Salzburg; 267 Markus Gann/Shutterstock; 269 Tourismus Salzburg; 270-71 Miguel Cabezon/Shutterstock; 272 Tourismus Salzburg; 273 Tourismus Salzburg; 276 Alex Slobodkin/iStockphoto; 277 FTG/Erber; 278 Fuschlsee Tourismus; 280 Melanie Dreysse/laif; 282 Günter Menzl/Fotolia; 284 mirubi/Fotolia; 285 Archiv Großglockner Hochalpenstraße/Martina Gebert; 286 andilevkin/Fotolia; 287 Krimmler Wasserfälle; 288-89 kitzsteinhorn.at; 290 Michael Huber; 291 Presse Tauern Spa Kaprun; 292-93 Vaclav Volrab/Shutterstock.com; 294 SalzburgerLand/Heiko Mandl; 297 ErnstPieber/Fotolia; 298 Christian Colista/Shutterstock; 299 Tobboo/Fotolia; 300 Flaviu Boerescu/iStockphoto; 303 Obertauern; 304 Golf Club Zell am See; 305 Helge Kirchberger/Red Bull Content Pool; 306 SalzburgerLand/Markus Gerber; 307 Pinzgauer Lokalbahn; 309 Natalia Danecker/Fotolia; 310 Tourismus Salzburg; 311 Hermann & Clärchen Baus; 312 sumbul/iStockphoto; 313 Christa Eder/Fotolia; 315 ViFaOs/Adrian Hipp; 316 StadtPresse Klagenfurt/Gerdl; 318 Sabine Bungert/laif; 319 StadtPresse Klagenfurt/Eggenberger; 320 EUROPHOTOS/Shutterstock; 322 Arcotel Moser Verdino; 324-25 travelpeter/Shutterstock; 326 Kommödienspiele Schloss Porcia; 328 Samot/Shutterstock; 330-31 Alexander Fortelny/iStockphoto; 333 Presse Bad Kleinkirchheim; 335 travelpeter/Shutterstock; 336 Paul Spierenburg; 339 Frank/Fotolia; 340-41 Bildagentur Huber/H.-P. Huber; 343 Michael Lorenzet/Pixelio; 344 ViFaOs/Adrian Hipp; 345 ViFaOs/Peter Prokop; 346 Razvan Stroie/Shutterstock; 349 ViFaOs/Adrian Hipp; 351 Wikipedia (gemeinfrei); 352 Bildagentur Huber/Kreder; 353 Klopeiner See-Südkärnten/Franz Gerdl; 354 tinlinx/Fotolia; 355 ViFaOs/Assam Unterkircher; 356 ViFaOs/Adrian Hipp; 357 ViFaOs/Adrian Hipp; 358 travelpeter/Shutterstock; 359 ViFaOs/Mirek Feszanicz; 360 ViFaOs/Franz Gerdl; 362 Presse Nassfeld.at; 363 ViFaOs/Adrian Hipp; 364 ViFaOs/Adrian Hipp; 365 ViFaOs/Adrian Hipp; 366 ViFaOs/Adrian Hipp; 367 bikeweek.at; 369 Ötztal Tourismus/Bernd Ritschel; 370 Slawomir Kruz/Shutterstock; 371 2010 TVB Innsbruck/Christof Lackner; 372 2010 TVB Innsbruck/Roger Rovira; 374 2010 TVB Innsbruck/Zimmermann; 375 2010 TVB Innsbruck/Christof Lackner; 377 2010 TVB Innsbruck/Tommy Bause; 378 2010 TVB Innsbruck/Swarovski; 380 TVB Stubai Tirol; 383 medialounge; 385 travelpeter/Shutterstock; 386 Schloss Tratzberg; 388 Boris Stroujko/Shutterstock; 390 Intrepix/Shutterstock; 391 Sporthotel Stock; 393 Romantikhotel Traube; 394 Bildagentur Huber/Johanna Huber; 397 TVB St. Anton am Arlberg/Josef Mallaun; 398-99 TVB St. Anton am Arlberg/Wolfgang Ehn; 401 ingmar wesemann/iStockphoto; 402 www.zugspitz-resort.at; 406-07 Serfaus-Fiss-Ladis/Foto Müller; 408 Ötztal Tourismus/Guido Mangold; 409 TVB Pitztal; 410 Alpenresort Schwarz; 411 Fankhauser Rafting; 412 medialounge; 413 2010 TVB Innsbruck/Christof Lackner; 415 Serfau-Fiss-Ladis/Foto Müller; 416 medialounge; 417 imagebroker.com/GlowImages; 418 Ötztal Tourismus/Ernst Lorenzi; 420 Tanzsommer/Juri Junkov; 421 Operettensommer.at; 423 Foto Montafon Tourismus; 424 Ilhan Balta/Fotolia; 426 Bildagentur Huber/Wisckov; 427 Andreas Praefcke/CC BY 3.0; 428 Riedmiller/Caro; 429 Cathrine Stukhard/laif; 431 Warth-Schröcken Tourismus; 432 i.reiser/Pixelio; 433 Dietmar Walser/Inatura; 434 Presse Rolls Royce Museum; 436-37 Foto Alpenregion Bludenz Tourismus GmbH; 438 Foto Alpenregion Bludenz Tourismus GmbH; 439 Friedrich Böhringer/CC BY-SA 2.5; 442 Kleinwalsertal Tourismus; 443 Bildagentur Huber/R. Schmid; 444-45 Lech Zürs Tourismus Gesellschaft/Georg Schnell; 447 Lech Zürs Tourismus Gesellschaft; 448 Alpin Spa Hotel Goldener Berg; 450 Foto Montafon Tourismus; 451 Foto Montafon Tourismus/Kevin Artho; 452-53 Detlef Menzel/Pixelio; 454 Wikipedia (gemeinfrei); 455 Montafon Tourismus/Alexander Kaiser; 456-57 Friedrich Böhringer/CC BY-SA 2.5; 458 Sirko Hartmann/Shutterstock; 459 Hans Wiesenhofer/Lech Zürs Tourismus Gesellschaft; 460 Reinhold Leitner/Shutterstock.com; 462 smileus/Shutterstock; 463 Foto www.sfh.at; 465 Bregenzer Festspiele; Rückseite kulinarische Karte COSPV/Fotolia; Grafiken Klappe und kulinarische Karte Michaela Reitinger M-DESIGN

Impressum

Liebe Leserinnen und Leser,
vielen Dank, dass Sie sich für einen Titel aus unserer Reihe MERIAN*live!* entschieden haben. Wir freuen uns, Ihre Meinung zu diesem Reiseführer zu erfahren. Bitte schreiben Sie uns an Merian.Solitaere@travel-house-media.de, wenn Sie Berichtigungen und Ergänzungen haben – und natürlich auch, wenn Ihnen etwas ganz besonders gefällt.

Alle Angaben in diesem Reiseführer sind gewissenhaft geprüft. Preise, Öffnungszeiten usw. können sich aber schnell ändern. Für eventuelle Fehler übernimmt der Verlag keine Haftung.

MERIAN ist eine eingetragene Marke der GANSKE VERLAGSGRUPPE.

3. Auflage

ISBN 978-3-8342-2192-6

Bei Interesse an maßgeschneiderten Produkten:
veronica.reisenegger@travel-house-media.de

Bei Interesse an Anzeigenschaltung:
KV Kommunalverlag GmbH & Co KG
Tel. 0 89/9 28 09 60
info@kommunal-verlag.de

TRAVEL HOUSE MEDIA
Postfach 86 03 66
81630 München
Tel 0 89/4 50 00 99 00
Merian.Solitaere@travel-house-media.de
www.merian.de

Programmgeschäftsleitung
Michaela Lienemann

Projektleitung
Verónica Reisenegger

Layout
Michaela Reitinger M-DESIGN

Redaktion
Anja Lehner, Axel Nowak, Christian Eder, Martina Krammer, Viktoria Paschke

Schlussredaktion
Dr. Anita Meschendörfer

Bildredaktion
Dr. Ulrich Reißer, Tobias Schärtl, Dr. Nafsika Mylona

Mit Beiträgen von
Birgit Chlupacek, Christian Eder, Jakob Hansen, Anja Lehner, Axel Nowak, Hans Otzen, Simon Pause, Verónica Reisenegger, Gernot Schnedlitz, Doris Seitz, Wolfgang Seitz, Eva Stadler, Christoph Wagner, Renate Wagner-Wittula

Produktion
Anna Bäumner, Bettina Häfele, Gloria Schlayer

Repro
Repro Ludwig, Zell am See

Druck und Bindung
Drukarnia Dimograf, Polen

TRAVEL HOUSE MEDIA

Ein Unternehmen der
GANSKE VERLAGSGRUPPE